# ENTDECKUNGSREISEN IN AFRIKA

*PETER SIMONS*

# ENTDECKUNGSREISEN IN AFRIKA

westermann

CIP-Kurztitelaufnahme der Deutschen Bibliothek

*Simons, Peter:*
Entdeckungsreisen in Afrika / Peter Simons. –
Braunschweig: Westermann, 1984.

ISBN 3-14-**50 8882**-3

Die vier Entdeckerporträts auf dem Schutzumschlag wurden uns freundlicherweise vom Archiv für Kunst und Geschichte, Berlin, zur Verfügung gestellt.


Verlagslektorat: Hiltrud Anlauf
Typografie, Layout und Herstellung: Dieter Küstner
Einbandgestaltung: Jürgen Peters
Gesamtherstellung: westermann druck GmbH
Braunschweig 1984

ISBN 3-14-**50 8882**-3

# Inhalt

# Vorwort

*»Ich habe deinen Freunden in Tripolis versprochen, dich wohlbehalten nach Bornu zu führen, wie ich auch deine Brüder Abd el Kermi (Heinrich Barth) und Mustafa Bei (Gerhard Rohlfs) dorthin geleitet habe. Mit Gottes Hilfe werden wir dies Ziel zusammen erreichen; bis dahin werde ich dich nicht verlassen, und wenn dir bei den verräterischen Tubu (im Tibestigebirge) ein Unglück zustoßen soll, so will ich dasselbe mit dir teilen.«*

Mohammed el Qatruni, Reisebegleiter
Gustav Nachtigals.

Die Entdeckungsgeschichte Afrikas ist auch eine Geschichte der afrikanischen Begleiter der Europäer, ohne deren tatkräftige und sachkundige Mithilfe kaum eine der großen Expeditionen in das Innere des riesigen »dunklen« Erdteils Erfolg gehabt hätte. Loyal und zuverlässig erfüllten sie ihre Aufgabe und lösten dabei Alltagsprobleme, deren Tragweite die Europäer oft genug gar nicht richtig einschätzen konnten. Zu den bedeutendsten Persönlichkeiten dieser eingeborenen Begleiter gehörte Mohammed el Qatruni aus der Oasensiedlung Qatrun im zentralsaharischen Fessan. In der Literatur über die Forschungsreisen der Europäer in Afrika werden diese Männer recht selten und zumeist beiläufig erwähnt.

Viele der oft weitgereisten Afrikaner waren mit den für die Europäer noch völlig unbekannten Landschaften bestens vertraut. Den eingehenden Informationen der Einheimischen und ihrer ortskundigen Führungen hatten es Briten und Franzosen, Portugiesen und Deutsche meist zu verdanken, wenn sie nach oft übermenschlichen Strapazen das Ziel ihrer Träume erreichten.

Das Urteil der Reisenden über »die« Afrikaner wurde jedoch nicht nur von der Unterstützung und Loyalität ihrer Führer und Helfer geprägt, sondern auch von der Willkür, die sie von seiten so manches mächtigen nord- und schwarzafrikanischen Fürsten erdulden mußten. Andere Herrscher, wie Scheich el Bakry aus Timbuktu, der den vom Tode bedrohten Heinrich Barth schützte und unterstützte, haben viel für die Sicherheit der fremden Reisenden getan und nicht selten ein vorzeitiges Ende dieser im zeitgenössischen Europa als Helden gefeierten Entdecker verhindert. Es ist überhaupt eine bemerkenswerte Tatsache, daß so wenige von ihnen im »wilden« Erdteil Afrika ein gewaltsames Ende gefunden haben.

Die europäischen und vor ihnen die islamischen Reisenden lieferten in ihren oft umfangreichen Berichten neben manchem uns Heutige befremdenden Urteil eine schier unerschöpfliche Fülle wertvollen Quellenmaterials aus nahezu allen Lebensbereichen Afrikas, bevor die weißen »Mutterländer« den Kontinent im ausgehenden 19. Jahrhundert unter sich aufteilten.

Was diese Entdecker auf ihren jahrelangen Reisen empfanden, welchen Eindruck die Landschaften des riesigen Kontinents auf sie machten, was sie von den Bewohnern dieser für sie doch so fremden Welt hielten und welche Meinung sie zu der Frage der Kolonisierung Afrikas vertraten, wird in diesem Buch mit zahlreichen Originalzitaten aus ihren Werken belegt.

Wichtige Dokumente sind auch die Illustrationen, die zu Tausenden den Entdeckerbüchern und zeitgenössischen Zeitschriften, ganz überwiegend im Schwarz-Weiß-Druck, beigegeben sind. Sie basieren zu einem großen Teil auf einfachen Skizzen der vom Afrikafieber gepackten Reisenden. Die Reinzeichnung erfolgte daheim in Europa durch erfahrene Illustratoren und Maler. Neben den vom Zeitgeist geprägten Bildern in volkstümlichen Büchern der Entdeckerzeit gibt es auch viele Abbildungen, die selbst im Detail erstaunliche Exaktheit aufweisen, wie man sich durch Reisen an Ort und Stelle und durch den Vergleich alter mit modernen Fotos überzeugen kann.

Angesichts der Menge der alten Bilddokumente und der breit gefächerten, detaillierten Berichte der Entdecker kann dieses Buch nur eine begrenzte Auswahl treffen. Der Leser ist eingeladen, anhand der hier geschilderten exemplarischen Vorgänge und Ereignisse die Träume und Hoffnungen, Ängste, Strapazen und Enttäuschungen der Entdekker nachzuvollziehen. Daß dabei Erschrecken und Erstaunen, Abwehr und Faszination der Afrikaner zu kurz kommen, liegt in der Natur der Sache. Die schwarzen Herren des Kontinents haben ihre Eindrücke nicht schriftlich fixiert.

Die notwendigerweise nicht lückenlose, sondern auf große Bruchstücke beschränkte Entdeckungsgeschichte wird ergänzt durch die den einzelnen Kapiteln beigefügten tabellarischen historischen Übersichten. Entsprechendes gilt für die Exkurse in die Zeitgeschichte. Auch hier kann die Fülle der Themen nicht aufgefangen werden. Doch die Exkurse können, von der Tragödie des transatlantischen Sklavenhandels bis hin zum Verharren der Buren in ihrer Wagenburg, einen, wenn auch bescheidenen Einblick in die historischen Epochen Afrikas im Zeitalter der großen und kleinen Entdeckungen vermitteln.

Jedoch: Dieses Buch kann und will nicht die komplexe Geschichte eines Kontinents wiedergeben, der vom Glanz früher Hochkulturen ebenso geprägt ist wie von den Völkern in Urwald und Wüste. Sein Thema ist auch nicht die kritische Auseinandersetzung mit dem Kolonialismus, jener Mixtur aus Machtpolitik, Gewinnstreben und Glaubenseifer, die Europa über den Erdball exportierte und mit deren Hilfe – nicht nur in Afrika – die Weichen für unheilvolle politische Entwicklungen gestellt wurden. Vielmehr erlebt der Leser Afrika sozusagen mit den Augen der Entdecker, die, geborgen in der vermeintlichen Sicherheit der zeitgenössischen geistigen Strömungen und Wertvorstellungen, Strapazen erdulden und »Geschichte machen«. Daß dieser Blickwinkel uns heute stutzen läßt, ist selbstverständlich. Betroffenheit ist erwünscht.

## Navigatoren

*Mit Hilfe des Kreuz- oder Jakobsstabes ließ sich die Höhe eines Sternes über dem Horizont recht genau bestimmen. Bei Fixierung des Polarsternes konnte so die geographische Breitenposition des Schiffes ermittelt werden.*

# *Entdecker an Afrikas Küsten*

**Weltkarte des Abraham Ortelius**

*Ortelius (1527–1598), Kartograph und Landkartenverleger in Antwerpen, brachte 1570 sein in der Erstauflage 70 Blätter umfassendes Kartenwerk unter dem Titel »Theatrum Orbis Terrarum« (Schauplatz des Erdkreises) heraus. Es gilt als der erste umfassende Erdatlas und erlebte zahlreiche Neuauflagen. Auffallend auf der farbigen Weltkarte ist der phantastisch große Südkontinent, der als »terra australis nondum cognita«, (das noch unbekannte Südland) bezeichnet ist. Erst 1642 entdeckte der Holländer Abel Tasman den wesentlich kleineren Südkontinent, der seitdem Australien heißt.*

ORBIS TERRARVM
SEPTENTRIO.
EVROPA
ASIA
Tartaria
Mongol
Cathaio
China
Turcheſtan
Perſia
India orientalis
Arabia
AFRICA
Barbaria
Aegyptus
Nubia
Abiſſini
Manicongo
TROPICVS CANCRI
MAR DEL NORT
OCEANVS AETHIOPICVS
Amazones
Braſil
Rio de la Plata
Chica
Terra del Fuego
MAR DI INDI
Pſitacorum regio
Lantchidol mare
BEACH
LVCACH
MALETVR
VSTRALIS NONDVM COGNITA.
MERIDIES.
CRI MAGNVM IN REBVS HVMANIS. CVI AETERNITAS
E MVNDI NOTA SIT MAGNITVDO. CICERO:

## Westteil von Guinea – die Pfefferküste

*Dieser Kartenausschnitt stammt aus dem berühmten »Novus Atlas« (von 1642) des Amsterdamer Kartographen Johann Blaeu.*

## Der Golf von Guinea

*(unten)*

*In den letzten Jahrzehnten des 15. Jahrhunderts überquerten die Portugiesen im Oceanus aethiopicus, den afrikanischen Bereich des Südatlantiks, den Äquator, der auf der Karte als rote Linie verläuft. An der Goldküste hatten sie 1482 das Fort El Mina errichtet. Ihre Kapitäne erhielten bald darauf Kunde von einem weiter östlich gelegenen Königreich Benin.*

## Reise in das Goldland Punt

Unvergeßlich bleibt jedem Ägyptenreisenden der Besuch Thebens, der alten Hauptstadt des Mittleren Reiches, die im Gebiet der heutigen Stadt Luxor in Oberägypten liegt. Auf dem Westufer des Nils, am Rande einer steil abfallenden Kalksteinwand, hinter der die berühmten Königsgräber verborgen liegen, beeindruckt den Neuankömmling der berühmte Terrassentempel der Königin Hatschepsut. Die Einordnung der Architektur in die Wüstenlandschaft ist einzigartig.

Eine Rampe ersteigend betritt man die mittlere Terrasse des Tempels und erreicht nach hundert Schritten zur Linken die sogenannte Punthalle der Königin. Hier sehen wir an der linken, nach Süden gerichteten Wand ein Dorf des Landes Punt abgebildet, an Bienenkörbe erinnernde Hütten unter Palmen mit Weihrauchbüschen dazwischen. Die Westwand der Halle zeigt das Beladen der ägyptischen Schiffe und die Rückfahrt durch das Rote Meer. Diese von der Königin um 1482 v. Chr. angeordnete Fahrt ins geheimnisvolle Land Punt glich einer Entdeckungsreise, war doch der alte Seehandelsweg nach Punt fast ganz in Vergessenheit geraten. Aber bereits im Alten und Mittleren Reich, etwa 1000 bzw. 500 Jahre vor der Zeit der berühmten Königin, wurden Fahrten dorthin durchgeführt.

Über das Aussehen der verschiedenen Schiffstypen des Pharaonenreiches sind wir durch Flachreliefs, bereits aus Gräbern der ältesten Dynastien ebenso wie durch die lebensnahen Wandmalereien des Neuen Reiches, gut unterrichtet. Vollends begeistert ist der Betrachter beim Anblick der Schiffsmodelle im Ägyptischen Museum zu Kairo, welche den verstorbenen Pharaonen mit ins Grab gegeben wurden.

Mindestens seit der 11. Dynastie (um 2000 v. Chr.) verstanden es die Ägypter, Schiffsteile vom Niltal aus über die uralte Karawanenstraße im Wadi Hammamat nach Kosseir am Roten Meer zu transportieren. Dort wurden die Schiffe mittels Klammern und Zapfen wieder sorgfältig zusammengesetzt, eine Technik, die in ähnlicher Weise im 19. Jahrhundert etwa von Stanley bei der Erforschung des Kongostromes wieder aufgegriffen wurde.

Den Inschriften an den Wänden des Terrassentempels der Königin Hatschepsut können wir entnehmen, mit welchen Gütern die Ägypter ihre Schiffe im Lande Punt beluden und wo dieses ferne Land lag. Die Häuptlinge ließen den Ägyptern zum Beispiel große Mengen wertvoller Hölzer, Elfenbein, Weihrauch und Leopardenfelle bringen. Dafür erhielten sie Wein, getrocknete Früchte und andere Waren aus Ägypten. Im Text lesen wir weiterhin, daß das Land Punt zu beiden Seiten des Meeres lag. Es kann sich demnach nur um die Küstengebiete Südarabiens im Bereich des heutigen Jemen und die Küsten von Somalia handeln.

Die rund 2000 Kilometer weite Seereise wurde mit 30 Meter langen Segelschiffen durchgeführt, die auch gerudert werden konnten und deren Segelausrüstung vermutlich phönizischen Seefahrern in ägyptischen Diensten zu verdanken war.

Da die Ägypter Gold mit nach Hause brachten, ist das Land Punt auch im Südosten Afrikas, an der Küste von Moçambique, vermutet worden, im Bereich des sagenumwobenen Goldlandes von Simbabwe, was aber bis heute nicht bewiesen werden konnte. Doch Handelsbeziehungen zwischen Punt und dem südlichen Afrika wird es gegeben haben, denn das für ägyptische Kosmetika verwendete Antimon kam ziemlich wahrscheinlich aus dem Gebiet des Sambesiunterlaufes in Moçambique.

Und auch die in Punt erworbenen Edelsteine (Türkise, Saphire, Smaragde und andere) müssen von weit her gekommen sein, aus Südindien oder Ceylon nämlich. Wahrscheinlich segelten südarabische »Seenomaden« bereits damals mit Vorläufern der überaus seetüchtigen Dhaus entlang der Küsten des Indischen Ozeans bis zur fernen Insel Ceylon. Welthandels- und Entdeckungsreisen gab es offenbar schon drei Jahrtausende vor den Fahrten der Portugiesen.

## Waren die Phönizier am Kap der Guten Hoffnung?

Das geheimnisvollste Seefahrervolk der Antike waren die Phönizier. Dieses semitische Volk, dem wir die Erfindung des Alphabets verdanken, lebte an den östlichen Gestaden des Mittelmeeres, dort, wo heute der Libanon liegt. Sie selbst nannten sich Kanaanäer und später auch Sidonier, nach ihrer Hafenstadt Sidon (heute Saida im Libanon).

Der Name Phöniker oder Phönizier stammt vom griechischen »phoinix« und läßt sich wohl am besten mit »purpurrot« wiedergeben, womit auf die Kunst der Phönizier verwiesen wird, Textilien die hochgeschätzte »Farbe der Könige«, ein Rotviolett, zu verleihen. Den Rohstoff für die sorgfältig geheim gehaltenen Färbeverfahren lieferte eine Drüsenabsonderung der im Mittelmeer vorkommenden Arten der Purpurschnecke.

Die weitreichenden Seefahrsrouten der großen phönizischen Handelshäuser unterlagen ebenfalls strengster Geheimhaltung. Kein Matrose oder Kapitän wagte es, über die Reisewege, die Winde oder Meeresströmungen auch nur das Geringste verlauten zu lassen. Der Betreffende wäre mit dem Tode bestraft worden, so eifersüchtig wachten die Händler über ihre Monopolstellung. Nur wenn Phönizier im Auftrag fremder Herrscher Fahrten unternahmen, erfahren wir einiges über ihre Reiseziele.

So wird im Alten Testament im ersten Buch der Könige (9, 26–28) von einer Fahrt nach dem Goldland Ophir berichtet. Im Auftrag des Königs Salomo fuhren Schiffe mit Gefolgsmännern des Königs und erfahrenen Seeleuten aus Phönizien vom Golf von Akaba aus nach Ophir. »Und sie kamen gen Ophir, und holten daselbst vierhundertundzwanzig Zentner Gold, und brachten's dem König Salomo.« (1. Könige 9, 26). Im zehnten Kapitel des Buches der Könige lesen wir, daß man aus Ophir auch viel Sandelholz nach Israel brachte. Ferner wird von Elfenbein, Affen und Pfauen berichtet.

Nur wenige Fragen der Entdeckungsgeschichte sind soviel diskutiert worden wie diese. Daß diese Fahrt tatsächlich stattgefunden hat, ist heute wahrscheinlicher als das Gegenteil. Doch warum wurde dann diese sensationelle Reise nicht in Inschriften des Pharaos verherrlicht? Wahrscheinlich unterblieb dies, weil Necho kurz vor der Rückkehr der Schiffe verstarb. Und was konnte die Phönizier zu dieser Fahrt ins Ungewisse bewogen haben? Sicher war es die Aussicht, durch eine Umsegelung Afrikas einen neuen, vielleicht ungestörten Seeweg zu ihren Handelsplätzen in Spanien, Marokko und wahrscheinlich auch auf den Kanarischen Inseln zu finden. Doch es konnte noch ein anderer Gesichtspunkt hinzukommen. Eine uralte griechische Vorstellung lautete nämlich: »Das große Meer umgibt die ganze Erde.« Und in der Gelehrtenwelt des Altertums war die Meinung weit verbreitet, daß Afrika oder Libyen, wie man es damals nannte, südlich des heutigen Somalia endete und daß die Küste von dort in weitem Bogen zu den Säulen des Herakles (Straße von Gibraltar) führte. So gesehen, war die Reise um »Libyen« herum zwar ein kühnes Unternehmen, aber für die unerschrockenen phönizischen Seefahrer auch eine Herausforderung, die es anzunehmen galt.

Wie haben wir uns den Ablauf dieses wohl kühnsten Seefahrtunternehmens der Antike vorzustelllen? Möglicherweise begann die Fahrt in der Hafenstadt Kosseir am Roten Meer, wo die alte Karawanenstraße von Kuft im Niltal mündete. Es werden wohl ein halbes Dutzend Schiffe an dem Unternehmen beteiligt gewesen sein. Vermutlich starteten sie im Hochsommer und segelten mit dem dann herrschenden Nordwind durch das Rote Meer in Richtung auf das Osthorn von Afrika. Nahe dem Bab el-Mandeb, dem Ausgang zum Indischen Ozean, hatten sie mit wechselnden Winden und oft widrigen Strömungen zu kämpfen. Dann mußten die Mannschaften kräftig in die Ruder greifen. Etwa Mitte Oktober umschifften sie das Kap Guardafui am Osthorn und warteten nun auf den Nordostmonsun. Gegen Anfang November konnten sie dann ihre Fahrt entlang der Küste Ostafrikas fortsetzen. Der Monsun und eine südwärts gerichtete Meeresströmung trugen sie rasch vorwärts, immer weiter weg von ihnen vertrauten Gestaden. Ihre geräumigen, von Fremden oft bestaunten Schiffe hatten genügend Platz für Vorräte, und frischen Seefisch gab es in Hülle und Fülle! Frisches Wasser holten sie sich von küstennah gelegenen Quellen oder sonstigen Wasserstellen. Sie legten hier mit ihren schnellen Ruder-Seglern pro Tag sicher 200 bis 300 Kilometer zurück. Was sie zu diesem Zeitpunkt noch nicht kannten, waren die Entfernungen, die sie insgesamt bewältigen mußten: Bis hinunter zum Kap der Guten Hoffnung waren es rund 10 000 Kilometer, weitere 10 000 bis zu den Säulen des Herakles und dann noch 5000 Kilometer durch das ihnen vertraute Mittelmeer bis zum Nildelta. Es ist kaum anzunehmen, daß den Phöniziern unterwegs bei ihren Landgängen große Gefahren von seiten der Eingeborenen drohten. Bekanntlich bringen sogenannte Wilde den Angehörigen höherer Zivilisationen oft große Ehrfurcht entgegen, falls diese sich nicht instinktlos benehmen, wofür es allerdings bei europäischen Entdeckern nicht wenige unrühmliche Beispiele gibt.

Vielleicht begegnete man den Vertretern einer völlig unbekannten Welt auch wie Abgesandten fremder Götter und gab ihnen Vieh und Getreide, um nicht den Zorn der unbekannten Götter zu erregen. Möglicherweise besannen sich die Phönizier auch ihrer auf zahllosen Fahrten bewährten Seeräuberpraktiken und nahmen mit Gewalt die Nahrungsmittel und Materialien, die sie benötigten.

Da Herodot von einer zweimal eingebrachten Ernte berichtet, hat man angenommen, daß die Phönizier Weizen mitführten und im Kapland und dann entweder im Bereich des Senegal oder in Marokko dieses Getreide aussäten, nach der Ernte weiterreisten und so nach einer langen und beschwerlichen Fahrt entlang der westafrikanischen Küste schließlich bei den Säulen des Herakles ankamen.

Das Kapland müssen sie Ende Mai bis Anfang Juni erreicht haben, und sie blieben dort bis zum November. Hier unten erlebten sie auch das »Wunder«, von dem sie offenbar nach ihrer Rückkehr den Ägyptern erzählten: Sie hatten bei ihrer Fahrt um Libyen die Sonne zur Rechten! Wer je das südliche Afrika im Winter (Mai bis September) besucht hat, wird in lebhafter Erinnerung haben, welcher Überraschungseffekt darin liegt, die Sonne mittags im Norden zu erblicken, statt wie gewohnt im Süden. Und das trotz unseres Wissens um diese astronomische Erscheinung!

So könnte es sein, daß das Land Ophir in Indien zu suchen ist und daß die Phönizier mit ihren überaus seetüchtigen Schiffen diesen weiten Weg zurücklegten. Denn Pfauen sind nur in Süd- und Südostasien beheimatet, und das für den Bau der Harfen erforderliche Holz des Sandelbaumes gab es nur in Indien; die ostafrikanischen Sandel- und Ebenhölzer sind zu hart für den Instrumentenbau. Denkbar ist aber auch, daß die südarabischen Hafenstädte die großen Umschlagplätze zwischen Ostafrika und Indien waren. Die Goldminen von Ophir können jedoch, wie heute vielfach angenommen wird, auch im nordöstlichen Afrika gelegen haben; immerhin ist die lautliche Ähnlichkeit des Namens Ophir mit der dortigen Landschaft Afar bemerkenswert.

Die Phönizier kreuzten im gesamten Mittelmeerraum und gelangten durch die Straße von Gibraltar zur marokkanischen Küste und bis in die ferne Bretagne. Die bedeutendste Seereise der Antike aber führten sie im Auftrag des ägyptischen Pharao Necho II. durch. Über diese Fahrt, die am Ende der Regierungszeit (596–594 v. Chr.) des Pharaos stattfand, berichtet uns der griechische Geschichtsschreiber Herodot (Buch 4, Kap. 42):

»Es ist klar, daß Libyen vom Meere umflossen ist mit Ausnahme des Teiles, der an Asien grenzt, und dies hat Necho, der König von Ägypten, soweit wir wissen, zuerst bewiesen. Als dieser nämlich die Arbeiten an dem Kanale einstellen ließ, der aus dem Nile in den arabischen Busen führen sollte, sandte er phönizische Männer zu Schiffe ab mit dem Befehl, auf der Heimreise durch die Säulen des Herakles zu fahren und so über das nördliche Meer nach Ägypten zurückzukehren. Die Phönizier segelten demgemäß aus dem roten Meere ab und fuhren in das Südmeer. So oft die Saatzeit kam, landeten sie, bestellten das Feld, wo sie gerade in Libyen waren und warteten die Ernte ab. Wenn sie aber das Korn eingeheimst hatten, fuhren sie weiter, bogen nach Verlauf von zwei Jahren im dritten durch die Säulen des Herakles und gelangten nach Ägypten. Sie erzählten aber – was mir zwar nicht glaublich ist, vielleicht aber einem andern – daß sie bei ihrer Fahrt um Libyen die Sonne zur Rechten gehabt.«

Man könnte hier einwenden, daß die Sonne auch am Bab el-Mandeb, dem Ausgang des Roten Meeres, manchmal in der Mittagszeit nördlich vom Betrachter steht. Doch weicht sie dort nur maximal 10° vom Zenit ab, und das macht am Himmel keinen besonderen Eindruck; für den Betrachter sieht es eher so aus, als ob sie noch fast senkrecht stände. Nur der Schatten einer von Osten nach Westen gehenden Person fällt nach links. Doch ganz anders im Winter des Kaplandes; hier herrschen zu dieser Jahreszeit Temperaturen wie in Ägypten auch. Und die Sonne steht mittags, wie in Ägypten, 50° über dem Horizont. Nur die Richtung ist genau entgegengesetzt; die Sonne befindet sich nicht in der südlichen, sondern in der nördlichen Himmelshälfte. Für die Phönizier, die mit den Verhältnissen im Mittelmeer vertraut waren, mußte das ein höchst überraschendes, unerklärliches Phänomen sein. Und es bestand kein Grund, diese Sensation zu verheimlichen. So wird gerade der Teil der Überlieferung, den Herodot am meisten bezweifelte, zum sichersten Beweis dafür, daß die Phönizier Afrika bereits zwei Jahrtausende vor Vasco da Gama umfahren haben.

## *Die Portugiesen*
## *Durch das Meer der Finsternis zum Kap der Guten Hoffnung*

Noch zu Anfang des 12. Jahrhunderts reichte das kleine Land Portugal im südwestlichsten Vorpostengebiet Europas von seiner heutigen Nordgrenze am Fluß Minho nur bis zur Mündung des Mondego fast 200 Kilometer nördlich der späteren Hauptstadt Lissabon. Die Landschaften südlich davon befanden sich seit Jahrhunderten in der Hand der islamischen Moros (Mauren). Während die Moros das kleine Land häufig von Süden angriffen, war es vom Atlantik her den Überfällen der »feros normandos« (wilde Normannen) ausgesetzt. Und vom Inneren der Iberischen Halbinsel aus versuchten wiederholt die christlichen Nachbarn, die Kastilier, sich des schmalen Küstenlandes zu bemächtigen. Im Jahre 1147 gelang es dem portugiesischen König Affonso Henrique (Alfons I., 1139–1185), der deswegen auch den Beinamen der Eroberer erhielt, alles Land bis zum Tejo zurückzuerobern und die Hafenstadt Lissabon einzunehmen. Tatkräftig unterstützt wurde er durch deutsche und flämische Kriegsschiffe. Gegenangriffe der Mauren zu Lande und zur See wurden erfolgreich zurückgeschlagen, und die Portugiesen konnten im Jahre 1180 ihren ersten großen Sieg in einer Seeschlacht feiern, den die Flotte unter Führung des aus Coimbra stammenden Ritters Fuas Roupinho errungen hatte.

Dieser Capitão do mar (eine Art Admiralstitel) brachte zwei Jahre später sogar das Husarenstück fertig, den arabischen Gegner bis in den Hafen seiner mächtigen Seefestung Ceuta in Nordafrika zu verfolgen, die dort ankernden Schiffe zu kapern und sie unbeschädigt nach Lissabon zu entführen.

Durch den Besitz des vorzüglichen Hafens von Lissabon erhielt der Seehandel Portugals mächtigen Auftrieb. In der Folgezeit fuhren regelmäßig Schiffe nach Flandern und England. Ausgedehnte Fischfangfahrten wurden in die stürmischen Gewässer vor der Westküste Irlands unternommen.

Der Süden blieb weiterhin Kampfzone. Unter Sancho I. (1185–1211) begann der Feldzug gegen das maurische Algarve, und unter Affonso III. wurde mit der Einnahme der Seefestung Faro im Jahre 1249 schließlich die Rückeroberung der Provinz abgeschlossen. So hatten die Portugiesen fast 250 Jahre vor den Kastiliern ihr Land völlig von der Maurenherrschaft befreit, was ihrem Nationalstolz gewiß mächtigen Auftrieb gab und sie in der Folgezeit zu immer kühneren, gegen die »Ungläubigen« gerichteten Unternehmungen anstachelte.

Den letzten großen vorbereitenden Schritt auf dem Weg zur späteren portugiesischen Vorherrschaft auf den Weltmeeren tat der bedeutende König Diniz (1279 bis 1325), den seine Untertanen Diniz o lavrador, Diniz den Landwirt, nannten, weil er sich besonders für die Entwicklung des Ackerbaus einsetzte. Er ließ die Stadt Leiria, die durch ausgedehnte Sanddünen bedroht wurde, schützen, indem er in diesem Raum für die Anlage von Waldgebieten sorgte. Die Setzlinge für die ausgedehnten Forste kamen aus der Landschaft Les Landes im damaligen Königreich Burgund. Nur dank dieser Wälder vermochten die Portugiesen später jene stolzen Flotten zu bauen, die für nahezu ein Jahrhundert den Indischen Ozean beherrschen sollten.

König Diniz bestätigte die Privilegien der im Lande ansässigen Juden und Mauren, was dem Handel außerordentlich zugute kam. Den Anhängern des in Frankreich von Philipp dem Schönen verfolgten Templerordens gewährte er seinen Schutz und machte nach der vom Papst verfügten Auflösung des Ordens dessen Güter zur Grundlage des neugegründeten Christusordens, der bei der portugiesischen Kolonisation eine große Rolle spielen sollte. Auf dem das Meer weithin überragenden Vorgebirge im Südwesten Algarves überließ er den Ordensbrüdern ein Schloß als neue Zentrale ihrer Aktivitäten. Von hier aus inspirierte ein Jahrhundert später der Hochmeister des Ordens, der unter dem

Namen Heinrich der Seefahrer in die Geschichte einging, die kühnen Entdeckungsreisen entlang der Westküste Afrikas.

Dieser Dom Henrique (Heinrich) wurde am 4. März 1394 als Sohn König Joãos (Johanns) I. und seiner Gemahlin Filippa von Lancaster (England) geboren. Als Heinrich und sein Bruder Duarte in das Alter kamen, in dem sie den Ritterschlag erhalten sollten, suchten sie nach einer Gelegenheit, sich dieses so bedeutungsvollen Vorgangs durch besondere Heldentaten würdig zu erweisen. Schließlich schlugen sie dem Vater die Eroberung der großen Seefestung Ceuta vor, ein Gedanke, der wohl dem königlichen Schatzmeister João Afonso de Alenquer zuzuschreiben ist. Für einen christlichen Herrscher war es höchst ehrenvoll, diese dem Felsen von Gibraltar auf Sichtweite gegenüberliegende Festung den »Ungläubigen« zu entreißen. Und die Vorteile lagen klar auf der Hand. Der Besitz von Ceuta bedeutete Kontrolle über die Straße von Gibraltar und damit über den Zugang zum Mittelmeer. Das maurische Königreich Granada, letzte Bastion der Muslime auf der Iberischen Halbinsel, konnte auf diese Weise von jeglichem Nachschub aus Marokko abgeschnitten und Portugals Konkurrent Kastilien an Vorstößen in den Nordwesten Afrikas gehindert werden. Wer in Ceuta herrschte, hatte außerdem einen großen wirtschaftlichen Vorteil; er kontrollierte einen der nördlichsten Endpunkte des Transsahara-Handels.

Den Prinzen Heinrich und Duarte gelang es, ihren königlichen Vater von der Machbarkeit des kühnen Landeunternehmens zu überzeugen. Nun begann eine Flottenrüstung, wie sie das kleine Königreich in seiner Geschichte bis dahin noch nicht erlebt hatte. Tag und Nacht wurde auf den Werften gearbeitet. Der wahre Grund dieser Rüstungsanstrengungen wurde streng geheim gehalten. Auch als die Flotte von 200 Schiffen mit 20 000 Mann im Juli 1415 die Tejo-Mündung verließ, wußten nur wenige Eingeweihte etwas über den wahren Zweck des Unternehmens. Die meisten Teilnehmer der Expedition glaubten, daß wieder einmal ein Schlag gegen maurische Seeräuber geführt werden sollte.

Die Flotte passierte das Kap São Vicente und erreichte bald darauf die Bucht von Lagos an der Algarve-Küste. Hier nun hielt der Hofgeistliche eine Ansprache über den wahren Zweck der Reise. Diese einer Predigt gleichende Rede wurde auf allen Schiffen verlesen. Unter anderem hieß es darin: »Wer als Katholik und wahrer Christ nicht seine ganze Kraft zur Verteidigung des Glaubens einsetzt, ist kein echter Ritter, kein Glied Jesu Christi; er hat nichts mit ihm gemein und übertrifft an Schlechtigkeit den Ungläubigen!«

Die Erstürmung der Festung gelang innerhalb von 24 Stunden. Heinrich zog nach der Eroberung der Stadt von allen erreichbaren gelehrten Mauren Erkundigungen über die Länder südlich von Marokko ein. Der wißbegierige junge Prinz erfuhr auf diese Weise wundersame Dinge. Seit Jahrhunderten zogen Karawanen der Mauren in die Länder südlich der riesigen Wüste, um von dort vor allem Gold und Sklaven zu holen. Und gerade das wollte der Prinz auch.

Der Chronist João de Barros berichtet in seinem Werk »Asia« von einer jähen Verzückung des Prinzen während einer schlaflosen Nacht. Dabei habe Heinrich die Eingebung gehabt, daß es seine Bestimmung sei, Schiffe nach Süden zu schicken, um das geheimnisvolle Guinea zu erreichen, von dem ihm die Mauren berichtet hatten. Geradezu besessen war er von der Idee, einen Seeweg nach Indien zu finden.

Doch dürfen wir nicht glauben, daß Heinrich sogleich daran dachte, um ganz Afrika herumzusegeln. Vielmehr war er überzeugt, daß seine Kapitäne an der westafrikanischen Küste auf einen weit in das Innere des Landes reichenden Fluß stoßen würden, der mit dem ägyptischen Nil in Verbindung stehen müßte. Dort im Herzen Afrikas sollte es einen Seitenfluß geben, der nicht nach Norden, also nach Ägypten, sondern nach Osten zum Indischen Ozean floß. Heinrich vermutete in jenen unbekannten Gegenden das Reich des sagenumwobenen Priesterkönigs Johannes, nach welchem das mittelalterliche Europa schon so oft und vergeblich gesucht hatte. Der Priester Johannes galt als der einzige christliche Herrscher, dem es gelungen war, sein Reich gegen die sich rasch ausbreitenden Muslime zu behaupten. Mit diesem Herrscher als Verbündetem müßte es möglich sein, das Monopol der Araber zu brechen und sich des Handels mit den begehrten Gewürzen Indiens zu bemächtigen.

Bald nach der Eroberung Ceutas, deren 500. Jahrestag 1915 in Portugal feierlich begangen wurde, verließ Heinrich den Hof in Lissabon und zog sich auf das Vorgebirge von Sagres nahe dem Kap São Vicente in Algarve zurück. Hier gründete er die erste nautische Hochschule Europas. In dem kleinen, bis dahin kaum bekannten Städtchen Villa do Infante trafen bald erfahrene Navigatoren und zahlreiche Gelehrte aus verschiedenen Teilen Europas ein. Ähnlich wie Jahrhunderte später in den großen geographischen Gesellschaften Englands, Frankreichs und anderer Länder wurden hier sämtliche erreichbaren Informationen gesammelt und alle Entdeckungen sorgfältig in Karten eingetragen. Das geschah unter strenger Geheimhaltung. Im Auftrag des Prinzen wurden vor der westafrikanischen Küste eine ganze Reihe von Inseln entdeckt oder wieder aufgefunden, nachdem sie jahrhundertelang vergessen waren. So gelangten die Kapitäne Heinrichs nach Madeira, zu den Kanarischen Inseln und später zu den Kapverden vor der Küste des heutigen Senegal.

Die Inbesitznahme vollzog sich auf »einfachem Wege«: Waren die Inseln »herrenlos«, dann gehörten sie dem, der zuerst ihren Boden betrat. Und als »herrenlos« galt alles, was keinem christlichen Herrscher untertan war, denn »Ungläubige« besaßen kein Besitzrecht. Somit hatte der König mit dem Befehl zur Besetzung auch keinerlei Rechte verletzt!

Die Kanarischen Inseln mußten allerdings 1479 an das durch die Vereinigung mit Aragonien mächtiger gewordene Königreich Kastilien abgetreten werden. Die Kapverden dagegen sollten sich in der Zukunft als eine wichtige Stützpunkt- und Versorgungsbasis der Portugiesen erweisen.

## Heinrich der Seefahrer

*Von den 35 überlieferten Expeditionen, die zwischen 1419 und 1460 an der westafrikanischen Küste durchgeführt wurden, haben nur acht unter der direkten Leitung des Infanten Heinrich gestanden. Dennoch trägt der Sohn des portugiesischen Königs João I., der selbst nie an einer größeren Seereise teilgenommen hat, durch die Gründung der wegweisenden Seefahrtschule in Sagres am Kap São Vicente wohl zu Recht den Beinamen »Heinrich der Seefahrer«.*

## Die Küste von Westafrika

*Diese Karte aus dem Jahre 1738 zeigt die Westküste Afrikas von der Straße von Gibraltar bis zum Gebiet der Mandingo-Völker südlich der Gambia-Mündung. Alle wichtigen Stationen auf dem Wege der portugiesischen Entdecker zu den Guinealändern sind hier verzeichnet.*

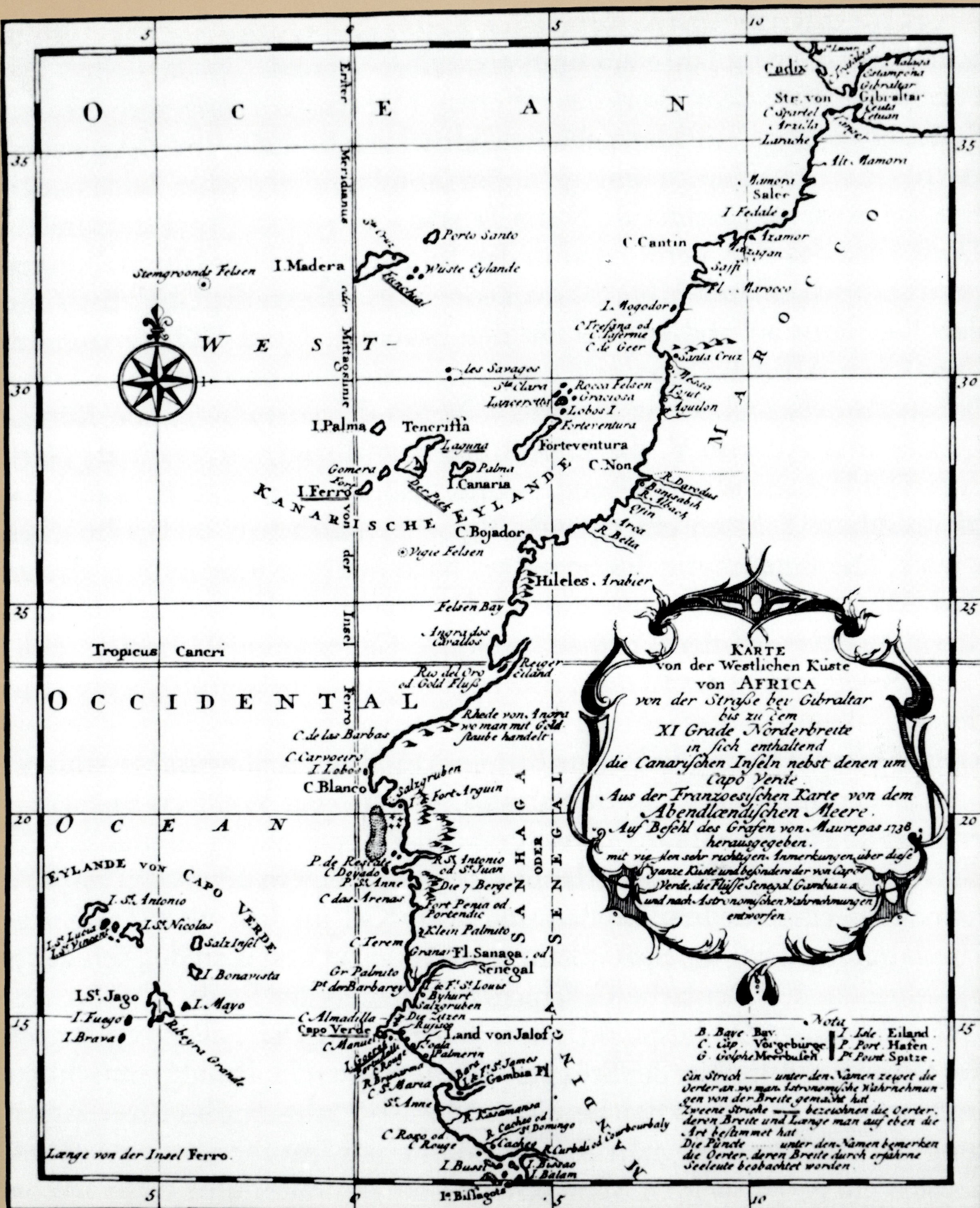

Karte
von der Westlichen Kuste
von AFRICA
von der Straße bey Gibraltar
bis zu dem
XI Grade Norderbreite
in sich enthaltend
die Canarischen Inseln nebst denen um
Capo Verde
Aus der Franzoesischen Karte von dem
Abendlændischen Meere
Auf Befehl des Grafen von Maurepas 1738
herausgegeben.
O C E A N
WEST-
OCCIDENTAL
O C E A N
Tropicus Cancri
Erster Meridianus oder Mittagslinie von der Insel Ferro
I. Madera
Porto Santo
Stemgroonds Felsen
I. Palma
Teneriffa
I. Ferro
I. Canaria
Forteventura
KANARISCHE EYLANDE
EYLANDE VON CAPO VERDE
I. St. Antonio
I. St. Nicolas
Salz Insel
I. Bonavista
I. St. Jago
I. Mayo
I. Fuego
I. Brava
Cadix
Str. von Gibraltar
C. Cantin
C. Non
C. Bojador
Hileles. Arabier
C. Blanco
Fort Arguin
Fl. Sanaga od Senegal
Capo Verde
Land von Jalof
Gambia Fl.
MAROCCO
SAHAGA ODER SENEGAL
NIGRITIEN
Længe von der Insel Ferro.
Nota
B. Baye Bay.
C. Cap. Vorgebürge
G. Golphe Meerbusen
I. Isle Eiland.
P. Port Hafen.
Pt. Point Spitze.

Ab 1421 wurden Jahr für Jahr Schiffe gen Süden entsandt, die immer weiter an der Westküste Afrikas vordrangen. Jenseits des Kap Não (Kap »Nicht«) reichte die Wüste Zaara (Sahara) bis ans Meer. Hier gab es kaum Pflanzenwuchs und keine Spuren menschlichen Lebens. Die Aussichten auf einen profitablen Handel sanken auf ein Minimum. Am Kap Bojador, jenseits der Kanarischen Inseln, wurde die Küste ganz flach, und das Meer wies zahlreiche Untiefen auf. Wenn die Kapitäne der Gefahr des Strandens entgehen wollten, mußten sie so weit aufs Meer hinaus, daß das Land außer Sichtweite kam. Wind und Meeresströmungen kamen zu allem Übel vorwiegend aus nördlichen Richtungen. Die Schwierigkeit bestand hier nicht darin, weiter nach Süden vorzudringen, sondern vielmehr darin, sicher in die Heimat zurückzukehren. Unter Seeleuten sagte man: »Wer Kap Não erreicht hat, wird zurückkehren oder não (nicht).« Nach Wiederentdeckung der Azoren (1427) fanden die Portugiesen heraus, daß man von der afrikanischen Küste am besten zu den Azoren segelte und von dort mit günstigen Winden nach Portugal zurückkehren konnte.

Die Ängste der Seefahrer im Gebiet von Kap Não wurden vielleicht noch verstärkt durch die aus dem Altertum überlieferte Vorstellung eines »Meeres der Finsternis«, das angeblich im Bereich des Wendekreises die Grenze der schiffbaren Gewässer bildete. Doch im Jahre 1433 gelang es dem unerschrockenen Kapitän Gil Eannes, am Kap Bojador vorbeizusegeln, ohne in ein solches »Meer der Finsternis« zu geraten.

Bereits drei Jahre später wurde der Wendekreis des Krebses (nördlicher Wendekreis) überschritten und damit die mathematische Grenze der Tropen erreicht. Aber noch immer dehnten sich hinter der Küste öde, oft sandige Landschaften aus.

Nicht weit vom Wendekreis stießen die Portugiesen auf einen riesigen, gut fünf Kilometer breiten Strom, der parallel zur Küste lief und nach Süden hin mündete. Es gab hervorragende Ankerplätze. Die Seefahrer glaubten, daß sie von hier nur noch in alle Richtungen vorzudringen brauchten, um Gold zu finden. Hatten doch arabische Geographen und Händler immer wieder von dem märchenhaften Goldreichtum jenseits der großen Wüste gesprochen. So taufte man das, was man für die Mündung eines riesigen Stromes hielt, Rio de Oro (Goldfluß). Der »Goldfluß« erwies sich übrigens bald als eine rund 40 Kilometer tiefe Meeresbucht. Es gab weder einen Fluß, noch fand man Gold. Die alten Berichte erwiesen sich, wie so häufig in der Entdekkungsgeschichte, als Irrtum.

Drei Breitengrade südlich vom »Rio de Oro« stieß ein anderer portugiesischer Seefahrer, Nuño Tristão, erneut auf eine langgestreckte Halbinsel, die noch weiter ins Meer hinausragte. Wegen der leuchtend weißen Strände, die sich dort ausdehnten, nannte er die Spitze der Halbinsel Cabo Blanco, das weiße Kap. In der dahinter liegenden schier endlosen Bucht stieß Tristão auf eine Insel (Argin-Insel), welche die Mannschaft in maßloses Erstaunen versetzte. Zahllose Seevögel bevölkerten das einsame Eiland. Neben riesigen Mengen von Seeschwalben und Möwen brüten hier auch heute noch zahlreiche Pelikane, Flamingos, Reiher, Löffler und Kormorane in der wohl bedeutendsten Vogelkolonie der westafrikanischen Küste.

Auf der Argin-Insel ließ Heinrich der Seefahrer bereits vier Jahre später das erste Fort errichten. Von nun an begann ein unaufhaltsamer Vormarsch, der für viele Afrikaner tragische Folgen haben sollte. Schon der erste Landausflug bei Argin »lohnte sich«; es gelang den Portugiesen, einige Bewohner einzufangen, die wie selbstverständlich als Beute mit nach Hause genommen wurden.

Die Bürger von Lagos an der Algarve-Küste beeilten sich, ein Handelsunternehmen für den Import von Sklaven ins Leben zu rufen. Ein Jahr nach Tristãos Fahrt zur Argin-Insel erbrachte eine von Lagos abgesandte »Expedition« die beachtliche »Ausbeute« von genau 235 »Stück« des begehrten »schwarzen Elfenbeins«. Bald besaß eine ganze Reihe von Familien an der Algarve-Küste Haussklaven, die oft erheblich dazu beitrugen, den Wohlstand des Hausherrn zu mehren. Besonders beliebt waren Kinder und Jugendliche, weil diese sich rascher und besser in ihre neue Umgebung eingewöhnten.

Bei seiner zweiten Afrikareise (1444) erreichte Nuño Tristão am 26. Breitengrad erneut eine sich weit nach Norden hinziehende Bucht. Doch diesmal war es tatsächlich die Mündung eines großen Flusses, den man für einen Nebenarm des Nils hielt und der entsprechend Rio do Nillo genannt wurde. Später erhielt er den Namen Sanaga, was gleichbedeutend mit Senegal ist. Nuño Tristão hatte mit seiner Fahrt zum Senegal die Terra dos Negros, das Land der Schwarzen, erreicht, von dem die arabischen Geographen bereits seit Jahrhunderten berichtet hatten. Noch befanden sich die Portugiesen in dessen nördlicher Randzone, der Uferzone des riesigen Wüstenmeeres, welche die Araber seit jeher den Sahel (Ufer) nannten.

Nun begannen die portugiesischen Seefahrer, von einer Art Jagdfieber gepackt, weiter südlich gelegene Ziele anzusteuern. Dinis Diaz, Sproß einer bedeutenden Seefahrerfamilie, segelte als erster neuen, unbekannten Küstenregionen entgegen. Nach gut 100 Seemeilen erreichte er ein weit nach Westen vorragendes Kap, das die Portugiesen wegen seines reichen Pflanzenwuchses in großes Erstaunen versetzte. Widersprach doch die zunehmende Üppigkeit der Vegetation allen bisherigen Vorstellungen von den äquatorwärts gelegenen Landstrichen. Seit dem Altertum galt die Äquatorialzone als unbewohnbar. Die Strahlen der senkrecht stehenden Sonne versengten angeblich alles Leben. Kein Grashalm war imstande, in dieser Welt der alles ausdörrenden Hitze zu überleben!

Kein Wunder also, daß die überraschten Portugiesen diesem Kap den Namen Cabo Verde (Grünes Vorgebirge) gaben und damit ihr geradezu ungläubiges Staunen zum Ausdruck brachten. In den Schiffstagebüchern lesen wir: »Todo verde com grandes arvores que conservan as folhas durante todo o anno« (alles ist grün, mit großen Bäumen, die das ganze Jahr über Laub

## Die erste Zuckerladung in Antwerpen

*Am 10. Februar 1502 startete Vasco da Gama von Lissabon zu seiner zweiten Indienreise. Am 1. April desselben Jahres folgte ihm Estevão da Gama mit zehn Schiffen nach. Über dieses große Unternehmen gibt es mehrere aufschlußreiche Berichte, unter anderem den eines Deutschen, der ausdrücklich den Zuckerrohranbau der Portugiesen auf Madeira und den Kanarischen Inseln erwähnt. Die Kanarischen Inseln wurden auch die Zuckerinseln genannt. Für die harte Arbeit des Zuckerrohranbaus wurden seit 1452 Negersklaven nach Madeira »exportiert«, wie später im großen Stil nach Brasilien.*

## Guinea-Vögel

*Eine der interessantesten Beschreibungen der Guineaküste aus dem frühen 18. Jahrhundert stammt von dem Holländer Willem Bosman, der als Handelsagent, besonders für Sklavengeschäfte, im Gebiet von Dahomey (Dahome) tätig war.*
*Die Abbildungen seines Berichtes sind in den Sammelwerken der Reiseliteratur wiederholt abgedruckt worden. An eine systematische Beschreibung der Tierwelt dachte man damals noch nicht, wie die Bezeichnungen auf der Abbildung dem heutigen Leser verraten.*

tragen). Die Landschaft glich also keineswegs, wie eigentlich erwartet, »areas como os desertos de Libya« (Gebieten wie die Wüsten von Libyen). Schritt für Schritt wurde so eine festgefügte mittelalterliche Weltvorstellung durch die unmittelbare Begegnung mit einer fernen fremdartigen Welt tiefgreifend verändert.

Folgerichtig heißt es im Bericht eines Seemannes des Diogo Gomez: »Das alles schreibe ich nun mit Verlaub Seiner Gnaden des Ptolemäus, welcher recht gute Sachen über die Einteilung der Welt hat verlauten lassen, aber in einem Stücke sehr fehlerhaft dachte. Er zerlegte die ihm bekannte Welt in drei Teile, nämlich in den bewohnten mittleren, in den arktischen wegen seiner Kälte; und in den tropischen, wegen seiner Gluthitze unbewohnbaren Gürtel. Nun hat sich aber das Gegenteil bestätigt: zahllos wohnen am Äquator schwarze Völkerschaften, und zu unglaublichem Wuchs erheben sich die Bäume, denn gerade im Süden steigert sich die Kraft und Fülle des Pflanzenwuchses, wenn auch die Formen fremdartig gestaltet sind.«

Bei der Suche nach tüchtigen Seeleuten kam Heinrich dem Seefahrer mitunter auch der Zufall zu Hilfe. Im Herbst des Jahres 1454 steuerte ein venezianischer Edelmann namens Ca' da Mosto (Cadamosto) ein Handelsschiff durch die Meerenge von Gibraltar mit Zielrichtung Flandern. Doch die Gewalt des Sturmes zwang ihn, am Kap São Vicente vor Anker zu gehen. Den ganzen Winter über war dieser Mann Heinrichs Gast. Cadamosto kannte fast alle Mittelmeerhäfen bis hin nach Alexandria in Ägypten. Er stammte aus einer reichen Familie. Doch sein Vater war durch endlose Prozesse verarmt und schließlich aus Venedig verbannt worden. Der Sohn, darauf bedacht, das Ansehen der Familie wiederherzustellen, beschloß, durch Handel im Ausland ein neues Vermögen zu erwerben. Solche Leute konnte Heinrich der Seefahrer gebrauchen und warb den unternehmungsfreudigen Mann für seine Afrikafahrten an.

Im März 1455 stach Cadamosto mit einer 45-Tonnen-Karavelle in See. Diesen Schiffstyp hatten die Portugiesen fortlaufend verbessert. Besaßen die Karavellen zu Beginn der Afrikafahrten nur einen Mast, so waren es mittlerweile zwei, und später wurden nur noch Dreimaster auf große Fahrt geschickt. Die Manövrierfähigkeit wurde auf diese Weise erheblich verbessert, und das sollte sich bei der Eroberung der Küsten des Indischen Ozeans ganz entscheidend auswirken.

Cadamosto erreichte zuerst Madeira, wo die Portugiesen bereits damals vier blühende Kolonien besaßen. Auf sorgfältig bewässerten Feldern gedieh Zuckerrohr, eines der wichtigsten Handelsgüter der Tropen. »Das lant«, so heißt es im Bericht eines deutschen Teilnehmers der zweiten Indienreise Vasco da Gamas, »wirt meystenteil von schwarzen schlaffen (Sklaven) gearbet.« Negersklaven für die harte Arbeit auf den Zuckerrohrfeldern wurden seit 1452 nach Madeira »exportiert«, wie später im großen Stil nach Brasilien.

Am Kap Blanco vorbei steuerte der Venezianer in portugiesischem Dienst in die Bucht von Argin. Für den vorgesehenen Landausflug hatte man Pferde mitgebracht. Nach sechs Tagereisen erreichte Cadamosto den Stapelplatz Oden. Lange Kamelkarawanen, so erfuhr er hier, zogen aus der Berberei (Atlasländer) nach Timbuktu am Niger. Von dort brachten die Karawanen neben Gold auch Sklaven nach Norden. Für ein gutes Berberpferd lieferten die Herrscher der Negerreiche am Niger und im Tschadsee-Gebiet zwölf bis fünfzehn Sklaven.

Ein Teil der Sklaven (etwa 700 bis 800 Menschen pro Jahr) wurde von nun an vom Umschlagplatz Oden nach Argin gebracht und an die Portugiesen verkauft. Von den Händlern erfuhr Cadamosto auch, daß sechs Tagereisen von Oden entfernt ein Ort namens Tegazza lag, wo Steinsalz gewonnen wurde. In den feuchten Tropengebieten Westafrikas war das ein sehr begehrter Handelsartikel. Das Steinsalz wurde über Timbuktu nach Melli (Mali) befördert und dort gegen Gold eingetauscht. Der Weitertransport nach Süden erfolgte wegen des zunehmend feuchteren Klimas, das die Leistungsfähigkeit der Kamele sehr beeinträchtigte, mit Hilfe von Trägerkarawanen.

Cadamostos Schilderungen aus Westafrika gehören zu den besten zeitgenössischen Darstellungen. So berichtet er von einer Fahrt, bei der er (1456) auf dem Gambia (südlich des Senegal) weit flußaufwärts vordrang: »Wir lernten hier ein merkwürdiges Tier kennen, das die Eingeborenen Pferdfisch (gemeint ist das Flußpferd) nennen. Es ist über drei Meter lang und hat sehr kurze Beine mit gespaltenen Hufen. Am Kopf hat das Tier zwei Hauer, die aber viel mächtiger als beim Eber sind. Dieser Pferdfisch steigt auch aus dem Wasser heraus.« Im Fluß fand er wie im Meer zahlreiche verschiedenartige Fische, die in Europa unbekannt waren. Unter den Bäumen der umliegenden Savannenlandschaften beeindruckten ihn, wie alle später nachfolgenden Reisenden, die mächtigen Affenbrotbäume, die er wie folgt beschreibt: »Überall wachsen mächtige Bäume, die zwar sehr dick, aber nicht entsprechend hoch sind. So sah ich einen hohlen Stamm mit schattiger Laubkrone, dessen Umfang am Fuß 17 Armlängen betrug.«

Südlich des Senegal reiste Cadamosto in das Land Cayor. Beim dortigen Damel (König), einem Vasallen des Herrschers von Djolof, verweilte er vier Wochen. Die Staaten der Wolof, die zur Zeit von Cadamostos Besuch von einem Oberherrscher, dem Burba Djolof, zusammengehalten wurden, lagen im Gebiet zwischen den Flüssen Senegal und Gambia, also im Bereich des heutigen Staates Senegal. Cayor, mit einer Mischbevölkerung aus Sudannegern und Berbern aus dem nördlichen Afrika, lag im Küstengebiet nördlich der heutigen Stadt Dakar. Alle diese Völkerschaften besaßen seit langem staatlich organisierte Gemeinwesen mit oft sehr wechselvoller Geschichte. Die großen Sudanreiche im fernen Hinterland des Senegal lernten die Europäer erst ab Ende des 19. Jahrhunderts kennen (vgl. Kap. 7 u. 8). Den Portugiesen gelang es offenbar schon frühzeitig, Handelskontakte zu der weit entfernten Stadt Timbuktu am Niger aufzunehmen. Ob eine Abordnung der Portugiesen diese Stadt damals schon besucht hat,

## Das Osthorn von Afrika

*Als »Aethiopia superior vel interior« (Ober- oder Inneräthiopien) ist das östliche Afrika einschließlich des Berglands von Äthiopien auf dieser Karte von Johann Blaeu (aus dem Jahre 1642) bezeichnet. Im äthiopischen Bergland vermutete man das Reich des legendären Priesterkönigs Johannes. In der Zangebar genannten Küstenregion hatten sich seit Jahrhunderten arabische Sultanate wie Mombasa, Melinde (Malindi) und Zangebar (Insel Sansibar) etabliert.*

**Kalikut**
*(oben)*

*Am 14. Mai 1498 erreicht Vasco da Gama, von einem maurischen Lotsen sicher geleitet, die an der südlichen Westküste (Malabarküste) Vorderindiens gelegene Stadt Kalikut (Koschikode im heutigen indischen Bundesstaat Kerala).*

**Sofala (Cefala)**

*Bis nach Sofala, dem fernsten arabischen Stadtfürstentum an der Ostküste Afrikas, gelangte 1489 der portugiesische Geheimagent Pedro de Covilhão. Sein Bericht lieferte wertvolle Informationen für Vasco da Gamas Indienexpedition. Bereits 1505 wurde Sofala den arabischen Händlern entrissen und zwei Jahre später Hauptstadt der portugiesischen Kolonie Moçambique.*

### Weltkarte des Idrisi

*Der arabische Geograph al Idrisi lebte im 12. Jahrhundert. Sein Großvater war Emir des damals noch arabischen Malaga in Südspanien gewesen. Auf Sizilien wirkte Idrisi lange Jahre als Hofgeograph des Normannenkönigs Roger II. Die lateinische Übersetzung seiner umfassenden Welt-Geographie wurde 1619 veröffentlicht.*
*Die von ihm entworfene silberne Erdscheibe ist häufig reproduziert worden. Auffallend ist die Darstellung des Stromsystems im damals bekannten Teil von Afrika. Zentrales Quellgebiet sind die Mondberge (Qomr Gebirge) südlich von Nubien, die drei große Seen speisen, von denen der Nil und der Niger ihren Ausgang nehmen.*

ist nicht mit Bestimmtheit zu sagen, zu viele alte Dokumente sind beim großen Erdbeben in Lissabon (1755) verbrannt.

Die Residenz des Königs von Cayor bestand aus 40 bis 50 Hütten, im Kreis angelegt und von einer dichten Hecke umgeben. Auf dem Weg zur Empfangshalle mußte man sieben Höfe durchschreiten; in jedem Hof spendete ein riesiger Baum den auf eine Audienz Wartenden den ersehnten Schatten. Unabhängig vom Rang knieten die Bittsteller vor dem Herrscher nieder, wieder und wieder Kopf und Schultern mit Sand bewerfend. Sie hatten allen Grund, jedwede Verletzung der Hofetikette tunlichst zu vermeiden. Schon bei geringfügigen Vergehen konnte sich der allmächtige Herrscher veranlaßt sehen, Frauen und Kinder der Betroffenen in die Sklaverei zu verkaufen.

Den portugiesischen Händlern waren derartige Herrschergepflogenheiten nur recht. Man lieferte Baumwollkleidung, Metallwaren und Waffen; die Vasallenkönige des Burba Djolof, des Oberherrschers der ganzen Region, boten als Gegenleistung Sklaven für die portugiesischen Plantagen auf den Kapverden und auf Madeira.

Während seines Aufenthaltes in Cayor besuchte Cadamosto mehrmals den Marktplatz, wo er jedesmal von neugierigen und verwunderten Menschen umgeben wurde. Fernab wohnende Marktbesucher, so berichtet er, rieben mit Speichel über seine Arme, um zu sehen, ob die weiße Farbe der Haut dieses Fremdlings auch echt sei.

## *Der Entdeckungsvertrag mit der Krone und die Fahrt zum Südkap*

Nach dem Tode Heinrichs des Seefahrers lief das großangelegte Entdeckungsunternehmen Gefahr zu scheitern. Der regierende König Alfons V. war durch kriegerische Auseinandersetzungen mit den Mauren des nordwestlichen Afrika in eine finanziell angespannte Lage geraten. Doch durch einen glücklichen Einfall Seiner Majestät konnten die Reisen nach Afrika fortgesetzt werden.

Im Jahre 1469 schloß Alfons mit dem reichen Händler Fernão Gomes einen Entdeckungsvertrag ab. Gomes erhielt das Handelsmonopol über ganz Westafrika. Dafür mußte er sich verpflichten, durch seine Kapitäne pro Jahr 100 Leguas (1 Legua ca. 6100 Meter), das heißt rund 600 Kilometer Küstenstreifen entdecken zu lassen.

Ein solcher Entdeckungsvertrag der damaligen Zeit bedeutete allerdings nicht, daß es um die wissenschaftliche Erforschung des sich vor den Portugiesen ständig auftuenden Neulandes ging. Die Arbeit der mehr oder weniger wissenschaftlich geschulten Entdecker und Forscher begann erst zwei Jahrhunderte später. Die Kapitäne des Gomes hatten im wesentlichen den Auftrag, gute Karten der Küstengebiete anfertigen zu lassen und zu erkunden, welche Handelsgüter man von den Küstenbewohnern erwerben und in welchen Gebieten man möglichst gefahrlos auf Sklavenjagd gehen konnte.

Dank ausgezeichneter Kapitäne gelang es Gomes, den mit König Alfons geschlossenen Vertrag gewissenhaft zu erfüllen. Binnen sechs Jahren befuhren seine Kapitäne die gesamte Küste von Sierra Leone bis zur Niger-Mündung. Dann ließ eine geradezu sensationelle Entdeckung die Auftraggeber in Lissabon aufhorchen. Die Küste, deren Länder von den Portugiesen Guinea genannt wurden, bog jenseits der Niger-Mündung plötzlich in unabsehbarer Ausdehnung nach Süden ab. Der afrikanische Kontinent erschien mit einem Mal in viel größeren Dimensionen, als man seit den Zeiten des griechischen Geographen Ptolemäus angenommen hatte.

Weitere erfolgreiche Vorstöße ins Unbekannte verlangten die Errichtung eines festen Stützpunktes an der Guineaküste. König João (Johann) II. entschied sich für einen als Goldküste bezeichneten Landstrich; von dort bezogen die Portugiesen seit einigen Jahren über ihren Handelsplatz El Mina (die Mine) Gold im Tauschhandel. Nach langwierigem Verhandlungspalaver mit dem Herrscher des Gebietes konnten 500 portugiesische Soldaten und rund 100 Handwerker im Januar 1482 an Land gehen. Den neun Karavellen dieses Großunternehmens waren zwei mit Baumaterialien voll beladene Lastschiffe vorausgefahren. Das Fort wurde dem heiligen Georg geweiht, daher sein Name São Jorge da Mina. El Mina erhielt bereits 1486 Stadtrecht und lieferte große Reichtümer – Gold wurde oft im Verhältnis 5:1 eingetauscht.

Der neu gewonnene Reichtum erlaubte es dem König, die Fahrten ins Unbekannte immer weiter auszudehnen und so das See-Imperium Portugals Schritt für Schritt zu erweitern. Noch im Jahr der Errichtung des Forts von El Mina schickte der König einen tüchtigen Kapitän namens Diogo Cão, der wie die meisten bedeutenden Seefahrer Portugals aus dem einfachen Volk stammte, auf neue Entdeckungsfahrt in die Gebiete jenseits des mächtigen, 4000 Meter hohen Vulkanriesen, der auf unseren Atlanten heute mit dem Namen Kamerun-Berg verzeichnet ist. Der im Dienste des Kaufmanns Gomes stehende Kapitän Fernão do Póo hatte ihn wenige Jahre zuvor wohl als erster Europäer erreicht.

Diogo Cão nahm zum erstenmal Steinkreuze statt der bisher an markanten Punkten aufgestellten Holzkreuze mit auf die Reise. Diese Padrãos genannten Pfeiler waren die steinernen Symbole einer von Besitzansprüchen getragenen Entdeckerära. Sie wurden bereits im »Mutterland« von den Steinmetzen hergerichtet und in feierlichem Zeremoniell an den fernen »herrenlosen« Küsten aufgestellt. Ihr Gewicht war mit 400 bis 500 Kilogramm beachtlich.

Nach einer Ruhepause in El Mina und Ergänzung des Proviantes segelten die Schiffe Diogo Cãos an der Insel Fernando Poo in der Biafra-Bucht vorbei und nahmen dann ihren Kurs gen Süden, unbekannten Regionen des »dunklen« Erdteils entgegen. Über tausend Kilometer ging die Reise südwärts. Dann tauchten im

## Gebirge und Häuser in Sierra Leone

*Sierra Leone, Löwengebirge, nannten die Portugiesen diesen Landstrich an der Westküste Afrikas, weit südlich des Kap Verde. Während der Regenzeit hallte der Donner der mit Urgewalt herabstürzenden Gewitterregen gleich Löwengebrüll von den Bergen hinter dem Küstenland wider.*

## Das Land der Schwarzen

*Bilad es Sudan, Land der Schwarzen, nannten die Arabisch sprechenden Händler aus dem islamisierten Norden des Kontinents die Gebiete südlich der großen Wüste. Ihnen verdankten die Europäer die ersten Nachrichten aus dem Sudan. Besonders die Darstellung der Negerreiche im siebten Buch der Afrika-Beschreibung des Leo Africanus prägte die Vorstellungen in den Ländern der Christen jenseits des Mittelmeeres. Die Abbildung ist dem berühmten Kompendium des Amsterdamer Arztes Olfert Dapper entnommen, das 1670 in einer deutschen Ausgabe unter dem Titel »Umständliche und eigentliche Beschreibung von Afrika« in Amsterdam erschien.*

## Zubereitung des Essens vor einer Hütte

*Olfert Dapper berichtet, daß die Neger an der Goldküste vor allem Hirsebrot essen. Das Korn wird auf einem breiten Stein gemahlen. Als Zuspeise verzehren sie Fisch, seltener Hühner.*

## Bootsbau

*Die Einwohner an der Goldküste, so berichtet Dapper, haben schnell fortschießende Kähne, die sie auf den Flüssen und an der Küste benutzen, und mit denen sie wohl auch etliche Meilen weit auf das Meer hinausfahren. Diese Boote werden aus einem Stamm gefertigt.*

Meer vereinzelt losgerissene Landpflanzen auf. Das war an sich nichts Neues; vor jeder Flußmündung konnte man diese Erscheinung beobachten. Doch diesmal übertraf das Gesehene alle bisherigen Erfahrungen. Immer mächtigere Pflanzenbarren tauchten vor dem Bug der Schiffe auf, obwohl diese noch weit von der Küste entfernt waren. Das Überraschendste war jedoch, daß man noch 30 Kilometer vor der Küste Süßwasser aus dem Meer schöpfen konnte! Hier mußte ein Riesenstrom seine Wassermassen ins Meer ergießen. Was die Portugiesen dann erblickten, die Kilometer breite Trichtermündung des wasserreichsten Stromes Afrikas, des Kongo, dessen Wasserführung nur noch vom Amazonas übertroffen wird, das überwältigte auch diese erfahrenen Seemänner. Die Entdeckung der Kongomündung war der dramatische Höhepunkt der Reise des Diogo Cão.

Als man am südlichen Ufer des Stromes einen geeigneten Ankerplatz gefunden hatte, wurde der erste Padrão an Land geschleppt und hoch über dem Fluß aufgerichtet. Ein zweiter Padrão wurde an der Angolaküste beim Kap Lobo (Kap Santa Maria) zwischen den späteren portugiesischen Städten Benguela und Mossamedes aufgestellt. Dieser Padrão blieb erhalten und wird heute in einem Museum von Lissabon aufbewahrt. Die stolze Inschrift auf diesem Pfeiler lautet: »Im Jahre 6681 seit der Erschaffung der Welt und 1482 seit der Geburt unseres Herrn Jesus Christus ließ der höchst erlauchte, höchst ausgezeichnete und mächtige Fürst König Johann, der zweite seines Namens von Portugal, dieses Land durch seinen Knappen Diogo Cão entdecken und diesen Pfeiler errichten.«

Die Begegnungen mit den Bewohnern der dicht besiedelten Landstriche am Kongostrom verliefen friedlich. Doch die Verständigung, die mittels einheimischer Dolmetscher an der Guineaküste so gut funktioniert hatte, versagte hier völlig. Die von dort mitgebrachten Afrikaner konnten sich mit den Menschen am Kongo nicht verständigen. Für die Portugiesen war das eine überraschende Feststellung. Das »Land der Schwarzen« bildete demnach keine Einheit, wenn auch vieles auf den ersten Blick einen solchen Eindruck erwecken mochte. Die grundverschiedenen Idiome Westafrikas, die zur großen Gruppe der Sudansprachen gehören, und die Bantu-Sprachengruppe südlich des Äquators demonstrierten die Vielfalt der Bewohner Afrikas in aller Deutlichkeit. Mehrere Tagereisen stromaufwärts, so glaubten die fremden Seefahrer unter Zuhilfenahme der Zeichensprache herauszuhören, sollte ein mächtiger Herrscher leben, der Mani Congo oder Herr des Kongo. Einigen Portugiesen gelang es, auf dem Landweg bis dorthin vorzudringen. Als Diogo Cão die Rückreise antrat, hatte er mehrere Afrikaner an Bord, die später tief beeindruckt in ihre Heimat zurückkehrten. Während seiner zweiten Afrikareise fuhr Diogo Cão rund 150 Kilometer den Kongo hinauf und begegnete in dieser Region persönlich dem Mani Congo, der über das ferne Land, aus dem die Fremdlinge kamen, inzwischen durch Augenzeugen seines Volkes unterrichtet war. Der Chronist Pina schreibt über die Begegnung zwischen Diogo Cão und Mani Congo: »Mani Congo, der Herr des Landes, bat um Maurer und Zimmerleute, da er wünschte, daß es in seinem Reich ebenso aussähe wie in Portugal.«

Diogo Cão war auf seiner zweiten Reise bis nahe an die Walfischbai im Bereich des südlichen Wendekreises gelangt. Im August 1487 schickte der König den später so berühmten Bartolomeo Diaz mit zwei Karavellen von je 100 Tonnen und einem Lastschiff für die Vorräte auf die Reise zum imaginären Südkap. Irgendwo »dort unten« mußte der riesige Kontinent doch ein Ende haben, mußte man auf ein Vorgebirge stoßen, hinter dem die Küste nach Norden oder Nordosten zurückweichen würde.

In weitem Bogen fuhren die Schiffe des Diaz um die westafrikanische Küste herum, über Madeira und westlich an den Kanarischen Inseln vorbei. Erst in Höhe des Kap Verde steuerten sie auf den afrikanischen Kontinent zu und erreichten auch sicher das grüne Vorgebirge. Dann ging es wieder weit aufs Meer hinaus, Afrika entschwand den Blicken der Seeleute. Am Kap Palmas, wo die Elfenbeinküste beginnt, näherte man sich erneut dem Festland. Doch dann befahl Diaz, die Schiffe über das offene Meer direkt auf die Kongomündung zuzusteuern. 2500 Kilometer Wasserwüste mußten zum erstenmal in der Geschichte der portugiesischen Seefahrt bewältigt und auch psychologisch durchgestanden werden. Würde man das Gebiet der Kongomündung erreichen oder vielleicht weitab davon irgendwo wieder auf Afrika stoßen?

Zur Bestimmung der Position der Schiffe gab es eine Reihe von Hilfsmitteln. Einmal wurden mit Hilfe eines Kreisbogens aus Holz oder Metall, in dessen Mitte sich ein Zeiger an einem Zapfen bewegte, die Höhenwinkel der Sonne und bestimmter Sterne über dem Horizont bestimmt. War von einem solchen Astrolabium genannten Instrument nur ein Viertel ausgebildet und mit Gradeinteilung von 0 bis 90 Grad versehen, dann bezeichnete man es als Quadrant. So konnte man zum Beispiel die Höhe des Polarsternes ziemlich genau bestimmen. Der Polarstern steht immer in gleicher Position am Sternenhimmel, und zwar genau entgegengesetzt zum Mittag (der Zeit des Sonnenhöchststandes), den wir als Süden bezeichnen. Der Polarstern gibt also die Nordrichtung an. Am Nordpol steht dieser Stern im rechten Winkel zur Erdoberfläche, das heißt senkrecht über dem Betrachter und in den Küstengewässern vor Lissabon etwa 38° über dem Horizont. Je weiter man zum Äquator vordrang, um so mehr »näherte« sich der Polarstern dem Horizont.

Diaz' Steuermann Pero d'Alemquer konnte demnach in sternenklarer Nacht genau ermitteln, wann sie den Äquator überschreiten würden; der Polarstern »verschwand« dann nämlich. Zur Einhaltung der Fahrtrichtung bediente man sich einer einfachen Magnetnadel, die in einem Kästchen, dem Kompaß, beweglich befestigt war.

Die zurückgelegte Strecke wurde jede halbe Stunde ermittelt. Dazu maß man die Geschwindigkeit durch Beobachtung der längs des Schiffes dahintreibenden

## Die Stadt Loango

*Nördlich des Kongoreiches stießen die frühen Entdecker auf weitere, zum Teil ausgedehnte und gut organisierte Fürstentümer wie Kakongo und Lovango. Besonders einflußreich war der König von Lovango, dessen Residenzstadt Loango in Dappers Beschreibung von Afrika abgebildet ist. Am Fuße des Hügels lag die ausgedehnte Palastanlage des Königs mit den Gebäudekomplexen seines umfangreichen Harems. Auf der Anhöhe dahinter erstreckten sich die königlichen Gärten. Im Vordergrund sind links zwei Kultstätten (I und K) dargestellt. Rechts im Bild wird ein Verurteilter zum Exekutionsplatz geschleift.*

## Der König von Lovango

*Das Hofleben in Lovango wird von Olfert Dapper eingehend beschrieben. Wie vielerorts im alten Afrika herrschte ein gestrenges Zeremoniell. Die vor dem König ausgebreitete Prunkdecke durfte nur von ihm und seinen Kindern betreten werden. Hinter dem erhöht stehenden Thronsessel fällt ein viereckiges königliches Wappen auf, das aus niederländischem Tuch gefertigt ist.*

Gegenstände. Die Zeitabstände wurden mit Hilfe einer Sand- oder Wasseruhr festgestellt.

Breiten- und Längengrade wurden auch durch Beobachtung des Sonnenstandes ermittelt. Zur Berechnung der Position aus solchen Daten gab es Tabellen, denen man den jahreszeitlich wechselnden Höchststand der Sonne in verschiedener Breitenlage entnehmen konnte.

Hinzu kam die Beobachtung jahreszeitlich vorherrschender Windrichtungen und vom Wind unabhängiger beständiger Meeresströmungen. So bewegt sich vom Kap der Guten Hoffnung ein kalter Meeresstrom in nördlicher Richtung, der nördlich der Kongomündung allmählich in den westlichen Atlantik abbiegt. Die Annäherung an die Kongomündung konnte man schon weit draußen auf dem Meer durch eine Veränderung der Wasserfarbe erkennen.

All das erforderte bei der Einfachheit der zur Verfügung stehenden Navigationsinstrumente ein sehr ausgeprägtes Fingerspitzengefühl des Steuermannes. Pero d'Alemquer bewährte sich in alledem vortrefflich. So war man jetzt auch in der Lage, über große Entfernungen hinweg, sicher über das offene Meer zu steuern.

Entscheidend beigetragen hatte zu all den Erfolgen entlang der Küsten Afrikas auch die Entwicklung eines neuen Schiffstyps, der als Karavelle bezeichnet wurde. Diese relativ kleinen Schiffe (50–100 Registertonnen) waren gut geeignet für Reisen über weite Meeresflächen. Mit Karavellen segelten da Gama nach Indien und Kolumbus nach Mittelamerika. Die Karavellen waren wesentlich kleiner als die Karacken, die größten europäischen Lastschiffe des 15. Jahrhunderts, aber dafür schneller und manövrierfähiger und mit nur 1,80 Meter Tiefgang hervorragend für die Erkundung unbekannter Küstengebiete geeignet. Außerdem konnte man mit diesen Schiffen in den Unterlauf größerer Flüsse hineinfahren und sie dort gegebenenfalls auch ans Ufer ziehen. Das war besonders wichtig, denn oft war der Schiffsrumpf mit dicken Schichten von Entenmuscheln (Krebstieren) und Tang überzogen, was die Reisegeschwindigkeit erheblich verringerte.

Ständig der Küste folgend erreichte Diaz das Kap Cross, wo Diogo Cão zwei Jahre zuvor in menschenleerer Wüstenlandschaft (Namib-Wüste) den vierten und letzten Padrão seiner Expedition hatte setzen lassen. Einige hundert Kilometer weiter südlich, am Cabo da Volta (Lüderitzbucht), wurde der erste Padrão der Diaz-Expedition aufgestellt.

Während der Weiterreise wurden die Schiffe durch heftige Stürme unaufhaltsam ins offene Meer hinausgetrieben. Tagelang tobte der Sturm, Land kam trotz verzweifelter Anstrengungen nicht in Sicht. Die Mannschaften standen Todesängste aus. Endlich ließ der Sturm nach, und am 3. Februar 1488 erblickten die Portugiesen nach schrecklicher Irrfahrt endlich wieder das ersehnte Festland. Diaz hatte die Mosselbaai weit östlich vom Kap der Guten Hoffnung erreicht. Als sie an Land gingen, erblickten sie eine Gruppe von Eingeborenen. Sie winkten ihnen zu und zeigten auf die Geschenke, welche sie mit sich führten. Doch die Einheimischen flohen, und als die Portugiesen einige Tage danach an einer Wasserstelle ihre Vorräte ergänzten, wurden sie mit Steinen beworfen. Daraufhin ließ der Kommandant mit einer Armbrust auf sie schießen, wobei einer der Eingeborenen getötet wurde.

Nach diesem kurzem Landausflug segelte Diaz noch etwa 500 Kilometer an völlig unbekannten Küsten entlang. Doch dann zeigte sich, daß die Kräfte der Expeditionsteilnehmer nicht weiter beansprucht werden konnten. Unter den Mannschaften schien sich die Neigung zur Meuterei auszubreiten. Nahe an einem Flußlauf wurde der letzte Padrão gesetzt, und schweren Herzens mußte Diaz am 12. März 1488 umkehren. Die Überreste des letzten Diaz-Padrão wurden im Jahre 1938 wiederentdeckt, nahe dem Fluß, der zu Ehren Heinrichs des Seefahrers Rio do Infante getauft worden war. Seitdem scheint auch geklärt zu sein, daß mit dem Rio do Infante der Buschmann-Fluß und nicht der Große Fischfluß gemeint war.

Das Kap der Guten Hoffnung erreichte Diaz erst auf der Heimreise; auf der Hinfahrt hatte man es wegen der schweren Stürme nicht zu Gesicht bekommen. Es schien jetzt durchaus möglich, um Afrika herumzusegeln und so das sagenhafte Reich des Priesters Johannes zu erreichen. Mit diesem christlichen Herrscher als Verbündeten müßte es möglich sein, den Mißerfolg der Kreuzzüge zu überwinden und den seit jener Zeit anhaltenden Druck des Islam durch eine Gegenoffensive für alle Zeiten zu bannen.

Wo dieses Reich eigentlich lag, war bislang ein Geheimnis geblieben. Bereits im Jahre 1245 war der Franziskanermönch Johann von Plan Carpini im Auftrag des Konzils zu Lyon durch die Khanate der Goldenen Horde und Tschagatais (in Turkestan) nach Karakorum zur Residenz des Großkhans gereist. Doch seine Suche nach dem Reich des Johannes blieb erfolglos. Es gab auch Leute, welche dieses Reich in Südindien vermuteten, wo es ja in der Tat seit langem die sogenannten Thomaschristen gab. Die Portugiesen gingen nunmehr von der Vermutung aus, daß es »irgendwo« in Afrika liegen müsse.

Als Affonso de Aveiro 1486 mit der ersten Landung Guinea-Pfeffer aus Benin nahe der Nigermündung zurückkehrte, berichtete er von einem König, der weit im Landesinneren lebe und eine Verehrung wie der Papst genieße. Sollte es sich um den legendären Priesterkönig handeln? Wieder andere vermuteten das Reich des Johannes im Südosten Afrikas, also dort, wo zu Anfang des 16. Jahrhunderts das Goldland Monomotapa entdeckt wurde. Auch das Nilland südlich Ägyptens wurde in Erwägung gezogen. Hingegen war Abessinien, wo ja tatsächlich noch ein christliches Reich existierte, als mögliche Heimat des Johannes merkwürdigerweise nur selten im Gespräch. Dabei war bereits 1402 eine abessinische Gesandtschaft nach Venedig gekommen, und Sendboten des Papstes hatten das ferne Land bereist.

Letzte Klarheit wollte sich der König von Portugal durch eigene Sendboten verschaffen. Den geeigneten

Mann fand er in dem damals vierzigjährigen Pedro de Covilhão aus der Provinz Beira im Norden Portugals. Sieben Jahre hatte er in kastilischen Diensten gestanden, war dann in die Leibwache König Johanns aufgenommen worden und als Geheimagent durch Kastilien gereist. Während einer vertraulichen Mission nach Fes in Marokko hatte er seine arabischen Sprachkenntnisse erheblich vervollständigen können.

Zusammen mit einem Begleiter namens Alfonso de Paiva, der von den Kanarischen Inseln stammte, reiste Covilhão über Land nach Barcelona, wo die beiden ein Schiff nach Neapel bestiegen. Über Rhodos gelangten sie nach der ägyptischen Hafenstadt Alexandria, wo sie sich als Händler ausgaben. In Kairo begegneten ihnen zahlreiche arabische Kaufleute, die mit Indien Handel trieben. 1488 fuhren sie mit einem kleinen arabischen Segelschiff das Rote Meer hinab nach Aden, das damals einen wichtigen Umschlagplatz am Südrand der Arabischen Halbinsel bildete.

Hier trennten sie sich. Paiva reiste nach Abessinien, weil dort das Reich des Priesters Johannes liegen sollte. Covilhão gelang es, auf einem 250-Tonnen-Schiff arabischer Händler die Küste Südindiens zu erreichen, wo er in Calicut, dem damals reichsten Hafenplatz Indiens, eine große Kolonie der arabischen Händler vorfand. Hier gab es die begehrten Gewürze im Überfluß: Zimt aus Ceylon neben den herrlichsten Edelsteinen dieser Tropeninsel; Pfeffer und Nelken von noch weiter entfernten geheimnisvollen Gewürzinseln, den Molukken. Doch das alles lag für die Portugiesen noch in unerreichbarer Ferne; die großen und einflußreichen arabischen Handelskolonien, die Covilhão an allen wichtigen Plätzen seiner großen Reise vorfand, führten ihm das deutlich vor Augen.

Im Februar 1489 gelangte er mit arabischen Handelsschiffen nach Hormuz (Ormuz) an der Omanküste im Persischen Golf. Dann trat er seine lange Reise entlang der Ostküste des afrikanischen Kontinents an. Immer weiter gelangte er nach Süden, passierte die Mündung des Sambesistromes und erreichte die reiche Goldhandelsstadt Sofala gegenüber der den Europäern damals noch völlig unbekannten Insel Madagaskar. Auch hier bildeten die Araber die einflußreichste Kaste unter den Händlern; die Küstenplätze erwiesen sich als islamische Stadtstaaten, vergleichbar den europäischen Seerepubliken Genua und Venedig.

Sofala bildete den südlichsten Punkt seiner Reise. Nur noch 2000 Kilometer trennten ihn von der Stelle, an der Bartolomeo Diaz zwei Jahre zuvor den letzten Padrão seiner Erkundungsreise aufgestellt hatte. Covilhão kehrte Ende des Jahres 1490 nach Kairo zurück und erfuhr dort, daß Paiva in der Zwischenzeit verstorben war. Zwei geheimen Boten seines Königs gab Covilhão einen ausführlichen Bericht seiner Reise mit auf den Weg nach Portugal. Was die Mächtigen daheim in Portugal am meisten beeindruckte, war die Überzeugung Covilhãos, daß der afrikanische Kontinent im Süden immer weiter nach Südwesten zurückweiche und daß man jenseits von Sofala mit Sicherheit um ihn herumsegeln könne.

**Vasco da Gama**

*Dieser berühmteste aller portugiesischen Seefahrer wurde um 1469 in der kleinen Hafenstadt Sines im Alentejo geboren. Vasco war der erste europäische Kapitän, der den Seeweg nach Indien um Afrika herum zurücklegte. Er verstarb am 24. Dezember 1524 in Cochin (Südindien).*

Covilhão begab sich nach Aushändigung seines Berichtes auf abenteuerlichen Wegen nach Abessinien, wo er offensichtlich in die Dienste des christlichen Herrschers trat. Er kehrte nie nach Europa zurück.

Sein Bericht und der des Bartolomeo Diaz ließen kaum noch einen Zweifel daran aufkommen, daß man Afrika umfahren und längs der Ostküste des Kontinents das handelspolitisch so wichtige Traumziel Indien erreichen könne. Man brauchte nur noch den richtigen Mann, der mit eisernem Willen und ohne Rücksicht auf Verluste diese enormen Gewinn versprechende Reise in die Tat umzusetzen vermochte.

## *Vasco da Gama*<br>*Die Öffnung des Seewegs nach Indien*

»Im Namen Gottes, Amen! Im Jahre 1497 sandte der König D. Manuel, der erste selbigen Namens in Portugal, vier Schiffe auf Entdeckungen aus, die nach Gewürzen fuhren. Als Kommandant selbiger Schiffe fuhr Vasco da Gama, und von den anderen Schiffen befehligte eines sein Bruder Paulo da Gama und ein anderes Nicolão Coelho.«

Mit diesen Worten beginnt der Bericht (Roteiro) eines portugiesischen Teilnehmers der ersten Indienfahrt Vasco da Gamas. Die Handschrift dieses Roteiro wurde im Kloster Santa Cruz in Coimbra aufbewahrt. Die erste gedruckte Ausgabe erschien 1838 in Portugal. Wir werden im folgenden immer wieder auf diesen Bericht zurückgreifen.

Die Fahrt des Vasco da Gama war seemännisch auf das gründlichste vorbereitet worden. Bartolomeo Diaz stand in allen Phasen der Vorbereitung mit Rat und Tat zur Seite. Regelmäßig überwachte er die Zimmermannsarbeiten an den Schiffsbaustellen. Besonderen Wert legte Diaz auf eine Verstärkung der Außenwände der Schiffe. Die Erfahrungen in den Stürmen am Kap der Guten Hoffnung wirkten wie ein Trauma nach! Auch bei der Auswahl der Mannschaft ging man mit großer Sorgfalt vor.

Nur in zwei wichtigen Punkten war die Expedition schlecht gerüstet: Allem Anschein nach gab es unter den Mannschaften nur einen Mann, der die arabische Sprache beherrschte, und die Geschenke, die man mitführte, waren nicht geeignet, verwöhnte Fürsten zu begeistern.

Die letzte Nacht vor der Abreise durchwachten Offiziere und Mannschaften in einer Kapelle am Ufer des Tejo. Am nächsten Morgen begaben sie sich, von einer riesigen Menschenmenge begleitet, zu ihren Schiffen. Am Ufer knieten sie noch einmal nieder, und ein Priester erteilte allen, die unterwegs sterben würden, vollkommenen Ablaß. Wie bei den meisten frühen Seereisen gingen auch bei Vasco da Gamas Expedition viele Männer diesem Schicksal entgegen. Der portugiesische Chronist João de Barros nennt denn auch das Tejo-Ufer einen »Strand der Tränen« – Tränen der Trauer beim Abschied und vielleicht Tränen der Freude bei Heimkehr der Schiffe. Doch selbst die Schiffe kehrten häufig genug nicht zurück, gingen in orkanartigen Stürmen verloren.

Das Flaggschiff, die »São Gabriel«, war nach dem gleichnamigen Erzengel benannt; die »São Raphael« befehligte Vascos Bruder Paulo; die »Berrio«, das kleinste der drei Schiffe, unterstand Nicolão Coelho. Ein viertes Schiff diente als Proviantschiff.

Tag der Abreise war Samstag, der 8. Juli 1497. Bereits nach einer Woche kamen die Kanarien (Kanarische Inseln) in Sicht. Am Kap Verde wurden Fleisch, Trinkwasser und Brennholz für die Herdstellen auf Deck an Bord genommen. Dann segelte da Gamas kleines Geschwader über das offene Meer in direktem Kurs auf das südliche Afrika zu. Über zwei Monate dauerte die Fahrt auf dem Südatlantik.

»An einem Mittwoch, dem 1. November – es war Allerheiligentag –, fanden wir vielerlei Zeichen von Land; selbiges waren schwimmende Tange, wie sie der Küste entlang wachsen.« Nördlich vom Kap der Guten Hoffnung, zwischen 32 und 33° südlicher Breite, gingen die Portugiesen in einer Bucht vor Anker, die sie St.-Helena-Bucht nannten. Acht Tage blieben sie in dieser fruchtbaren Gegend; im Roteiro lesen wir, daß das Land einen guten Graswuchs hatte und ein mildes und sehr gesundes Klima. Die Portugiesen hatten als erste Europäer das herrliche Kapland erreicht, eine Gegend, in der später einmal Engländer und Holländer siedeln sollten. Der Kontakt mit den dort lebenden Menschen von brauner Hautfarbe verlief friedlich. Der Kommandant ließ ihnen die gleichsam als Muster mitgeführten Waren zeigen, die man auf der Reise zu finden hoffte: Zimt, Gewürznelken, Edelsteine und Gold. Doch sie konnten nichts damit anfangen, hatten diese Dinge wohl noch nie gesehen.

Erst nach viertägigen schwierigen Segelmanövern gelang am 22. November die Umschiffung des Kaps der Guten Hoffnung. Im Roteiro lesen wir: »Am 25. besagten Monats, an einem Samstag Abend, dem Tag der heiligen Katharina, fuhren wir in die Bucht von São Braz (Mosselbaai) ein, wo wir dreizehn Tage liegen blieben, weil wir in selbiger Bucht das Schiff zerstörten, das den Proviant führte und selbigen in unsere Schiffe einnahmen.« In der Mosselbaai besuchten sie eine Insel, auf der unzählige Seevögel lebten. »Und auf selbiger Insel gibt es Vögel, die so groß sind wie Enten und nicht fliegen, weil sie keine Schwungfedern in den Flügeln haben, und man nennt sie Pinguine, und wir töteten davon, soviel wir wollten, und besagte Vögel schreien wie Esel.«

Die Begegnungen mit den Einheimischen verliefen zunächst so friedlich wie in der St.-Helena-Bucht. Die Bwohner der Buchten glichen einander im Aussehen. Die ersten Schwarzen, es waren etwa neunzig Menschen, erschienen an dem auf die Landung folgenden Freitag. Verwundert stellte der Chronist fest, daß sie Geschenke annahmen und nicht flohen, wie bei der Ankunft des Bartolomeo Diaz in dieser Bucht. Den Grund dafür glaubte der Chronist zu wissen: Sie hätten wahrscheinlich von den Leuten an der St.-Helena-Bucht gehört, »daß wir Leute seien, die niemand etwas Böses zufügten, sondern eher von dem unsrigen gäben ... Am Samstag kamen ungefähr zweihundert Schwarze, groß und klein durcheinander, und brachten ungefähr zwölf Stück Vieh mit, Ochsen und Kühe durcheinander, und vier oder fünf Hämmel, und wir gingen, als wir sie kommen sahen, sofort an Land. Und sogleich fingen sie an vier oder fünf Flöten zu spielen, und die einen spielten hoch und die anderen tief, so daß es sehr schön zusammenklang für Neger, von denen man keine Musik erwartet, und dazu führten sie einen Negertanz auf.«

Weiter heißt es im Roteiro: »Am Sonntag kamen wieder ebenso viele und brachten ihre Frauen und kleinen Buben mit, und die Frauen standen oben auf einer Anhöhe nah am Meer, und sie brachten viele Ochsen und Kühe und lagerten sich auf zwei Stellen am Meer und spielten und tanzten wie am Samstag. Und die Sitte selbigen Stammes ist, daß die Buben mit den Waffen im Busch bleiben, und die Männer kamen mit uns sprechen und trugen kurze Holzstäbe in der Hand und Fuchsschwänze, die an Holzstäben befestigt waren, womit sie sich das Gesicht wedeln. Und dieweilen wir so durch Zeichen miteinander sprachen, sahen wir im Gebüsch die Buben kauern, und sie trugen die Waffen in den Händen. Und der Kommandant schickte einen Mann namens Martin Affonso, der bereits nach Manicongo (Reich Kongo) gekommen war, hin und gab ihm Armspangen, daß er einen Ochsen dafür eintauschen sollte. Und die Neger, sowie sie die Armspangen hatten, nahmen sie ihn bei der Hand und gingen hin und zeigten auf den Wasserplatz, als wollten sie sagen, warum wir ihnen das Wasser weggenommen hätten, und damit fingen sie an die Ochsen in den Busch zu treiben. Und der Kommandant gab uns anderen, als er das sah, den Befehl zum Rückzug, und ebenso gab er besagtem Martin Affonso den Befehl, weil es ihm schien, als ob sie irgendeine Verräterei ausführen wollten. Dann nachdem wir uns zurückgezogen hatten, fuhren wir wieder dahin, wo wir das erste Mal angelegt hatten, und sie kamen hinter uns drein. Und der Kommandant befahl, daß wir an Land gehen sollten mit Lanzen und Wurfspeeren und geladenen Armbrüsten und mit unseren Kollern um, und das mehr, um ihnen zu zeigen, daß wir die Macht besäßen ihnen Schlimmes zuzufügen und daß wir es nur nicht tun wollten. Und sie fingen, als sie das sahen, an sich zu sammeln und eilends miteinander zu vereinigen, und der Kommandant befahl, um nicht Anlaß zum Blutvergießen zu geben, daß alle sich nach den Booten zurückziehen sollten, und nachdem wir uns zurückgezogen hatten, ließ er, um ihnen zu Gemüt zu führen, daß wir ihnen Böses tun könnten und daß wir es ihnen nur nicht tun wollten, zwei Bombarden abfeuern, die hinten in dem Boot standen. Und sie waren alle am Ufer, nahe bei dem Waldrand aufgestellt, und als sie die Bombarden knallen hörten, fingen sie an so Hals über Kopf nach dem Busch zu fliehen, daß die Felle, worin sie gekleidet gingen, und die Waffen ihnen auf dem Platze blieben, und erst nachdem sie schon im Busch waren, kamen zwei danach zurückgelaufen. Und während dessen fingen sie an sich zu sammeln und

## Mani Congo, der Rex Congo

*Im Schein der Fackeln empfing im Jahre 1642 der Mani Congo, »durch Gottes Gnade König von Kongo, Angola und anderen Gebieten, Herrscher des großen und wunderbaren Flusses Zaire« (Dapper), eine Gesandtschaft aus den Niederlanden, deren Mitglieder, wie jedermann, vor dem mächtigen Herrscher niederknien mußten. Auffallend ist der aus Europa stammende Kronleuchter. Der König sitzt unter einem Baldachin von weißem Atlas; der rote Samtstuhl des Herrschers ist spanischer Herkunft.*

## Blumen und Löwen im Kapland

*Dapper erwähnt die hier abgebildete »sonderliche Art Tulpe«, die in den Bergen vorkommt. Sie hat eine rundliche Wurzel, größer als eine Faust, mit dicken Schalen von ekelhaftem Geruch. Wahrscheinlich handelt es sich um die Berglilie (Vallota speciosa), die zu der hier überaus formenreich vertretenen Familie der Amaryllisgewächse gehört. Die Pflanze links im Bild ist eindeutig die zu den Schwalbenwurzgewächsen gehörende Aasblume (Stapelia variegata). Die Löwen wirken bei der eigenartigen Perspektive des Bildes natürlich viel zu klein..*

einen Höhenzug hinaufzuflüchten und trieben das Vieh vor sich her.«

Bald erreichten die Entdecker das Gebiet des Großen Fischflusses, den entferntesten Punkt, den Bartolomeo Diaz angesteuert hatte. Während der Weihnachtstage 1497 fuhren sie an dem Küstenstreifen vorbei, der noch heute Natal heißt – Terra do Natal, weil die Portugiesen ihn an den Weihnachtstagen passierten.

Die starke Moçambique-Agulhas-Strömung, die an Madagaskar vorbei mächtig nach Süden drängt und von der sie ja durch den Bericht des Pedro de Covilhão bereits erfahren hatten, machte ihnen jetzt sehr zu schaffen. So kam es, daß die Algoa-(Delagoa-)Bucht zweimal passiert wurde. Doch dann half ihnen ein dreitägiger starker Rückenwind vorwärts. »Und von dem Tag an wollte Gott in seiner Erbarmung, daß wir vorwärts kämen und nicht zurück. Möge ihm gefallen, daß es also immer sei!«

Im Gebiet der späteren portugiesischen Kolonialhauptstadt Lourenço Marques gingen sie wieder an Land und fanden eine dicht besiedelte Gegend vor. Sofort erkannten sie den rassischen Unterschied der hier lebenden Menschen zu den Hottentotten im Süden; das Gebiet der Bantu-Völker war erreicht. Die Begegnung mit den Einheimischen gestaltete sich hier außerordentlich freundschaftlich. Aufsehen erregten deren hochentwickelte Fertigkeiten bei der Metallbearbeitung; die eisernen Wurfspeere und Dolche der Männer waren vorzüglich gearbeitet. An den Dolchgriffen entdeckten die Portugiesen Zinn. Man näherte sich demnach erzreichen Gebieten und durfte hoffen, bald das Goldland Sofala zu erreichen, von dem Covilhão berichtet hatte. Die Seeleute, die nun voller Erwartungen aufbrachen, nannten die Region, die sie zurückließen, Terra da boa gente, das »Land der guten Leute«.

Am Kap Corrientes ließ der Kommandant wegen einer starken, auf die Küste gerichteten Meeresströmung die Schiffe weit aufs Meer hinausfahren. So segelten sie an Sofala, der südlichsten Handelsniederlassung der Araber, vorbei. Entgegen seiner Absicht konnte Vasco da Gama diese Stadt also erst auf seiner zweiten Indienreise (1502) besuchen.

Am 24. Januar 1498 erreichten die Portugiesen ein flaches Land, das von dichten Wäldern mit mächtigen Bäumen bedeckt war. Von den vielerlei Früchten dieser Tropenwälder ernährten sich die Bewohner. Hätten die Seereisenden damals schon gewußt, wie wichtig das in Früchten enthaltene Vitamin C für die Gesunderhaltung ist, sie hätten reichlich davon verzehrt oder als Vorrat an Bord genommen. Statt dessen berichtet der Roteiro gerade hier im Gebiet der Sambesi-Mündung von schweren Fällen der gefürchteten Skorbut-Krankheit: »Und hier wurden uns viele Leute krank, indem daß die Hände und die Füße ihnen anschwollen, und das Zahnfleisch ihnen so über die Zähne wucherte, daß die Leute nicht essen konnten.«

Hier trafen sie auf die ersten Mauren, von denen einer berichtete, daß er schon so große Schiffe wie die der Portugiesen gesehen habe. Also konnte man damit rechnen, bald die nördlich von Sofala gelegenen Stützpunkte der arabischen Indienhändler zu erreichen. Deshalb erhielt der Sambesi den Namen Rio dos Bons Signães, »Strom der guten Vorbedeutungen«.

Das Gebiet der Insel und Stadt Moçambique kam am 1. März in Sicht. Etliche der hier ansässigen Mauren gingen an Bord der portugiesischen Schiffe und speisten ausgiebig mit den Neuankömmlingen, die sie zunächst für Türken hielten.

Der Roteiro berichtet: »Die Menschen hierzulande sind braun und haben einen guten Körperbau und gehören zur Sekte des Muhamed (gemeint ist der Islam) und sprechen maurisch (arabisch) ... alle tragen Turbane mit Seidenbesatz ... sie sind Kaufleute und treiben Handel mit weißen Mauren (gemeint sind Araber), von denen vier Schiffe am Ort lagen.«

Gehandelt wurde hier vor allem mit Gold, Silber, Edelsteinen, Gewürznelken, Ingwer und Pfeffer. Die Mauren berichteten weiterhin, daß an den nördlicheren Küsten noch etliche andere, Moçambique ähnelnde Städte lägen. Übersetzt wurde das alles von einem Seemann namens Fernão Martins, der nach den Angaben des Roteiro in maurischer Gefangenschaft gewesen war.

Auch berichteten die Mauren von einem christlichen Herrscher, der weit im Hinterland (Äthiopien) dieser nördlichen Städte lebte, und dessen Residenz nur auf dem Kamelrücken zu erreichen war. Endlich, so frohlockten die Portugiesen, hatte man konkrete Hinweise auf das Reich des legendären Priesters Johannes! »Und dies und noch vieles andere erzählten selbige Mauren, worüber wir so froh waren, daß wir vor Freude weinten.«

Großen Eindruck machten auf die Portugiesen die nautischen Fähigkeiten der Mauren. Sie benutzten Quadranten, Seekarten und genuesische Magnetnadeln (Kompaß). Doch ihre Schiffe und deren Bewaffnung, das merkten sie rasch, waren den portugiesischen Karavellen eindeutig unterlegen. Diese waffentechnische Unterlegenheit der »heidnischen« Kulturkreise sollte sich in den kommenden Jahrhunderten als einer der entscheidenden Faktoren bei der ungeheuren Machtausdehnung der Europäer erweisen.

In Sofala hatten die Portugiesen den südlichsten arabischen Handelsstützpunkt an der ostafrikanischen Küste erreicht. Sandsch nannten die Araber diesen Küstenstreifen, wo sie bereits im 8. Jahrhundert bis nach Sofala (um 780) vorgedrungen waren. Sie gründeten feste Handelskontore, heirateten einheimische Frauen und blieben im Lande.

Als die Portugiesen auftauchten, hatten sich diese Handelsstädte schon seit Jahrhunderten in selbständige arabische Sultanate verwandelt. Der Sultan von Kilwa ließ im 13. Jahrhundert sogar eigene Kupfermünzen prägen.

Von den Schwarzen im Hinterland erhielten die Araber Elfenbein, das in Indien wegen seiner besonderen Qualität für Schnitzarbeiten sehr begehrt war. Die Handelshäuser in den Städten Ostafrikas (Sofala, Moçambique, Kilwa, Mombasa, Malindi u. a.) erhielten dafür Baumwoll- und Seidenstoffe aus den Manufakturen Indiens. Auch der Gewürzhandel war bedeutend.

## Europäische Komptore (Kontore) in Xavier

*Xavier oder Sabi war im 18. Jahrhundert die Hauptstadt des Königreichs Whidah, das westlich der Nigermündung an der Guineaküste lag. Im Hinterland von Whidah erreichte man das berühmte Königreich Dahomey (Dahome).*
*Wie eng die Verbindung der europäischen Kontore (in erster Linie Sklavenagenturen) mit dem Herrscher war, ersieht man aus der räumlichen Lage. Das englische Kontor grenzte unmittelbar an den ersten Hof des Königspalastes. Häufig mußte der Besucher bis zu sieben Höfe durchschreiten, um zum Palast eines afrikanischen Herrschers zu gelangen.*
*Neben dem englischen gab es in Sabi noch ein französisches und ein portugiesisches Kontor, wobei die Faktorei der Franzosen die größte und am besten gebaute war. Ihre Gebäude umgaben einen großen Hof mit sorgfältig bearbeitetem Küchengarten in der Mitte. Im Versammlungssaal der Franzosen wurden häufig Gäste empfangen, besonders einheimische Würdenträger, das heißt die Geschäftspartner der Fremden aus dem fernen Europa. Die Stadt Sabi ist am oberen Rand der Abbildung mit einigen Häusergruppen angedeutet. Alle Häuser hatten Strohdächer und wurden aus Lehm errichtet, was man allerorten an den ausgehobenen Gruben sehen konnte, so zum Beispiel an der im Vordergrund des Bildes, die als Sandgrube bezeichnet ist.*

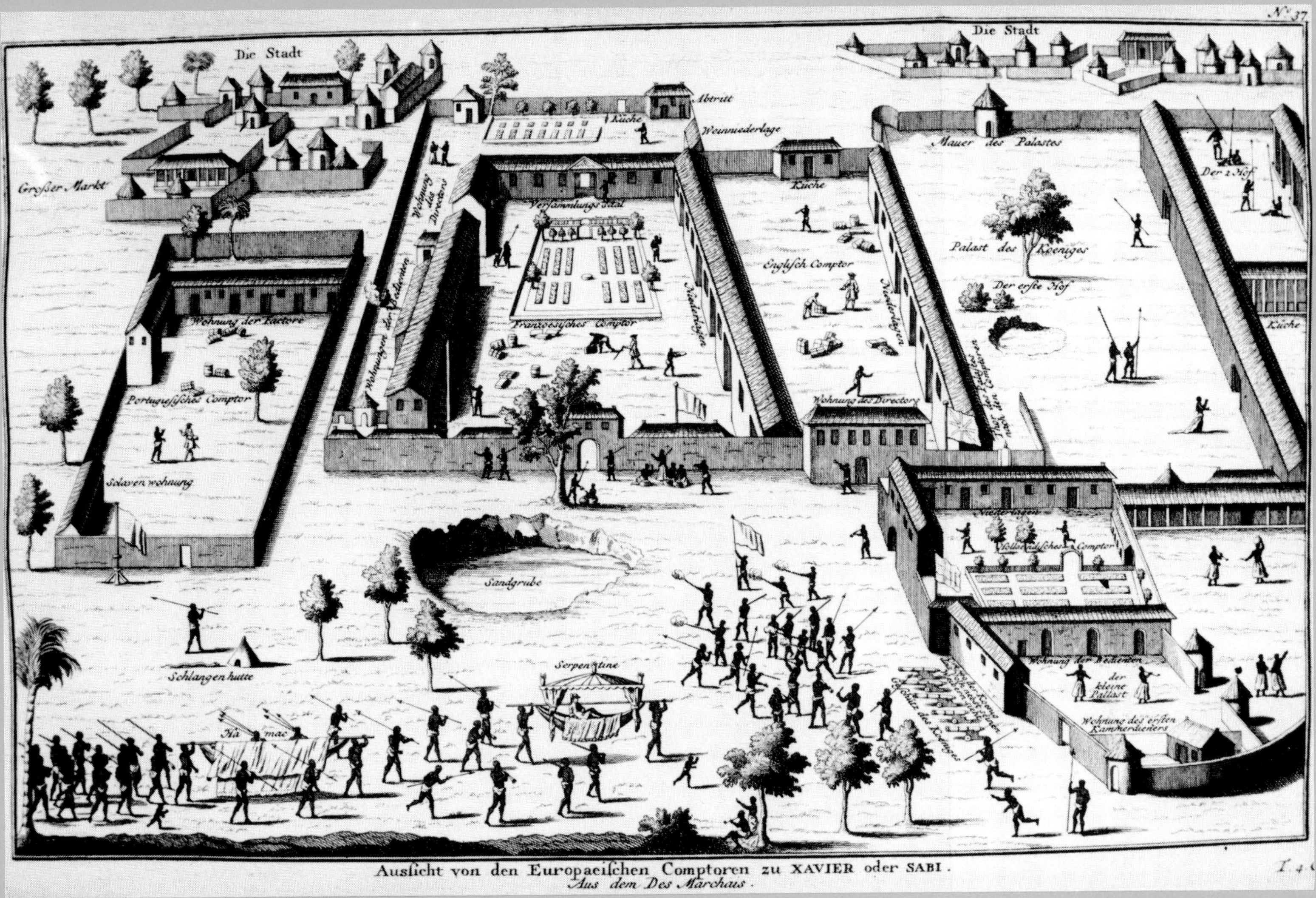


## Monomotapa: Elefanten, Riesenschlangen und Drachen

*Weit im Inneren des Goldlandes Monomotapa sollte es riesenhafte Schlangen geben, die selbst einem Elefanten gefährlich werden konnten. Dort vermutete man auch die sagenhaften Mondberge, in deren Nähe angeblich die Nilquellen lagen.*

## Neger von Monomotapa

*Eine typische Darstellung aus der Zeit der ersten Entdecker in Afrika ist diese Abbildung aus Mallets »Description de l'Univers«.*

## Inneres eines Sklaven-Transport-schiffes

*»Am traurigsten ist ohne Zweifel das Schicksal der Neger während der Überfahrt von Afrika nach Amerika, und es ist nur zu gewiß, daß während dieser Epoche auch unter den günstigsten Umständen die Leiden der Neger von der Art sind, daß keine Beschreibung es wagen möchte, ein solches Bild der geschäftigen Phantasie zum Ausmalen zu überlassen.« (Moritz Rugendas, 1835)*

## Ausschiffung von Sklaven in Brasilien

*Mit der Ausschiffung der Negersklaven in den brasilianischen Hafenstädten begann eine Entwicklung, welche die Zusammensetzung der Bevölkerung und das kulturelle Leben des Riesenreiches nachhaltig beeinflussen sollte. Etwa jeder dritte Brasilianer gehört heute als »Reinrassiger« oder Mischling zur bunt gemischten brasilianischen Negritude. Der deutsche Maler Moritz Rugendas (1802–1858), der von 1821 bis 1825 Brasilien bereiste, hinterließ uns in seinem Werk »Malerische Reise in Brasilien« eindrucksvolle Schilderungen aus dem Leben der Negersklaven. Auf diesem Bild sind unter dem Vordach die Aufkäufer zu sehen, welche die neu angekommenen Sklaven registrieren.*

## Negerhütte in Brasilien

*Die soziale Lage der Sklaven war regional sehr verschieden. Auf kleinen Höfen verwischte sich der Gegensatz zwischen Herr und Sklaven oft weitgehend. An Sonn- und Feiertagen wurde nicht gearbeitet und wenn, dann auf eigene Rechnung. Viele Sklaven verfügten über ein eigenes Stück Land. Die oft zu unmenschlicher Schufterei verurteilten Sklaven der großen Zuckerrohr- und Baumwollplantagen beneideten diese »Privilegierten« der Campos verständlicherweise.*

## Züchtigung von Sklaven in Brasilien

*Moritz Rugendas beschreibt in dem vierten Kapitel seines Werkes eingehend die Lage der Negersklaven Brasiliens. Das Spektrum reichte offenbar von patriarchalischer Leibeigenschaft bis zur rücksichtslosen Despotie der Besitzer und vor allem der Aufseher. Grausamkeit herrschte besonders auf den großen Plantagen, wo häufig landfremde Abenteurer in kürzester Zeit zu großem Reichtum kommen wollten und dabei keine Rücksicht auf die Sklaven nahmen. Wer nach Fluchtversuchen ergriffen wurde, erfuhr oft grausame exemplarische Bestrafung. Zum Wiedereinfangen der in die Wildnis Entflohenen wurden nicht selten privilegierte Sklaven mit abgerichteten Hunden verwendet.*

Bis nach China hin reichte zeitweilig der Überseehandel dieser reichen Handelsstädte, wovon umfangreiche archäologische Funde von chinesischen Münzen und Porzellan beredtes Zeugnis ablegen. Es erschienen auch große chinesische Handelsflotten in Ostafrika, und auf chinesischen Karten aus dem 15. Jahrhundert sind bereits die Insel Madagaskar und das Kap der Guten Hoffnung verzeichnet. Es ist ziemlich wahrscheinlich, daß bereits um 1430 chinesische Dschunken um das Kap der Guten Hoffnung gesegelt und vielleicht bis an die Küste Angolas vorgedrungen sind.

Im Hinterland der südlichen Sandschküste (Sofala) lag das Reich eines mächtigen afrikanischen Königs, der Benomotapa oder Monomotapa genannt wurde. Eisen wurde hier in großen Mengen gewonnen und über Sofala nach Indien und Arabien ausgeführt, von wo die berühmten Damaszener-Klingen bis nach Spanien verkauft wurden!

Schon bald nach der Wende zum 16. Jahrhundert eroberten und zerstörten die Portugiesen die blühenden Handelsstädte der Sandschküste. Einzelne Abenteurer drangen ins Hinterland von Sandsch vor. Duarte Barbosa gelangte im Jahre 1514 wohl bis zur Residenz des Monomotapa. Barbosa besuchte auch einige der zahlreichen Goldminen dieses Afrikanerkönigs und berichtete von einem Ort, wo die Gebäude aus großen behauenen Steinen ohne Verwendung von Mörtel errichtet worden seien – erste Kunde von den später so berühmten Ruinen von Simbabwe.

Bald nachdem Vasco da Gama vom Fürsten in Moçambique die langersehnten Lotsen erhalten hatte, ereignete sich ein Zwischenfall. Mehrere Barken, so der Roteiro, näherten sich den Schiffen. Die Portugiesen erblickten in den Booten zahlreiche mit Bogen und sehr langen Pfeilen bewaffnete Männer. »Und der Kommandant nahm, sowie er das sah, den Lotsen fest, den er bei sich hatte, und befahl mit den Bombarden auf die zu schießen, die in den Barken kamen.«

Der an Bord genommene Lotse, so berichtet der Roteiro weiter, habe dann verraten, daß die Mauren entschlossen waren, die Portugiesen zu töten, nachdem sie in Erfahrung gebracht hatten, daß diese Christen seien. Ob die Darstellung im Roteiro den Tatsachen entspricht, muß offenbleiben. Fest steht jedoch, daß die Portugiesen bereits wenige Jahre nach der Jahrhundertwende im Indischen Ozean eine groß angelegte Offensive gegen alles »Maurische« begannen, eine Mischung von Kreuzzug und Handelskrieg.

Am 7. April 1498, dem Vorabend des Palmensonntags, lief das kleine Geschwader in die Gewässer der Hafenstadt Mombasa im heutigen Kenia ein. Hier kam es nach anfänglicher »Herzlichkeit« zu ernsthaften Verwicklungen. Von zwei an Bord gekommenen Mauren, die der Kommandant foltern ließ, erfuhr man, daß die Bewohner von Mombasa planten, an den Portugiesen für das in Moçambique Geschehene Rache zu nehmen.

Und tatsächlich versuchten die Mauren, die Schiffe der Portugiesen zu stürmen, doch vergebens. »Diese und viele andere Schurkenstreiche planten die Hunde; aber der Herr wollte nicht, daß sie ihnen gut ausgingen, weil sie nicht an ihn glaubten«, so der Roteiro.

Wenige Tage nach diesen Ereignissen waren die Fremdlinge Gast des Herrschers in der Nachbarstadt Melinde (Malindi). Der Fürst von Melinde lebte in traditioneller Feindschaft mit Mombasa und hoffte, in den Portugiesen Verbündete gegen seinen alten Widersacher zu finden. Derartige Rivalitäten zwischen oft kleinen Herrschaftsgebieten in Afrika und Asien sollten in den kommenden Jahrzehnten und Jahrhunderten den Europäern ihr Streben um absolute Vorherrschaft oft wesentlich erleichtern.

In Melinde lagen zu diesem Zeitpunkt indische Schiffe vor Anker, deren Besatzungen von den Portugiesen generell für Christen gehalten wurden. Doch die meisten von ihnen werden wohl Hindus gewesen sein, denn der Roteiro berichtet, daß die Männer kein Rindfleisch aßen. Für Vasco da Gama war jedoch am wichtigsten, daß er hier einen zuverlässigen Lotsen erhielt, wahrscheinlich einen Moslem aus Gudscherat im Nordwesten Indiens.

Am Dienstag, dem 24. April, verließ Vasco da Gama mit seinen Schiffen den Hafen. Die fast 4000 Kilometer lange Strecke nach Indien wurde in 23 Tagen bewältigt, ein fast ständig wehender Südwest-Monsun brachte die Flotte zügig voran.

Am Sonntag, dem 29. April, wurde der Äquator überquert. Mit dem Wiederauftauchen des Polarsterns, den sie so lange vermißt hatten, erblickten sie einen zunehmend vertrauten Sternenhimmel. Sie waren wieder »daheim« auf der nördlichen Halbkugel der Erde.

Die Malabarküste mit dem hoch aufragenden Gebirgszug der Westghats erreichten die Portugiesen, von dem maurischen Lotsen sicher geleitet, am 18. Mai 1498. Am 20. Mai gingen da Gamas Schiffe im Hafen von Calicut vor Anker. Calicut war damals das wichtigste Handelszentrum an der Malabarküste im Bereich des heutigen indischen Bundesstaates Kerala. Der Herrscher von Calicut, der Samuri, war einer von mehreren lokalen Hindufürsten, die an der tropischen Küstenlandschaft im Südwesten Indiens herrschten. Der Handel mit den begehrten Gewürzen dieser reichen Tropenlandschaft lag in den Händen islamischer Kaufleute, unter denen neben zahlreichen Arabern und Persern auch einheimische Moslems waren. Die Ankunft der Christen empfand diese alteingesessene Händlerzunft von Anfang an als Bedrohung ihres Handelsmonopols, und sie versuchte deshalb, beim Samuri gegen die Eindringlinge zu intrigieren.

Wie immer bei kritisch erscheinenden Erkundungen schickte Vasco da Gama einen zur Verbannung verurteilten Schwerverbrecher an Land. Er hatte auf seiner ersten Indienreise insgesamt zwölf solcher zum Tode oder zur Verbannung Verurteilter an Bord. Der Mann wurde vom Hafen der Stadt Calicut direkt in das Haus zweier aus Tunis stammender Mauren geführt. Dem Roteiro entnehmen wir, daß diese Kastilianisch (Spanisch) und Genuesisch (Italienisch) sprachen und den Portugiesen mit den Worten empfingen: »Hol dich der Teufel! Wer hat dich hierher gebracht?«

Die Zündschnur an einen explosiven Konfliktstoff war gelegt. Was mit dem so harmlos anmutenden Wort »Entdeckungsgeschichte« umschrieben wird, erwies sich nur allzu oft als erbarmungsloser Machtkampf um wirtschaftliche und politische Vorherrschaft.

Die Portugiesen erhielten vom Samuri die Erlaubnis, eine Faktorei zu gründen. Doch bereits am 15. Dezember des Jahres 1500 wurde diese Handelsniederlassung überfallen. Nur 20 der 70 Bewohner überlebten das Massaker. Die Flotte Cabrals, die von der neu entdeckten Küste Brasiliens hierher gekommen war, antwortete mit einer zweitägigen Beschießung Calicuts.

Von diesem Zeitpunkt an begannen die Portugiesen mit der systematischen Eroberung der Seestützpunkte am Indischen Ozean. Auch zahlenmäßig weit überlegene Flotten waren den Portugiesen dank der größeren Manövrierfähigkeit ihrer Schiffe und der weit besseren Artillerie nicht gewachsen. Bald waren die Portugiesen der Schrecken der Meere, vor denen kein muslimisches Schiff mehr sicher war.

Als es 1515 Affonso de Albuquerque, dem »Vizekönig von Indien«, gelang, die reiche Handelsstadt Ormuz (Hormus) im Persischen Golf zu erobern, war die portugiesische Herrschaft im Indischen Ozean für lange Zeit gesichert. Der König in Lissabon konnte sich von nun an »Herr des Handels von Indien und Äthiopien« nennen.

## *Exkurs*

### *Schwarzes Elfenbein – die Tragödie des Sklavenhandels*

»Darüber darf keine Täuschung länger bestehen, daß Menschenraub der beschämende Trieb war, dem wir manche Leistung des großen Zeitalters verdanken.« (Oskar Peschel, »Geschichte des Zeitalters der Entdekkungen« 1877).

Kaum hatten die Entdeckungsfahrten an Afrikas Küsten die ersten Erfolge zu verzeichnen gehabt, als auch schon das scheußliche Handwerk des Menschenraubs betrieben wurde. Zuerst waren es nur kleine Gruppen, derer man habhaft werden konnte. Doch bereits ein knappes Vierteljahrhundert, nachdem Heinrich der Seefahrer die Entdeckungsfahrten in Gang gesetzt hatte, starteten von Lagos in Portugal Schiffe einer Handelsgesellschaft mit dem unmißverständlichen Auftrag, neben anderen Waren so viele Sklaven wie möglich heimzubringen.

Bei dem Chronisten Azurara lesen wir über einen Raubzug aus dem Jahre 1444: »Endlich gefiel es Gott, dem Belohner guter Taten, für die mannigfachen in seinem Dienste erlittenen Drangsale ihnen einen siegreichen Tag, Ruhm für ihre Mühen und Ersatz für ihre Kosten zu gewähren, denn an Männern, Frauen und Kindern wurden zusammen 165 Stück gefangen.«

Waren die »Schwarzen« nicht bereit, die Verstecke ihrer geflüchteten Stammesgenossen zu verraten, so half man nach mit grausamen Methoden der Folterung oder hetzte abgerichtete Hunde hinter den Flüchtigen her. Doch die Kämpfe mit den »nackten Wilden« galten als ehrenvoll, so manch einer brachte es auf den »Schlachtfeldern« an Afrikas Küsten bis zum Ritterschlag. Wenn die Schiffe »dank Gottes Hilfe« wieder sicher in den Hafen von Lagos einliefen, herrschte eine ungemein spannungsvolle freudige Erwartung. Den Händlern, wie jedem »anständigen« Bürger, dünkte das Geschäft mit dem »schwarzen Elfenbein« durchaus ehrenvoll, schließlich wurden die »armen heidnischen« Kreaturen in Portugal getauft und entgingen damit den ewigen Höllenqualen!

Über den Sklavenmarkt von Lissabon gelangten viele Westafrikaner nach Spanien. Als die indianische Bevölkerung der spanischen Karibik-Besitzungen ihrer Vernichtung nahe war, benötigten die Konquistadoren natürlich neue Arbeitskräfte für ihre Plantagen. Zahlreiche in Spanien geborene schwarze Sklavenchristen wurden daraufhin für den Transport nach Haiti freigegeben. Doch der »Vorrat« reichte bei weitem nicht aus. Ein halbes Jahrhundert lang lieferte Portugal den Spaniern »schwarzes Elfenbein« von den neu entdeckten westlichen Küsten Afrikas. Auch ihre eigenen Kolonien in Brasilien versorgten die Portugiesen regelmäßig mit menschlicher »Ware«. Neue ergiebige Jagdgründe eröffneten sich ihnen vom 16. Jahrhundert an in Angola und Moçambique, wo sie sich bis zum Jahre 1975 behaupten konnten.

Nach der vernichtenden Niederlage der spanischen Armada (1588) übernahm England die Führungsrolle auf den Meeren. Nur die Niederländer konnten sich als bedeutende Seemacht neben dieser neuen imperialen Großmacht behaupten, die nun zur führenden Sklavenhandelsnation aufstieg, und deren Sklavenagenten in Liverpool, London und Bristol zu ungeheurem Reichtum gelangten.

Die Leidtragenden waren nicht nur die Negersklaven, sondern auch die Mannschaften auf den Sklavenfrachtern, deren Los nicht viel besser war. Oft hatten sie gar keine andere Wahl, als in der Heimat, bei oft schrecklichen sozialen Zuständen, zu verhungern oder in den Tropen rasch einer tückischen Krankheit zu erliegen. Ihre Unterbringung auf den Schiffen war kaum besser als die der Sklaven.

An den westafrikanischen Küsten wechselten nach dem Sieg der Engländer über die Armada viele europäische Stützpunkte ihren Besitzer. Lange Zeit waren die Portugiesen die Beherrscher des westafrikanischen Sklavengeschäftes gewesen. Gegen Ende des 17. Jahrhunderts gab es an der Goldküste, wo das Fort El Mina 1482 als erster europäischer Stützpunkt von den Portugiesen errichtet worden war, fast nur noch niederländische und britische Festungsanlagen und Handelsplätze. Im Jahr 1791 gab es insgesamt 40 Forts an Afrikas Küsten, davon 15 niederländische, 14 britische, je vier portugiesische und dänische und drei französische.

Die Engländer hatten mit ihren afrikanischen Unternehmungen in Sierra Leone südlich des Kap Verde begonnen. Ausführliche Berichte sind von den

Fahrten des Kapitäns John Hawkins überliefert. Sie zeigen deutlich, welch verhängnisvollen Lauf die Sklavengeschäfte für viele afrikanische Völkerschaften nahmen. Der lokale Herrscher, mit dem Hawkins Kontakt aufgenommen hatte, suchte dringend einen Bundesgenossen im Kampf gegen seine feindlichen Nachbarn. Die versprochene Belohnung mußte in Hawkins' Ohren, der schon als Seeräuber den Portugiesen einige Schiffsladungen mit Sklaven geraubt hatte, verlockend klingen. Diesmal sollte er »so viele Neger, wie man bei den Kämpfen aufbringen könnte« als Beute erhalten. So ging er mit 200 gut bewaffneten Engländern an Land und verhalf dem Negerfürsten zu einem grausigen Sieg über seine afrikanischen Nachbarn.

Das Verhalten dieses Fürsten war in Afrika weit verbreitet und lange vor Erscheinen der Europäer geübte Praxis: Wer nicht zum eigenen Stamm gehörte, war Freiwild.

Ein gegen Ende des 18. Jahrhunderts befreiter Sklave schrieb in seinen Lebenserinnerungen die Worte nieder: »Aber zur Schande meiner Rassegenossen muß ich gestehen, daß ich zuerst von Menschen meiner eigenen Hautfarbe gefangen und ausgeliefert wurde, sie waren an meiner Verbannung und Versklavung schuld. Allein, gäbe es keine Käufer, dann gäbe es auch keine Verkäufer.«

Kürzer und treffender läßt sich die ungeheure Schuld, welche die Mächtigen auf beiden Seiten auf sich luden, kaum in Worte fassen. Wie ein Krebsgeschwür erfaßte das wohl größte Menschenhandelsunternehmen der Weltgeschichte die Wirtschaftsstrukturen weiter Gebiete im atlantischen Afrika und später auch im Osten hinter den Küsten des Indischen Ozeans, wo vor allem arabische Händler das schmutzige Geschäft abwickelten.

Auch von Norden, aus den islamischen Ländern am Mittelmeer, waren immer wieder arabische Sklavenjäger-Trupps in die Sudan genannten Landschaften südlich der Sahara vorgedrungen und hatten in manchen Jahren, teils durch Raub, teils durch Tauschhandel mit den örtlichen Machthabern, Zehntausende quer durch die große Wüste nach Norden getrieben. Berüchtigt war die von Kordofan nach Ägypten führende »Straße der Vierzig Tage«, auf der man in gut 40 Tagen die Wüste im Bereich der Nilländer queren konnte.

In Westafrika behielten die mächtigen Königreiche wie das an der Goldküste, das in Dahomey oder das berühmte Reich Oyo im heutigen Nigeria ihr Handelsmonopol fest in der Hand. Keinem Weißen gelang es über die Jahrhunderte hinweg, ohne Einwilligung der Herrscher in das Hinterland vorzudringen. Die Briten erblickten das Binnenland der Goldküste zum erstenmal während ihrer »Strafexpedition« gegen die Stadt Kumasi (1873/74).

Die Abwicklung des Sklavengeschäftes verlief im allgemeinen friedlich und nach einem festgefügten, von Ort zu Ort wechselnden Ritual. Die afrikanischen Häuptlinge erwiesen sich dabei als gerissene und harte Verhandlungspartner, die den europäischen Händlern oft sehr viel Geduld abverlangten.

Hatte man sich schließlich auf die oft komplizierten Konditionen des Tauschgeschäftes geeinigt, begann die »Besichtigung« der menschlichen »Ware«. Jeder einzelne der splitternackten männlichen und weiblichen Sklaven, gar zu oft noch in einem überaus jugendlichen Alter, wurde eingehend begutachtet. Nur beste »Qualität« war gut genug, mußte man doch auch so noch mit Verlusten von 10 bis 20 Prozent rechnen, sowohl bei der oft langen Überfahrt als auch nach der Ankunft in Nord-, Mittel- und Südamerika. Nach Aussonderung der »Untauglichen« wurde den übrigen das Kennzeichen der Handelsgesellschaft mit einem glühenden Eisen auf die Brust eingebrannt. Denn nicht selten tauschten die Helfer der schlauen Häuptlinge einen Teil der Ausgesuchten in den Sammellagern gegen Untaugliche aus.

Bei der Verladung auf die Boote, welche die Unglücklichen durch die gefährliche Brandung zu den vor der Küste ankernden Handelsschiffen brachten, müssen sich häufig entsetzliche Szenen der Verzweiflung abgespielt haben, die selbst bei den hartgesottensten Sklavenhändlern mitunter Mitleid erregten, wie wir alten Berichten entnehmen können. Auf hoher See kam es nicht selten zu Revolten der nach genauestem Plan auf das »Wirtschaftlichste« im Schiffsrumpf eingepferchten Sklaven. Die Anführer wurden vor den Augen ihrer Schicksalsgefährten zur Abschreckung auf grausamste Weise zu Tode gequält.

Und wehe dem Unglücklichen, der ernsthaft erkrankte. Die systematische Unmenschlichkeit des brutalen Geschäftes schrieb in solchen Fällen Selektion vor. Der Kranke wurde einfach über Bord geworfen. Kann man sagen, daß die Menschenopfer, die alljährlich in Calabar (Nigermündungsgebiet) in Hoffnung auf erfolgreiche Sklavenjagden dargebracht wurden, verwerflicher und grauenvoller waren?

Wie viele waren es, die ihrer afrikanischen Heimat entrissen wurden? Diese Frage ist immer wieder gestellt worden, und man hat versucht, eine Antwort darauf zu finden. Schätzungen reichen von 15 bis 30 Millionen, die im Laufe von über drei Jahrhunderten in die Neue Welt verschifft wurden.

*Das Zeitalter der großen Entdeckungen*

| | |
|---|---|
| um 1300 | Kaufleute aus Genua entdecken die Kanarischen Inseln. |
| 1341 | Italienische Kaufleute senden von Lissabon aus zwei Schiffe unter portugiesischer Flagge zu den Kanarischen Inseln. |
| 1351 | Auf der sogenannten Florentiner Seekarte sind neben den Kanaren die Azoren und die Madeira-Inselgruppe verzeichnet. |
| 1402 | Erste dauerhafte Ansiedlung von Europäern auf den Kanarischen Inseln. |

1415 Die Portugiesen erobern die Seefestung Ceuta an der nordafrikanischen Küste gegenüber Gibraltar.

1419 Wiederentdeckung von Madeira.

ab 1421 Regelmäßige Erkundungsfahrten entlang der westafrikanischen Küste.

1427 Wiederentdeckung der Azoren.

1433 Gil Eannes segelt am gefürchteten Kap Bojador vorbei.

1436 Überschreitung des nördlichen Wendekreises. Entdeckung des angeblichen »Goldflusses« (Rio de Oro).

1443 Nuño Tristão entdeckt die Argin-Bucht.

1444 Nuño Tristão erreicht den Senegal und damit das Land der Schwarzen.
Beginn des portugiesischen Sklavenhandels.
Dinis Diaz erreicht das Kap Verde, den westlichsten Punkt der Alten Welt.

1448 Auf der Insel Argin wird das erste portugiesische Fort errichtet.

1456 Alvise da Cadamosto entdeckt die östlichen Kapverden und erreicht das Senegalgebiet.

1460 Pedro de Sinta entdeckt die Küsten von Sierra Leone und Liberia.
Am 13. November stirbt in Sagres am Kap São Vicente Heinrich der Seefahrer.

1469 Entdeckungsvertrag der portugiesischen Krone mit dem Kaufmann Fernão Gomes.

1471 João de Santarem und Pero Escalar erreichen die Goldküste (heute Ghana).

um 1472 Fernão do Póo entdeckt in der Biafrabucht eine Insel, die seitdem den Namen Fernando Póo trägt.

1482 Gründung der Festung und Handelsstadt São Jorge da Mina (El Mina) an der Goldküste.
Diogo Cão erreicht die Kongomündung.

1488 Bartolomeo Diaz erreicht das Kap der Guten Hoffnung.

1489 Der portugiesische Kundschafter Pedro de Covilhão erreicht mit arabischen Handelsschiffen Sofala an der Ostküste Afrikas.

1492 Cristoforo Colombo (span. Cristóbal Colón), segelt über den Atlantik und entdeckt die Bahama-Inseln vor der Südküste Floridas. Er glaubt, ein Drittel des Erdumfangs zurückgelegt und die östlichsten Gestade Hinterindiens erreicht zu haben.

1494 Vertrag von Tordesillas zwischen Spanien und Portugal: Alle Gebiete 2000 km (370 Leguas) westlich der Kapverden sind von nun an spanische Interessensphäre. Damit gehörte der sechs Jahre später entdeckte Ostteil Südamerikas (das spätere Brasilien) den Portugiesen.

1497/98 Vasco da Gama findet den Seeweg nach Indien und geht in Calicut an der Malabarküste an Land.

1500 Pedro Alvares Cabral erreicht auf der Reise nach Indien (zufällig?) die Küste Brasiliens.

1501 Amerigo Vespucci segelt mit drei Schiffen an der brasilianischen Küste entlang bis über die La-Plata-Mündung hinaus. Er ist überzeugt davon, einen unbekannten Kontinent vor sich zu haben.

1502 Vierte Reise des Kolumbus. In der südwestlichen Karibik sucht er nach einem Durchgang zum Indischen Ozean. Er glaubt, an der Ostküste Hinterindiens zu sein.

1507 Die Portugiesen erobern die Insel Sokotra am Osthorn von Afrika. Der Indische Ozean wird zu einem »Mare clausum« (geschlossenen Meer), das niemand ohne Zustimmung der Portugiesen befahren darf.

1509 Der Portugiese Francisco d'Almeida besiegt bei Diu an der Westküste Indiens die vereinigte ägyptisch-indische Flotte. Eine Zeit unumschränkter portugiesischer Herrschaft im Indischen Ozean beginnt. Entdeckung und Eroberung gehen hier, wie auch beim Vorgehen der Spanier in Amerika, Hand in Hand.

1513 Vasco Nuñez de Balboa überschreitet die Landenge von Darién nahe dem heutigen Panamakanal und erreicht den Pazifik. Er nennt dieses Meer, das im Süden der Karibik (der damaligen »Nordsee«) liegt, fortan »die Südsee«. Der Konquistador Balboa nimmt am 25. September das neue Meer für die spanische Krone in Besitz und wird später zum »Admiral der Südsee« ernannt. Ungeklärt bleibt zunächst die Frage, ob diese riesige Wasserfläche die Rückseite des Indischen Ozeans oder ein ganz anderes Meer ist, ob man also möglicherweise nicht Indien erreicht, sondern eine »Neue Welt« entdeckt hat.

1519 Der Portugiese Fernão de Magalhães (Magellan) startet am 20. September mit fünf Schiffen im Auftrag des spanischen Königs, um einen neuen Seeweg nach Indien zu finden. An Brasilien und Feuerland vorbei erreichen die Schiffe eine riesige Wasserwüste, wo gleichmäßig wehende Passatwinde die Entdecker auf einem ruhigen Meer (mar pacifico oder Stiller Ozean) zu den Marianen und Philippinen bringen. Die Rückreise führt um das Kap der Guten Hoffnung, doch nur das Flaggschiff »Victoria« erreicht 1522 die Heimat. Magellan und der größte Teil der Mannschaften haben die strapaziöse Reise nicht überlebt. Nach der Durchquerung des Pazifik, der größten Wasserfläche der Erde, beginnt sich allmählich ein ganz neues Bild von der Erdkugel durchzusetzen.

1642 Der holländische Kapitän Abel Tasman (1603 bis 1659) wird vom Gouverneur der Niederländisch-Indischen Kompanie von Batavia aus auf die Suche nach einem kurzen Seeweg zum Goldland Chile ausgeschickt. Dabei entdeckt er Tasmanien, Neuseeland und die Fidschi-Inseln. Auf einer zweiten Reise (1644) erforschte er die Nordwestküste Australiens.

# Ägypten, ein Geschenk des Nil

**Die Memnonkolosse in Theben**

*Die beiden Kolossalstatuen bewachten einst den Eingang zu einem Tempel des Pharaos Amenophis III. (1405–1370 v. Chr.). Ihm folgte der berühmte »Ketzerkönig« Echnaton (Amenophis IV). Die thebanische Ebene wurde vor Errichtung des Hochstaudammes von Assuan alljährlich zur Zeit der Nilflut weithin überschwemmt. Faszinierend wirkt auf dem berühmten Bild von Karl Werner die Doppelbeleuchtung durch den aufgehenden Mond und das Lagerfeuer am rechten Bildrand.*

## Kaffeehaus in Kairo

*Karl Werner verdanken wir eine Reihe wunderschöner Aquarelle, die er während zweier Reisen (1862 und 1865) in Ägypten malte. Gut geführte Kaffeehäuser wurden von morgens bis abends von Gästen besucht. Im Kamin brannte das Holzkohlenfeuer, um das Wasser in den Kupferkannen ständig heiß zu halten. Sprachkundige Reisende konnten in diesen »Nachrichtenzentralen« oft wertvolle Informationen sammeln.*

## Nilufer bei Beni Suef

*Im Mittelalter war Beni Suef ein bedeutender Handelsplatz, dessen Fernhandel bis in die Atlasländer reichte. Als Karl Werner die Stadt besuchte, gab es noch eine Baumwollspinnerei mit zwölf Arbeitern. Die verarmte Stadt, rund 150 Kilometer südlich von Kairo gelegen, besaß noch nicht einmal ein öffentliches Bad. Die verfallenen Häuser rechts im Bild legen beredtes Zeugnis vom Zustand der Stadt ab.*

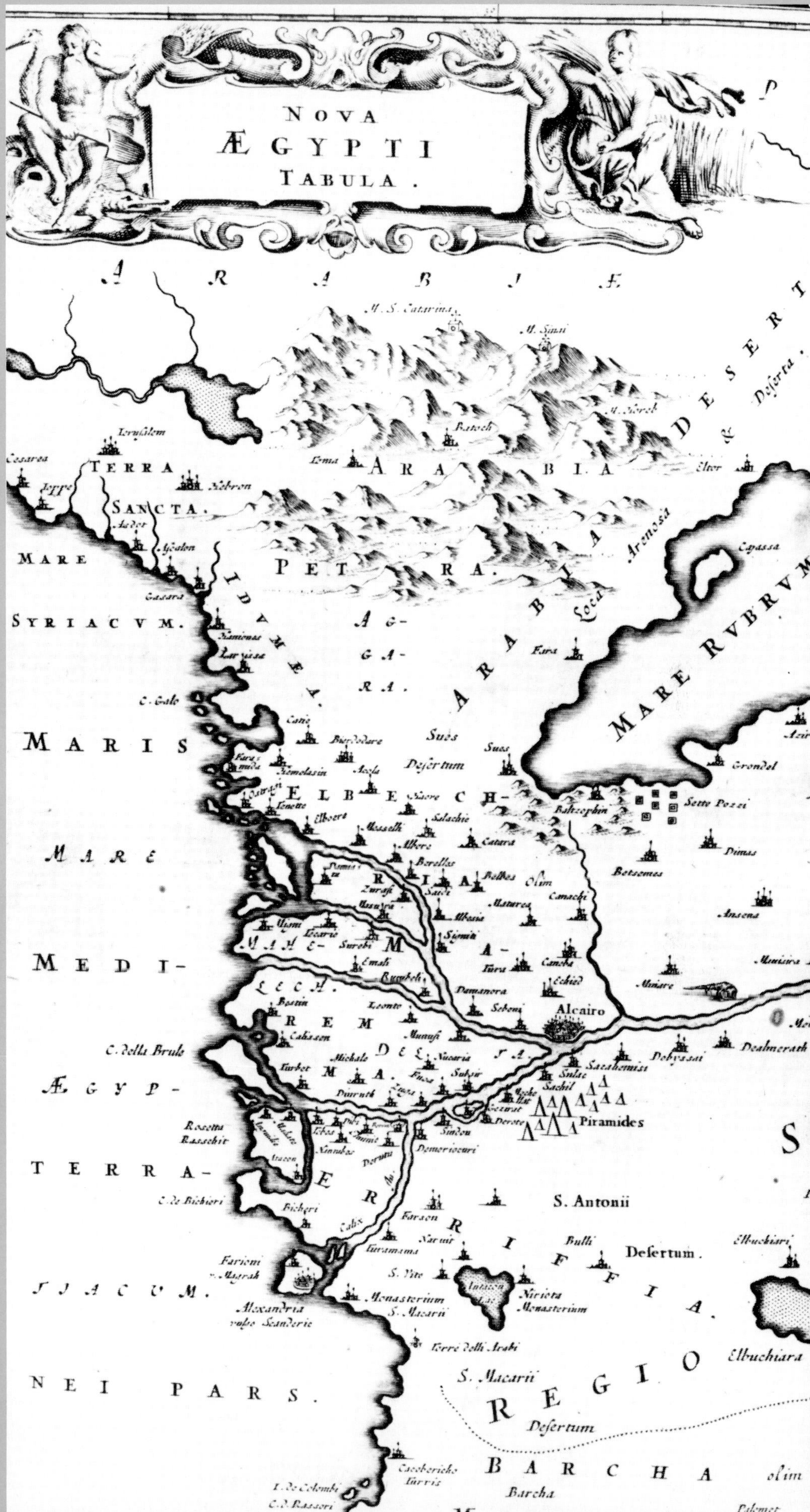


## Karte des Nildelta und Sinai

*Die Abbildung zeigt einen Ausschnitt der Ägyptenkarte aus O. Dappers »Beschreibung von Afrika«. Wie aus Satellitenperspektive gesehen, mutet dieses Bild auf den ersten Blick an. Doch welche Ungenauigkeiten im Vergleich zu heutigen Kartenwerken zeigen sich bei genauerer Betrachtung: Der Golf von Akaba erscheint nur als schmales Wadi, die großen Deltaseen sind nicht vorhanden. Nilaufwärts (hier nicht abgebildet) zeigt sich noch deutlicher, was es damals noch alles zu entdecken beziehungsweise zu berichtigen galt. Unmittelbar oberhalb Assuan teilt sich zum Beispiel der Nil in zwei große Zuflüsse.*

## *Der Arzt aus Bagdad Ägypten im Mittelalter*

Ägypten war den Europäern über lange Jahrhunderte hinweg ein weithin unbekanntes Land geblieben. Gewiß, Kaufleute aus Genua, Venedig und anderen Mittelmeerhäfen waren wiederholt in die Handelsmetropolen des Orients und so auch Ägyptens gelangt, doch ausführliche Berichte über das Land am Nil blieben aus. Dagegen gab es zahlreiche Werke oft hochbegabter islamischer Reisender, die häufig Geschichtsschreiber, Philosophen, Astronomen, Geographen und Ärzte in einer Person waren. Doch ihre arabisch abgefaßten Schriften gelangten erst Jahrhunderte später ins Blickfeld der Europäer.

So auch der umfassende Bericht des auf vielen Wissensgebieten bewanderten Arztes Abd al Latif Bin Yussuf aus Bagdad, der zu Anfang des 13. Jahrhunderts nach Ägypten kam und sich dort lange Zeit aufhielt. Ein Auszug aus seinem umfangreichen Sammelwerk »Denkwürdigkeiten Ägyptens« erschien 1790 in deutscher Übersetzung in Halle an der Saale.

»Ägypten ist unter allen Ländern vornehmlich merkwürdig wegen seiner Erstaunen erregenden Denkmäler, von denen sich die seltsamsten Nachrichten erteilen lassen.« Mit diesen Worten beginnt der erste Teil der »Denkwürdigkeiten Ägyptens«. Die Pyramiden aus der Pharaonenzeit beschreibt Abd al Latif mit offensichtlicher Liebe zum Detail.

Höchst bemerkenswert ist aber, daß der in Europa später so bekannt gewordene Weltreisende Ibn Battuta, der Ägypten ein Jahrhundert nach Abd al Latif bereiste, diese überaus eindrucksvollen Denkmäler seinen Lesern kaum nahe bringt. Fast unbegreiflich, daß Ibn Battuta den wenige Schritte vom Nil entfernten großen Tempel von Luxor nicht erwähnt, obgleich er von der Moschee des Ortsheiligen Abu Haggag berichtet, die auf dem Tempelgelände errichtet wurde! Dieser reizvolle optische Kontrast läßt übrigens heute zahllose Touristen zur Kamera greifen.

Die Beschreibung der Landesnatur Ägyptens bei Abd al Latif könnte in vielem fast unverändert in eine moderne Landeskunde übernommen werden. Wer in Alexandria an Land geht und sich auf die Reise zur Hauptstadt Fustat (Kairo) begibt, erlebt die vom Nil in vielen Jahrtausenden geschaffene weite Deltalandschaft mit ihren fruchtbaren Äckern, die am Horizont den Blicken entschwinden. Betritt der Reisende den Boden des uralten Kulturlandes während der Wintermonate, so wird er im nördlichen Deltagebiet des öfteren heftige gewittrige Regenfälle erleben, die es ihm schwermachen zu glauben, daß Ägypten seine wirtschaftliche Existenz allein dem heiligen Nilstrome verdankt.

Doch die Randzone des mittelmeerischen Winterregengebietes, die Ägypten an seinem nördlichen Deltarand berührt, reicht in keinem Jahr aus, die Feldfrüchte der Fellachen, dieses uralten ägyptischen Bauernvolkes, zur Reife zu bringen. Ohne das fruchtbare lehmige Wasser des Nils würden auch hier die Früchte vor der Ernte verdorren.

Bei Fustat, der ältesten Stadtanlage im Bereich des heutigen Großstadtmolochs Kairo, verengt sich das Tal des Stromes ganz beträchtlich. Die großen, Dahabiyen genannten Segelbarken, welche von den Kaimauern Fustats aus nach Süden segelten, durchzogen gemächlich den oft von hohen, völlig pflanzenlosen Kalksteinfelsmauern umklammerten Landesteil Oberägypten, eine Flußoasenwelt, in der, je weiter man nach Süden gelangt, oft fünf bis zehn Jahre lang kein Tropfen Regen den Ackerboden benetzt.

Alles das berichtet der Arzt aus Bagdad in einer Klarheit der Darstellung, die uns eindrucksvoll bewußt werden läßt, welch hohen Stand Bildung und Wissenschaft in der islamisch-mittelalterlichen Welt hatten. Des weiteren lesen wir: »Der Nilfluß hat eine doppelte Eigenschaft, die ihn besonders merkwürdig macht. Zuerst kommt die Ferne des Ortes in Betrachtung, von welchem er ausgeht.« Die Landstriche, welche flußaufwärts von Assuan, der südlichsten Stadt Ägyptens nahe dem Wendekreis, liegen, sind damals weitgehend unbekannt. Abd al Latif weiß aber zu berichten, daß die Quellen des Nils aus dem Gebirge Elkamar hervorsprudeln, wo zur Zeit der Sommermonate »unaufhörlich starke Regengüsse« die Wassermassen des Flusses gewaltig anschwellen lassen. Und das Gebirge Elkamar ist zumindest dem Namen nach gleichbedeutend mit den Montes Lunae (Mondbergen), von denen die antiken Autoren in ihren Werken sprechen, denn »Kamar« bedeutet im Arabischen »Mond«.

Doch das Wort Kamar (qamar) läßt sich auch mit »hell«, »weiß« übersetzen. Dann wären es die Montes albi, weiße (das heißt schneebedeckte) Berge, die tatsächlich im Nilquellengebiet der Äquatorregion das tropische Hochland überragen. Davon wird in den folgenden Kapiteln (3 und 4) noch die Rede sein. »Indessen nimmt man an, daß dieses Gebirge elf Grade hinter (das heißt nördlich) dem Äquator liege.« Somit kann Abd al Latif nur das Gebiet um den Tanasee in Äthiopien gemeint haben, wo der Blaue Nil entspringt und die sommerlichen Regenfälle in der Tat am meisten zur Nilschwelle beitragen.

Der islamische Autor bezeichnet dieses für Ägypten lebenswichtige Naturphänomen als die zweite »jener doppelten merkwürdigen Eigenschaft des Nilflusses«. Wenn der Nil in Ägypten seinen höchsten Wasserstand überschritten hat, werden die Kanäle geöffnet, und die lehmigen Flutmassen ergießen sich über die ausgedörrten Felder; Ägypten verwandelt sich für zwei Monate in eine von Erddämmen gekammerte Seenlandschaft. Hat sich der befruchtende Schlamm abgesetzt und ist der Boden mit dem kostbaren Naß durchtränkt, läßt man das überstehende Wasser in den mittlerweile stark gesunkenen Nil abfließen und das »Geschäft des Pflügens und Säens« kann beginnen.

Auf diesem System der sogenannten Beckenbewässerung beruhten Reichtum und Kultur des Pharaonenlandes. Bis weit in das 19. Jahrhundert herrschte es vor, und noch während in der zweiten Hälfte unseres Jahr-

**Die ägyptische Lotospflanze**
*(rechts)*

***Über 4000 Jahre alte Darstellungen zeugen von der engen Verbindung dieser Wasserpflanze mit der altägyptischen Kultur. Wie die berühmte Victoria regia aus dem Amazonasgebiet gehört die Lotuspflanze zu den Seerosengewächsen. Die Abbildung zählt zu den naturgetreuesten Darstellungen in Dappers »Beschreibung von Afrika«.***

**Tamarindenbaum**
*(rechts außen)*

***Ausführliche und weitgehend exakte Beschreibungen der Gewächse des Nil-Landes lieferte O. Dapper. Über die Tamarinde schreibt er: »Die Araber nennen sie Tamarhendi, das ist indische Frucht, weil aus Ostindien in das glückliche Arabien eingeführt…«***

## Flösselhecht

(Polypterus bichir)

*»Schlange des Flusses« nannte der deutsche Afrikaforscher Georg Schweinfurth diesen altertümlichen Fisch afrikanischer Seen und Flüsse. Die großartige, mit äußerster Genauigkeit ausgeführte Zeichnung ist den Tafelbänden der berühmten »Description de l'Égypte« entnommen. Auf fast 30 Druckseiten beschreibt der Zoologe Geoffrey Saint-Hilaire die anatomischen Besonderheiten dieses Fisches und bezeichnet ihn als eines der interessantesten Objekte der Naturwissenschaften.*

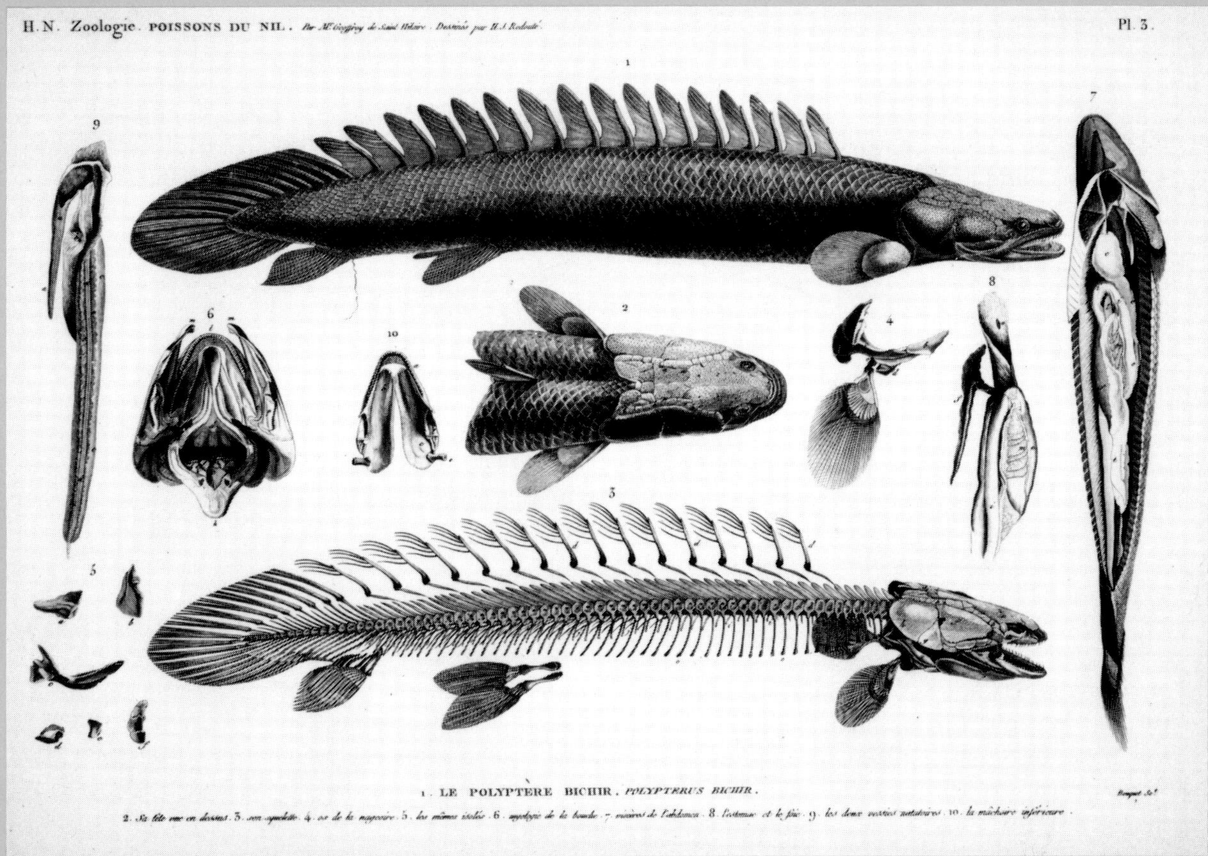


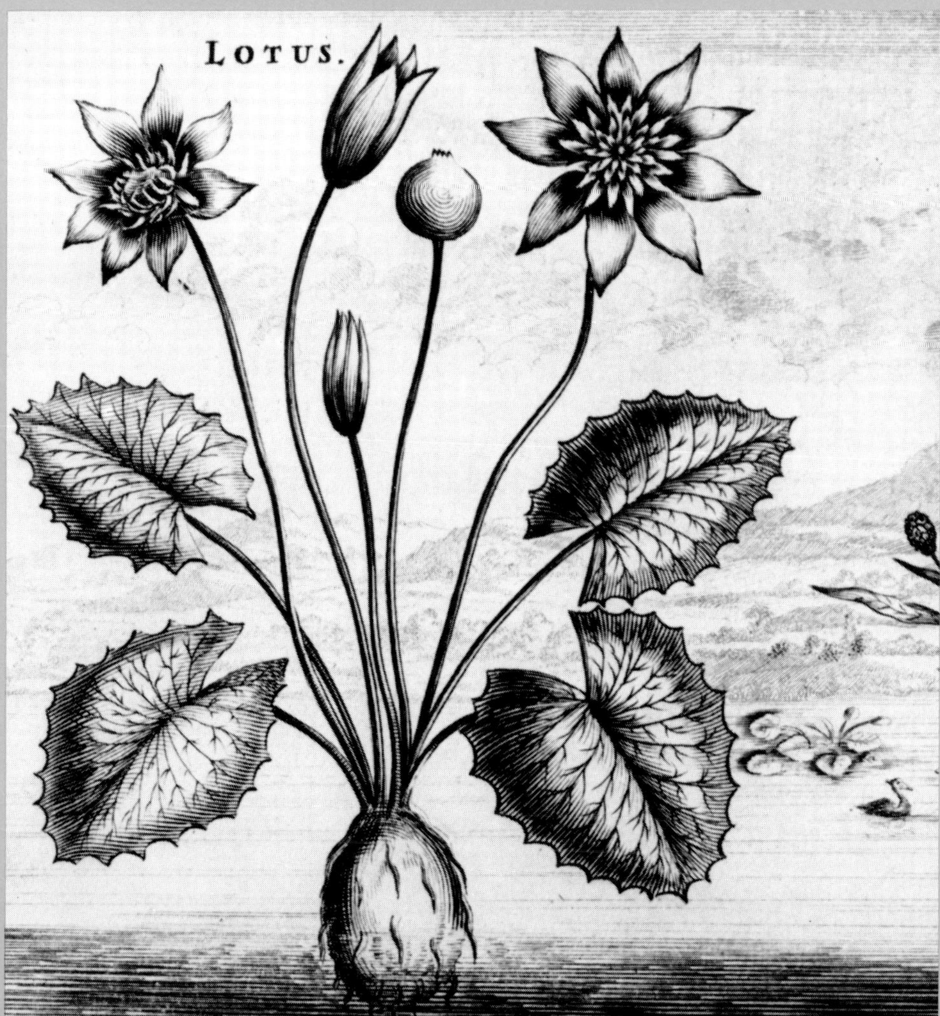

hunderts südlich von Assuan der neue Riesenstaudamm Sadd el-Aali errichtet wurde, konnte der Reisende in Oberägypten diese uralte Bewässerungsmethode auf weiten Strecken beobachten.

Erstaunliches erfahren wir auch über die Pflanzen- und Tierwelt der Niloase. Krokodile gab es zur Zeit Abd al Latifs vor allem im südlichen Oberägypten noch sehr häufig. Besonders in der Kataraktenzone bei Assuan müssen sie in einer Menge zu beobachten gewesen sein, die an Bilder im tropischen Afrika südlich der Sahara erinnert.

Auch der Nilwaran muß damals in Oberägypten noch sehr häufig gewesen sein. Abd al Latif erkennt bereits im Ansatz, daß beide Echsen zusammen mit den Eidechsen zu einer Tiergruppe gehören – nämlich wie wir heute wissen, zu den Reptilien. Denn sie haben, so führt der Reisende aus, »alle einerlei Gestalt, und unterscheiden sich bloß durch die Größe. Das Krokodil ist das größte.«

Ebenso war das Flußpferd im Mittelalter noch in ganz Ägypten verbreitet, wo es heute längst ausgerottet ist. Bei Damiette tummelten sich diese mächtigen Wasserbewohner im Mündungsgebiet des dortigen Nilarmes. »Es ist ein großes Tier von fürchterlichem Aussehen und ungemeiner Stärke. Es setzt den Schiffen nach und versenkt sie ... Es ist ein Büffel, welcher aber dem Pferde gleicht und keine Hörner hat ... Sein Kopf ist unförmlich groß, sein Rachen ungeheuer weit, mit scharfen Spitzzähnen bewaffnet, seine Brust erstaunlich breit, sein Leib dick aufgeschwellt, seine Beine unproportionierlich kurz.« Flußpferdjäger berichteten dem Arzt aus Bagdad, »daß es eigentlich als ein großes Schwein zu betrachten sei und daß seine inneren und äußeren Teile sich in der Gestalt und Eigenschaft von denen des Schweines, die natürliche Größe abgerechnet, in nichts unterschieden«. Die vergleichende Wirbeltieranatomie klassifiziert die urtümlichen afrikanischen Flußpferde heute einhellig als nahe Verwandte der Schweine!

Über hundert Seiten umfaßt der Bericht über die alten Denkmäler Ägyptens. Diesen Abschnitt seines Werkes leitet Abd al Latif mit dem Satz ein: »Ägypten kann alte Denkmäler aufweisen, dergleichen ich in keinem anderen Lande gesehen, oder auch nur aus Erzählungen habe kennen lernen.« Und er betont, daß er seine Beschreibung »auf das vorzüglich Bewunderungswürdige« beschränken will. Die Pyramiden haben ihn am stärksten beeindruckt, er stellt sie daher an den Anfang seiner Ausführungen. Wir wollen den Blick in dieses bemerkenswerte Buch arabischer Entdeckergeschichte mit einer kurzen Beschreibung der Pyramiden, wie der Arzt aus Bagdad sie sah, beenden.

Man trifft viele dieser vollendet geometrisch geformten Bauten an und zwar alle in einem Gebiet, das von Dschisé (Gisa, Gizeh) zwei Tagereisen weit nach Süden reicht. »Einige sind sehr groß, andere kleiner, einige zwar aus Nilschlamm und an der Sonne gehärteten Backsteinen, die meisten aber aus Felsensteinen errichtet ...« Die drei eindrucksvollsten stehen auf dem Wüstenplateau nahe der Stadt Dschisé »in gerader Linie und in geringer Entfernung von einander«. Es sind dies die berühmten Pyramiden des Cheops, Chefren und Mykerinos, die schon seit dem Altertum die Bewunderung der Ägyptenreisenden erregten. Wenn man den Weg zu den Pyramiden zurückgelegt hat, »sieht man sich überrascht im Angesicht der prächtigen Denkmäler des menschlichen Erfindungsgeistes, in deren unvermischten Geschmack und edle Einfalt man sich beim ersten Blick verliert, daß man von ihrem Flammenhauch begeistert unwiderstehlich hingerissen wird, sie zum eifrigen Gegenstand seiner Seelenbeschäftigung zu wählen ... Bald weiß man nicht Worte genug zu finden, um das Große und Erhabene nach Würde zu preisen, was nicht weniger in Rücksicht auf das Ganze dieser Gebäude, als besonders in Betracht des geometrischen Ebenmaßes in ihnen vereinigt vor Augen liegt.«

## *Napoleon Bonaparte in Ägypten »Vier Jahrtausende blicken auf Euch herab!«*

Am 1. Juli 1798 erscheint vor der ägyptischen Küste bei Abukir nahe der uralten Hafenstadt Alexandria eine Armada französischer Kriegsschiffe. Auf Befehl des Kommandanten gehen 20 000 Infanteristen und 3000 Mann Kavallerie an Land. Rund 100 Kanonen modernster Bauart verleihen der hervorragend gedrillten Truppe eine außerordentliche Feuerkraft. Der Befehlshaber des sorgfältig bis in alle Einzelheiten vorbereiteten Unternehmens ist Napoleon Bonaparte, zu diesem Zeitpunkt gerade 28 Jahre alt.

Noch bemerkenswerter als die militärische ist die wissenschaftliche Vorbereitung und Begleitung des Unternehmens. Napoleon denkt an eine systematische Erforschung des zu erobernden Landes. Insgesamt 167 Fachwissenschaftler sind an Bord der Kriegsschiffe, darunter so berühmte Gelehrte wie der Mathematiker Joseph de Fourier, der Archäologe Jomard und der Zoologe Geoffrey Saint-Hilaire. Auch Geographen, Geologen, Chemiker, Astronomen, Ingenieure, Landvermesser, Arabisten u. a. finden sich unter den nichtmilitärischen Teilnehmern.

Napoleon selbst hat sich gründlich mit der zeitgenössischen Orientliteratur beschäftigt. Gewissermaßen als Handbuch für diesen Feldzug dient ihm und seinen Brigadegenerälen der Reisebericht ihres Landsmannes François de Volney (1757–1820), der von 1783 bis 1785 Ägypten und Syrien bereist hatte. Sein 1787 in Paris unter dem Titel »Voyage en Syrie et en Egypte« erschienenes zweibändiges Werk enthält weniger Reisebeschreibungen als vielmehr wertvolle Darstellungen über die sozialen, wirtschaftlichen, politischen und militärischen Verhältnisse in diesem Teil des Osmanischen Reiches. Ägypten war seit langem eine Provinz des Großreiches der Türken am Bosporus. Volneys Landsmann Claude Etienne Savary (1750–1788) hatte in seinen dreibändigen »Lettres sur l'Egypte« darauf hingewiesen, daß eine Ablösung der Türkenherrschaft

**Uräusschlange**

*Die ägyptische Kobra (Naja haje) war im alten Ägypten das Sinnbild königlicher Macht und ist an den Tempelwänden in zahllosen Abbildungen zu finden. Fast alle Reisenden haben sie in ihren Berichten erwähnt, der berühmte Naturforscher Linné beschrieb sie als Vipera haje.*

für Ägypten sicherlich segensreich wäre. »Ägypten liegt in unserer Reichweite, in zehn Tagen gelangt unsere Flotte von Toulon nach Alexandrien. Ägypten ist schlecht geschützt, leicht zu erobern und leicht zu halten«, schreibt Savary im Jahre 1788. Doch Volney warnt vor den möglichen militärischen Verwicklungen mit dem Osmanischen Reich, mit der mächtigen englischen Kolonialmacht und vor der Herausforderung der in Ägypten herrschenden Schicht der Mamelucken, die wahrscheinlich aus der ganzen islamischen Welt Hilfe erhalten würden. Eine Kolonialisierung des Landes könne bei den fundamentalen Unterschieden im Charakter der beiden Völker nur gegenseitigen Haß heraufbeschwören. »Zu Hause und nicht jenseits der Meere sollten wir nach einem Ägypten Ausschau halten ... Wir sollten lieber daran denken, unseren Besitz zu verbessern, anstatt ihn zu vergrößern.« An ähnlichen weitblickenden Äußerungen hat es auch später bei der Frage der Kolonialisierung Algeriens nicht gefehlt; doch wie so oft in der Geschichte hatte die Vernunft keine Chance.

Napoleon jedenfalls schenkte diesen Ausführungen Volneys keine Beachtung. Er sah Ägypten als französische Handelsbastion und strategisches Faustpfand im Kampf gegen das expandierende britische Kolonialreich. Zugleich bot es eine Ausgangsbasis für die Gründung eines großen französischen Kolonialreiches. Und nicht zuletzt konnten hier französische Kolonisten angesiedelt werden. Kolonisation schien ein besonders geeignetes Mittel zu sein, die verarmte Landbevölkerung aus Frankreich umzusiedeln und politische Unruhestifter aus dem Land zu entfernen. Die Ansiedlung französischer Kolonisten sollte jedoch erst drei Jahrzehnte später ihren Anfang nehmen – im gut 3000 Kilometer entfernten Algerien gegenüber der französischen Mittelmeerküste.

Das Ägyptenabenteuer Napoleons scheiterte im Grunde genommen bereits einen Monat nach der Landung. Am 1. August vernichtete die britische Flotte unter Admiral Nelson die Armada des Bonaparte in der bekannten Seeschlacht bei Abukir. Doch bis zum Abzug der Überreste des mit wehenden Fahnen angerückten Franzosenheeres sollten noch drei Jahre vergehen. Drei Jahre, die den entscheidenden Anstoß gaben für den Übergang Ägyptens vom Mittelalter in die Neuzeit, und die in Europa eine wahre Sturzflut wissenschaftlicher Ägypten-Begeisterung auslösten.

Am 22. August 1798, drei Wochen nach der Niederlage bei Abukir, wird in Kairo das berühmte Institut d'Egypte gegründet. Wie in der Akademie der Wissenschaften in Paris werden auch hier regelmäßig Sitzungen abgehalten. Die wissenschaftlichen Mitglieder des Instituts reisen unter militärischer Bedeckung in alle Teile des Landes.

Die Ergebnisse dieser wissenschaftlich einzigartig erfolgreichen Expedition sind in zahlreichen Textbänden niedergelegt, von denen der letzte 1830 in Paris erschien. Sechs großformatige Bildbände vermitteln ein eindrucksvolles Bild von den Ruinenplätzen der Pharaonen; die Tierbilder der zwei Bände »Histoire naturelle« gehören zum Großartigsten wissenschaftlicher Zeichenkunst. Die beiden Bände »Etat moderne« liefern zusammen mit dem detaillierten »Atlas géographique« und den dazugehörigen zehn Textbänden ein umfassendes landeskundliches Bild Ägyptens zu Anfang des 19. Jahrhunderts, kostbares Quellenmaterial für jeden modernen Bearbeiter ägyptischer Landeskunde.

Unter den wissenschaftlichen Mitgliedern der Militärexpedition befindet sich auch ein Mann namens Dominique Vivant de Non (Denon). 1747 in Burgund geboren, geht er später nach Paris und erlernt die Porträtmalerei. Danach arbeitet er in diplomatischen Diensten und erzielt erste literarische Erfolge. 1787 wird er in die königliche Akademie der Künste aufgenommen. Nach der Ägyptenexpedition wird er von Napoleon zum Generaldirektor der französischen Museen ernannt. Unter seiner Direktive werden die berühmten Sammlungen des Louvre in Paris zusammengestellt. Auch Napoleons berüchtigter Kunstraub in Europa wird von ihm organisiert.

Denons Reisebericht über die französische Expedition wird rasch zu einem Standardwerk und erlebt mehrere Auflagen. Wir wollen ihn auf seinem Weg durch das ägyptische Niltal begleiten. Er zieht mit den Truppen, die der junge General Desaix befehligt. Desaix hat die Aufgabe, den ägyptischen Heerführer Murad Bei zu verfolgen und das Niltal südlich von Kairo unter französische Kontrolle zu bringen. Mit 3000 Mann Infanterie, 1200 Mann Kavallerie und acht Stück leichter Artillerie setzt sich die nach den Worten Denons »von Siegen glänzende Armee« in Marsch.

Murad Bei gehört zu den Anführern der seit Jahrhunderten in Ägypten als ritterliche Kampftruppe eingesetzten Mamelucken. Ursprünglich waren es Sklaven aus dem Kaukasusgebiet; dann rekrutruierte sich diese Kerntruppe der Machthaber in Ägypten aus 8–10jährigen Knaben, die von professionellen Aufkäufern armen Gebirgsbauern gegen zumeist geringes Entgelt abgehandelt und auf Militärschulen erzogen wurden.

Bei den Machtkämpfen der Mamelucken-Befehlshaber (Beis) spielt Murad Bei eine entscheidende Rolle. Er ist es, der sich am 21. Juli 1798 mit seinen Männern den von Alexandria anrückenden französischen Truppen entgegenwirft. Es kommt zur bekannten Schlacht bei den Pyramiden. Doch der mit Bravour vorgetragene Angriff der mameluckischen Reiterei bricht im präzisen Abwehrfeuer der französischen Infanterie zusammen. Murad Bei macht die bittere Erfahrung, daß die Europäer seinen Truppen in der Organisation, der Ausbildung und der Waffentechnik weit überlegen sind. Noch oft werden die »weißen« und »schwarzen« Bewohner Afrikas diese technische Überlegenheit Europas im Laufe des 19. Jahrhunderts zu spüren bekommen. Fast der ganze Kontinent befindet sich am Ende des Jahrhunderts unter europäischer Oberherrschaft.

Denon tritt die Reise nach Oberägypten mit großen Erwartungen an. »Ich war im Begriff in ein ganz neues Land aufzubrechen. Ich sollte es zuerst, sollte es ohne Vorurteil sehen. Ich sollte ein Stück Erde betreten, das von jeher mit dem Schleier des Geheimnisses bedeckt und seit zweihundert Jahren jedem Europäer verschlossen war.«

Doch hier irrt Denon. Bereits ein Jahrhundert vor ihm ist der französische Arzt Poncet durch das Niltal nach Äthiopien gereist. Nahe der Oasenlandschaft Faijum überquert das französische Heer den Bahr Jussuf, den uralten Josephskanal, der vom Nil abzweigt und der von öden Höhenzügen der Libyschen Wüste umklammerten Ackerbaulandschaft das kostbare Nilwasser liefert. Der Marsch geht streckenweise durch die Wüste, deren Unermeßlichkeit und Leere Denon erschrecken. »Wüste, ein furchtbarer Name für den, der sie einmal gesehen hat! Ein Horizont ohne Grenzen, dessen Raum erdrückt.« Auch General Desaix, der neben ihm reitet, empfindet so. »Ist das hier nicht«, so der General zu Denon gewandt, »ein Mißgriff der Natur? Nichts empfängt hier Leben. Alles scheint nur da zu sein, um traurig zu machen und zu schrecken.« Und der scharfsinnige Beobachter Denon erwidert: »Es finden sich Täler, es findet sich versteinertes Holz in dieser Wüste, es hat also Flüsse, es hat Wälder gegeben. Diese sind zerstört worden, seitdem verschwanden der Tau, die Nebel, der Regen, die Flüsse, das Leben überhaupt, mit einem Worte: es blieb das Nichts.« Später marschiert die Truppe wieder am Josephskanal entlang, der parallel zum Nil verläuft. Nach mehreren Tagesmärschen wird die Provinzhauptstadt Minia erreicht. Den Franzosen fallen fünf mit zehn Kanonen bestückte Schiffe der Mamelucken in die Hände. In letzter Minute waren diese vor der anrückenden französischen Kavallerie nach Süden ausgewichen.

Das Niltal um Minia ist überaus fruchtbar, und die Dörfer sind dicht aneinandergereiht. Hinter Baumgruppen verborgen, erinnern sie Denon an Schilderungen von den Inseln des Stillen Ozeans. Doch am meisten begeistert ihn die Stadt. »Minia war die reizendste kleine Stadt, die wir gesehen hatten. Hübsche Straßen, gute Häuser in guter Lage, der Nil floß in einem breiten und lachenden Bette. Ich zeichnete es.«

Südlich Minia erreichen sie die Stadt Mellawi, damals größer als Minia. In einem hübschen Haus am Rande der Stadt bezieht Denon Quartier. Der freundliche Eigentümer lädt ihn ein, in dem Zimmer zu übernachten, wo General Belliard bereits einquartiert ist. Da er zahlreiche Nächte im Freien zugebracht hat, willigt er freudig ein. Doch es soll eine kurze Nacht werden. Im Mondschein bemerken die beiden Franzosen, daß sie am ganzen Körper zerstochen sind. Sie sind »allen möglichen Arten von unreinen Tieren zur Beute geworden«. Offensichtlich sind sie einem »Überfall« zahlreicher Bettwanzen zum Opfer gefallen. Der treuherzige Wirt, sicher abgehärtet gegen diese Plagegeister, begreift nicht, warum die Fremden sein gastliches Haus mitten in der Nacht fluchtartig verlassen!

Auf einer weiten, vorzüglich bewässerten Ebene des Nil erreichen sie Assiut, schon damals eine volkreiche und ausgedehnte Stadt. Es ist heute neben Assuan die bedeutendste Stadt Ägyptens südlich von Kairo. Altertümer sucht Denon in Assiut vergebens, aber in die Libysche Gebirgskette im Westen der Stadt sind in pharaonischer Zeit (um 2000 v. Chr.) zahlreiche Grabanlagen gemeißelt worden. Rasch nutzt Denon die knapp bemessene Zeit, um die vegetationslosen Hügel zu ersteigen. Fast weiße, durch Salzsprengung an der Oberfläche zu mehligem Staub zerfallene horizontal lagernde Kalksteinplatten findet er vor, ein Bild, das sich entlang der Felsmauern am Rande des Niltals auf Hunderten von Kilometern wiederholt.

Die Vorhallen der Gräber sind über und über mit Hieroglyphen bedeckt. »Monate würden notwendig sein, sie zu lesen, wenn man auch ihre Sprache verstünde!« Den Schlüssel zu diesem Verständnis sollten die Franzosen bereits im Sommer des darauffolgenden Jahres (1799) in die Hand bekommen.

Mehr und mehr war die Invasionsarmee 1799 in Bedrängnis geraten. Eine türkische Armee, die von Syrien her anrückte, wurde durch die britische Mittelmeerflotte unterstützt. Da man mit einer britischen Landung rechnete, verschanzten sich die Franzosen an mehreren Stellen entlang der Mittelmeerküste. So auch in der Umgebung des Provinzstädtchens Rosette an einem der Nilmündungsarme. Hier nun geschah es, daß ägyptische Arbeiter und französische Soldaten beim Ausheben eines Schützengrabens auf eine glatt polierte Platte aus dunklem Basalt stießen. Das Phantastische an diesem später so berühmten Stein von Rosette war die Tatsache, daß er mit eingemeißelten Texten in drei verschiedenen Schriften bedeckt war. Oben ein Text in Hieroglyphenschrift, in der Mitte einer in der spätägyptischen Schrift (Demotisch) und zuunterst eine griechische Inschrift!

Bereits auf der Sitzung vom 19. Juli 1799 wurde der sensationelle Fund von den Gelehrten des Institut d'Egypte eingehend diskutiert. Jedoch erst zwanzig Jahre später gelang dem jungen französischen Gelehrten Jean-François Champollion (1768–1830) die Entzifferung des Hieroglyphentextes. Es handelt sich um eine Lobpreisung des Pharaos Ptolemäus V. (um 2000 v. Chr.).

Kehren wir zu Denon zurück. Am folgenden Tag setzt die Truppe ihren Marsch schon vor Tagesanbruch fort. Das Niltal ist hier besonders sorgfältig bebaut. Von Ochsen gezogene knarrende Wasserräder, ganz aus Holz gefertigt, schöpfen das kostbare Naß aus den Bewässerungskanälen und leiten es in schmale Gräben.

Gegen Mittag nähern sich die Franzosen erneut dem Rand der Wüste, die hier in Oberägypten, wo das fruchtbare Nilland nur eine Breite von 5 bis 20 Kilometer erreicht, im Osten und Westen den Horizont begrenzt und dem Reisenden inmitten des üppigen Grüns der Felder und Dattelpalmenhaine drohend die alles Oasenleben umklammernde Todeszone, diese Welt ohne Wasser, vor Augen hält.

Hier am Wüstenrand stößt Denon auf einen ihm bis dahin völlig unbekannten Palmbaum, die Dumpalme (Hyphaene thebaica). Im Gegensatz zur Dattelpalme, mit ihrem oft kerzengeraden Einzelstamm, verzweigt sich die Dumpalme gabelartig in oft 8 bis 15 Seitenstämme.

## Aquädukt

*Die wissenschaftlichen Zeichner der napoleonischen Ägyptenexpedition hielten zahlreiche Monumente der arabischen Baukunst in vortrefflichen Zeichnungen fest. Dieser Aquädukt überbrückt den Kanal von Alexandria im Nordwesten des Nildeltas.*

## Die ägyptischen Pyramiden

*Auf diesem Stich aus O. Dappers »Beschreibung von Afrika« (1670) sind die berühmten Pyramiden der alten Ägypter phantasievoll gruppiert; zudem ist der Neigungswinkel der Flächen wesentlich steiler als in Wirklichkeit. Die frei gestaltete Sphinx ist gleich zweimal vorhanden, und der Nil fließt in unmittelbarer Nachbarschaft vorbei. Die tatsächliche Entfernung zwischen Pyramiden und Strom beträgt etwa acht Kilometer.*

## General Bonaparte vor den Mumien der Pharaonen

*Schon bald nach der Landung der Invasionstruppen bei Abukir (am 1. Juli 1798) begannen die Franzosen mit der wissenschaftlichen Erforschung Ägyptens. Der Maler M. Orange zeigt General Bonaparte bei der Betrachtung einer Mumie und verbindet den Vorgang mit der Szenerie der Pyramiden von Gizeh.*

## Schreiber in Girge

*Ein Hauch alter Orient liegt über diesem Bild. Wir blicken in die Schreibstube des Gouvernementsgebäudes der Provinzhauptstadt Girge, rund 500 Kilometer südlich Kairo. Durch das geöffnete Fenster fällt der Blick auf den Nil und die dahinter liegende Kalksteinwand, die das Niltal eindrucksvoll gegen die Wüste abgrenzt.*

## Der Emir Haggi

*Von unübertroffener Eindringlichkeit sind die Porträts im Folioband »État moderne« (Bd. 2) der »Description de l'Égypte«, wie dieses Bildnis eines vornehmen Ägypters zeigt.*

## Muezzin

*Jedem Besucher der Länder, in denen die Lehre des Propheten Mohammed verkündet wird, ist der langgezogene Ruf des Muezzin in lebhafter Erinnerung. Fünfmal am Tag fordert er die Gläubigen zum Gebet auf. Stimmgewaltig mußten die Männer sein, wenn sie von der Höhe des Minaretts herab dem Willen Allahs Gehör verschaffen wollten.*

## Murad Bei

*Dieses eindrucksvolle Porträt aus der großangelegten »Description de l'Égypte« der Napoleon-Expedition zeigt Murad Bei, den erbitterten Gegenspieler der Franzosen, beim Kampf um die Vorherrschaft in Ägypten.*

## Ägypter

*Tiefe Einblicke in das Leben der ägyptischen Muslime vermittelt das 1860 bereits in 5. Auflage erschienene Werk »Manners and Customs of the Modern Egyptinas« des britischen Orientalisten Edward William Lane. Lane verfaßte das sich durch bemerkenswerte Objektivität auszeichnende Buch in den Jahren 1833–1835 in Ägypten. Das rechte obere Bild zeigt Männer der Mittel- und Oberklasse, das untere Frauen aus dem Volk.*

Die nächste größere Stadt ist Girge (Girga), damals Hauptstadt von Oberägypten. Denon besucht das außerhalb der Stadt gelegene Kloster Girge, von dem die Stadt ihren Namen hat. Girge, heute ein kleinerer Provinzort, ist ein Zentrum der ägyptischen Christen (Kopten) in Oberägypten. Die unmittelbar an das Nilufer gebaute Stadt liegt auf halbem Wege zwischen Kairo und Assuan.

In Girge wird die Truppe mit einem Aufstand konfrontiert, an dem 40 Dörfer beteiligt sind. Die Mamelucken haben die Bewohner dazu ermuntert, die Franzosen anzugreifen. Gut 6000 Fellachen (Bauern) stürmen von Norden her auf die Truppe los, in dem Glauben, daß die Mamelucken, wie versprochen, gleichzeitig von Süden her angreifen werden. »... Aber ein Angriff unserer Kavallerie, die zwölfhundert derselben niedersäbelte, zeigte ihnen, daß ihr Vorhaben nichts taugte.« Der versprochene Angriff der Mamelucken blieb aus.

Hochinteressant gestaltet sich die Begegnung mit einem nubischen Prinzen, der ein Bruder des Fürsten von Darfur ist und gerade in Girge weilt. Darfur ist ein islamisches Königreich, das bis in die zweite Hälfte des 19. Jahrhunderts ein weitgehend verschlossenes Land bleibt und zur Zeit der französischen Expedition einen Höhepunkt seiner wirtschaftlichen Macht erlebt. Es liegt im äußersten Westen des Nil-Sudan im Bereich des Djebel Marra an der Grenze zur heutigen Republik Tschad.

Der Prinz berichtet, daß er gerade aus Indien zurückgekehrt ist. Hier in Girge will er sich der Karawane eines seiner Brüder anschließen, die mit 800 Nubiern aus Sennar am Blauen Nil und ebenso vielen Frauen unterwegs ist. Goldstaub und Elfenbein will er in Kairo gegen Kaffee, Zucker, Blei, Eisen, Tuch und andere begehrte Waren eintauschen.

Sein Bruder steht auch mit dem Herrscher von Bornu in Verbindung, mit dem er lebhaften Handel treibt. Heute erstaunt es uns, wie weit die Handelsbeziehungen zu einer Zeit reichten, in der Afrika noch nicht durch moderne Straßen erschlossen war. Das Reich Bornu lag weit westlich in der Sudanzone zu beiden Seiten des Tschadsees. Dieses Reich, gegen Ende des 15. Jahrhunderts von Sultan Ali Dunamani gegründet, konnte seine Unabhängigkeit bis zum Vordringen der französischen Kolonialtruppen am Ende des 19. Jahrhunderts behaupten.

Denon erfährt vom Prinzen, daß die Wüstenreise von Assiut nach Darfur 40 Tagereisen ausmacht. Es ist die berühmte alte Karawanenstraße, die über die einsamen Oasen der Libyschen Wüste nach Darfur und Kordofan führt. Die Araber nennen sie Darb el Arbain – Straße der Vierzig (Tage).

Das geheimnisvolle Tombout (Timbuktu), so der Prinz, ist den Kaufleuten durch einen regen Handel wohlbekannt. In Europa weiß man damals noch sehr wenig über diese Stadt am Niger, doch das wenige verdichtet sich in der Phantasie zu einem angeblich märchenhaften Reichtum. Die Händler Timbuktus bezahlen die Waren aus Ägypten mit Goldstaub.

Von einem Kaufmann in Kene, einer wichtigen Handelsstadt zwischen Assiut und Assuan, wo die Karawanenstraße vom Roten Meer endet, erfährt Denon weitere wichtige Einzelheiten über die Handelswege nach Darfur und Sennar. Wohl keiner der auskunftsbereiten einheimischen Kaufleute ahnte, daß die Fremden aus Europa die ihnen auf diese Weise vermittelten Kenntnisse einmal zur kolonialen Inbesitznahme des Kontinents nutzen würden.

Am 21. Januar 1799 verlassen die Franzosen bei Einbruch der Nacht Girge. Drei Tage danach kommt es zu einem Kampf mit den Mamelucken unter Führung Murad Beis. Die Mamelucken werden geschlagen und weichen weiter nach Süden zurück; eine Entscheidungsschlacht findet nicht statt. Murad Bei entkommt mit seinen Getreuen in die Oasen der Libyschen Wüste, wo er die weitere Entwicklung abwartet. Nach vernichtenden Niederlagen der gegen die Franzosen anrückenden Türken, zuletzt im März 1800 bei Kairo, schließt Murad Bei mit dem französischen General Kléber einen Vertrag, der ihm die Herrschaft über das südliche Oberägypten sichert, natürlich unter französischem Protektorat.

Doch im darauffolgenden Jahr bricht die französische Herrschaft über Ägypten zusammen. Briten und Türken landen an verschiedenen Punkten des Landes. Bei Kanope im Nildelta kommt es im März 1801 zur Entscheidungsschlacht. Am 2. September unterzeichnen die Franzosen in Alexandria die Kapitulationsurkunde.

Aber das liegt jetzt noch »in weiter Ferne«. Denon wird mit den Truppen des General Desaix bis Assuan vordringen. Auf dieser Reise durch das südlichste Oberägypten besucht Denon einige der eindrucksvollsten Ruinenfelder aus der Pharaonenzeit, allen voran das berühmte Theben im Gebiet der kleinen Stadt Luxor.

Beim Besuch des Tempels von Dendera überkommen Denon »allgewaltige Gefühle, die Schauer der Vorwelt«. Von allem, was er bisher an ägyptischen Altertümern gesehen hat, beeindruckt ihn dieser Tempel aus dem letzten vorchristlichen Jahrhundert am nachhaltigsten. »Heiliges hehres Stillschweigen umfing die erhabenen Trümmer, füllte mit wehmütiger Rührung mein Herz und versetzte mich in eine schwärmerische Ekstase... Vergebens suchte ich nach Ausdrücken, die Gefühle darzustellen, die mich unter dem Portikus von Tintyra (Dendera) überfluteten. Ich fühlte mich im Heiligtum der Künste und Wissenschaften.«

Nur wenige Stunden stehen ihm für den Besuch des Tempels zur Verfügung. Mit dem Zeichenblock in der Hand durcheilt er die große Vorhalle, fieberhaft bemüht, soviel wie möglich von den herrlichen Deckenmalereien der Tierkreiszeichen und Planetensysteme in Skizzen festzuhalten. Die Wände sind mit Malereien geschmückt, die das religiöse Leben und Szenen aus dem Alltag der Ackerbauern darstellen.

Auf der Weiterreise nach Assuan hat er Gelegenheit, den berühmten Ruinenstätten von Theben, Reichshauptstadt der 19. und 20. Dynastie, einen ersten kurzen Besuch abzustatten. Heute gehören die restau-

## Sklavenmädchen aus Abessinien

*Eine begehrte »Ware« bildeten auf den Sklavenmärkten der sudanesischen und ägyptischen Städte die vielgerühmten Sklavenmädchen aus dem äthiopischen Bergland. Wilhelm Junker hat im ersten Band seines Reisewerkes eine Abbildung veröffentlicht, welche die körperlichen Vorzüge dieser Sklavinnen unschwer erkennen läßt.*

rierten Tempelanlagen Thebens zu den größten Touristenattraktionen Ägyptens. Die Aufzeichnungen der Wissenschaftler, die an der napoleonischen Expedition teilnahmen, legten den Grundstein für die großartige Wissenschaft der Ägyptologie, die uns eine außerordentliche Fülle an Wissenswertem aus diesen längst vergangenen Zeitaltern der ägyptischen Geschichte vermittelt hat.

Denon besucht die Wahrzeichen des thebanischen Westufers, die berühmten Memnonkolosse, mächtige Sitzstatuen des Pharaos Amenophis III. (1402–1364 v. Chr.), die einst den Eingang eines längst verschwundenen Tempels beherrschten. Nach Verlassen der Flußoase gelangt Denon in südwestlicher Richtung zu der imposanten Tempelanlage von Medinet Habu, die Ramses III. erbauen ließ.

Das berühmte Tal der Könige, wo in einsamster Wüstenlandschaft zahlreiche in den Fels gehauene Grabkammern liegen, kann er erst beim zweiten Besuch näher untersuchen. Als er mit Desaix beim ersten Besuch in eine der Grabkammern hineinreitet, werden sie vom hinteren, dunklen Teil der Galerie aus mit Steinen und Wurfspießen empfangen. Sie sind in einen der Schlupfwinkel der damals in der Umgebung von Luxor berüchtigten Höhlenräuber geraten.

Beim zweiten Besuch Thebens finden sie den Nil, diesen »Schöpfer und Erhalter Ägyptens« völlig verändert vor. Er hat jetzt im Mai seinen Tiefststand; erst ab Anfang Juli wird er wieder gewaltig anschwellen und die Felder bis an den Rand der Wüste überfluten. Doch jetzt lädt er nicht zu dem erquickenden Bad ein, das sich Denon nach einem langen Marsch durch die Arabische Wüste östlich des Niltals erhofft hat. »Seine Fluten waren grün und führten schwarzen Schlamm mit sich, der unerträglich faul stank.«

Wieder ist der Aufenthalt auf dem Westufer Thebens von kurzer Dauer. Doch diesmal, unter militärischer Bedeckung, kann Denon eine Reihe von Grabkammern besichtigen. Wenn man die Eingangstüre passiert hat, »kommt man auf lange, zwölf Fuß breite und zwanzig Fuß hohe Galerien, die mit Stuck überzogen und bemalt sind«, schreibt Denon. Die Gewölbe sind mit Hieroglyphen bedeckt; sorgfältig gemalte Bilder von Göttern und dem Pharao, deren Farben noch so frisch sind, als wären sie erst vor kurzem von der Hand des Künstlers vollendet worden, halten den Blick des Besuchers gefangen. Im Schein einer Fackel eilt Denon von Grabkammer zu Grabkammer. Die Sarkophage am Ende der Galerien sind allesamt aufgebrochen, keine der besuchten Grabkammern blieb von Grabräubern verschont. Dennoch: Über hundert Jahre später (1922) wurde an dieser Stelle, unter dem Schutt eines der trostlosen Wüstenberghänge, das noch unversehrte Grab eines jungen Pharao (Tutenchamun) entdeckt.

In den Seitenkammern der Gräber findet Denon Malereien von erlesenem Geschmack, die sich durch ganz besondere Frische der Farben auszeichnen. »Alle Verzierungen haben sich so vollkommen erhalten und die Malereien sind noch so frisch, als hätte sie erst soeben der Pinsel verlassen.«

Offensichtlich hat er auch einige der Privatgräber von Scheich Abd el Qurna besucht. Sie liegen am Fuße der senkrecht abfallenden Kalksteinwand, hinter der sich das Biban el Muluk, das Tal der Könige, verbirgt. In einer dieser kleinen Grabanlagen sind die Wandmalereien dem Ackerbau gewidmet. Deutlich erkennt man, daß die Pflüge fast genau den hölzernen Hakenpflügen entsprechen, wie sie auch heute noch von den Fellachen benutzt werden. Am Ufer eines Kanals sät ein Mann Getreide aus, auf anderen Bildern wird das Getreide mit der Sichel geerntet. Welche Gräber Denon im einzelnen besichtigt hat, ist seinen Beschreibungen kaum zu entnehmen, zu groß ist die Zahl der Privatgräber, in denen sich die von Denon beschriebenen Motive wiederholen.

Heute sind alle Gräber durch Eisentüren gesichert und durchgehend numeriert. Reisegruppen bekommen häufig nur die Gräber des Ackervorstehers Menna (Nr. 69), des Beamten und Amunpriesters Nacht (Nr. 52) sowie das Grab des Ramose, Vorstehers der Hauptstadt und Wesir des Pharaos Amenophis IV. (Echnaton), zu sehen. In der näheren Umgebung der genannten Gräber liegen jedoch noch weitere, überaus interessante Privatgräber wie das des Rechmere (Nr. 100), die unterirdischen Kammern des Sennufer (Nr. 96), die Gräber von Amenemhab (Nr. 85), Haremhab (Nr. 78), Userhet (Nr. 56), Djeserkere-seneb (Nr. 38) und andere.

Denon reist, wie schon erwähnt, bis ins Grenzgebiet von Ägypten und Nubien, wo seit dem Altertum die Stadt Syene (Assuan) liegt. Er besucht den berühmten Isistempel auf der Insel Philae und ist tief beeindruckt von dem grandiosen Felsenlabyrinth der Nilkatarakte, dessen wilde Formen und Farbgebungen einen sonderbaren Kontrast bilden zu dem »zarten Grün der Palmbäume und dem azurnen Gewölbe des Himmels – hier gewiß dem schönsten, reinsten der Welt«.

## *Scheich Ibrahim aus Basel Johann Ludwig Burckhardt in Nubien*

Wohl niemand an Bord des griechischen Schiffes ahnt, wer der junge indische Moslem namens Scheich Ibrahim in Wirklichkeit ist. Am 2. März des Jahres 1809 startet er mit einem Konvoi englischer Schiffe nach Malta. Auf dieser Mittelmeerinsel bleibt er zwei Monate. Und jetzt, Anfang Juni, reist er mit dem griechischen Schiff nach Syrien.

Von früher Jugend an hat er – so heißt es – in England gelebt und befindet sich nun auf der Heimreise nach Hindustan im riesigen Tiefland des Ganges. Unterwegs soll er in Aleppo, der alten Handelsmetropole Nordsyriens, Station machen und dem dortigen britischen Konsul John Barker Depeschen der East India Company (Ostindien-Gesellschaft) überbringen. Der Aufforderung seiner Mitreisenden, ihnen doch einige Kostproben seiner Muttersprache Hindustani zu geben, kommt er nach, indem er im unverständlichsten

## Kopf der Sphinx

*Die Sphinx von Gizeh, Inbegriff des Rätselhaften, ist auf diesem Bild aus dem Atlasband des dänischen Schiffskapitäns Friedrich Norden, der das Niltal im Jahre 1737 besuchte, in recht ungewöhnlicher Weise festgehalten.*

## Sogenannte Touristen

*Im 19. Jahrhundert besuchten einzelne Reisende, die als Kaufleute oder vermögende Privatleute ins Niltal kamen, die oft stark verfallenen Monumente der Pharaonenzeit. Etwa seit 1870 tauchten immer häufiger meist kleine Gruppen wohlhabender Europäer auf, die es sich leisten konnten, wochen- und monatelang durch den Nahen Osten zu reisen, um die Zeugnisse längst vergangener Kulturen zu bewundern.*
*Das rechte Bild zeigt solche sogenannten Touristen mit ihren Dragomanen (Führern) beim Besteigen der Cheopspyramide, das Bild links unten eine kleine Reisegruppe auf dem Gelände der alten islamischen Friedhöfe bei Kairo.*

## Beim Reisdreschen

*Aus dem Atlasband von Friedrich Norden stammt diese dörfliche Szenerie in Oberägypten. Bis ins 20. Jahrhundert hat sich die Technik des Getreidedreschens vielerorts nicht wesentlich verändert.*

## Hölzerner Hakenpflug

*Seit Jahrtausenden benutzen die Fellachen, die Bauern der Nilstromoase, derartige hölzerne Pflüge bei der Landarbeit. Dieser von Friedrich Norden gezeichnete Pflug (1737) unterscheidet sich kaum von den Darstellungen in den Grabkammern der Pharaonenzeit.*

## Tambuscha im Nildelta

*Aus Holz, ohne Verwendung von Nägeln, bauten Spezialhandwerker diese Zahnradschöpfwerke für Bewässerungszwecke. Ihre eigentümlich quietschenden Laufgeräusche sind jedem Besucher ägyptischer Dörfer noch heute vertraut. Zum Antrieb benutzt man Ochsen oder Kamele, die etwa alle zwei Stunden ausgewechselt werden.*

## Saqije in Nubien

*Bei größerer Hubhöhe sind die Wasserschöpfgefäße der Saqije an einer Seilkette aufgehängt, wie auf diesem Bild zu sehen.*

Kantonsdialekt des Schweizerdeutschen plaudert. Allem Anschein nach schöpft keiner der Mitreisenden Verdacht.

Die wahre Geschichte des jungen Reisenden klingt allerdings ganz anders: Scheich Ibrahim heißt eigentlich Johann Ludwig Burckhardt und wurde am 25. November 1784 in Lausanne am Genfer See als Sohn der angesehenen und sehr vermögenden Baseler Kaufmannsfamilie Burckhardt geboren. Sein Studium beginnt er im Wintersemester des Jahres 1800 in Leipzig. Er widmet sich vor allem juristischen und philologischen Studien; als Berufsziel hat er sich eine Diplomatenlaufbahn vorgenommen. Er beendet seine Studien in Göttingen, wo er den berühmten Gelehrten Blumenbach kennenlernt.

Im Sommer 1806 trifft der glühende Verehrer alles Britischen in London ein. Durch ein Empfehlungsschreiben des Professors Blumenbach lernt er den Präsidenten der Afrikanischen Gesellschaft kennen. Der Präsident, Sir Joseph Banks, lädt ihn nun regelmäßig zu den sonntäglichen Versammlungen der Gesellschaft am Soho-Platz im Herzen von London ein. Die Vorträge über ferne Länder, die er dort hört, bringen ihn jedoch zunächst nicht davon ab, sein Berufsziel Diplomat weiter zu verfolgen. Erst als alle Bemühungen um eine geregelte Anstellung fehlschlagen, trägt er sich mit dem Gedanken, nach Afrika zu gehen.

Schließlich macht er der Gesellschaft den Vorschlag, Friedrich Hornemanns Spuren zu folgen, der von Ägypten aus im Auftrag der Afrikanischen Gesellschaft 1799 in den Sudan gereist und dort verstorben ist. Natürlich, so sagt er, wisse er um die Gefahren einer solchen Reise, doch verglichen mit den Gefahren des Soldatenlebens in Europa seien sie doch nicht allzu hoch zu veranschlagen.

Die Gesellschaft akzeptiert seinen Vorschlag und schickt den Dreiundzwanzigjährigen auf die Universität nach Cambridge, wo Burckhardt seine ersten Kenntnisse der arabischen Sprache erwirbt. Er hört auch Vorlesungen über Chemie, Mineralogie, Astronomie und Medizin. Eine Hitzewelle des Sommers 1808 nutzt er für ausgedehnte 12-Stunden-Märsche bei einfachster Kost. Ähnlich bereitete sich später der deutsche Forscher Georg Schweinfurth auf seine Reisen in Afrika vor (s. Kapitel 5, Seite 124).

Ende Januar 1809 ist er reisefertig. In Syrien ist ein Aufenthalt von zwei Jahren vorgesehen, um dann als Moslem getarnt nach Kairo reisen zu können und von dort mit einer Karawane nach Mursuk im Fessan (Südlibyen) zu gelangen. Von Mursuk aus soll er sich in den Sudan begeben und dort dann sein Glück als Entdecker versuchen, wo immer es den Umständen entsprechend möglich ist.

Doch diese große Reise wird niemals stattfinden. Scheich Ibrahim, der nach eigener Aussage zum Islam übertrat, verstirbt am sechsten Tage des Monats Dhu al Higga (Pilgermonat) des Jahres 1232 der Hidschra (15. Oktober 1817) in Kairo an den Folgen einer Darmvergiftung. Der knapp Vierunddreißigjährige wird auf dem arabischen Friedhof nahe dem alten Stadttor Bab en Nasr unweit des Kairoer Basars Khan el Khalili beigesetzt.

Die von ihm gesammelten 350 arabischen Handschriften vermacht er der Universität Cambridge, seine Aufzeichnungen gelangen über den britischen Konsul in Ägypten, Henry Salt, nach London zur African Association (Afrikanische Gesellschaft). Alle Werke Burckhardts erschienen deshalb zuerst in englischer Ausgabe in London.

Obgleich seine geplante große Sudanreise nicht zustande kommen konnte, gehört Burckhardt zu den bedeutendsten Orientreisenden des frühen 19. Jahrhunderts. Während seiner Reise von Syrien nach Ägypten gelangt er als erster Europäer der Neuzeit zu den berühmten Ruinen der Felsenstadt Petra im heutigen Jordanien. Und auf dem Rückweg von seiner zweiten Nubienreise besucht er die heiligsten Städte der islamischen Welt – Mekka und Medina in Arabien. Der Bericht, den er darüber nach London schickt, enthält wohl die genaueste und vollständigste Beschreibung der heiligen Städte, die bis dahin nach Europa gelangt ist.

Anfang 1813 reist Scheich Ibrahim alias Burckhardt von Kairo aus nilaufwärts. Eine Woche lang hält er sich in der kleinen Stadt Esna (Esne) in Oberägypten auf, wo er sich eingehend nach den Verhältnissen in Nubien erkundigt. Nubien ist die oft auf weite Strecken von der Wüste unterbrochene Flußoasenlandschaft südlich von Assuan, der letzten Stadt im ägyptischen Niltal. Dieses Land reicht weit nach Süden bis in die Gebiete nördlich des Zusammenflusses von Weißem und Blauem Nil.

Am 18. Februar verläßt er Esna und erreicht vier Tage später Assuan. Hier findet er auf Grund eines Empfehlungsschreibens der vornehmsten Kaufleute aus Esna rasch einen Führer, einen älteren Mann, der aus Nubien stammt.

Am Ostufer des Nils entlang begibt er sich auf die Reise nach Derr, seiner ersten Zwischenstation in Nubien. Im vollen Trab durcheilen die Reisenden auf ihren vortrefflichen Reitkamelen die nubischen Dörfer. Doch überall stürzen die Männer neugierig aus ihren Häusern heraus, andere eilen von den nahen Feldern herbei. Und sie überschütten den Führer mit Fragen, wer der Fremde sei und zu welchem Zweck er reise. Der Führer erwidert jedesmal, daß Scheich Ibrahim Briefe des Statthalters in Assuan an die nubischen Häuptlinge überbringen solle. So ist für Burckhardt die Reise nach Derr in Begleitung eines Einheimischen vollkommen sicher.

Unterwegs trifft er immer wieder auf Überreste alter Siedlungen und Tempelanlagen aus der Zeit der Pharaonen. Am Ufer des Stromes liegen manchmal zahlreiche Krokodile. Am späten Abend des 1. März erreicht Scheich Ibrahim Derr. Wie alle angesehenen Reisenden übernachtet er im Hause des Statthalters Hassan Kaschef. Den neugierigen Fragen der Bediensteten des Beis weicht er geschickt aus. Der Bei persönlich hat sich bereits in das Gemach seiner Frauen begeben. Am anderen Morgen überrascht er den Gast, der sich noch nicht von seinem Lager in der offenen Halle des Hauses

## ·rabmal des ·chech Ababde

*·as erhöht liegende Grabmal ·ieses Ortsheiligen steht in ·er oberägyptischen Stadt ·Minia. Das Volk erwählte ·ich diese wegen ihrer ·Toleranz gegenüber Anders- ·läubigen gerühmten Männer ·elbst zu Heiligen, denn im ·slam kann kein Mensch ·offiziell heilig gesprochen ·werden.*

## ·Barbierladen in ·Achmim ·(Oberägypten)

*·hrfurchtsvoll wird der ·Kunde vom Barbier begrüßt. ·Da der Bart als Zeichen der ·männlichen Würde gilt, ·wird auf seine Pflege beson- ·dere Sorgfalt verwendet.*

## Alcair (Kairo) ıus der Vogelschau

*ʼrechts)*

*Diese stilisierte Darstellung Kairos stammt aus der berühmten »Beschreibung der vornehmsten Städte der Welt« von Georg Braun, deren zweibändige Erstausgabe 1574/76 in Köln erschien. Im Vordergrund sind vornehme Bürger der Stadt zu sehen, dahinter Dattelernte und ummauerte Gärten. Der noch heute erhaltene Teil der Stadtmauer verläuft in Ost-West-Richtung (auf dem Bild von oben nach unten).*

## Geldwechsler in Esna (Oberägypten)

*(rechts außen)*

*Im 19. Jahrhundert waren im Nilgebiet die verschiedenartigsten Münzen im Umlauf. Neben zahlreichen Silbermünzen gab es auch Goldmünzen aus Frankreich, Österreich und England. Bei den Geldwechslern konnte man die für weite Handelsreisen benötigten Münzen einhandeln. Häufig genug machten die Händler dabei sehr gute Geschäfte.*

## Basar in Girge

*Girge war lange Zeit die Hauptstadt Oberägyptens und noch um die Mitte des 19. Jahrhunderts eine der bedeutendsten Städte des ägyptischen Niltals. Die Basare der oberägyptischen Städte hielten allerdings keinen Vergleich mit der Pracht der großen Basarstraßen in Kairo aus. Hier kaufte man Artikel für die Bedürfnisse des täglichen Lebens, vor allem Nahrungsmittel und Kleidungsstücke.*



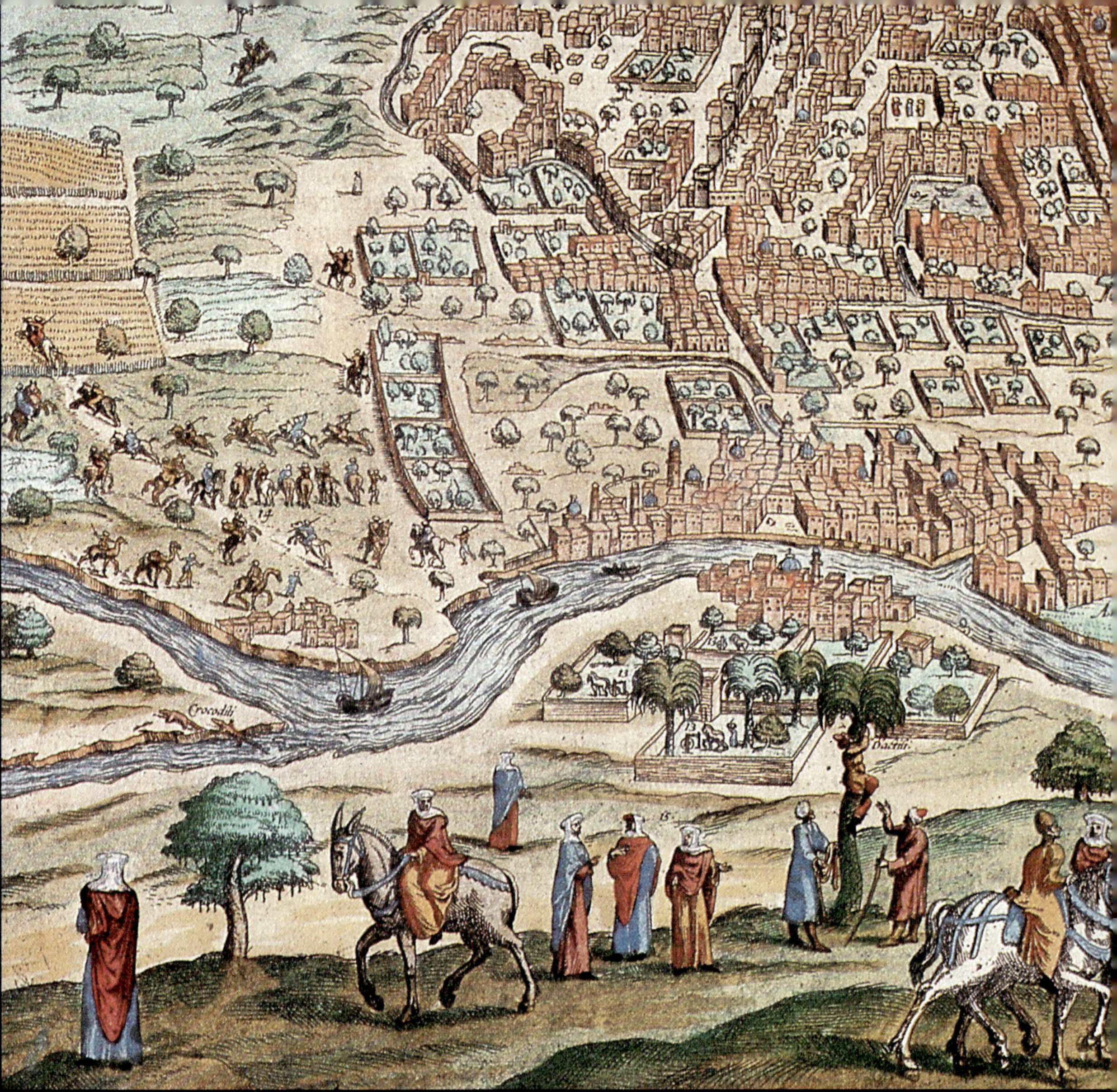

## Tempelhof in Medinet Habu

*Der große Haupttempel des Pharao Ramses III. (1198 bis 1166 v. Chr.) liegt auf dem Westufer des Nils, gegenüber der heutigen Stadt Luxor. Der deutsche Ägyptologe Heinrich Brugsch, der die Anlage im Jahre 1854 besuchte, bezeichnete sie als ein Hauptstück der ägyptischen Baukunst. Damals waren nur die beiden Vorhöfe zugänglich, Säulensaal und Allerheiligstes, wie so viele Altertümer, noch von Schutt bedeckt.*

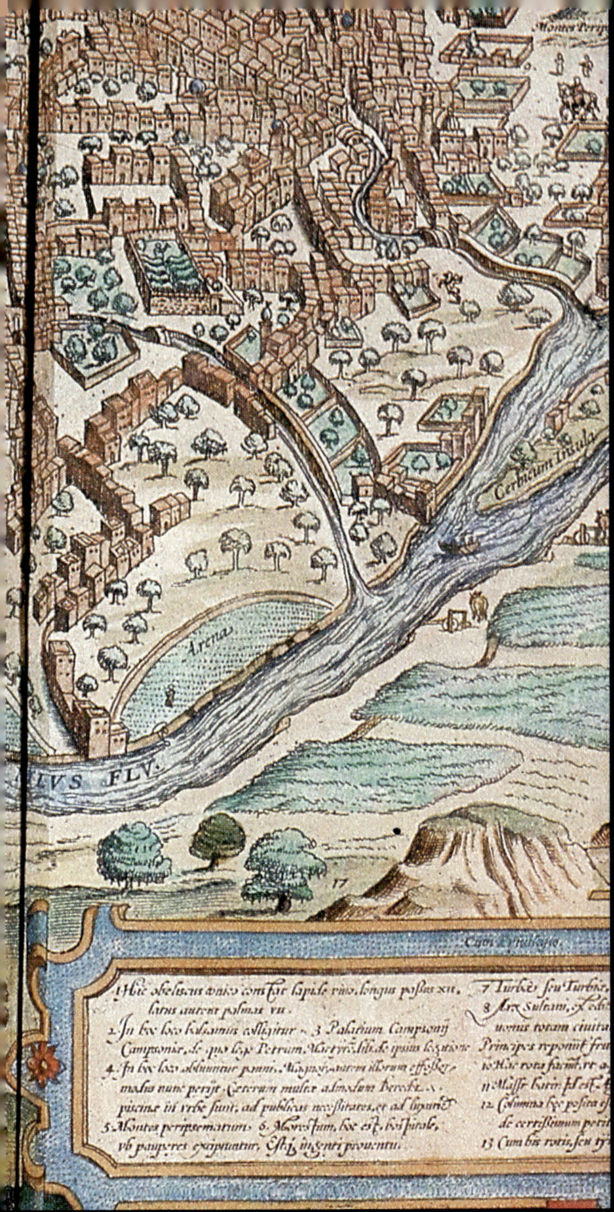
Arena
1 Hic obeliscus unico constat lapide vivo, longus passus xii,
latus autem palmas vii.

## Kairo und die Pyramiden

*Die mit Cerbiculum insula bezeichnete langgestreckte Nilinsel ist das heutige Roda mit dem berühmten alten Nilmesser am Südende der Insel (auf der Abbildung oben). Nördlich (links) von Roda liegt Alt-Kairo, das lange Zeit von der übrigen Stadt getrennt lag. Die Pyramiden von Gizeh (mit der Sphinx), Saqqara, Daschur u. a. liegen am Rande eines flachen Wüstenplateaus, das der Zeichner in einzelne, deutlich aus der Umgebung aufragende Zeugenberge »aufgelöst« hat.*

## Blick auf Minia

*(folgende Seite, oben links)*

***Die Lage der bedeutenden Provinzhauptstadt Minia, um 1800 in einem der ertragreichsten Weizenanbaugebiete Ägyptens gelegen, ist auf diesem Bild aus der »Description de l'Égypte« beeindruckend dargestellt.***

## Kaffeehaus in der Provinz

*(folgende Seite, unten)*

***Um das Jahr 900 nach der Hidschra (am Ende des 15. Jahrhunderts) kam der Kaffee nach Ägypten. Zuerst war es ein Getränk der Vornehmen und der geistlichen Würdenträger in den islamischen Hochschulen und Medressen. Sie stärkten sich damit für ihre Koranstudien und Rezitationen. Doch dann breitete sich die Sitte des Kaffeetrinkens in allen Volksschichten aus, und es entstanden in allen Städten des Landes große und kleine Kaffeehäuser.***

erhoben hat, und bestürmt ihn mit Fragen über den Zweck seiner Reise. Er will wissen, ob er ein Kaufmann ist oder Abgesandter des Paschas von Ägypten. Burckhardt antwortet, daß er lediglich eine Vergnügungsreise durch Nubien unternehme, wie die beiden englischen Herren, die vor ihm hier gewesen seien, und überreicht dem Bei seine Empfehlungsschreiben.

Doch Hassan Kaschef bleibt mißtrauisch. Er hält das offenherzige Geständnis des Fremden für eine Ausrede. Das Arabisch, das er spricht, und seine Vertrautheit mit den türkischen Sitten lassen bei Hassan keinen Zweifel aufkommen, daß es sich um einen Türken handeln muß, der von Hassan Bei in Esna beauftragt wurde, ihn, Hassan Kaschef, zu überwachen.

Die Verhandlungen ziehen sich den ganzen Tag hin. Hassan ist nicht zufrieden mit den dargebotenen Geschenken, obwohl auch Seife von guter Qualität dabei ist, die sonst aus Syrien eingeführt werden muß! Erst als Burckhardt erfährt, daß eine große Karawane von Mahas (südlich Wadi Halfa) nach Esna unterwegs ist und daß ein großer Teil der Waren, die dort verkauft werden sollen, Hassan Kaschef gehört und er ihm verspricht, seinen Einfluß beim Bei in Esna geltend zu machen, gibt Hassan Kaschef nach und läßt ihn weiterziehen.

Überall entlang des Flusses ist das bewässerte Land weit weniger ausgedehnt als in Ägypten. Nach der Überschwemmung, so notiert Burckhardt in sein Tagebuch, bauen die armen Nubier im Winter Durra und Duchen (zwei Hirsearten) an. Während des ganzen Sommers wird das Hirsestroh als Viehfutter genutzt. Bersim, der grüne Alexandriner Klee, ist hier unbekannt.

Nach Rückgang der Nilflut und Abernten der Durrafelder teilt man die Felder in zahlreiche kleine Vierecke ein, auf denen dann Gerste, Bohnen und Tabak angebaut werden. Das Wasser wird mit von Kühen angetriebenen Mühlen (Sakie) aus dem Fluß gefördert oder aus etwa fünf Meter tiefen Gruben, die überall reichlich Grundwasser liefern. Auf einigen Feldern gedeihen Linsen, Erbsen und Wassermelonen. Mitte März reift die Gerste heran, und nach der Ernte wird das Feld mitunter gegen Ende April noch einmal mit Durra bestellt und mittels der Wassermühlen mit dem lebenswichtigen Nilwasser versorgt.

Gleich hinter Derr besucht Burckhardt einen interessanten Felsentempel, den der ägyptische Pharao Ramses II. (1292–1225 v. Chr.) nach seinem Nubienfeldzug zu bauen befahl. Heute, nach Errichtung des Hochstaudammes von Assuan, ist dieser Tempel hoch über dem Niveau des Nasser-Stausees wieder errichtet worden.

Am 6. März führt der Weg durch eine fruchtbare Ebene, die weithin mit Dattelpalmen bepflanzt ist. Während Scheich Ibrahim in der Ortschaft Aschkeit von einem freundlichen alten Mann bewirtet wird, marschiert auf dem gegenüberliegenden Westufer die Sklavenkarawane vorüber, die alljährlich zweimal von Mahas nach Ägypten zieht. Seit Menschengedenken hat sie diesen Weg nicht mehr genommen! Gewöhnlich zieht sie aus Sicherheitsgründen durch die Libysche Wüste in 23 Tagereisen zur Großen Oase (Kharga) und von dort weiter nach Assiut am Nil und nach Kairo, wo es Sklavenmärkte gibt.

Oberhalb Wadi Halfa ändert die Felsenlandschaft zu beiden Seiten des Flusses ihr Gesicht. Der leuchtend gelbe nubische Sandstein weicht dunkel gefärbten Vulkangesteinen, alten Sedimenten und Blockmassen aus Granit. Batn el Hadschar (Felsenbauch) heißt diese wild zerklüftete Felswüstenlandschaft. Der Nil ist hier zwischen den Felsen eingeengt, und seine Wassermassen tosen über zahlreiche Katarakte dahin. Bis nach Tinareh, dem Hauptort der nubischen Nillandschaft, die den Namen Mahas trägt, will Burckhardt vordringen und von dort auf dem westlichen Nilufer nach Assuan zurückreisen. Doch es kommt anders. Die lokalen Machthaber von Tinareh halten ihn für einen Agenten des Paschas in Kairo. Nach tagelangen eindringlichen Verhören und wiederholten Drohungen geben sie ihm den dringenden Rat, schleunigst nilabwärts zu reisen.

»Ich gehorchte augenblicklich, in fünf Minuten war mir das Lager aus dem Gesichte, in welchem ich einen der unangenehmsten Tage zugebracht hatte, dessen ich mich während meiner vierjährigen Reise erinnerte.« So muß er auf dem Ostufer des Nils zurückreisen. Erst 80 Kilometer unterhalb von Tinareh gelingt ihm bei der Insel Kulb der Übergang über den Strom. Von nun an befindet er sich ständig auf dem ihm noch unbekannten Westufer. Hinter Wadi Halfa erreicht er eine Stelle im Niltal, wo die steil abfallenden Sandsteinfelsen dicht an den Fluß reichen. Der Berg auf der Westseite trägt den Namen Ebsamal (Abu Simbel). Burckhardt läßt Führer und Kamele auf dem Sandsteinplateau zurück und steigt durch eine von Sand verschüttete Felsspalte zu den heute weltberühmten Felsentempeln von Abu Simbel herab, von denen er viele prächtige Beschreibungen gehört hatte, wie er in seinem Reisebericht vermerkt.

Er besucht den kleineren der beiden unter Ramses II. erbauten Tempel, der der Göttin Hathor geweiht war. Eingehend beschreibt er die über 10 Meter hohen Riesenstandbilder des Königs und seiner Gemahlin Nofret-ere, welcher der Tempel ebenfalls geweiht war. Durch eine kleine Tür gelangt er in die von viereckigen Säulen getragene Tempelhalle. Hinter der Halle stößt er auf einen schmalen Quersaal, an dessen Seiten sich je eine kleine dunkle Kammer befindet. In der Mitte der Querhalle führt ein Durchgang zu dem etwa 2 × 2 Meter messenden Allerheiligsten. An der Rückwand des Allerheiligsten erblickt er die Überreste einer aus dem Felsen gemeißelten Statue, die Göttin Hathor als Kuh darstellend, wie wir heute wissen.

Als er den Tempel verlassen hat, ist er zunächst überzeugt alle Altertümer Abu Simbels gesehen zu haben. »Als ich mich glücklicherweise weiter nach Süden umsah, fiel mir das, was noch von vier ungeheuren Kolossalstatuen, die aus dem Felsen gehauen sind, sichtbar ist, in einer Entfernung von ungefähr zweihundert Schritt vom Tempel in die Augen.«

## Tal der Könige *(links)*

*Auf dem der Stadt Luxor gegenüberliegenden Nilufer erreicht man nach gut einstündiger Wanderung das in das Kalksteinplateau der Libyschen Wüste eingeschnittene Tal der Könige mit den berühmten Gräbern der ägyptischen Pharaonen.*

## Innenhof der Grabmoschee des Kait Bey *(rechts)*

*Diese Grabmoschee mit ihrem eindrucksvollen Minarett galt vielen Besuchern als das anmutigste islamische Gotteshaus in Kairo. Kait Bey gehörte der tscherkessischen Mameluckendynastie des 15. Jahrhunderts an.*

## Plan der Stadt Syene (Assuan) *(unten)*

*Dieser Plan aus der »Description de l'Égypte« zeigt den typischen Grundriß einer orientalischen Stadt mit engen, verwinkelten Gassen. Die Gärten am Rande der Siedlung sind heute restlos verschwunden; die moderne Industriestadt hat sich bis in die Wüste hinein ausgedehnt.*

## Wadi in der Arabischen Wüste

*(links)*

*Ein Grafiker aus dem Wissenschaftlerteam der napoleonischen Militärexpedition schuf dieses prachtvolle Bild, das die imposante Gebirgswelt der Arabischen Wüste zwischen dem Niltal und dem Roten Meer zeigt. Beduinen haben aus einer am Fuße des Djebel Ghareb gelegenen natürlichen Zisterne ihre Wasservorräte ergänzt.*

## Dorf an einem Inselberg

*Mit einer Armee Mohammed Alis, des Herrschers von Ägypten, gelangte Frédéric Cailliaud im Jahre 1822 bis in das Gebiet des alten Königreiches Sennar, wo »heidnische« Neger lebten. Die dort wachsenden Affenbrotbäume (Baobabs) waren mit ihrer imposanten Größe und der fremdartigen Wuchsform Gegenstand eines besonderen Kultes.*

## Korosko

*In eindrucksvoller Nilwüstenlandschaft in Unternubien gelegen, bildete die kleine Flußoase Korosko den Ausgangspunkt der Karawanenstraße nach Abu Hamed in Obernubien. In acht bis zehn Tagereisen durchquerten hier zahlreiche Entdecker und Abenteurer, oft im Schutze großer Handelskarawanen oder Militärexpeditionen, die menschenfeindliche Nubische Wüste. Auf diese Weise wurde der große Nilbogen mit seinen für Schiffe unpassierbaren drei Kataraktzonen umgangen.*

Damit war Burckhardt eine für die Ägyptologie bedeutsame Wiederentdeckung gelungen. Der große Felsentempel mit den gut 20 Meter hohen Sitzstatuen Ramses' II. ist heute weltberühmt. Die mächtigen Standbilder waren damals bis zu den Armen vom Sand verschüttet. Der Zutritt ins Innere wurde Burckhardt durch eine gewaltige Sandbarriere verwehrt, die vor dem Eingang zu dem 55 Meter tief in die Sandsteinwand hineingemeißelten architektonischen Wunderwerk lag.

Nach Kairo zurückgekehrt berichtete er dem englischen Konsul Henry Salt eingehend von seiner Entdekkung. Salt ließ dann den Eingang durch den italienischen Archäologen Belzoni freilegen. Belzoni betrat 1817 als erster Europäer das Innere des Tempels. Doch bald war der Eingang wiederum vom Wüstensand verschüttet. So mußte der Franzose Frédéric Caillaud, der Ende 1820 nach Nubien kam, einige Einheimische engagieren, die den Eingang erneut freischaufelten. Caillaud war hellauf begeistert vom Inneren des Tempels und lieferte in seinem vierbändigen Reisewerk eine eingehende Beschreibung der insgesamt vierzehn Säle.

Noch in den dreißiger Jahren des vorigen Jahrhunderts waren die rechts vom Eingang gelegenen Statuen zur Hälfte unter Sandmassen begraben, was durch die großartigen Farbzeichnungen des schottischen Malers David Roberts (1796–1864) eindrucksvoll dokumentiert wird. Roberts reiste 1838 nach Nubien.

Am 9. April 1813 trifft Burckhardt wieder in Esna ein. Hier wartet er auf die Gelegenheit, mit einer Karawane von Sklavenhändlern durch die Nubische Wüste weit in den Süden Nubiens reisen zu können. Doch die Abreise wird mehrmals verschoben. Einmal sind die Karawanenwege durch räuberische Beduinen zu unsicher geworden, dann bricht in Nubien infolge einer spärlichen Nilflut eine große Hungersnot aus. Gerüchte machen auf den Märkten von Esna die Runde: Verzweifelte Neger hätten sich vor Hunger gegenseitig umgebracht.

Während der langen Wartezeit lebt Scheich Ibrahim so ärmlich wie möglich, um nicht den Verdacht zu erregen, ein reicher Mann zu sein. Anfang März des Jahres 1814 bricht die Karawane endlich von Darau, einem kleinen Marktort zwischen Esna und Assuan, auf. Scheich Ibrahim ist in einen weiten oberägyptischen Wollmantel gehüllt. Darunter trägt er ein weißes Leintuchhemd und Pumphosen. Seine Fußbekleidung besteht aus einfachen Sandalen. Sorgfältig verwahrt er in den Taschen seines Mantels seine wichtigsten Reiseutensilien, ein kleines Tagebuch, einen Bleistift, ein Federmesser und einen Taschenkompaß. An Lebensmitteln führt er mit: 40 Pfund Mehl, 20 Pfund Zwieback, 15 Pfund Datteln, 10 Pfund Linsen, 6 Pfund Butter, 5 Pfund Salz, 3 Pfund Reis, 2 Pfund Kaffeebohnen, 4 Pfund Tabak, 1 Pfund Pfeffer, einige Zwiebeln und 80 Pfund Durra für seinen Esel.

Nach dreiwöchiger Reise durch die Nubische Wüste erreicht die Karawane den Ort Berber, der nördlich der Atbaramündung am Nil liegt. Südlichster Punkt von Burckhardts Reise ist die ebenfalls am Nil gelegene Stadt Schendi. Von dort wird er durch das Gebiet der Hadendoa-Beduinen nach Suakin am Roten Meer reisen und dann in Arabien Mekka und Medina, die heiligsten Städte des Islam, besuchen. Doch damit verlassen wir bereits den Bereich der Entdeckungsreisen in Afrika. Folgen wir zum Schluß Scheich Ibrahim auf seinen Spaziergängen über die Märkte von Schendi, damals einer der größten Handelsplätze des östlichen Sudan. Sein Bericht darüber ist von außerordentlichem historischen Wert und der bekannten Schilderung der Stadt Kano in Nordnigeria durch Heinrich Barth (vgl. Kap. 8, Seite 195) durchaus ebenbürtig.

Schendi, so berichtet der Reisende, besteht aus mehreren Quartieren, die durch öffentliche Plätze oder Märkte voneinander getrennt sind. Die Zahl der Häuser schätzt er auf 800 bis 1000. »Die ehrwürdigste Klasse der Einwohner von Schendi sind die Kaufleute, worunter es sehr viele Ansiedler aus Sennar, Kordofan, Darfur und Dongola gibt, die letzteren sind die zahlreichsten und haben ein ganzes Quartier inne, ihre Nation aber wird weniger geschätzt als jede andere. Man wirft ihnen Ungastlichkeit vor, und ihr Geiz ist zum Sprichwort geworden.«

Bemerkenswert ist die Angst der Menschen vor den modernen Feuerwaffen der Europäer; besonders das Abfeuern von Kanonen jagt ihnen einen gewaltigen Schrecken ein. Burckhardt hebt hervor, daß auf seinen Reisen in diesen Gebieten es niemals jemand wagte, seine Flinte zu berühren. Und mit halb prophetischen Worten fährt er fort: »Ich glaube, daß eine kleine Truppe europäischer Soldaten mit Umsicht und Beharrlichkeit ohne Widerstand durch diese Länder ziehen könnte.« Mit einer Abteilung von 300 tropengewöhnten Bewaffneten könne man sehr weit ins Innere Afrikas vorstoßen, ohne mit ernsthaftem Widerstand rechnen zu müssen! Zumal die Afrikaner »in so viele kleine Herrschaften geteilt sind und niemals miteinander einig werden können«. Männer wie Stanley starteten solche Unternehmen einige Jahrzehnte später und bahnten der europäischen Besitzergreifung des Riesenkontinents damit den Weg.

Vielfalt und Herkunft der Waren auf den Märkten der Stadt Schendi sind damals äußerst bemerkenswert. Die Marktplätze werden täglich von einem bunten Völkergemisch besucht. Einmal wöchentlich wird der große Markttag abgehalten. Dann erscheinen Vertreter von Araberstämmen aus der weiteren Umgebung der Stadt. 400 bis 500 Kamele und ebenso viele Kühe werden an diesem geschäftigen Tag zum Verkauf angeboten.

Die Lieblingszeit für die Abwicklung der Geschäfte sind ausgerechnet die Mittagsstunden, wenn Staub und Hitze am unerträglichsten sind. Zwischen den offenen Läden der Händler sitzen am großen Markttag die Schuhmacher und fertigen ihren Kunden innerhalb weniger Stunden sehr hübsche Ledersandalen an. Wie viele der kleinen Händler sitzen auch die Handwerker auf der Erde unter einem Dach aus Strohmatten, das von langen Stangen gehalten wird und je nach Sonnenstand in alle Richtungen gedreht werden kann.

## Eingang zum Khan el Khalili

*Nahe bei dem mächtigen Stadttor Bab el Futuh (Tor der Eroberungen) liegt der Eingang zum Khan el Khalili, dem großen Basar von Kairo, der jahrhundertelang eines der bedeutendsten Handelszentren der islamischen Welt bildete.*

## Haus des Scheich Sadat in Kairo

*Hinter den reich verzierten Holzgitter-Fenstern vermutete der Neuankömmling zumeist die Gemächer des Harems und spähte verstohlen hinauf, in der Hoffnung, eine der Schönen hinter diesen »Gittern« erahnen zu können. Doch häufig lagen hier die vornehmen Salons und wertvollen Bibliotheken der Wohlhabenden. Mancher europäische Gelehrte war hier zu Gast und entdeckte auf seine Weise die Europa so fremde Welt des Orients.*

## Palast des Qasim Bey

*Als Ägypten osmanische Provinz war (1517–1798), entstanden in Kairo zahlreiche palastartige Wohnanlagen der Mamelucken-Beys, zu denen auch der hier abgebildete des Qasim Bey gehörte.*

## Ein blinder Bettler in Kairo

*Dieses Bild stammt ebenso wie das vom Khan el Khalili aus dem hervorragend illustrierten zweibändigen Werk »Ägypten in Wort und Bild« des Ägyptologen Georg Ebers, nach dem der berühmte medizinische Papyrus Ebers benannt ist.*

An allen Ecken der Marktplätze findet man die Tabakhändler, denn Tabakgenuß ist bei den Bewohnern von Schendi äußerst beliebt. Die besten Sorten kommen aus Sennar am Blauen Nil. Händler aus Suakin am Roten Meer versorgen den Markt mit Ingwer, Nelken und Zucker aus Indien. Von dort kommen auch edles Sandelholz und alle Arten von Stahlwaren. Prachtvolle Stoffe aus Madras in Südindien, aus Surat im Nordwesten dieses Subkontinents und selbst aus dem fernen Bengalen dienen hauptsächlich als Tauschmittel im Handel mit den Kaufleuten aus Kordofan, die dafür Sklaven liefern.

Neben dem Tauschhandel werden auch Geldgeschäfte abgewickelt; dies geschieht ausschließlich mit Münzen europäischer Provenienz. Mit solchen Münzen wird zum Beispiel der Kaufpreis für ein Kamel bezahlt; dabei werden nur in Spanien geprägte Taler mit der Aufschrift Carolus IV. angenommen, die man hier Reial Abu Areia nennt.

Bevorzugte Stoffe und Tuche sind außer den indischen solche aus Ägypten, wie die rot eingefaßten, weißen Baumwolltücher aus Mehalla im Nildelta oder die Leinenstoffe aus Siut (Assiut) und Manfalut in Oberägypten, die für die Anfertigung von Hemden sehr beliebt sind. Bei den Karawanen, die ins ferne Darfur reisen, besteht auch Bedarf an teuren Samtstoffen, Atlas und goldbesticktem Gewebe aus Lyon und Florenz; als Käufer kommen die Herrscher und sonstigen Würdenträger der Sudanreiche in Frage. Batist und billige Baumwollstoffe aus England werden in Mengen angeboten.

Eine Handelssparte für sich bildet das Perlengeschäft. Hier gilt es, je nach Reiseziel, bei der Auswahl der Sorten sehr sorgfältig vorzugehen. Aus Surat in Indien kommen durchbohrte Achatperlen von der Größe einer kleinen Kirsche; sie heißen hier Reysch und sind die einzigen, welche die Händler aus Kordofan akzeptieren. Eintausend Reysch kosten in Dschidda (Arabien) 15 spanische Taler, in Schendi zahlt man dafür 48 Taler. Wie Scheich Ibrahim in Erfahrung bringt, erhält man in Kordofan für 1000 Reysch sechs Sklavinnen, die man dann in Schendi für 120 Taler »absetzen« kann.

Zahlreiche Erzeugnisse aus Eisen und Stahl werden aus Deutschland eingeführt, wie Scheren, Fingerhüte, Nägel und Nadeln. Rund 3000 Schwertklingen aus Solingen kaufen die Sudanhändler alljährlich in Kairo ein.

Schendi ist wichtigster Umschlagplatz für die großen Sklavenmärkte in Suakin und Kairo. Burckhardt schätzt, daß alljährlich gegen 5000 »Stück« hierher gebracht werden, die über oft mehrere Zwischenhändler schließlich ihre Käufer vor allem in Ägypten und Arabien erreichen. »Man betrachtet diese Sklaven wirklich wie jede andere Ware ...«, und »man braucht das Wort Ras (Stück) von ihnen wie vom Vieh.«

Als vortreffliche Hausdiener geschätzt sind die Abessinier, die häufig auch als Schreiber dienen, »weil sie offenbar weit mehr Verstand besitzen als die Schwarzen«, so Burckhardt. Die begehrtesten Sklavenmädchen kommen von den Gallavölkern des äthiopischen Berglandes. Die meisten der nach Schendi gebrachten Sklaven sind noch keine 15 Jahre alt. Auch viele Kinder im zarten Alter von vier bis fünf Jahren (ohne Eltern!) sieht Burckhardt auf dem Sklavenmarkt. Nicht selten sind es Kinder, die Sklavenhändler mit einer ihrer Sklavinnen gezeugt haben. Wird eine schwangere Sklavin verkauft, geht das zu erwartende Kind in das Eigentum des Käufers über. Burckhardt hat nicht die geringste Hoffnung, daß es in Afrika zur Abschaffung der Sklaverei kommen wird.

Über drei Wochen bleibt Scheich Ibrahim in Schendi. Dann schließt er sich einer Karawane nach Suakin an. Vom Rest seines Vermögens hat er sich vorher noch ein Kamel und – einen Sklavenknaben von ungefähr 14 Jahren gekauft, »teils um einen nützlichen und ständigen Begleiter zu haben, teils um einen in die Augen fallenden Grund für meine Reise nach dem Roten Meer zu haben, wo ich ihn mit Vorteil wieder verkaufen konnte«.

## *Exkurs*

### *Staudämme am Nil – Mohammed Alis Traum vom ägyptischen Großreich*

Im Jahre 1517 war Ägypten eine Provinz des Osmanischen Reiches geworden. Die Türkei-Türken beherrschten nun den gesamten östlichen Mittelmeerraum. Im Westen war es den Türken gelungen, ihre Macht über Algerien und den Balkan bis in die ungarische Tiefebene auszudehnen. Auf der arabischen Halbinsel reichte ihr Einflußgebiet entlang der Küstenräume des Roten Meeres bis zur alten Hafenstadt Aden am Rande des Indischen Ozeans.

In Ägypten gelang es der vom Sultan in Konstantinopel eingesetzten Kriegerkaste der sogenannten Mamelucken, nach und nach alle Macht an sich zu reißen. Der Sultan übte nur noch nominell die Herrschaft aus, die wahren Herren des Landes waren die Mamelucken.

Als im Jahre 1801 britische und türkische Truppen nach Ägypten eindrangen und Napoleons Invasionsarmee vertrieben, befand sich unter den Befehlshabern eines albanischen Regiments ein Mann namens Mohammed Ali. In der Familienchronik dieses Mannes ist zu lesen, daß seine Vorfahren im 17. Jahrhundert aus der Stadt Konya in Anatolien nach Rumelien (Mazedonien) auswanderten. Hier wurde Mohammed Ali 1769 in der Hafenstadt Kawala geboren. Schon in jungen Jahren beteiligte sich der Sohn eines Polizeioffiziers an Kommandounternehmen gegen Räuberbanden im Balkangebirge. Durch die Freundschaft mit dem französischen Honorarkonsul Lion wurde er frühzeitig mit europäischem Gedankengut vertraut, was für einen jungen Türken der damaligen Zeit recht ungewöhnlich war.

Mohammed Ali begann seine Karriere mit der Übernahme des Kommandos über die 300 Albaner, mit denen er im März 1801 zum erstenmal ägyptischen

### Ritt über die Gläubigen

*Am Geburtstag des Propheten ritt der Scheich der Saadiya-Derwische zum Haus des Scheich al Bekri, der Oberhaupt aller ägyptischen Derwischorden war. Kurz vor seinem Ziel hielt er an, rund 50 Derwische warfen sich mit dem Gesicht nach unten auf die Erde, dabei ständig »Allah« rufend. Einige Derwische liefen über die liegenden Männer, und anschließend wurde das widerstrebende Pferd des Scheich langsam über die Märtyrer hinweggeführt. So geschehen um 1870.*

### Große Moschee von Bulaq

*(oben rechts)*

*Bulaq war zur Zeit der napoleonischen Expedition noch eine eigenständige Hafenstadt mit lebhaftem Fernhandel. Zahlreiche europäische Kaufleute hatten hier ihre Handelsniederlassungen. Heute ein übervölkerter nördlicher Vorort von Kairo, war Bulaq damals noch durch ausgedehnte Obst- und Gemüsegärten von der großen Nachbarstadt getrennt.*

### Fest der Öffnung der Dämme

*Zur Zeit der napoleonischen Expedition (um 1800) wurde, wie zu Zeiten der Pharaonen, noch der größte Teil der Niloase bei Nilflut bewässert. Wenn der Strom im Juli/August seinen Höchststand erreichte, wurden die Dämme an den Zuführungskanälen zu den großen Becken durchstoßen, und die lehmigen Fluten überschwemmten weithin das ausgedörrte Land.*

Boden betreten hatte. Nach dem Abzug der Franzosen und Engländer entbrannte beim Kampf um die Macht ein blutiges Intrigenspiel der osmanischen Paschas, albanischen Söldnerführer und alteingesessenen Mamelucken-Beis. Meisterhaft verstand sich Mohammed darauf, zwischen Freund und Feind zu taktieren und sich bereits im Jahre 1805 an die Macht zu putschen. Der Sultan erkannte rasch die veränderten Machtverhältnisse am Nil und bestätigte Mohammed Ali in seinem Amt als neuer Gouverneur Ägyptens. Die Briten, die das Land erst vor kurzem verlassen hatten, machten einen Invasionsversuch, der mit erheblichen Verlusten für sie endete. Damit schien die Position des neuen Gouverneurs noch gefestigter als vorher. Doch die Mamelucken, die sich in Oberägypten festgesetzt hatten, waren entschlossen, den Eindringling zu stürzen. Mohammed Ali spielte den Ahnungslosen und stellte den Mamelucken eine Falle. Am 1. März 1811 veranstaltete er in der Zitadelle von Kairo ein großes Festbankett, zu dem die Mamelucken-Beis als Gäste geladen wurden. Als sie im Festsaal ihre Plätze eingenommen hatten, wurden die Türen aufgerissen, die albanische Leibwache Mohammed Alis stürzte herein und metzelte fast alle anwesenden Gäste nieder. Noch am gleichen Tag begann im ganzen Land die Jagd auf überlebende Mamelucken und deren Angehörige.

Mohammed Ali war nun unumschränkter Herrscher über das Land am Nil. Unverzüglich leitete er eine Modernisierung des Landes ein. Das seit den Zeiten der Pharaonen nahezu unverändert gebliebene System der Beckenbewässerung wurde revolutioniert. Als Vorbild dienten ihm die Arbeiten der französischen Invasionsarmee unter Napoleon. Zahlreiche Fachleute holte er aus Italien, Frankreich und Deutschland.

In der Hafenstadt Bulaq am Nil, heute ein Vorort von Kairo, entstand unter der Leitung französischer Offiziere die erste moderne Textilfabrik. Weitere sollten folgen. Die fortschreitende Modernisierung des Landes wurde durch den Export der hochwertigen ägyptischen Baumwolle finanziert. Das erforderte einen zügigen Ausbau der Baumwollanbaufläche.

Baumwolle aber gedeiht nur in den Sommermonaten. Zu dieser Zeit war jedoch das Kulturland völlig trocken, der Wasserstand des Nil lag tief unter der Oberfläche des Ackerlandes, und das Wasser mußte mühsam auf die wenigen Gemüsebeete und Baumwollfelder geschöpft werden. Großflächiger Baumwollanbau erforderte also zunächst eine grundlegende Veränderung des alten Bewässerungssystems. Im Nildelta wurden große Flutkanäle angelegt und die bereits bestehenden erweitert und vertieft. So konnte das Nilwasser bereits vor Einsetzen des sommerlichen Hochwassers im August in den vertieften Kanälen weit in die Ackerbauzonen des Deltas eindringen. Jeden Winter mußten diese Kanäle gereinigt werden, da sie rasch verschlammten. Dieses kostspielige System konnte nur mit Hilfe von Zwangsarbeit aufrechterhalten werden und eignete sich außerdem nur für relativ kleine Anbauflächen. So ließ Mohammed Ali ab 1825 ein ganzes Netzwerk von Stauwehren errichten, um den Wasserstand in den

## Der Nil von Darau bis Assuan

*Friedrich Norden hat dem Atlasband seines Reisewerkes eine ganze Reihe von Panoramakarten beigefügt. Tafel 126 zeigt eindrucksvoll das Nilpanorama von Darau bis nach Assuan an der Grenze zu Nubien (aufgenommen im Jahre 1737). Das erste umfassende Kartenwerk der ägyptischen Niloase (mit 47 Kartenblättern) schufen die ingenieurs géographes der napoleonischen Expedition zwischen 1799 und 1802.*

## Markt in Tanta

*Alljährlich gegen Ende August, wenn das Geburtsfest des volkstümlichen Heiligen Scheich Ahmed al Bedawi gefeiert wurde, zog die Grabmoschee des im 12. Jahrhundert in Fes (Marokko) geborenen Asketen, dem man sogar die Erweckung von Toten nachsagte, große Scharen von Pilgern an. Doch auch ganz weltliche Zwecke führten viele dann nach Tanta: Es war die große Zeit für die Basarhändler und Tänzerinnen des Landes.*

## Die Pyramiden von Meroe

*(oben rechts)*

*Auf halbem Wege zwischen Khartum und Atbara liegt unterhalb der alten Handelsmetropole Schendi die größte Pyramidenanhäufung des gesamten Nilgebietes. Frédéric Cailliaud beschrieb und skizzierte die eindrucksvollen Ruinenfelder im Jahre 1821.*

## Die Felsentempel von Abu Simbel

*Am 25. November 1820 brach der französische Goldschmied und Reisende Frédéric Cailliaud zu seiner großen Nubien- und Sudanreise auf. Zum zweitenmal erreichte er als einer der ersten Europäer die berühmte Sandsteinfelswand auf dem linken Nilufer unterhalb der Stadt Wadi Halfa, wo zur Zeit Ramses' II. die berühmten Tempel von Abu Simbel aus dem Fels herausgemeißelt wurden.. Der Eingang zum großen Tempel (Bild) war damals noch durch einen mächtigen Sandgletscher verschüttet.*

## Pyramidengruppe nahe dem Berg Barkal

*Als Sensation empfand man in Europa die ersten Nachrichten von großen Pyramidenfeldern in der weit südlich von Ägypten gelegenen sudanesischen Nilwüstenlandschaft. Die Pyramiden nahe dem zwischen Dongola und Abu Hamed gelegenen Berg Barkal gehörten zum Gebiet der antiken Metropole Napata. Unter Ramses II. entstand hier ein großes Zentrum des Amonkultes.*

## Tempelruine in Naga (Naqa)

*Ebenfalls von Frédéric Cailliaud stammt dieses Bild einer Tempelruine in Naga, südwestlich von Schendi. In Naga trifft man die am besten erhaltenen Bauten der meroitischen Zeit (Meroe) an.*

## Pyramide der Königin Amanishakete in Meroe

*Zunächst vergeblich suchte Frédéric Cailliaud 1821 von einem Hügel aus die riesigen Ebenen tief im obernubischen Nilgebiet nach Überresten der sagenhaften antiken Stadt Meroe (Merowe) ab. Sollten ihre Ruinen völlig verschwunden sein? Doch schließlich stieß er auf zahlreiche Tempel und ganze Gruppen von Pyramiden. Auf zahlreichen Tafeln hat Cailliaud seine Beobachtungen festgehalten.*

Kanälen zu erhöhen und damit neue Flächen für die Baumwolle zu erschließen. Überall tauchte der energische Herrscher auf, um höchstpersönlich den Fortgang der Arbeiten zu überwachen.

Gleichzeitig ging Mohammed Ali daran, seine Macht über die Grenzen des Landes hinaus auszudehnen. 1822 schickte er eine Armee in die Nilgebiete südlich von Ägypten und erweiterte seinen Einflußbereich bis nach Sennar am Blauen Nil. Danach unterstützte er den Sultan in der Auseinandersetzung mit den griechischen Freiheitskämpfern. Die ägyptische Flotte eroberte Kreta, besetzte die Häfen der Ägäis, und ägyptische Landtruppen marschierten in den Peloponnes ein. Durch das Eingreifen Englands, Frankreichs und Rußlands wurde die ägyptisch-türkische Flotte in der Seeschlacht von Navarino (1827) vernichtend geschlagen.

Der Sultan hatte dem Herrscher am Nil als Belohnung für seine Unterstützung im Kampf gegen die Griechen Syrien versprochen. Doch Mohammed Ali wartete vergebens auf die Einlösung des Versprechens. 1831 war seine Geduld erschöpft, und er setzte die ägyptische Armee unter Führung seines Adoptivsohnes Ibrahim in Marsch. Palästina und Syrien wurden erobert. Am 21. Dezember 1832 besiegten die Ägypter bei Konya eine überlegene türkische Streitmacht. Ein ägyptischer Vormarsch auf Konstantinopel schien nur noch eine Frage der Zeit zu sein. Durch Vermittlung der europäischen Großmächte kam es dann allerdings zu einer Einigung. Syrien wurde mit Ägypten vereint, wie mehr als hundert Jahre später unter Gamal Abd el Nasser. Doch in beiden Fällen hielt der Zusammenschluß nur wenige Jahre. Die europäischen Mächte stellten Mohammed Ali am 6. Dezember 1840 ein Ultimatum. Deren militärischer Macht fühlte er sich nicht gewachsen und lenkte ein, indem er sich auf sein ägyptisch-sudanisches Reich zurückzog. Hier galt es nach kräftezehrenden Kriegszügen den inneren Aufbau voranzutreiben.

1843 gab Mohammed Ali den Befehl, nördlich von Kairo mit der Errichtung eines großen Deltastauwehres zu beginnen. Es handelte sich um zwei Wehre, die in den beiden Nilarmen (Rosette- und Damiette-Nil) das Wasser um mehrere Meter anheben sollten. Der technisch überaus schwierige Bau konnte erst nach Mohammed Alis Tod vollendet werden (1861). Ihre volle Funktionsfähigkeit erreichte die Anlage sogar erst nach zweimaligen baulichen Veränderungen im Jahre 1890. Das System der ganzjährigen Bewässerung im Delta wurde damit in seinen Grundzügen bis zum heutigen Tage gesichert.

Weitere Stauwehre im Delta und am Nil in Oberägypten folgten. Seinen vorläufigen Abschluß fand der Ausbau des modernen Bewässerungssystems mit der Errichtung des Staudammes von Assuan (1902) durch den genialen britischen Wasserbauingenieur Sir William Willcocks. Ein halbes Jahrhundert später gipfelte die Entwicklung in dem umstrittenen Mammutprojekt des Sadd el-Aali (Hochstaudamm), der zur Zeit des Präsidenten Gamal Abd el Nasser errichtet wurde.

### *Die Nilwüste*
### *Entdeckungsreisen in Ägypten und Nubien*

Anf. 13. Jh. Der 1162 in Bagdad geborene Arzt Abd el Latif bereist Ägypten und liefert eine eingehende Beschreibung des Landes, die erst Jahrhunderte später in Europa bekannt wird. Abd el Latif stirbt 1231 auf der Wallfahrt nach Mekka. Zahlreiche arabische Geographen des Mittelalters haben das Land am Nil beschrieben (Ibn Battuta, Idrisi, Mas'udi u. a.), doch ihre Berichte wurden erst viel später durch Übersetzungen in Europa bekannt.

1638 Der englische Mathematiker und Orientalist John Greaves besucht das Nildelta und vermißt die große Pyramide von Gizeh. Keiner der europäischen Reisenden gelangte damals in das Niltal südlich von Kairo.

um 1650 Der Franzose Thevenot reist durch das Nildelta. Er gehört zu den Pionieren, die Europa die ersten wissenschaftlichen Mitteilungen über dieses Gebiet liefern.

1672 Der deutsche Pater Vansleb wird von dem französischen Staatsmann Jean-Baptiste Colbert, der auch für die Kolonialpolitik seines Landes zuständig ist, nach Ägypten geschickt, um dort alte Manuskripte zu sammeln. Er gelangt als erster Europäer der Neuzeit bis nach Oberägypten.

1687 Der französische Arzt Charles Jacques Poncet reist nach Kairo. Er wird 1698 vom äthiopischen Herrscher in sein Reich gerufen, da er dringend ärztliche Behandlung benötigt. Auf der Rückreise von Äthiopien gelangt Poncet 1699 nach Sennar und beschreibt die weitreichenden Handelsbeziehungen dieser Hauptstadt des Fungreiches. Er ist der erste Europäer, welcher das Fungreich betritt.

1701/02 Theodor Krump, Franziskanerpater aus Aichach (Bayern), zieht mit einer Gruppe von Patres durch das ägyptische Niltal und über die Oase Selima nach Alt-Dongola und Sennar. Während die übrigen Patres von dort nach Abessinien reisen, verweilt Krump wegen seiner medizinischen Kenntnisse am Hofe des Fungherrschers. Sein 1710 in Augsburg erschienenes Reisewerk »Hoher und fruchtbarer Palmbaum« ist eine Hauptquelle zur Geschichte des Fungreiches.

1737 Der Schiffskapitän Friedrich L. Norden aus Dänemark reist durch das ägyptische Niltal bis zu den Katarakten von Assuan. Sein umfangreiches Reisewerk enthält zahlreiche Karten des Niltales.

1772 Während seiner Reise nach Äthiopien besucht James Bruce die Stadt Sennar und findet ein im Verfall begriffenes Imperium (Fungreich) vor.

1792–1798 William George Browne, Sohn eines Londoner Weinhändlers, reist von Alexandria nach Assiut in Oberägypten, wo er sich einer großen Handelskarawane anschließt. Über die uralte Karawanenstraße Darb el Arbain (Straße der 40 Tage) gelangt er durch die Libysche Wüste nach Darfur im Sudan. Das Sultanat Darfur ist damals in Europa noch fast unbekannt.

1799 Bei der Aushebung von Schützengräben für die französische Invasionsarmee wird nahe der Mündung des Rosette-Nilarmes der berühmte »Stein von Rosette« gefunden.

1805 Der Ägypter Mohammed ibn Omar el Tunsy reist nach Darfur. Nach achtjährigem Aufenthalt und Reisen nach Wadai und Mursuk (Fessan) kehrt er nach Ägypten zurück. Sein in französischer Sprache abgefaßter Bericht war für spätere europäische Reisende von großem Wert.

1813 J. L. Burckhardt reist von Kairo nach Nubien. Im Jahr darauf gelangt er mit einer Karawane von Oberägypten nach Schendi im Sudan und dort zum Roten Meer und nach Arabien.

1815 Der französische Goldschmied Frédéric Cailliaud reist von Alexandria nach Edfu in Oberägypten und entdeckt (1818) in der Wüste nahe dem Roten Meer die Smaragdgruben am Djebel Zaberah. Auf einer neuen Reise besucht er zusammen mit dem Marineoffizier Letorzec die Oase Siwa, die auf Grund der Berichte beider Männer 1820 von Ägypten erobert wird.

1815 G. Belzoni, einer der berühmtesten Ausgräber in Ägypten, legt den Felsentempel von Abu Simbel frei und beschreibt das Innere des riesigen Tempels. Später führt er u. a. Ausgrabungen im Tal der Könige in Theben und an den Pyramiden von Gizeh durch.

1815–1827 Der britische Reisende und Antiquitätensammler Henry Salt lebt als Generalkonsul seines Landes in Kairo. Er hat maßgebenden Einfluß auf verschiedene Grabungsexpeditionen und besorgt für das Britische Museum in London zahlreiche pharaonische Kunstschätze.

1818 Der aus der Bretagne stammende französische Ingenieur Louis-Maurice-Adolphe Linant de Bellefonds kommt 18jährig nach Ägypten, wo er als Oberinspektor der Straßen und Brücken in Mohammed Alis Dienste tritt.
1821 begleitet er Cailliaud und Letorzec auf dem Feldzug Ibrahim Paschas in den Sudan. Linant fördert die Pläne für den Bau des Suezkanals und unterstützt Ferdinand Lesseps. 1873 wird er in Ägypten zum Pascha ernannt.

1820 Der aus Genf stammende und in Preußen zum Generalmajor ernannte Freiherr Heinrich von Minutoli sammelt in Ägypten Altertümer für das Ägyptische Museum in Berlin und besucht die Oase Siwa.

1822 Dem jungen französischen Gelehrten Jean François Champollion gelingt die grundsätzliche Entzifferung der Hieroglyphen.

1822–1828 Der Naturforscher Eduard Rüppell aus Frankfurt a. M. bereist Ägypten, Nubien und das in Europa noch fast unbekannte Kordofan und nimmt dabei zahlreiche sehr exakte Ortsbestimmungen vor.

1824 Georges Thibaut aus Paris wird in Assuan Militärberater der Ägypter. Auf zahlreichen Reisen besucht er Nubien, Kordofan und Sennar.

1826 Der österreichische Staatsmann und Orientreisende Graf Prokesch von Osten kommt nach Ägypten. Er zeichnet sich als Reiseschriftsteller aus und prägt das Orientbild vieler Leser in Europa.

1837 Der berühmte Reiseschriftsteller, Landschaftsgärtner und Schöpfer des Fürst-Pückler-Eises Hermann Ludwig Heinrich Fürst von Pückler-Muskau bereist Ägypten.

1838 Thibeaut besucht die Schilluk-Neger am Weißen Nil. Bis zu seinem Tode in Khartum (1869) besitzt er dort eine Handelsniederlassung und wird bekannter Lieferant der Zoologischen Gärten von Paris und London, denen er die ersten lebenden Giraffen liefert.

1842–1845 Im Auftrag des Königs von Preußen kommt der berühmte Ägyptologe Karl Richard Lepsius als Expeditionsleiter nach Ägypten. Die Ergebnisse seiner umfangreichen Ausgrabungsarbeiten sind in dem 12bändigen Standardwerk der damaligen Ägyptologie »Denkmäler aus Ägypten und Äthiopien« (mit 650 Tafeln) niedergelegt.

1845 Der später so berühmte Afrikaforscher Heinrich Barth durchwandert im Anschluß an seine Nordafrikareise von Tunis nach Alexandria Ägypten und Unternubien.

1853 Der Ägyptologe Heinrich Karl Brugsch aus Berlin kommt nach Ägypten und betreibt während der Ausgrabungsarbeiten in den Gräbern der Apisstiere wichtige Hieroglyphenstudien. Er reist auch später mehrmals für längere Zeit nach Ägypten und verfaßt grundlegende Werke zur ägyptischen Altertumskunde.

1859 In Kairo entdeckt der deutsche Arzt Theodor Bilharz unter den Soldaten eines sudanesischen Regiments den Erreger der nach ihm benannten Bilharziose oder Schistosomiasis, einer gefährlichen Wurmkrankheit.

1860 Der Pionieroffizier Karl Moritz von Beurmann aus Potsdam reist nilaufwärts bis Korosko und durch die Nubische Wüste nach Berber am Nil.

1863–1875 Der in Kosseir am Roten Meer als Arzt lebende Karl Benjamin Klunzinger bereist die Gebirgswüsten im Hinterland des Roten Meeres und das oberägyptische Niltal.

1864 Der deutsche Afrikaforscher Georg Schweinfurth reist durch das Nildelta und nilaufwärts bis Kena, von wo er durch die arabische Wüste nach Kosseir ans Rote Meer gelangt. Nach Gründung der Geographischen Gesellschaft in Kairo (1874) führt er eingehende Studien in der Gebirgswüsten-Landschaft zwischen Niltal und Rotem Meer durch.

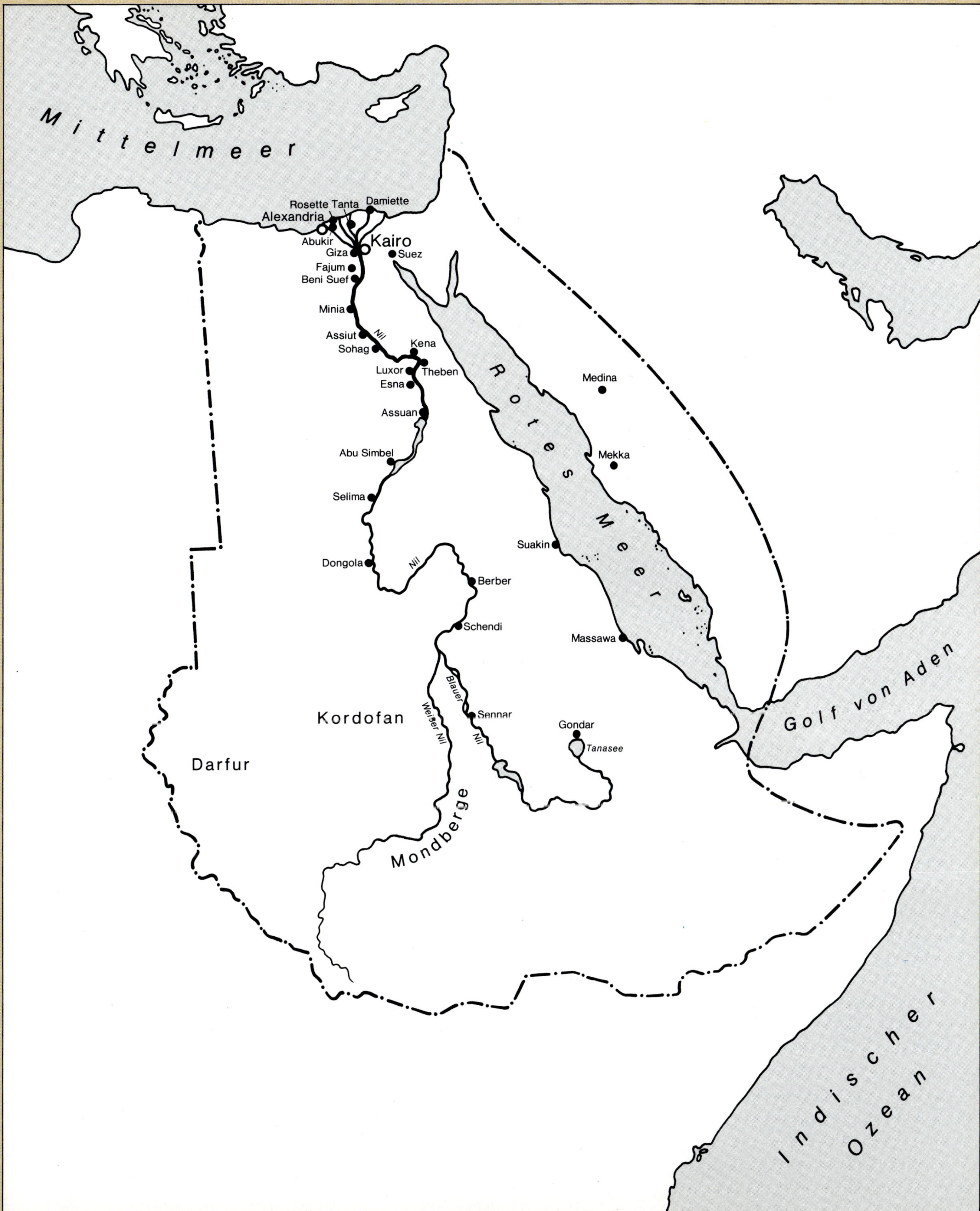
Mittelmeer
Rosette
Tanta
Damiette
Alexandria
Abukir
Kairo
Giza
Suez
Fajum
Beni Suef
Minia
Assiut
Nil
Sohag
Kena
Luxor
Theben
Esna
Assuan
Abu Simbel
Selima
Dongola
Nil
Berber
Schendi
Rotes Meer
Medina
Mekka
Suakin
Massawa
Golf von Aden
Kordofan
Darfur
Blauer Nil
Sennar
Gondar
Tanasee
Mondberge
Indischer Ozean

# *Schneeberge am Äquator*

**Schneeberg Kilimandscharo**

*Als Baron Klaus von der Decken Anfang der sechziger Jahre des vorigen Jahrhunderts Ostafrika bereist, hat noch kein Europäer den erloschenen Riesenvulkan, den König der Berge, von allen Seiten gesehen. Decken ist tief beeindruckt von dieser gewaltigen Erscheinung auf der sonst so einförmigen Hochfläche. Das abgebildete Aquarell von Ernst Platz zeigt den gletscherbedeckten Kibo aus 3700 Meter Höhe.*

## Karte des Kilima-ndscharogebietes

*Otto Kersten, der Bearbeiter des umfangreichen und vorzüglich illustrierten Reisewerkes der Expedition des Barons von der Decken und seiner Mitarbeiter, führte 1861 und 1862 zusammen mit dem englischen Geologen Thornton die trigonometrischen und astronomischen Vermessungen im Gebiet des Schneeberges Kilima Ndscharo durch. Die von Bruno Hassenstein erstellte Karte zeichnet sich durch bemerkenswerte Exaktheit aus und ist ein Musterbeispiel für die Detailerforschung des »dunklen« Erdteils.*

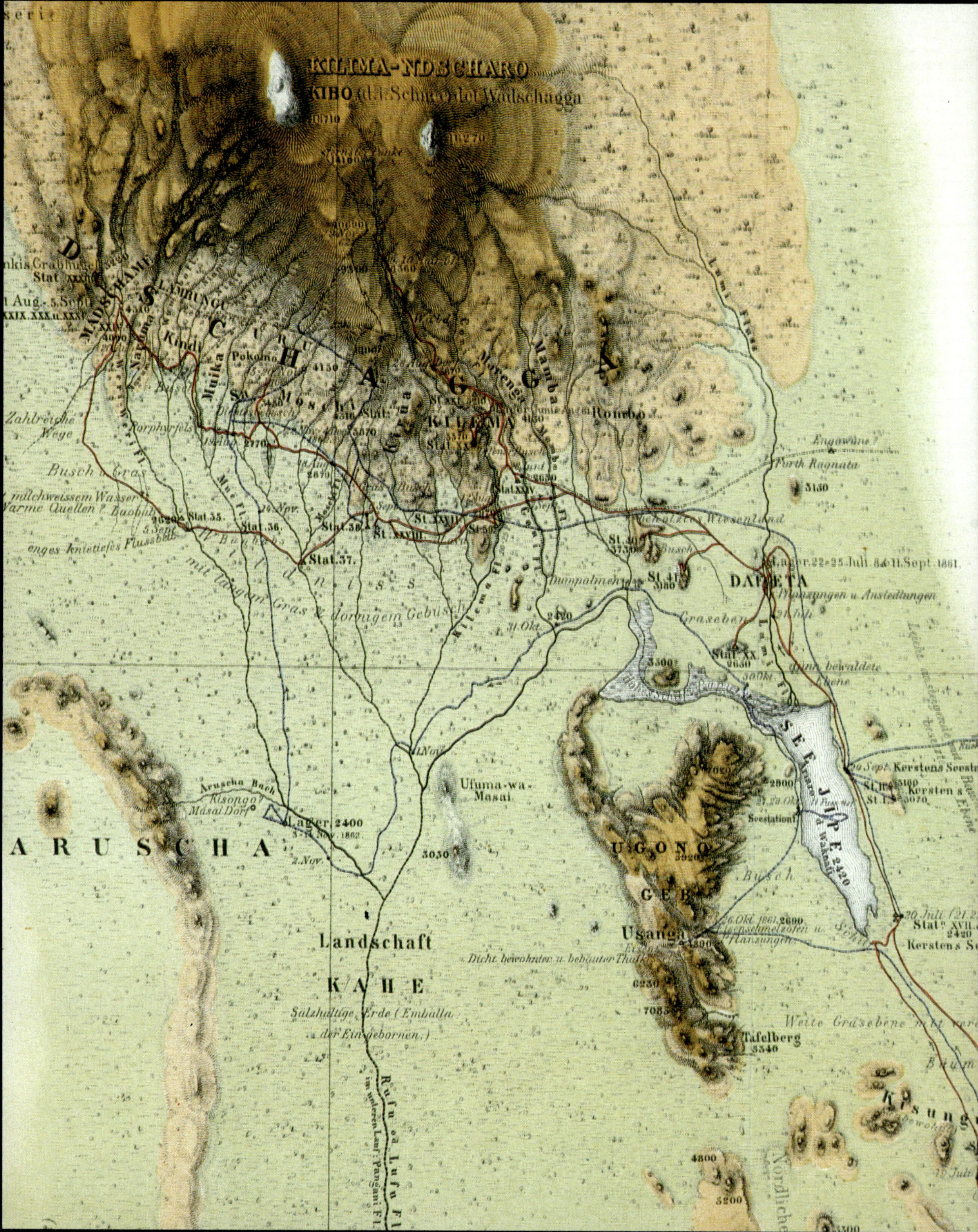

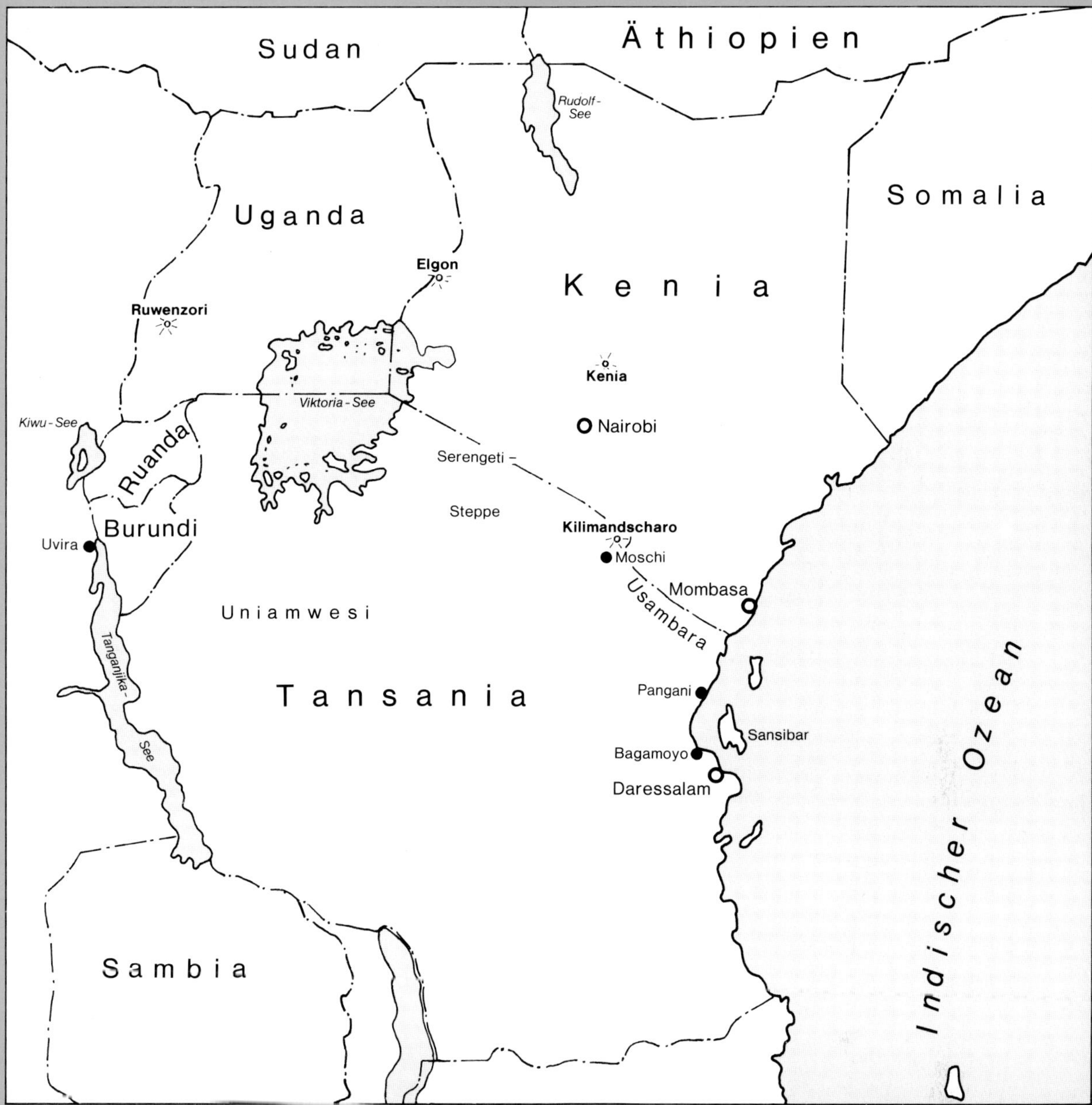


## Hans Meyer (1858–1929) und Ernst Platz im Kibo-Krater

*In den Mittagsstunden des 17. August 1898 erreicht Meyer zusammen mit dem Münchner Maler und Alpinisten Platz den eisbedeckten Kibo-Krater. An Hand von Photos und Skizzen schuf Platz dieses eindrucksvolle Panorama der Kraterlandschaft.*

# *Die Missionare aus Württemberg*

Im Februar des Jahres 1837 begibt sich ein protestantischer Missionar namens Johann Ludwig Krapf auf die lange und beschwerliche Reise nach Äthiopien, dem Land seiner Jugendträume. Während seiner Studien in Basel hat er sich intensiv mit der äthiopischen und amharischen Sprache beschäftigt, »vorzüglich aber auf das Lesen der Schriften Ludolfs konzentriert, den man nicht mit Unrecht den Strabo von Abessinien genannt hat« (vgl. Kapitel 4, 1).

Johann Ludwig Krapf wird am 11. Januar 1810 in Derendingen bei Tübingen als Sohn »einer wohlhabenden ländlichen Familie« geboren. Als Zehnjähriger kommt er auf die Lateinschule in Tübingen. Sprachen, Geschichte und Geographie haben es ihm besonders angetan. In einem vom Vater gekauften geographischen Atlas fällt sein Blick auf die Spezialkarte von Ostafrika. Viele Gebiete tragen keine Länder- und Städtenamen. Das wundert den jungen Schüler sehr und weckt in ihm den Wunsch, später diese Gegenden zu besuchen. Die Sehnsucht, die weite Welt zu sehen, erhält mächtigen Auftrieb durch das Lesen alte Reisewerke. Ganz besonders fasziniert ihn das äthiopische Reisewerk von James Bruce (s. Kapitel 4, Seite 104 ff.).

Mit vierzehn Jahren ist er entschlossen, Schiffskapitän zu werden und ferne Länder kennenzulernen. Doch ein Jahr später erlebt er die entscheidende Wende seines Lebens. Der Herr Rektor Kaufmann liest in der Schule eine kleine Schrift vor, »welche von der Verbreitung des Christentums unter den Heiden handelte«. Binnen drei Tagen müssen die Schüler über das Gehörte einen Aufsatz verfassen. »Mit Eifer macht er sich an die Ausfertigung des Aufsatzes.« Dabei stellt er sich die ernste Frage: »Willst du nicht auch Missionar werden und zu den Heiden gehen?«

Im Jahre 1827 erhält er Zutritt zur Missionsschule in Basel, was »den siebzehnjährigen Jüngling mit Freude und Entzücken erfüllt«. Von 1829 bis 1834 studiert er in Stuttgart Theologie und wird danach Vikar in der Pfarrei Wolfenhausen am Neckar. Dann verbringt er einige Zeit im Hause der Baseler Mission und reist schließlich im Dienste der Londoner Church Missionary Society nach Äthiopien. Von Massaua am Roten Meer gelangt er zunächst nach Adoa in der Landschaft Tigré und lebt später in Ankober im Königreich Schoa im Süden des äthiopischen Berglandes. Von dort aus unternimmt er Reisen in Gebiete, die seit dem Aufenthalt der Portugiesen im 17. Jahrhundert kein Europäer mehr betreten hat.

Nach Ausweisung der Missionare aus Äthiopien gründet er im Jahre 1846 zusammen mit dem aus Leonberg in Württemberg stammenden Missionar Johann Rebmann in Rabbai Mpia nahe Mombasa (Ostafrika) eine Missionsstation. Seit 1849 gehört auch Jakob Erhardt, ebenfalls Schwabe, zum ständigen Kreis der Missionare in Rabbai Mpia.

Welche Mission glaubte er, Johann Ludwig Krapf, in Afrika erfüllen zu müssen? Sein Werk »Reisen in Ostafrika, ausgeführt in den Jahren 1837–1855« enthält zahlreiche Textstellen, die uns auf diese Frage eine Antwort geben können.

Am Neujahrstag 1847 notiert er in sein Tagebuch: »Im vergangenen Jahr habe ich viel gelitten, bin oft und schwer krank gewesen, habe aber auch viel Freude erlebt durch die Ankunft meines geliebten Mitarbeiters, des Missionars Rebmann, und durch die Errichtung einer Missionsstation in Rabbai Mpia, von der ich hoffe und wünsche, daß sie für Ostafrika ein Zion werden werde, von welchem das Gesetz des Herrn über dem umnachteten afrikanischen Kontinent aufgehen wird.«

Ihre geographischen Erkundungsreisen, darüber sind sich die Missionare einig, sollen einzig das Ziel haben, die Lehre Christi in allen Regionen Afrikas verkünden zu können. Als Leitlinie sollen dabei die großen Ströme des Kontinents dienen, wie der Nil, der Kongo und der Niger – »alle diese mächtigen Wasseradern, die mehr oder weniger in die Nähe des großen Binnensees Tanganika (der auch Ukerewa oder Niassa heißt) führen, sind laute Stimmen, wie groß Wasserrauschen, an die Missionsgemeinde, dafür zu sorgen, daß durch die Verkündigung des Evangeliums die Ströme des Lebens in die großen Menschenwildnisse Afrikas hineingeleitet werden«.

Alles, was es an heidnischen Sitten auf diesem Kontinent gibt, all die grausamen Kriege der stärkeren Völker gegen die schwächeren, die Sklaverei und was den Reisenden sonst an Verderbtem begegnet, ist in Gottes Plan vorgesehen, denn »ein genauer Beobachter kann wahrnehmen, daß die göttliche Vorsehung durch alles dieses die Völker sehnsüchtig nach dem Heil in Christo machen will ...«

So sieht Krapf auch das Vordringen der Galla-Völker nach Abessinien als Absicht Gottes an, »der alle Völkerbewegungen zum Guten kehrt«. Gleichzeitig schafft die Ausbreitung der Galla ein Bollwerk gegen die von Arabien her andrängenden Mohammedaner. Genauso, meint Krapf, habe die Vorsehung Gottes bereits im 15. Jahrhundert dafür gesorgt, daß die Portugiesen die Streiter des Islam von der See her in die Schranken wiesen.

In der Bekämpfung des Islam sieht er eine der Hauptaufgaben der Christenheit: »Fürwahr es gibt auf der ganzen Welt keinen systematischeren Irrtum und Lüge als den Islam, der ein Meisterstück der Hölle und der gerade Gegensatz des Evangeliums ist.« Und im Basler »Christlichen Volksboten« schreibt Krapf im Jahre 1854: »Ich habe hundert und tausend Mal mit Muhamedanern disputiert und immer gefunden, daß diese Religion durch nichts aufgelöst werden kann als durch das Schwert, durch welches sie auch entstanden ist.«

Nach endgültiger Schwächung des Islam in seinem Kernland Arabien, wozu nach Krapf besonders die Kanalisierung des Isthmus von Suez beitragen wird, kann das große Missionswerk erst richtig beginnen. Dann werden die herrlichen Landschaften des südlichen Äthiopien für Tausende von europäischen Auswanderern offenstehen!

## Johann Ludwig Krapf

***Der aus Derendigen (Württemberg) stammende protestantische Missionar hat auf dem Gebiet der Erforschung ostafrikanischer Sprachen Pionierarbeit geleistet. Die geographische Erforschung Afrikas hatte seiner Überzeugung nach einzig dem Ziel zu dienen, die Lehre Christi in allen Regionen des Kontinents verkünden zu können.***

## General von Lettow-Vorbeck

*(links)*

*Der General war während des Ersten Weltkrieges Oberbefehlshaber der deutschen Streitkräfte in Ostafrika. Bis 1917 konnten sich die überwiegend aus Afrikanern rekrutierten Truppen gegen eine vierfache britische Übermacht behaupten und wichen dann nach Moçambique aus. Im November 1918 legten sie auf rhodesischem Territorium die Waffen nieder.*

## Das Zeitalter der »Verträge«

*(rechts oben)*

*Dieses zeitgenössische Photo zeigt Agenten der Imperial British East Africa Company bei Verhandlungen mit Kikuju-Häuptlingen. Riesige »herrenlose« Ländereien wurden bei solchen Vertragsabschlüssen »auf ewig« an die »Schutzmacht« aus dem europäischen »Mutterkontinent« abge treten.*

## Phönixpalmen am Viktoriasee

*Das von Franz Stuhlmann im Auftrag der Kolonialabteilung des Auswärtigen Amtes in Berlin herausgegebene Werk »Mit Emin Pascha ins Herz von Afrika« (Berlin 1894) enthält zahlreiche vorzügliche Illustrationen wie die hier gezeigten Phönixpalmen (Phoenix reclinata) vom Uganda-Ufer des Viktoriasees.*

## Somalikrieger und Wasserträgerin

*»Wir finden unter den Somali äußerst höfliche, feingesittete, gutartige, ja gebildete und gelehrte Leute, welche jede Nation gern die ihrigen nennen würde.« (Otto Kersten).*

Wenn Äthiopien erst einmal unter dem Einfluß des Christentums steht, wird es eine überregionale Stellung in der Welt erlangen. Und den Galla im Süden dieses ostafrikanischen Großraumes wird dabei eine besondere Rolle zufallen. Krapf vergleicht sie mit den Germanen. »Wie die alten Germanen sind sie stolz auf ihre Tapferkeit und staatliche Größe. Wie jene vernichten sie rücksichtslos die Stämme, die mit ihnen in Berührung kommen.« Die Bekehrung dieses Volkes »würde in Ostafrika einen unberechenbar großen Einfluß üben. Ich bin fest überzeugt, daß die göttliche Vorsehung diese Nation für einen wichtigen Zweck gerade hierher gestellt hat. Es ist das Deutschland für Afrika.«

Den Deutschen muß bei diesem großen Werk Gottes eine besondere Rolle zukommen: »Die Ausführung dieser großen Absichten würde zunächst in dem Beruf der deutschen Nation liegen, wenn diese selbst erst vom Christentum durchdrungen wäre. Sie würde dann nicht bloß das Herz von Europa, sondern auch von Afrika und Asien werden.«

Und während einer Reise in das Bergland von Usambara notiert er im März 1852: »Nur das Evangelium kann Afrika vom völligen Untergang retten.« Doch dazu bedarf es auch der europäischen Mächte, die nach Krapf in Ostafrika erobernd auftreten müssen. Überhaupt wäre es am besten, »wenn die nichtchristlichen Völker unter eine Art von Vormundschaft der christlichen Nationen gestellt würden ... Diese Vormundschaft dürfte aber nicht länger währen, als bis diese Nationen durch das Christentum und die christliche Kultur mündig geworden wären. Dann sollten sie als Glieder der christlichen Menschenfamilie ihrer eigenen Entwicklung überlassen werden.«

Läßt sich eine bessere Rechtfertigungstheologie für die Kolonisation »heidnischer« Völkerschaften denken? Und vollends zum Missionsimperialismus gerät Krapfs Ideologie, wenn wir in seinen Tagebüchern während der Missionstätigkeit in Rabbai Mpia lesen (vom 28. April 1848): »Wo wahre Knechte Gottes unter einem Heidenvolk stehen und für das Heil desselben arbeiten und beten, da bleiben große Gerichte nicht lange aus, wenn sich ein solches Volk gegen das Evangelium hartnäckig verschließen will. Die Gebete werden im oberen Heiligtum zu Donner und Blitzen, die auf die Erde fallen; – denn so ist es der Wille Gottes, daß, wer die Liebe des Lammes nicht haben will, seinen Zorn erfahren muß. Dieser Zorn Gottes und des Lammes wird aber nicht ausgeführt durch die Missionarien als Boten der Liebe und des Friedens, sondern dazu braucht Gott die Missionarien der Gerechtigkeit, d. h. die Soldaten der Könige der Erde. Deswegen freue ich mich immer innerlich, wenn ich ein wohlgeordnetes Heer von Soldaten sehe, weil ich weiß, daß Gott sie zur Ausführung seiner Reichspläne braucht ... Hätten die Kriegsheere in der alten und neuen Zeit nicht den Missionarien der Liebe vorgearbeitet, die letzteren hätten in vielen Ländern nichts tun können ... Ein jeder Soldat ist daher auch ein Missionar, aber nur in anderer Weise und mit anderen Waffen als der Missionar, der das Schwert des Geistes führt zum Leben, nicht zum Tode.«

Welche Rolle spielten nun diese »wackeren Streiter Gottes« aus dem Schwabenland bei der Erforschung des östlichen Afrika? Besondere Verdienste erwarben sie sich bei der Untersuchung der Sprachen dieses Raumes. Sie erstellten eine ganze Reihe von Wörterbüchern für bis dahin in Europa weitgehend unbekannte Sprachen. Krapf gab 1850 die erste systematische Grammatik der Swahili-Sprache heraus und schuf das damals umfassendste Wörterbuch dieser Sprache, das 1882 in London erschien. Zum Verständnis der verwandtschaftlichen Verhältnisse zwischen den Sprachen Ostafrikas hat er mit seinen Forschungen wesentlich beigetragen.

Schon bald nach seiner Ankunft an der ostafrikanischen Küste erhält Krapf Kunde von hohen schneebedeckten Bergen im Innern Ostafrikas. Der eine davon heißt Kilimandscharo, der andere weiter nördlich gelegene Kegnia (Kenia). Ihre geographische Lage, wie die vieler anderer Örtlichkeiten, ist allerdings auf der von den Missionaren zusammengestellten Karte noch recht ungenau bestimmt. Der Kenia liegt bei gut 1° südlicher Breite – in Wahrheit berührt der Äquator die Nordhänge dieses Bergriesen. Außerdem ist er etwa vier Längengrade zu weit nach Westen eingetragen.

In Europa steht die Fachwelt den Nachrichten von den Schneebergen am Äquator überwiegend mit Skepsis bis schroffer Ablehnung gegenüber. Bruder Rebmann hat als erster Gelegenheit, während seiner Reise nach dem Dschgaland am Fuße des sagenhaften Kilimandscharo, eben diesen Bergriesen mit eigenen Augen zu erblicken.

Der Gouverneur der Festung von Mombasa hat Bedenken wegen dieser Reise. Auf dem Weg gebe es viele wilde Tiere, ganz zu schweigen von den kriegerischen Massai- und Galla-Stämmen. Und vor allem solle Rebmann den Kilimandscharo nicht besteigen, denn er sei von zahllosen bösen Geistern bewohnt.

»Früher hätten Leute den Berg bestiegen«, berichtet Krapf, »seien aber von den bösen Geistern getötet worden, ihre Füße und Hände seien erstarrt, das Pulver sei nicht mehr los gegangen usw. Ich wußte damals noch nicht, daß sich Schnee auf dem Berg befindet, und sagte daher bloß, Rebmann werde sich in acht nehmen, daß er dem feinen Sand nicht zu nahe komme, der, wie ich damals vermutete, den Untergang der Leute herbeigeführt haben müsse.«

Am 11. Mai 1848 erreicht Rebmann das Gebiet der Wadschagga. Er berichtet: »Wir sahen diesen Morgen die Berge von Dschagga immer deutlicher, bis ich gegen 10 Uhr den Gipfel von einem derselben, mit einer auffallend weißen Wolke bedeckt, zu sehen glaubte. Mein Führer hieß das Weiße, das ich sah, schlechtweg ›Kälte‹ (beridi); es wurde mir aber ebenso klar als gewiß, daß das nichts anderes sein könne als Schnee.«

Auf seiner zweiten Dschaggareise, die Rebmann während der heißen Trockenzeit unternimmt, kann er das gewaltige Massiv noch genauer in Augenschein nehmen. Deutlich erkennt er die beiden Hauptgipfel, die durch eine sattelförmige Einsenkung voneinander getrennt sind. Er beschreibt auch ganz zutreffend, daß

**Musterung der Expedition** *(rechts)*

*Im Auftrag der Royal Geographical Society in London unternahm der Schotte Joseph Thomson 1882 eine zweite Reise in das Innere Ostafrikas.*

**Mit Emin Pascha ins Herz von Afrika** *(rechts außen)*

*Im April 1890 brach Emin Pascha (Eduard Schnitzer) mit dem Zoologen und Völkerkundler Franz Stuhlmann in das Innere der jungen deutschen Kolonie Ostafrika auf. Am Duki-Fluß, einem Zufluß des Ituri aus dem Bergland westlich des Albertsees, entstand am 17. August 1890 dieses letzte Foto des Paschas (vorn links auf der Hängebrücke). Er wurde am 23. Oktober 1892 in Kinena im östlichen Kongo-Urwald ermordet.*

**Deutsch-Ostafrika: Banknoten im Ersten Weltkrieg**

*Im Zuge der Kriegswirtschaft wurden 1916 von der deutschen Kolonialverwaltung wegen Materialmangels Messingmünzen und Interims-Banknoten herausgegeben.*

## Ein Tembe-Dorf

*Dieses prachtvolle Bild schuf der Maler Wilhelm Kuhnert nach einer Skizze von Franz Stuhlmann. In den befestigten Tembe-Dörfern lebten jeweils rund hundert Personen. Die auf erhöhtem Platz angelegten Siedlungen enthalten im Inneren oft mehrere konzentrisch ineinander verschachtelte rechteckige Gebäudekomplexe. In diesem Dorf aus der Landschaft Ussukuma (südöstlich des Viktoriasees) gibt es auch Rundhütten. Der mächtige Baobab hat sein Laub abgeworfen (Trockenzeit).*

der westliche Berggipfel (der Kibo) höher ist und eine prächtige Kuppe darstellt, die auch in der heißen Jahreszeit mit einer Masse von Schnee bedeckt bleibt.

Rebmann weiß ferner zu berichten, daß die Suahelis an der Küste den Schneeberg Kilima Ndscharo nennen, was soviel heißt wie »Berg (kilima) der Größe«. Aber dscharo bedeutet in Swahili auch »Karawane«, somit kann man den Namen auch mit »Berg der Karawanen« übersetzen. Die Karawanen sehen den Berg ja schon von weitem und aus allen Richtungen. Die Dschagga aber nennen ihn Kibo, was zugleich auch »Schnee« bedeutet, wie Rebmann durch eingehende Befragung der Leute erfährt. So erzählen sie ihm, daß der Kibo zu Wasser werde, wenn man ihn ins Feuer bringt.

Am 10. November 1849 erreicht auch Krapf den Kilimandscharo. Drei Wochen später, am 3. Dezember, nähert er sich dem Kenia (Kegnia), dem zweithöchsten Schneeberg des ostafrikanischen Hochlandes. »Nach etwa einer Stunde erreichten wir einen etwas erhöhten Ort, von wo aus ich den Schneeberg Kegnia deutlich sehen konnte, da die Luft rein und klar war ... Er erschien mir wie eine ungeheure Mauer, auf dessen Spitze ich zwei große Türme oder Hörner erblickte, welche nicht weit voneinander stehen, und welche dem Berg ein imposantes Ansehen geben.«

Rumu wa Kikandi, ein Angehöriger des Stammes der Uembu, berichtet Krapf bei seinem zweiten Besuch am Kenia, daß er oft am Berg gewesen sei. Er habe ihn aber nicht bestiegen, weil auf dem Berg Kirira, eine weiße Substanz, vorhanden sei, welche eine sehr große Kälte verursache. Dieses Kirira bringe beständig eine große Menge Wasser hervor, welches den Berg herabkomme, in einen See fließe und nach langem Weg das Salzmeer erreiche. Aus dem See am Kirenia (Kenia) entspringe noch ein anderer Fluß, der Tumbiri heiße und nach Ukanganis fließe. Krapf glaubt, daß der Tumbiri identisch ist mit dem Tubiri, das heißt dem Weißen Fluß oder Bahr el Abiad – dem Weißen Nil. Für ihn steht fest, daß der Kenia »die Hauptwassermasse des weißen Flusses darbietet«. Krapf ist der Ansicht, daß die Nilquellen nur hier zu suchen sind.

So ist es eigentlich verwunderlich, daß der spätere Entdecker des Nilquellengebietes, der Engländer John Hanning Speke, nicht in dieser Gegend seine Nachforschungen anstellte. Doch für Speke und Burton (s. Kapitel 4) war eine andere Nachricht der schwäbischen Missionare ausschlaggebend.

Jakob Erhardt, der zumeist in Rabbai verweilt, sammelt alle erreichbaren Nachrichten über das ostafrikanische Binnenland. Und in den Berichten der Karawanenführer tauchen immer wieder die Namen großer Seen auf. Da ist zum Beispiel von einem Niassa oder Nianja die Rede, welchen die Händler erreichen, die von Kiloa (Kilwa) an der Küste in das Innere des Landes reisen. Die Leute, die auf der Hauptkarawanenstraße von Bagamoyo ins Innere ziehen, berichten von einem großen Binnensee, den sie Tanganyika nennen. Dort befindet sich am Ostufer ein wichtiger Handelsstützpunkt der Araber – Ujiji. Dieses Ujiji (auch Udjidji oder Udschidschi) wird später einer der bekanntesten Orte in der Erforschungsgeschichte Afrikas werden: Hier findet Henry Morton Stanley im Oktober 1871 den als verschollen geltenden David Livingstone.

Erhardt erfährt noch von einem weiteren riesigen Binnenmeer, das man Ukerewe oder Uniamwesi nennt. Mit Bruder Rebmann diskutiert Erhardt alle diese Nachrichten eingehend und beginnt die Ergebnisse in eine Karte einzuzeichnen. Die verschiedenen Namen der Seen, so nehmen sie an, sind nur lokale Bezeichnungen eines einzigen riesigen Binnenmeeres, welches sich in einem weit ausgedehnten zentralafrikanischen Tiefland befindet und sich vom Äquator bis etwa 12° südlicher Breite erstreckt. Erhardt schickt den Kartenentwurf des Sees von Uniamwesi zusammen mit einem Bericht an die Redaktion der Zeitschrift der Londoner Kirchenmission, die beide Arbeiten 1855 veröffentlicht. 1856 erscheint ein Bericht in »Petermanns Geographischen Mitteilungen« in Gotha und in den »Proceedings« der Londoner Geographischen Gesellschaft. Erhardts Karte erregte in der Fachwelt allergrößtes Aufsehen und gab der Suche nach den Quellen des Nils mächtigen Auftrieb. Darüber wird im nächsten Kapitel zu berichten sein.

## *Gletscherwanderungen in Ostafrika Die Bezwingung des Kilima Ndscharo*

»Endlich, gegen 2 Uhr, näherten wir uns dem höchsten Rand. Noch ein halbes Hundert mühevoller Schritte in äußerst gespannter Erwartung. Da tat sich vor uns die Erde auf, das Geheimnis des Kibo lag entschleiert vor uns: den ganzen oberen Kibo einnehmend, öffnete sich in jähen Abstürzen ein riesiger Krater.«

So schreibt der deutsche Kolonialgeograph Dr. Hans Meyer voller Begeisterung und Stolz in seinem Buch »Ostafrikanische Gletscherfahrten« über die entscheidenden Minuten am Mittag des 3. Oktober 1889. Gemeinsam mit dem österreichischen Alpinisten Ludwig Purtscheller hat er als erster Europäer den höchsten Berg Afrikas bezwungen.

Um 2.30 Uhr an diesem Morgen verlassen die beiden Männer ihr Biwak in über 4000 Meter Höhe. »Kuaheri, bwana, na rudi salama – Lebewohl, Herr, und kehre heil zurück«, ruft der treue Diener Muini ihnen in das Dunkel der Nacht nach. Bald erreichen sie eine Schutthalde, die in verzweifelter Kletterei über ein Chaos von Lavablöcken in noch dunkler Nacht überwunden werden muß.

Kurz nach 6 Uhr erscheint hinter der dunklen Zakkenwand des Nachbargipfels Mawensi strahlend der Sonnenball. Rasch weicht die eisige Kälte (um 10 Grad Celsius) einer wohltuenden Wärme. Eine Stunde später erreichen die einsamen Bergwanderer bei 5000 Meter die ersten Schneeflecken. Um 7.20 Uhr stehen sie endlich auf dem Rücken der Bergrippe, die sie tags zuvor als geeignete Aufstiegsroute gewählt haben. Über festen Fels und lockeren Gesteinsschutt geht es keuchend den steilen Kamm hinauf, dem Rand eines Gletschers ent-

**Drygalski-Gletscher am West-Kibo**

*1889 gelang dem Kolonialgeographen Hans Meyer und dem Bergsteiger Ludwig Purtscheller die Erstbesteigung des Kilimandscharo. Sie brachten auch die ersten Fotos von den Gletschern des Kibo nach Europa. Der abgebildete Gletscher ist nach dem deutschen Geographen und Polarforscher Erich von Drygalski benannt.*

**Ruwenzori-Massiv**
*(rechts außen)*

*Dieses gewaltige Massiv, dessen höchste Erhebung 5125 Meter erreicht, entspricht wohl den nahe am Äquator gelegenen Mondbergen, von denen im Altertum die Rede war. Der Engländer J. E. Moore erblickte 1899 in 4500 Meter Höhe als erster drei mächtige Gletscher. Auch die Mondberge des Altertums waren schneebedeckt!*

## Zusammenbau des Dampfers »Welf«

*Der 1833 in der Mark Brandenburg geborene Baron Karl Klaus von der Decken war einer der berühmtesten Afrikareisenden seiner Zeit. Im Frühjahr 1865 startete er mit zwei kleinen Dampfschiffen zu einer Erkundungsfahrt der in den Indischen Ozean mündenden Flüsse Ostafrikas. Die Boote waren in Hamburg gebaut und als Einzelteile in Kisten verpackt per Segelschiff nach Sansibar geschickt worden, wo man sie zusammensetzte.*

gegen. Alle zehn Minuten müssen sie jetzt innehalten, um Herz und Lunge einige Augenblicke zur Beruhigung zu gönnen. Um 9.50 Uhr erreichen sie in fast 5500 Meter Meereshöhe den unteren Rand des Eispanzers, der den Kibo als geschlossener Ring umgibt. Nun beginnt die schwierige und kräftezehrende Arbeit des Stufenhauens in der steilen Eiswand. Mittlerweile ist es 10.30 Uhr, die Zeit drängt. Bis zu zwanzigmal muß der Pickel für eine einzige Stufe in das glasharte Eis geschlagen werden. Kurz vor 2 Uhr haben sie die Feuerprobe der Eiswand bestanden. Dem deutschen Geographen Friedrich Ratzel zu Ehren tauft Meyer diesen Gletscher Ratzel-Gletscher. Kurz darauf erreichen sie den Kraterrand. Der Blick in diesen auf weiten Flächen von tief zerfurchten Eismassen bedeckten Kessel ist für die beiden Männer atemberaubend.

Vergessen wir nicht, daß es damals keine andere Möglichkeit gab, die Kraterregion eines solchen Riesenvulkans zu Gesicht zu bekommen. Erkundungen aus der Luft lagen noch in weiter Ferne. Erst im Jahr 1910 erreichte der Peruaner Geo Charez in den Alpen stolze 2400 Meter Flughöhe. Und erst im Winter 1929/30 wurde der Kibo von dem Schweizer Walter Mittelholzer überflogen.

Rasch erkennen die beiden Erstbesteiger, daß sie die höchste Erhebung noch nicht erreicht haben. Diese liegt links von ihnen, auf der Südseite des Kraterrandes, schätzungsweise anderthalb Marschstunden entfernt. Wegen der vorgerückten Zeit entschließen sie sich jedoch schweren Herzens zum Abstieg. Gegen 7 Uhr, es ist bereits dunkel geworden,. erreichen sie völlig erschöpft ihr Biwak, wo Muini sie bereits sorgenvoll-ungeduldig erwartet. Er hat eine stärkende Mahlzeit aus Reis und gebratenem Dörrfleisch bereitet.

Bereits zwei Tage später brechen sie erneut auf. In etwa 4600 Meter Höhe beziehen sie in einer hohen, weit offen stehenden Lavahöhle ein neues Biwak. Hier sind sie vor den eisigen Gletscherwinden der darauffolgenden Nacht gut geschützt. Um 3 Uhr morgens, am 6. Oktober, brechen sie zur zweiten Gipfelbesteigung auf. Bereits um 8.45 Uhr stehen sie auf dem Kraterrand und wandern ohne Zaudern in südwestlicher Richtung über das Eis dieses mächtigen Ringwalles den Felsenspitzen der südlichen Kraterwand entgegen. Die mittlere der drei von Eis umgebenen Felsspitzen überragt die anderen um gut zehn Meter. Dort also ist der höchste Punkt des Kibo, des eisbedeckten Hauptgipfels des Kilimandscharo. Hans Meyer berichtet: »Um ½11 Uhr betrat ich als erster die Mittelspitze. Ich pflanzte auf dem verwetterten Lavagipfel mit dreimaligem, von Herrn Purtscheller kräftig sekundierten ›Hurra‹ eine kleine, im Rucksack mitgetragene deutsche Fahne auf und rief frohlockend: ›Mit dem Recht des ersten Ersteigers taufe ich diese bisher unbekannte, namenlose Spitze des Kibo, den höchsten Punkt afrikanischer und deutscher Erde: Kaiser-Wilhelm-Spitze.‹«

Die Höhe der Kaiser-Wilhelm-Spitze (heute Uhuru Peak) bestimmt er mit 6010 Meter (heute anerkannter Wert: 5895 Meter). Erinnern wir uns: 1848 hatte der Missionar Rebmann als erster Europäer den Kilimandscharo erblickt. Viele hatten seitdem versucht, den Bergriesen zu bezwingen. Erst der fünfzigste Versuch, die Besteigung am 6. Oktober 1889 durch Hans Meyer und Ludwig Purtscheller, führt zum Erfolg.

Dr. phil. Hans Meyer (1856–1929) war nach einer dreijährigen Weltreise 1884 Leiter des Bibliographischen Instituts in Leipzig geworden. Wegen seiner Verdienste um die geographische Erfoschung der deutschen Kolonialgebiete ernannte ihn die Universität Leipzig zum Honorarprofessor für Kolonialgeographie. 1887 hatte er seine jahrzehntelangen Feldforschungen in Afrika begonnen. Sein zweibändiges, reich bebildertes Werk »Die deutschen Kolonien« enthält eine außerordentliche Fülle von Informationen, die auch bei der Vorbereitung heutiger Entwicklungshilfe-Projekte immer noch wertvolle Dienste leisten könnten.

»Die deutschen Kolonien« sind ebenso wie Meyers zehn Jahre früher (1900) erschienener Prachtband »Der Kilimandjaro« typische Beispiele der Forschertätigkeit während der letzten Phase des Entdeckungszeitalters in Afrika. Die Ära der großen Entdeckungen, wie der Nilquellen und der Schneeberge am Äquator, ging damals zu Ende, und die bis heute andauernde Phase gründlicher Erfoschung eng umgrenzter Gebiete hatte bereits begonnen.

Im Sommer und Herbst 1898 führt Hans Meyer seine vierte Kilimandscharo-Expedition durch. Diesmal geht es ihm hauptsächlich um vulkanische Studien, die genaue Untersuchung der Gletscher und die Herstellung einer möglichst exakten Karte des Vulkangebietes. Begleitet wird er von dem Maler Ernst Platz aus München, einem hervorragenden Zeichner und ausgezeichneten Alpinisten.

Ende Juni 1898 besteigen sie in Neapel den Reichspostdampfer »Kanzler«. Die Fahrt durch das Rote Meer im glühendheißen Monat Juli wird zur Höllenqual. Doch dafür erreichen sie das Kilimandscharo-Gebiet in der trockenen Jahreszeit, wo sie von August bis Oktober sehr häufig mit klarem Wetter rechnen können. Über einen Monat dauert damals noch die Reise von Mitteleuropa bis nach Moschi am Kilimandscharo. Allein die Dampferfahrt von Neapel bis zum Hafenstädtchen Tanga im deutsch-ostafrikanischen Schutzgebiet nimmt durchschnittlich 18 Tage in Anspruch.

Als Miampara (Karawanenführer) bietet sich bereits am ersten Tag ein junger Mann namens Noho an, der sich bei näherer Prüfung als der jüngste Bruder des ausgezeichneten Karawanenführers der Expedition von 1887 entpuppt. Ein gutes Omen für die dann so erfolgreiche Expedition des Jahres 1898! Am Westfuß des Usambara-Gebirges vorbei erreichen sie über Kisuani schließlich die Station Moschi am Südrand des Kilimandscharo-Massivs.

»Ich begrüße es als ein besonderes Glück, daß gleich nach unserer Ankunft in ein paar frühen Morgenstunden das große Gebirgsbild sich völlig entschleierte. Der ganze 80 km breite und 6010 m hohe Kilimandjaro lag

**Der König von Ruanda**

*Der Arzt Dr. Richard Kandt aus Posen hielt sich 1898 im Gebiet der Kagera-Quellflüsse westlich des Viktoriasees auf. Der König von Ruanda gehörte dem stolzen Herrenvolk der Watussi an.*

## Der Schneeberg Kilimandscharo

*Ende November 1862 erreicht Baron von der Decken diesen höchsten Berg Afrikas. Wegen eisiger Kälte und unzureichender Ausrüstung muß die Expedition umkehren. Der englische Geograph Cooley ist überzeugt, daß der »Schnee« auf dem Gipfel nur Quarz oder Kalkstein sein kann!*

## Waldschlucht am Kilimandscharo

*Nach einer Fotografie von Dr. Meyer und einer Skizze von Dr. Widenmann zeichnete Ernst Platz dieses Bild der Weruweru-Schlucht (in 1325 Meter Höhe) an der Südwestseite des Kibo. Es ist einer der typischen Wasserläufe des gewaltigen Vulkanmassivs. An den Schluchtabhängen (links im Bild) wächst die wilde Dattelpalme. Auf dem Kibo liegt Neuschnee.*

## Bardera am Dschuba-Fluß (Somaliland)

*(rechts außen)*

*Im Sommer 1865 fuhr die Expedition von der Deckens den Dschubafluß aufwärts (im Süden der heutigen Republik Somalia). Bereits an der Mündung des Flusses ging der kleinere der beiden Dampfer verloren. Ende September wurde bei Überfällen durch die Somali der größte Teil der Expeditionsteilnehmer getötet.*

in seiner ruhigen Majestät und Schönheit vor und über uns. Wir selbst stehen in Moschi nahe seinem Fuß, 1160 m hoch am oberen Rand der Steppe.«

Darüber steigt das Terrain langsam an und geht über in die lichtgrüne Kulturzone des Dschaggalandes. Es ist ein überaus fruchtbares Land mit Bananenhainen, Feldern von Hirse und Mais, aus denen die dunklen Kegelhütten der Wadschagga-Einzelhöfe hervorragen. Nach einer Tagereise erreicht man bei 1800 Meter die untere Grenze der Urwaldzone, die je nach Hanglage bis ungefähr 3000 Meter heraufreichen kann. Dann beginnt, fast überall deutlich gegen den oberen Rand des Bergwaldes abgegrenzt, eine mit Gräsern und Stauden bewachsene Zone, die sich bis rund 4200 Meter Höhe ausdehnt. »Da endlich ist das schildförmige Basisgebirge des Kilimandjaro zu Ende, und es beginnt die steinige und eisige Hochregion der beiden Gipfelpyramiden, die breit und steil dem Basisgebirge aufgesetzt sind«: im Osten die eisfreie, wild zerrissene Felsmasse des Mawensi (5121 Meter) und im Westen der von einem Eispanzer umgürtete Gipfel des Kibo (5895 Meter).

Von Marangu aus erreicht die Expedition den sogenannten oberen Verbindungspfad der Dschagga-Staaten, eine vormals viel begangene Route am oberen Rand der Urwaldzone, die fast um das ganze Massiv herumführte. Angehörige befreundeter Staaten konnten auf diese Weise feindliches Gebiet auf dem sicheren Höhenweg umgehen. Hans Meyer wird im Bereich dieser Route das gewaltige Massiv des Mawensi und Kibo umwandern und den Kibo zusammen mit Ernst Platz diesmal von der Nordostflanke aus besteigen.

In 3000 Meter Höhe treffen sie am Ost-Mawensi auf Prachtexemplare des bis über vier Meter hohen Riesenkreuzkrautes (Senecio johnstoni). Es ist die Charakterpflanze der alpinen Region zwischen 3000 und 4500 Meter. Sie erinnert an einen auf einem hohen Stiel sitzenden Riesenblumenkohl.

Vom 1600 Meter hoch gelegenen Ort Useri am Osthang des Mawensi bricht die Expedition am Morgen des 17. August 1898 zur Kibo-Besteigung auf. Überall stoßen sie auf Losungswalzen von Elefanten. Diese Tiere, so kann Meyer an Hand frischer Spuren feststellen, steigen bei ihrer Futtersuche bis in Höhen von 3500 Metern! Die Losungsballen enthalten fast nur Überreste der Schilfgräser Panicum und Cyperus.

Noch erstaunlicher ist das Verhalten der mächtigen Elenantilope, der größten Art Ostafrikas, die sich gewöhnlich in den Steppen bei 800 Meter Meereshöhe aufhält. Kleine Rudel dieser Antilopenart sichtet Meyer noch bei 4400 Meter auf dem Sattelplateau zwischen Mawensi und Kibo. Am West-Mawensi gar trifft er auf frische Spuren noch in 4700 Meter Höhe!

In rund 5000 Meter Höhe erblicken die Männer die letzte Blütenpflanze der nördlichen Bergseite, ein winziges filzblättriges Kreuzkraut. Darüber hinaus wachsen nur noch Steinflechten, die sogar im extremen Lebensraum des Gipfels gedeihen.

Der Aufstieg wird ab 5400 Meter zur Schwerstarbeit. In der dünnen Luft müssen Meyer und Platz alle 15 bis 20 Schritte anhalten. Über den Eispickel gebeugt, ringen sie tief nach Luft. Meyer registriert bei sich eine Herztätigkeit von 144 Schlägen in der Minute; die Zahl der Atemzüge beträgt 48 im gleichen Zeitraum.

Als sie kurz nach 12 Uhr mittags den Krater erreichen, bemerkt Meyer gegenüber seinem Besuch vor neun Jahren (1889) einen deutlichen Rückgang der Eismassen. Der damals fast ganz vom Eis bedeckte Kraterboden ist jetzt auf weiten Strecken freigelegt.

Auf eine erneute Besteigung der Kaiser-Wilhelm-Spitze verzichten sie. Hans Meyer nutzt die knappe Zeit vor dem Wiederabstieg für möglichst eingehende Untersuchungen des Kratereises sowie für topographische und photographische Aufnahmen. Ernst Platz, der Maler, fertigt unterdessen eine Reihe von Skizzen der Kraterregion an. An der 1889 gemessenen Höhe der Kaiser-Wilhelm-Spitze von 6010 Meter hält Meyer unerschüttert fest. Alle seitdem ermittelten niedrigeren Höhenangaben beruhen nach seiner Ansicht auf irrtümlichen Messungen.

»Es war 3 Uhr geworden, von Nordosten her wehten immer dichtere Nebel über den Kibogipfel und in den Krater hinein und drückten die Temperatur auf −1° herab, als wir den Rückmarsch antraten.« Der Panoramablick vom Kibo in die umgebenden Steppengebiete Ostafrikas ist auch diesmal nicht sonderlich beeindrukkend, er verliert sich in der ungeheuren einfarbigen Ebene, aus der das Kilimandscharo-Massiv wuchtig aufragt. Nur der Meru (4565 Meter) im Westen steigt als deutlich erkennbare Silhouette über die endlose Ebene auf. Der große Nachbarvulkan ist am deutlichsten in den frühen Morgenstunden zu sehen. Er ist am Ende des 19. Jahrhunderts noch kaum erforscht, einer der verbleibenden weißen Flecken auf der Karte des »dunklen« Erdteils.

## Exkurs

*Deutsch-Ostafrika – Aus der Geschichte einer Kolonie*

»Draufgänger der er war, ließ er bei jedem Hindernisse sofort die Schußwaffe sprechen, auch wenn er durch kluge Vorsicht manche blutige Auseinandersetzung hätte vermeiden können. Er war ganz in seinem Element eines Ländereroberers und Kolonialgründers. Die Mission liebte den energischen Mann von vornherein nicht, denn er behandelte den Neger nicht als schwarzen Bruder, sondern er schoß ihn bei dem geringsten Widerstande über den Haufen.«
Ewald Banse über Carl Peters (1856–1918), den Gründer von Deutsch-Ostafrika.
Berlin im Jahre 1884. Ein gewisser Dr. Carl Peters, gerade 27 Jahre alt, und Graf Behr-Bandelin gründen am 28. März die »Gesellschaft für deutsche Kolonisation«. Zu den Gründungsvätern gehören ferner Peters' Studienfreund Dr. Carl Jühlke und Dr. Friedrich Lange, Redakteur der »Täglichen Rundschau«.

»Meine Generation hatte den Krieg von 1870/71 an der Schwelle der Mannheit mit erlebt … Für uns war das deutsche das kriegsstärkste Volk der Erde«, schreibt

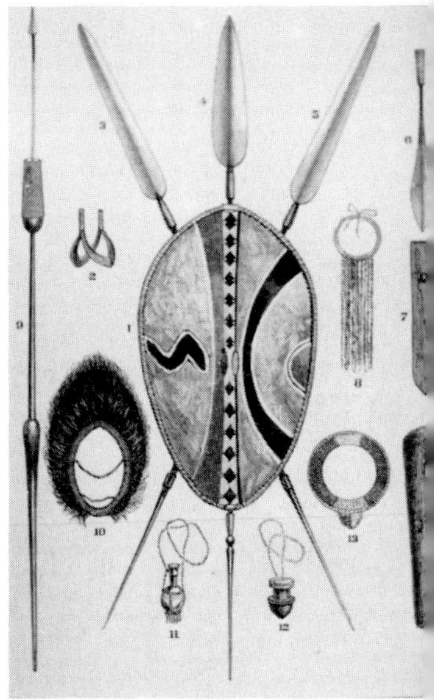

### Waffen und Schmucksachen der Massai

***Viele Entdecker brachten umfangreiche völkerkundliche Sammlungen nach Europa, die teilweise noch heute die Schaukästen der Museen füllen. Die von kundigen Zeichnern ausgeführten »Waffen- und Geräte-Bilder« zeichnen sich durch besondere Detailtreue aus. Die Abbildung stammt aus der 1885 in Leipzig erschienenen deutschen Ausgabe von »Through the Massai-Land« des Schotten J. Thomson.***

## Der Dschalasee

*Prachtvolle Abbildungen des Kilimandscharogebietes enthält das Werk »Der Kilimandscharo« von Hans Meyer. Der abgebildete See liegt am Ostrand des Vulkanmassivs.*

## Missionsstation Rabbai Mpia

*Nahe der alten Handelsstadt Mombasa (Kenia) gründete J. L. Krapf zusammen mit J. Rebmann im Jahre 1846 die Missionsstation Rabbai Mpia (Neu-Rabbai). Krapf sprach damals die Hoffnung aus, daß diese Station »für Ostafrika ein Zion werde, von welchem das Gesetz des Herrn über dem umnachteten afrikanischen Kontinent aufgehen wird«.*

Carl Peters in seiner Schrift »Wie Deutsch-Ostafrika entstand«.

Daß dieses mächtige Deutsche Reich ohne jeden Kolonialbesitz ist, bedeutet für ihn einen geradezu unerträglichen Zustand. Anläßlich der Gründung seiner Gesellschaft verfaßt er einen Aufruf an das deutsche Volk. Darin heißt es unter anderem: »Die deutsche Nation ist bei der Verteilung der Erde wie sie vom Ausgang des 15. Jahrhunderts bis auf unsere Tage hin stattgefunden hat, leer ausgegangen ... Der große Strom deutscher Auswanderung taucht seit Jahrunderten in fremde Rassen ein, um in ihnen zu verschwinden ... Alljährlich geht die Kraft von 200 000 Deutschen unserem Vaterland verloren! ... Jeder Deutsche, dem ein Herz für die Größe unserer Nation schlägt, ist aufgefordert, unserer Gesellschaft beizutreten.«

Peters will eine Expedition nach Ostafrika unternehmen und der Insel Sansibar gegenüber an Land gehen und mit den Häuptlingen im Hinterland »Verträge« abschließen. Hier ist noch alles »offen«, hier gibt es »herrenloses« Land. Die Portugiesen sitzen weit im Süden, und andere koloniale Mächte haben noch keine Ansprüche angemeldet. Im Landesinneren locken außerdem das fruchtbare Uganda und die reiche Äquatorialprovinz, wo Emin Pascha als Gouverneur des ägyptischen Khediven ausharrt. Auch Äquatoria ist für Peters »nobody's country« – herrenloses Land. Er betrachtet diese Gebiete als herrliches Auswandererland für die Bürger des Deutschen Reiches. Vier bis fünf Millionen tüchtige Deutsche wird man hier einmal ansiedeln können, schwärmt Peters.

Die Finanzierung des ostafrikanischen Abenteuers gelingt überraschend schnell. Im November 1884 betritt die kleine Expedition, allen Warnungen zum Trotz, das ostafrikanische Festland. Außer Peters sind Carl Jühlke und Graf Pfeil mit von der Partie. Die 36 Träger sind mit Speeren bewaffnet, sechs persönliche Diener der weißen Herrenmenschen mit Vorderladern ausgerüstet. Für Peters ist der erste Marschtag ein überwältigendes Erlebnis. »Ich fühlte mich wie hinausgeworfen auf einen anderen Planeten, wo das Leben noch glühender durch die Natur pulsiert. Ein unaussprechliches Sehnen und eine tiefe Melancholie überkam mich.«

Das Auswärtige Amt ist offiziell nicht informiert. Der deutsche Konsul in Sansibar hat Peters ausdrücklich auf einen Erlaß des Reichskanzlers Bismarck hingewiesen, wonach er, Carl Peters, »weder Anspruch auf Reichsschutz für eine Kolonie, noch auch Garantie für sein eigenes Leben habe«. Doch Peters weiß aus dem Studium der Weltgeschichte, wie alte und neue Konquistadoren handeln müssen. Ihre Rechtstitel stützen sich auf Verträge, »welche sie mit eingeborenen Häuptlingen abschlossen, sogenannte Abtretungsurkunden«.

Und er hat Erfolg. In wenigen Wochen »gehört« ihm ein Gebiet, das etwa die Größe Süddeutschlands hat. »Die Kühnheit und die rasche Durchführung des Unternehmens verdienen größte Anerkennung«, äußert der dem großdeutschen Gedankengut sehr verbundene Geograph Ewald Banse im Jahre 1943.

Peters läßt auch durchblicken, wie diese schnelle »Bereitschaft« der Häuptlinge zustande kam. Die vielerorts herrschende materielle Not interpretiert er so: »Selbst den Schwarzen dämmert die Erkenntnis auf, daß es besser mit ihnen werden wird, wenn Weiße als Herren des Landes unter ihnen wohnen.« Doch nicht überall scheint dieser »Erkenntnisprozeß« rasch genug vonstatten zu gehen. »Individuelle« Behandlung der einzelnen Häuptlinge erweist sich als wirksames Mittel rascher Besitzergreifung. »Wo auf der einen Seite eine gewisse burschikose Art des Auftretens am Platze war, da wirkte auf der anderen eine Art von ernster Freundlichkeit, und auf der dritten mußte man zu herrischer und brüsker Hochfahrenheit greifen.« Manchmal helfen auch ein guter Grog und kameradschaftliches Schulterklopfen, um den Häuptling »von vornherein in die vergnüglichste Stimmung« zu bringen.

Nach Vertragsabschluß mit den weder lese- noch schreibkundigen »Partnern« – dieser Mangel läßt sich laut Peters durch Dolmetscher zum guten Teil ausgleichen – erfolgt die feierliche Flaggenhissung. Bei dieser Politgroteske wird der Vertragstext durch Dr. Jühlke in deutscher Sprache verlesen. Danach hält jedesmal Dr. Peters eine kurze Ansprache, die mit einem Hoch auf den Kaiser endet. Danach werden drei Salven abgefeuert; sie »... demonstrieren des Schwarzen ad oculus, was sie im Fall einer Kontraktbrüchigkeit zu erwarten hätten«. Laut Vertrag haben sie ihr Land »für ewige Zeiten und zu völlig freier Verfügung an Herrn Dr. Peters als den Vertreter der Gesellschaft für deutsche Kolonisation ...« abgetreten.

Anfang 1885 reist Peters nach Berlin. Kurz darauf erhält seine »Gesellschaft für deutsche Kolonisation« den ersehnten Schutzbrief (datiert vom 27. Februar 1885) des Kaisers Wilhelm I. Der deutsche Generalkonsul Gerhard Rohlfs, Exfremdenlegionär und Afrikaforscher, reist an Bord eines Kriegsschiffes nach Sansibar, um dem regierenden Sultan Said Bargasch die Nachricht von der Erteilung des kaiserlichen Schutzbriefes zu überbringen. Der Sultan sendet ein Protesttelegramm nach Berlin und schickt mehrere Einheiten auf das Festland, um seine Wirtschaftsinteressen zu verteidigen. Doch Berlin reagiert rasch und energisch. Vor der Küste Sansibars tauchen sieben deutsche Kriegsschiffe auf. Die preußische Kanonenbootpolitik veranlaßt den Sultan, die deutsche Schutzherrschaft über das Sansibar gegenüber liegende Festland »in vollstem Umfange« anzuerkennen (14. August 1885). Der »Deutsch-Ostafrikanischen Gesellschaft« (DOAG) – so lautet der neue Name der von Peters gegründeten Vereinigung – räumt er außerdem Mitbenutzungsrechte für die Häfen Pangani und Daressalam ein.

1889 droht das neu erworbene Kolonialgebiet in einem Aufstand der Araber unterzugehen. Ihr Anführer ist ein »weißbärtiger, würdevoll aussehender Araber« namens Buschiri. Der Kolonialgeograph Hans Meyer bescheinigt ihm, daß er »immerhin für ein nationales Ideal, die Unabhängigkeit seines Landes, gekämpft hat«. Mit der Niederwerfung des Aufstandes beauftragt Bismarck den 36jährigen Hauptmann Her-

## Gazellen der ostafrikanischen Savannen

*Eindrucksvolle Tierporträts gelangen dem Maler Wilhelm Kuhnert, der seine Modelle in freier Wildbahn und nicht im Zoo zeichnete. Zu seinen schönsten Wildstudien gehören die hier abgebildete Lamagazelle (Ammodorcas clarkei, rechts) und die Pallagazelle oder Impala (Aepyceros melampus, links).*

## Ein A-Lur

*Wertvolle völkerkundliche Beobachtungen enthält das von Stuhlmann verfaßte Werk »Mit Emin Pascha ins Herz von Afrika«, dem diese Zeichnung entnommen ist.*

## Mann und Frau der Massai

*Die vom Süden des heutigen Kenia bis in das nördliche Tansania verbreiteten Massai sind bis heute Viehzüchter geblieben. Diese Porträts stammen von dem bekannten Landschafts- und Tiermaler Wilhelm Kuhnert (1865–1926).*

mann Wissmann aus Frankfurt an der Oder. Dieser Draufgänger und Haudegen hatte 1880/82 als erster Europäer unter unsäglichen Strapazen Äquatorialafrika von Westen nach Osten durchquert.

Am 8. Mai 1889 läßt er auf dem Exerzierplatz von Bagamoyo seine kleine Truppe von etwa 1000 Mann antreten. Neben 40 deutschen Offizieren verfügt er über 200 Matrosen, fünf Kompanien Sudanesen und eine Kompanie Sulus aus dem südlichen Afrika. Die von Wissmann mit viel Einfühlungsvermögen geführte Einheit ist die Keimzelle der späteren Schutztruppe Deutsch-Ostafrikas, die das Kolonialgebiet im Ersten Weltkrieg unter Führung des Generals von Lettow-Vorbeck erfolgreich gegen eine britische Übermacht verteidigte.

Alle Befehle läßt Wissmann grundsätzlich über die schwarzen Unteroffiziere weiterleiten. Kein Askari, so lautet die Bezeichnung für die schwarzafrikanischen Soldaten der deutschen Schutztruppe, wird somit direkt von einem Weißen befehligt. Mißhandlungen von Farbigen, mangelnden Respekt gegenüber ihren Sitten und Gebräuchen läßt Wissmann mit »rücksichtsloser Bestrafung« verfolgen.

Es gelingt der Truppe, die Boma (befestigtes Lager) Buschiris nahe Bagamoyo aufzuspüren und nach heftigster Gegenwehr zu erstürmen. Buschiri kann mit gut 600 seiner Leute entfliehen.

Unterstützt durch das Geschützfeuer von vier deutschen Zerstörern wird dann als nächstes Sadani, das Hauptquartier des Sultans Bana Heri, erstürmt und nach vergeblichen Übergabeverhandlungen die Hafenstadt Pangani erobert.

Im Innern der jungen Kolonie richten unterdessen Buschiris Leute ein grauenhaftes Massaker unter den friedlichen, ackerbautreibenden Wasaremo an. Die Schreckensnachrichten über diese Untat bewegen nicht wenige Stämme, sich »vertrauensvoll« an die »deutschen Beschützer« zu wenden, zumal deren tapferer Kampf gegen einen zahlenmäßig weit überlegenen Gegner vielfach Bewunderung findet. Die Hauptlast des Kampfes tragen die treu und unerschrocken kämpfenden sudanesischen Berufssoldaten, was Wissmann ohne Einschränkung anerkennt.

Es gilt nun, den Feind ins Landesinnere zu verfolgen. Ziel ist zunächst die Station Mpapua in der Landschaft Ugogo (die sogenannte Mpapua-Expedition). Schon bald sucht Wissmann Kontakte zur Bevölkerung. Er ist überzeugt, daß nur die volle Unterstützung durch die Eingeborenen die Kolonie wirtschaftlich voranbringen und ihr eine friedliche Entwicklung sichern kann.

Buschiri wird schließlich durch die Hinweise eines Dorfhäuplings, der sich das auf den Rebellenführer ausgesetzte Kopfgeld verdienen wollte, gefaßt und am 15. Dezember 1889 durch den Strang hingerichtet. Bana Heri, der aufständische Sultan von Useguha, kann erst im April 1890 gefaßt werden, wird dann aber in deutsche Dienste übernommen. Seinen heftigen Widerstand hat die deutsche Truppe durch systematische Zerstörung der Dörfer und Vernichtung der Vorräte gebrochen. Es folgen noch weitere Aufstände in verschiedenen Regionen der Kolonie, zuletzt der Majimaji-Aufstand im Süden, bis es gelingt, die deutsche Oberhoheit überall »durchzusetzen«.

Das Gebiet Deutsch-Ostafrikas, fast doppelt so groß wie das Deutsche Reich, umfaßte zuletzt den gesamten Raum des heutigen Staates Tansania sowie die am ostafrikanischen Graben gelegenen Gebirgsländer Ruanda und Burundi. Wie bereits erwähnt, gelang es der fast ausschließlich aus Afrikanern bestehenden deutschen Schutztruppe, die Kolonie im Ersten Weltkrieg erfolgreich zu verteidigen.

»Bei Kriegsbeginn betrug die Zahl der europäischen Bevölkerung in Deutsch-Ostafrika ungefähr 6000 Köpfe einschließlich der Frauen und Kinder. Diese geringe Europäerzahl lebte inmitten einer Eingeborenenbevölkerung von nahezu 8 Millionen Köpfen.« (Heinrich Schnee, letzter Gouverneur von Deutsch-Ostafrika in seinem Buch »Deutsch-Ostafrika im Weltkrieg«, 1919 in Leipzig erschienen.) Für Ruhe und Ordnung sorgte eine Zivilverwaltung, die von einer auf die Verwaltungsstellen des ausgedehnten Landes verteilten Polizeitruppe unterstützt wurde. Diese Truppe verfügte nur über etwa 2000 Mann. Die Kompanien der Schutztruppe umfaßten bei Kriegsbeginn rund 2500 Askaris.

Bei Ausbruch des Krieges zeigte sich die einheimische Bevölkerung zunächst beunruhigt, denn »es war für die Schwarzen offenbar schwer zu fassen, daß nun auf einmal die Weißen untereinander sich totschießen sollten, die bisher immer den Eingeborenen Frieden und Ordnung gepredigt und Kriege derselben untereinander mit Waffengewalt unterdrückt hatten. Noch unerklärlicher war es wohl für sie, daß jetzt die schwarzen Askari, die bisher lediglich gegen wilde Völker verwandt waren, auf Befehl ihrer weißen Herren gegen andere Weiße kämpfen sollten. Während bisher die Aufrechterhaltung des Prestiges der weißen Rasse und der Schutz des Lebens und Eigentums der Europäer einen Hauptgegenstand der Sorge aller europäischen Verwaltungen in Zentralafrika gebildet hatte, sollte plötzlich diese Schranke weggezogen werden und das Erschießen eines Weißen als verdienstlich gelten.« (Heinrich Schnee, »Ostafrika im Weltkrieg«.)

Nach dem Ende des Ersten Weltkrieges mußte Deutschland sämtliche Kolonien abtreten. Hierzu noch einmal Heinrich Schnee: »Der Abschluß des Weltkrieges hat zum Verlust Deutsch-Afrikas wie sämtlicher Kolonien geführt. Damit ist aber nicht die Notwendigkeit für Deutschland beseitigt, Kolonien zu haben. Ich kann diese nicht besser darlegen als mit den Worten der Kommission kolonialer Sachverständiger...: Der Besitz der Kolonien ist für Deutschland notwendig, weil es die für seine Volkswirtschaft erforderlichen Rohstoffe nicht in ausreichendem Maße selbst hervorbringen kann und die Möglichkeit haben muß, wenigstens einen Teil aus eigenen Kolonien zu gewinnen.«

## Massaikrieger

*Der britische Afrikaforscher und Kolonialpolitiker Harry Hamilton Johnston hat zahlreiche Bücher über das tropische Afrika veröffentlicht. Seinem Werk »Der Kilima-Ndjaro« (deutsche Ausgabe, Leipzig 1886) ist das Bild eines Massaikriegers entnommen.*

### *Die schneebedeckten Bergriesen*
### *Entdeckungsreisen in Ostafrika*

1519 Erster Hinweis auf den Kilimandscharo (Äthiopischer Olymp) durch den spanischen Reisenden Fernandez de Encisco.

1848 Am 1. Mai erblickt der württembergische Missionar J. Rebmann als erster Europäer den Kilimandscharo und berichtet, daß der Gipfel mit Schnee bedeckt ist. Diese Nachricht stößt in der Fachwelt weitgehend auf Mißtrauen und Ablehnung.

1849 J. L. Krapf erreicht den schneebedeckten Kenia.

1858 Burton und Speke erreichen von Sansibar aus den Tanganjikasee und durchqueren damit als erste Europäer das ostafrikanische Hochland. Speke dringt auf dem Rückweg zum Südufer des Viktoria Nyanza, dem Quellsee des Nil, vor.

1861 Baron Klaus von der Decken, Sohn der Fürstin Adelheid von Pleß, besteigt zusammen mit dem Engländer Thornton den Kilimandscharo bis 2500 m Höhe.

1862 Zusammen mit dem Botaniker Otto Kersten erreicht Baron von der Decken am Kilimandscharo 4300 m. Ein heftiger Schneesturm zwingt sie zur Umkehr.

1871 Der britische Missionar Charles New erreicht am Kilimandscharo ca. 4000 m Höhe.

1877 Der in ägyptischen Diensten stehende britische Oberst Mason Bei befährt den Albertsee bis zum Südende und erhält Kunde von dem schneebedeckten Massiv des Ruwenzori.

1883 Der britische Forschungsreisende Joseph Thomson gelangt am Kilimandscharo nur bis 2750 m.

1887 Der deutsche Kolonialgeograph Hans Meyer und der Freiherr von Eberstein erreichen am Kilimandscharo das Sattelplateau zwischen Kibo und Mawensi.
Der Ungar Graf Teleki und Ludwig von Höhnel erreichen am Kilimandscharo als erste 5300 m Höhe und überschreiten damit die Firngrenze.
Im gleichen Jahr besteigen Teleki und von Höhnel den Mt. Kenia bis 4700 m und erreichen als erste die Schneeregion des Massivs. Sie entdecken den Rudolf- und den Stefanisee.

1889 Am 6. Oktober erreichen Hans Meyer und der österreischiche Alpinist Ludwig Purtscheller als erste den höchsten Punkt des Kilimandscharo-Massivs.
Im gleichen Jahr ziehen Stanley und Emin Pascha (Eduard Schnitzer) am Ruwenzori vorbei. Stairs, einer von Stanleys Offizieren, erreicht am Ruwenzori 3250 m Höhe. Sehr starke Niederschläge und fast ganzjähriger dichter Nebel erschweren die Erforschungen dieses Massivs.

1891 Emin Pascha und Franz von Stuhlmann bereisen das Hochland von Deutsch-Ostafrika bis an den Rand des Kongobeckens und liefern bedeutende naturwissenschaftliche und völkerkundliche Beiträge zur Kenntnis dieser Region.

1892 Der Deutsche Oskar Baumann reist, wie vor ihm schon der Engländer Joseph Thomson, durch das Land der als kriegerisch geltenden Massai und gelangt als erster Europäer in das bis dahin fast völlig unbekannte Ruanda.

1893 Der Engländer J. W. Gregory erreicht am Kenia 5200 m, entdeckt fünf Gletscher und acht Seen, muß aber wegen eisiger Schneestürme umkehren. Die Deutschen Graf Götzen, von Prittwitz und Kersting erforschen die Virungavulkane und entdecken in Ruanda den Kiwu-See. Danach reisen sie den Kongo abwärts bis zur Mündung.

1898 Hans Meyer und der Maler Ernst Platz besteigen den Kilimandscharo und erforschen eingehend die Gletscher des Kibo-Gipfels.

1899 Am 12. September gelingt dem englischen Geographen Mackinder zusammen mit zwei Schweizer Bergführern die Besteigung des Hauptgipfels am Kenia (5242 m). Auf einer dreitägigen Wanderung um den Krater des erloschenen Vulkanmassivs zählt der Forscher 15 Gletscher.
Der Engländer J. E. Moore erreicht am Ruwenzori 4540 m Höhe. Er erblickt als erster drei mächtige Gletscher und stellt fest, daß der Ruwenzori ein Gebirge mit zahlreichen Berggipfeln ist.

1906 Ludwig Amadeus, Herzog der Abruzzen, besteigt mit seiner Expeditionsmannschaft innerhalb weniger Wochen alle 16 bedeutenderen Gipfel des Ruwenzori. Die höchste Erhebung (Margheritaspitze) hat eine Höhe von 5125 m.

1929/30 Der Schweizer Flieger Walter Mittelholzer überfliegt als erster Kilimandscharo und Kenia. Er liefert wertvolle Luftaufnahmen beider Bergmassive.

### *Im Reich des Priesters Johannes*
### *Entdeckungsreisen in Äthiopien*

1459 Der Mönch Fra Mauro aus Venedig veröffentlicht seine berühmte Venezianer Weltkarte. Auf dieser erscheinen zum erstenmal genauere Angaben über Äthiopien. Als Quellen benutzte Fra Mauro die Angaben der italienischen Stadtrepubliken Florenz, Genua, Mailand und Venedig, die bereits vor den Portugiesen Handelsverträge mit dem christlichen Äthiopien abgeschlossen hatten.

1490 Pedro da Covilhão, der Kundschafter des Königs Johann II. von Portugal, reist von Kairo nach Äthiopien. Dort stirbt er, ohne nach Europa zurückgekehrt zu sein, um 1521.

1520–1526 Der Missionar Francisco Alvarez unternimmt eine Pilgerreise durch weite Teile des äthiopischen Berglandes. Eine deutsche Ausgabe seines »Wahrhaftigen Berichtes« über das Reich »des mächtigen Königs in Ethiopien, den wir Priester Johannes nennen« erscheint 1566–1573 in Eisleben.

ab 1603 Der portugiesische Jesuit Pedro Paez bereist Äthiopien und gelangt 1613 zum Tana-See, wo er als erster Europäer den Quellfluß des Blauen Nil besucht.

ab 1604 Pater Antonio Fernandez lebt 30 Jahre in Äthiopien und dringt im Süden des Berglandes bis in die Gallaländer vor, Gebiete, welche vorher in Europa noch völlig unbekannt waren.

1625–1632 Der Jesuit Jeronymo (Jerome) Lobo reist durch das Danakil-Land am Roten Meer und erreicht die Stadt Adua in Tigré sowie den Tana-See.

1628 Pater Heyling aus Lübeck kommt als erster deutscher Forscher nach Abessinien und wird vom Kaiser mit einem hohen Staatsposten betraut.

1681 In Frankfurt a. M. erscheint die »Historia Aethiopica« von Hiob Ludolf (Leutholf), die für über 100 Jahre das Standardwerk über die Bergfestung der christlichen Könige bildet.

1698 Der französische Arzt Poncet reist über Sennar nach Gondar an den Hof des abessinischen Herrschers. Zwei Jahre später begleitet er den Jesuiten Ch. de Brevedent nach Äthiopien.

1768–1772 James Bruce reist über das Rote Meer nach Abessinien. Er glaubt, als erster Europäer die Quelle des Blauen Nil besucht zu haben und kehrt durch die Nubische Wüste nilabwärts nach Kairo zurück.

1802–1806 Der englische Reisende Henry Salt begleitet Lord Valentia nach Indien und Abessinien, wo sie häufig den Spuren ihres Landsmannes James Bruce folgen.

1834 Der Botaniker Wilhelm Schimper aus Mannheim reist durch Oberägypten und den Hedschas (Arabische Halbinsel) nach Äthiopien, wo er zeitweise als Statthalter eingesetzt wird, sich dann aber viele Jahre lang intensiven naturhistorischen Studien widmet. Er stirbt 1878 in Adua (Äthiopien).

1838–1843 J. L. Krapf hält sich in Adua (Tigré) und in Ankober (Schoa) auf. Er wird mit dem in Schoa lebenden deutschen Missionar Karl Wilhelm Isenberg 1843 des Landes verwiesen.

1837–1848 Die in Irland geborenen und in Frankreich aufgewachsenen Brüder Antoine und Arnould d'Abbadie reisen über Massaua durch fast alle Landschaften Äthiopiens und betreten im Südwesten (Kaffa) noch völlig unbekannte Gebiete. Durch über 900 exakte astronomische Ortsbestimmungen tragen sie wesentlich zur topographischen Kenntnis des Berglandes bei.

1840–1843 Der Engländer Charles Tilstone Beke reist, durch Privatpersonen unterstützt, nach Äthiopien, wo er sich der Expedition des Majors Harris anschließt (Gesandtschaftsreise nach Schoa). Beke bringt reiche Kenntnisse über die Provinz Godscham (Gojam) und bis dahin völlig unbekannte Regionen südlich davon nach Europa.

1854 Als arabischer Händler verkleidet erreicht R. F. Burton, von Zeila an der Somaliküste ausgehend, als erster Europäer die Stadt Harar im östlichen äthiopischen Bergland.

1861 Der Afrika- und Polarforscher Theodor von Heuglin aus Hirschlanden (Württemberg) reist von Massaua nach Keren und anderen Gebieten des nördlichen Abessinien. Begleitet wird er von dem Arabisch sprechenden Lehrer Ludwig Hansal aus Mähren, dem Mechaniker Theodor Kinzelbach aus Stuttgart, dem Naturwissenschaftler und Orientalisten Werner Munzinger aus Olten (Schweiz), dem Gärtner Hermann Schubert aus Leipzig und dem Botaniker Heinrich Steudner aus Greiffenberg (Schlesien). Ihre umfangreichen Geländeaufnahmen werden von Bruno Hassenstein bei Perthes in Gotha zu prachtvollen Kartenblättern verarbeitet.

1862 Der Zoologe Alfred Brehm, berühmt geworden durch »Brehms Tierleben«, begleitet Herzog Ernst von Coburg-Gotha als Führer durch die Bogosländer in Nordäthiopien.

1862–1864 Der französische Geograph Guilläume Lejean begleitet den äthiopischen König Theodorus auf einem Feldzug gegen die Provinz Godscham. Den französischen Kolonialpolitikern liefert er wertvolle Informationen über die innere Verfassung des Landes.

1868 Eine britische Militärexpedition unter Lord Napier befreit einige von König (Kaiser) Theodorus gefangengehaltene Europäer, unter denen sich der aus Mossul am Tigris stammende Archäologe Rassam, einer der bedeutendsten Ausgräber von Ninive, befindet. Zahlreiche Wissenschaftler begleiten Napier auf diesem Abessinienfeldzug, unter ihnen der deutsche Afrikaforscher Gerhard Rohlfs.

1871–1876 Der italienische Afrikareisende Carlo Piaggia reist bis in die Gallaländer. Seine handwerklichen Fähigkeiten als Waffenschmied, Tischler usw. verschaffen ihm überall großes Ansehen. Er kehrt mit reichen ethnographischen Sammlungen nach Europa zurück, läßt sich aber später für immer in Khartum nieder.

1876 O. M. Antinori übernimmt die Leitung einer italienischen Expedition, die von Zeila am Golf von Aden durch das äthiopische Bergland zum Sudan (Blauer Nil) vordringen soll. Die Expedition gelangt bis Schoa. Antinori bleibt am Hofe König Meneliks und gründet eine wissenschaftliche Station.

1884 Der Österreicher Philipp Paulitschke und v. Hardegger dringen von Zeila nach Harar vor, können aber wegen der unsicheren Lage nur die nächste Umgebung der Stadt erkunden.

1886 Die Mitglieder der Expedition des italienischen Grafen Gianpietro Porro werden nahe der Stadt Harar ermordet.

1891 Dem Italiener L. Bricchetti-Robecchi gelingt als erstem Europäer die Durchquerung des Osthorns von Afrika. Er zieht von Obiat am Indischen Ozean (Somaliküste) durch den Ogaden nach Berbera am Golf von Aden.

## Steppenbrand in Deutsch-Ostafrika

*Steppenbrände waren ein beliebtes Motiv, um volkstümliche Reisedarstellungen aus dem »wilden Erdteil« zu dramatisieren. Nur selten wurde in der frühen Afrikaliteratur auf die ökologischen Gefahren hingewiesen, welche den Landschaften und Menschen durch Brandrodung und Grasbrände langfristig drohen.*

## Steppe in Ugogo

*Das wellige Hochland ist großenteils ohne oberirdischen Abfluß und vielerorts von öden Salzsteppen durchzogen. Im Süden Ugogos, wo zahlreiche Schirmakazien ihre schattigen Kronen ausbreiten, fanden die Reisenden des vorigen Jahrhunderts noch ein großartiges Tierleben.*

## Keren und die Hochebene von Magarah

*Diese eindrucksvolle Berglandschaft mit der Ortschaft Keren liegt im nördlichsten äthiopischen Bergland auf der geographischen Breite von Massaua am Roten Meer. Von Keren aus unternahmen Mitglieder der Heuglinschen Expedition monatelange Erkundungsreisen zwecks kartographischer, völkerkundlicher und sprachlicher Forschungen.*

# Das Geheimnis der Mondberge

**Krieger der Niamniam**
*(links)*

*Auf der Wasserscheide zwischen den Stromsystemen des Nil und Kongo leben die Stämme der Asande, die von den Nubiern Niamniam genannt wurden. Eingehende Beschreibungen ihrer Lebensweise verdanken wir im 19. Jahrhundert vor allem Georg Schweinfurth, Wilhelm Junker und Eduard Schnitzer (Emin Pascha).*

## Barineger

*(links)*

*Die Bari leben zu beiden Seiten des Bergnil zwischen 6° und 2° nördlicher Breite. Es sind hochgewachsene, kräftige Menschen. Im 19. Jahrhundert dienten viele in der ägyptischen Armee und trugen so zur Sicherung der ägyptischen Herrschaft im Süden bei.*

## Gondokoro

*Die Station Gondokoro am oberen Weißen Nil (Provinz Äquatoria) war in der Zeit der Nilquellensuche eine wichtige Etappe. Hier traf Samuel White Baker auf seiner Fahrt zum Albertsee John Hanning Speke. Der Elfenbeinhändler Petherick hatte bei Gondokoro ein Versorgungsboot für Speke bereitgestellt, wurde aber später von Speke beschuldigt, seinen Vertragspflichten nicht nachgekommen zu sein.*

## *Die Bergfestung der christlichen Könige Der Schotte James Bruce am Tanasee*

»Wenige Reisebeschreibungen sind wohl je mit einer so allgemeinen und so großen und so begründeten Begierde erwartet worden, als die gegenwärtige, eines angesehenen, aufgeklärten, sprach- und sachkundigen Mannes achtjährige Reise in einen fernen Weltteil und namentlich in ein Land, das seit zweitausend Jahren als eines der allermerkwürdigsten angesehen worden, und doch bis zur nunmehrigen Erscheinung dieses Werkes von manchen Seiten großenteils unbekannt geblieben: – Abessinien nämlich und zumal die in seinem Schoße entspringenden Quellen des berühmtesten aller Ströme des Erdbodens, des Nils!«

Mit diesen Worten leitet der berühmte Göttinger Gelehrte Johann Friedrich Blumenbach seine Vorrede zur deutschen Ausgabe der Reiseberichte von James Bruce ein. Die fünfbändige Ausgabe dieses viel diskutierten Werkes erscheint 1790 in der Weidmannschen Buchhandlung in Leipzig.

Nahezu 700 000 Quadratkilometer deckt die äthiopische Gebirgsmasse am Osthorn von Afrika. Aus Wüsten und Steppenlandschaften steigt die imposante Hochgebirgswelt in Stufen empor. 3000 bis 4000 Meter Höhe erreichen viele der schroffen Berggipfel; der höchste, der Ras Daschan im Norden, bringt es gar auf stolze 4620 Meter. Tiefe Schluchten isolieren die einzelnen Hochplateaus dieser vielgestaltigen Landschaft. Hier oben konnten sich einzelne Gaufürsten des seit den ersten nachchristlichen Jahrhunderten christianisierten Landes oft jahrzehntelang gegen die zentrale Macht des »Königs der Könige« behaupten. So bildeten sich lokale Machtzentren heraus wie das Königreich Schoa im Süden oder im Norden das Königreich Tigré mit dem alten Zentrum Axum (Aksum), wo bis zum Beginn des 20. Jahrhunderts alle Kaiser des in Abständen immer wieder geeinten Reiches gekrönt wurden. Als wirksame geistige und weltliche Machtklammer erwies sich die äthiopische Form des Christentums, die, begünstigt durch die abweisende Natur der Hochgebirgswelt, allen Anstürmen des Islam trotzte.

Den Beginn des Reiches von Axum verlegt die Überlieferung in das 10. vorchristliche Jahrhundert. Erster König war Menelik I., der ein Sohn König Salomos und der Königin von Saba gewesen sein soll.

Um das 5. Jahrhundert n. Chr. erfolgte eine für das Reich bedeutsame Einwanderung aus Südarabien. Die Einwanderer brachten der Landwirtschaft den Pflug und hochentwickelte Techniken der künstlichen Bewässerung. Doch als wichtigste Neuerung brachten sie ihre Sprache und Schrift ins Land. Aus dieser altsüdarabischen Sprache (dem Sabäischen) entwickelte sich das Ge'ez, die liturgische Sprache der äthiopischen Nationalkirche. Äthiopien ist damit das einzige Land Afrikas südlich der Sahara, das seit anderthalb Jahrtausenden auf eine schriftliche Überlieferung zurückblicken kann.

Bereits seit dem 3. Jahrhundert v. Chr. unterhielt das Reich von Axum über den am Roten Meer gelegenen Hafen Adulis Handelsbeziehungen bis hin zur fernen indonesischen Inselwelt. Die Ausdehnung der Macht des Islam auf den gesamten Küstenraum des Roten Meeres brachte der Bergfestung der christlichen Könige eine jahrhundertelange Isolierung von der übrigen Welt.

Nur durch äthiopische Gesandtschaften, die in Abständen nach Jerusalem pilgerten, erhielt die übrige christliche Welt Kunde aus dem fernen Gebirgsland. So nebelhaft waren die Vorstellungen in Europa, daß die berühmte Legende vom fernen Priesterkönig Johannes (s. Kapitel 1) sich im 15. Jahrhundert fast mühelos auf das geheimnisvoll-unbekannte Äthiopien übertragen ließ.

Die ersten ausführlichen Berichte sammelte der Geistliche Francisco Alvarez, der den portugiesischen Gesandten Rodrigo de Lima während seines sechsjährigen Aufenthaltes in Äthiopien begleitete (1520–1526). Das in vielem noch mangelhafte Werk wurde auch in die deutsche Sprache übersetzt und erschien 1566 in Eisleben unter dem Titel »Wahrhaftiger Bericht von den Landen, auch geistlichem und weltlichem Regiment, des mächtigen Königs in Äthiopien, den wir Priester Johann nennen usw.«.

Ein Jahrhundert später stellte der Jesuit Balthasar Tellez die ungedruckten Originalberichte seiner Ordensbrüder zu einem umfangreichen Kompendium über das christliche Königreich zusammen. Das vollständigste und bis zum Ende des 18. Jahrhunderts unübertroffene Werk über Äthiopien verfaßte der in Gotha lebende Geheimrat Hiob Ludolf (1624–1704). Seine »Historia Aethiopica« (Geschichte Äthiopiens) inspirierte so manchen ins östliche Afrika ziehenden Entdeckungsreisenden.

Das große Zeitalter der Entdeckungen im Inneren Afrikas beginnt in der zweiten Hälfte des 18. Jahrhunderts. Als einer der bedeutendsten Reisenden zu Beginn dieser Epoche gilt der Schotte James Bruce.

James Bruce wurde 1730 als Sohn des Laird (Gutsherrn) of Kinnaird geboren. Im Alter von acht Jahren schicken ihn die Eltern im fernen London auf die Schule. Erst mit 17 Jahren sieht er seine schottische Heimat wieder. Ein Jahr lang hält er es auf der Universität von Edinburgh aus, studiert dort Rechtswissenschaft. Eine schwere Krankheit nutzt er, um das ungeliebte Studium abbrechen zu können. Auf dem heimatlichen Gut genießt er mehrere unbeschwerte Jahre. Existenzsorgen hat der privilegierte Landadelssohn im Gegensatz zur überwältigenden Mehrheit seiner Landsleute nicht. Er verbringt seine Tage mit Wanderungen durch das herrliche schottische Hochland, betreibt Angelsport und geht auf die Jagd.

Schließlich erklärt er sich bereit, nun selbst für seinen Lebensunterhalt zu sorgen und geht nach London zurück. Hier will er sich um eine Anstellung bei der Ostindischen Kompanie bemühen. Aber der Zufall will es, daß der junge Mann die Tochter eines Weinhändlers kennenlernt. Bald kommt die Heirat zustande,

**Die Nilquellen entspringen auf den Mondbergen**
*(rechts)*

*Nach arabischen Quellen entstand diese alte Karte des Nilquellengebietes. Von der Regio Nubia (Nubien) geht der Blick nach Süden (oberer Kartenrand) durch Wüsten (Deserta) über den Circulus aequinoctialis (Äquator) zu einem großen See (Viktoriasee?), in den die im Mondgebirge (Montes Lunae) entspringenden zahlreichen Nilquellen (Fontes Nili – Kagera und andere Zuflüsse des Viktoriasees –) einmünden.*

**Bild eines Königs von Äthiopien**
(17. Jahrhundert)

*Nach der nationalen Überlieferung läßt sich die Geschichte des äthiopischen Reiches bis ins 10. Jahrhundert v. Chr. zurückführen. Um 335 n. Chr. trat der König des nordäthiopischen Reiches Aksum zum Christentum über. Seit dem 8. Jahrhundert dehnte das christliche Reich seine Macht nach Süden aus, wo die heutige Hauptstadt Addis Abeba liegt.*

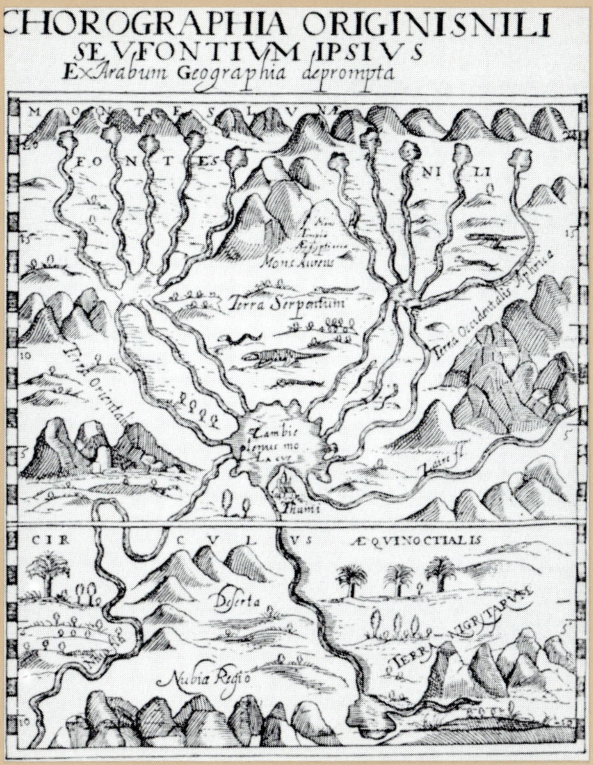

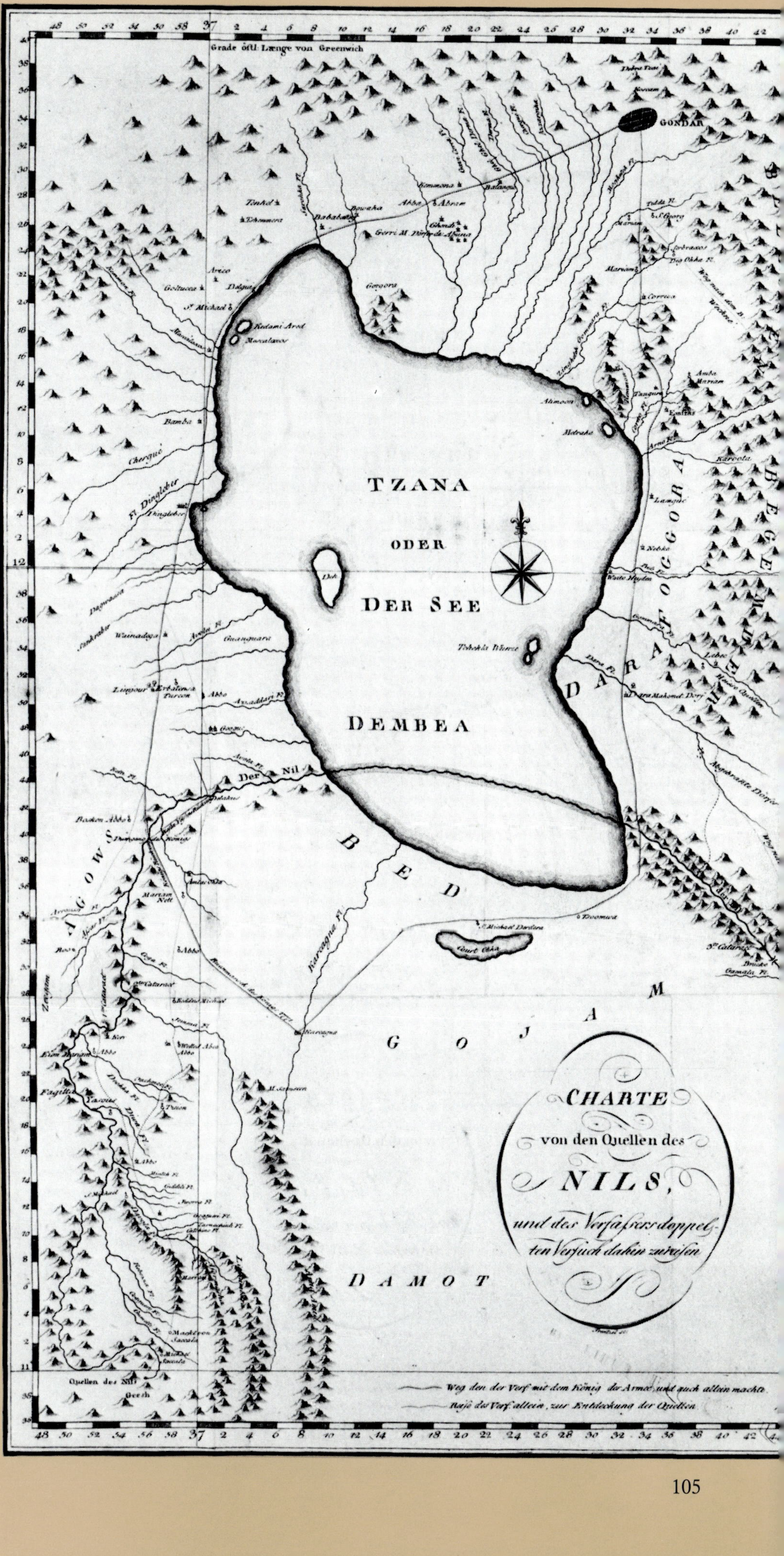


## Canja

*Von Alexandria reiste James Bruce im Jahre 1768 nilaufwärts bis zu den Katarakten von Assuan. Wie jeden Reisenden beeindruckten ihn die großen Segelboote (Canja) auf dem Nil.*

## Der Tanasee

*Am 4. November 1770 stand der Schotte James Bruce (1730–1794) an der Quelle des Blauen Nils. »Ich triumphierte hier als ein bloßer englischer Privatmann in meinen Gedanken über Könige und ihre Heere«, lesen wir im dritten Band seines Reisewerkes, dem auch diese Karte entnommen ist.*

und der frischgebackene Schwiegersohn wird Partner im Geschäft des Händlers. Eine gut bürgerliche Karriere scheint ihm sicher zu sein. Doch schon acht Monate nach der Hochzeit stirbt seine Frau an der Schwindsucht. Mehr und mehr wendet Bruce sich nun dem Sprachstudium zu, nimmt Zeichenunterricht und reist schließlich für zwei Jahre auf den Kontinent, wo er in Spanien eine besondere Vorliebe für die arabische Kultur entwickelt. Nach dem Tode des Vaters kehrt er in die Heimat zurück, ein beträchtliches Erbe ermöglicht es ihm, sich ganz seinen Studien zu widmen. Er studiert Arabisch und äthiopische Sprachen, vor allem die klassische Kirchensprache Ge'ez.

Durch Zufall macht er die Bekanntschaft von Lord Halifax. In langen Gesprächen mit dem Lord und Robert Wood, einem erfahrenen Nahost-Reisenden, kommen sie immer wieder auf die Frage nach den Quellen des Nils zu sprechen. Seit dem Altertum ist der Ursprung dieses heiligen Stromes in mystisches Dunkel gehüllt. Irgendwo im tiefsten Inneren des Kontinents sollen die Quellen bei den sogenannten Mondbergen liegen. Dieses Problem fasziniert James Bruce.

Sein Weg zum Nil führt über Algier. Im März 1763 trifft er dort ein. Zwei Jahre lang vertritt er als Konsul die Kolonialmacht England. Hier lernt er die Schwierigkeiten im Umgang mit den Machthabern einer ihm noch wenig vertrauten Welt kennen. Er sammelt Erfahrungen, die ihm auf seinen Reisen durch die Nilländer äußerst nützlich sein werden.

1765 verläßt er Algier und gelangt über Tunis und Tripolis nach Kreta und in die Levante, in das Gebiet des heutigen Staates Syrien, wo er sich einige Zeit in der uralten Handelsmetropole Aleppo niederläßt.

Seine äußere Erscheinung ist imponierend. Der hünenhafte Mann, mit vollem dunkelroten Haar, stets vorteilhaft in der jeweiligen Landestracht gekleidet, beherrscht vollendet die Umgangsformen eines Grandseigneurs. Und er ist ein sehr gebildeter Mann. Wo er auch auftritt, den Moslems gilt er als großer Gelehrter. Zudem ist er überaus sportlich, ein hervorragender Schütze und – was seine arabischen Bewunderer besonders beeindruckt – ein brillanter Reiter. So besitzt er eine ganze Reihe von Eigenschaften und Fähigkeiten, die ihn für das äthiopische Abenteuer wie geschaffen erscheinen lassen.

Durch das ägyptische Niltal reist er ans Rote Meer und erreicht vom Hafen Massaua aus am 15. Februar 1770 die äthiopische Hauptstadt Gondar im Norden des gewaltigen Berglandes. Äthiopien bietet zu dieser Zeit ein Bild äußerster politischer Verwirrung. Allerorten herrschen bürgerkriegsähnliche Zustände. James Bruce lernt die Mächtigen des Reiches kennen, wird Zeuge verwickelter Hofintrigen, nimmt an Feldzügen des Herrschers teil und wird zum Kommandeur der königlichen Kavallerie ernannt. Das alles schildert er in einer Sprache, die das Werk auch zu einem literarischen Meisterstück macht.

Bruce ist zunächst fasziniert von dieser Welt, dieser Bergfestung der christlichen Könige. Doch nach längerem Aufenthalt stößt das Land ihn ab, er sehnt sich inbrünstig nach seiner schottischen Heimat und ist überglücklich, als der Herrscher ihm die Heimreise gestattet. Im Januar 1773 erreicht er auf dem Landwege Kairo.

Doch vorher gelingt ihm, was er als das Hauptziel seiner Reise bezeichnet hat; die mühsame Wanderung zu den Quellen des Nils unweit des von hohen Bergen eingeschlossenen Tanasees. Am 2. November 1770 nachmittags um 2 Uhr stößt Bruce mit seinen äthiopischen Begleitern auf das Ufer des Blauen Nils. Nach Überquerung des Flusses erreichen sie am späten Nachmittag das Dorf Goutto. Bruce nutzt die knappe Zeitspanne bis zum Einbruch der Dunkelheit, um den sogenannten ersten Wasserfall des Nils aufzusuchen, dessen Getöse man vom Dorf aus deutlich vernehmen kann. Der Anblick ist enttäuschend – kaum fünf Meter ist dieser Wasserfall hoch.

Am nächsten Morgen brechen sie um 8 Uhr auf. Der Ritt geht jetzt durch das Honigland. An zahlreichen Bäumen sind aus Akazienzweigen gefertigte Bienenkörbe befestigt, in welche die wilden Bienen während der trockenen Jahreszeit ihre Honigwaben hineinbauen.

An hohen Bergen vorbeiziehend gelangen sie in eine sumpfige Ebene, an deren Westseite der Nil entlangfließt. »In dieser Ebene macht der Nil in der Länge von 4 Meilen (6,5 Kilometer), glaube ich, mehr Krümmungen als irgendein Fluß in der Welt. Er dreht sich wohl hundertmal ... Der Nil ist hier nicht über 20 Fuß breit, und nirgends über einen Fuß tief«, schreibt Bruce in Band 3 seines Reisewerkes.

Der Marsch geht weiter nach Südosten. Die Gruppe nähert sich allmählich dem kleinen Dorf Geesh, »wo die so lang gewünschten Quellen des Nils sind«. Begrenzt wird das Nilquellengebiet von einer dreifachen Gebirgskette, deren Bergrücken deutlich einen halbmondförmigen Verlauf erkennen lassen. Für Bruce steht fest, daß es sich um die berühmten Montes Lunae (Mondberge) des Altertums handelt. Er weiß offenbar nicht, daß es in Zentralafrika, nahe dem riesigen Viktoriasee, ein Land gibt, das von den Einheimischen Uniamwesi (Mondland) genannt wird. Nordwestlich von diesem Land Uniamwesi ragt ein mächtiges schneegekröntes Gebirgsmassiv (Ruwenzori) auf. Und die Berichte des Altertums weisen auf schneebedeckte Mondberge und zwei große Seen im Nilquellengebiet hin. Der Weiße Nil (Bahr el Abiad), der dort entspringt und von dem man schon in der Antike sprach, ist der zweite große Quellfluß des heiligen Nilstromes im Pharaonenland Ägypten (s. Kapitel 3). James Bruce weiß von diesem Bahr el Abiad, doch er hält ihn für einen der Nebenflüsse »seines« Nil, und der entspringt nun einmal im äthiopischen Gebirgsland.

Am Morgen des 4. November überqueren die Männer den reißenden Waldstrom Karnachiuli. Der Weg führt nun einen steilen Berg hinauf. Bruce schreibt: »Das Klima schien hier außerordentlich mild und angenehm, der Boden war mit dem lebhaftesten Grün bedeckt, die Berge mit schönen Bäumen und Gesträuchen, und diese hingen voll von vorzüglichen Früchten

IOBI LVDOLFI
aliàs Leutholf dicti
AD SUAM
HISTORIAM ÆTHIOPICA[M]
ANTEHAC EDITAM
COMMENTARIV[M]
In quo
Multa breviter dicta fusius narrantur:
contraria refelluntur:
Atque hac occasione præter res Æthiopicas
Autorum, quædam etiam S. Scripturæ loca declarantur:
Aliaque plurima
GEOGRAPHICA, HISTORICA ET CRIT
Inprimis verò
ANTIQVITATEM ECCLESIASTICAM ILLVSTRAN
alibi haud facilè obvia, exponuntur.
UT
VARIARVM OBSERVATION
LOCO HABERI POSSIT
Cum Tabula Capitum, Figuris, & variis Indici
locupletissimis.
Summam Operis habes initio Libri.
FRANCOFURTI AD MOENUM,
Sumptibus JOHANNIS DAVID ZVNNE
Typis MARTINI JACQVETI.
Anno Christi cIɔ Iɔc XCI.

## Titelseite der »Historia aethiopica«

*Die 1681 in Frankfurt am Main erschienene »Historia aethiopica« des Jobus Ludolfus (Leutholf) war für viele spätere Entdecker eine wahre Fundgrube. Ludolf hatte dieses Kompendium vor allem nach den Werken der Jesuiten zusammengestellt.*

## Mit Dampfschiffen durch die Nilsümpfe

*Im Jahre 1869 wird der Engländer Samuel White Baker vom ägyptischen Vizekönig beauftragt, den Sklavenjägern am oberen Nil das Handwerk zu legen und gleichzeitig das Gebiet für Ägypten zu erobern. Mit seinen 9 Dampfern und 45 Segelschiffen muß sich der zum Pascha ernannte Baker einen Weg durch die Schilfwildnis bahnen lassen. Unter unsäglichen Strapazen und nicht geringen Verlusten an Menschenleben wird eine Fahr- und Rutschrinne freigekämpft. Wie eine aberwitzige Schlittenfahrt mutet das ganze Unternehmen an.*

## Verlassenes Dorf der Schilluk

*(rechts)*

*Am 31. März 1862 fuhr der englische Elfenbeinhändler John Petherick an dem Schillukdorf Kaka am Weißen Nil vorbei. Die über 600 Hütten des Dorfes waren verlassen. Räuberische Bagara-Araber hatten einen Teil der Dorfbewohner in die Sklaverei verschleppt, die anderen waren in die Wildnis entflohen.*

und Blüten. Diese reizenden Szenen erhoben meine Lebensgeister, und meine Bedienten fühlten eben das, weil sie durch unsere Unterredungen so viel Geographen geworden, um zu wissen, daß wir dem Ziel unserer Reise nahe waren.«

Gegen 2 Uhr mittags erreichen sie den Gipfel des Berges. »Unmittelbar unter uns sahen wir den Nil selbst, der außerordentlich an Größe abgenommen hatte, und nun einen bloßen Bach vorstellte, der kaum Wasser genug, eine Mühle zu treiben hatte. Ich konnte mich an dem Anblick nicht satt sehen, indem ich alle die Prophezeiungen der klassischen Schriftsteller von ewiger Finsternis und Verborgenheit der Nilquellen überdachte.«

Oberhalb einer Talgabelung erreichen sie eine kleine Kirche, von wo aus sie eine sumpfige Wiese erblicken. »Seht nach jenem kleinen Rasenhügel mitten in dem wässerigen Sumpf«, ruft ihm der ortskundige Führer zu, »darin trifft man die beiden Quellen des Nils an!«

Bruce zieht rasch die Schuhe aus und eilt den Hang hinab, stürzt über knollige Wurzeln und steht endlich am Ziel seiner Sehnsüchte. Er ist außer sich vor Freude.

»Ich stand an der Stelle, welche beinahe seit 3000 Jahren das Genie, den Fleiß und die Untersuchung alter und neuer Köpfe vereitelt hatte. Könige hatten diese Entdeckung an der Spitze ihrer Armeen versucht... Ich triumphierte hier als ein bloßer englischer Privatmann in meinen Gedanken über Könige und ihre Heere.« In höchster Verzückung ruft Bruce einen der mitreisenden äthiopischen Edelleute namens Strates herbei: »Kommt und triumphiert hier über alle Könige der Erde, über ihre Heere, ihre Philosophen und ihre Helden!« Strates will den sich wie verrückt gebärdenden Mann beruhigen, doch Bruce erwidert nur: »Trinkt von diesem herrlichen Wasser mit mir auf die Gesundheit seiner Majestät, des Königs Georg III.!« Immer wieder füllt der Edelmann aus dem fernen Schottland seinen Becher. Für ihn ist es das herrlichste, das köstlichste Wasser der Welt!

Den Äthiopiern waren die Quellen nahe dem Tanasee seit langem bekannt. Dem wißbegierigen und auf Expansion erpichten Europa jedoch hatte der Mann aus Schottland eine große »Entdeckung« vermittelt. Was Bruce vielleicht nicht wußte, ist die Tatsache, daß bereits anderthalb Jahrhunderte vor ihm ein Europäer an den Quellen des äthiopischen Nils gestanden hatte. Es war der Jesuitenpater Pedro Paez, der am 21. April anno 1618, in dem Jahr, in dem in Europa der Dreißigjährige Krieg ausbrach, an eben diesen Quellen weilte.

## *»Die Nilfrage ist gelöst!« Die Offiziere Speke und Grant am Viktoria Nyanza*

Schon Jahrhunderte vor unserer Zeitrechnung hatte die Mittelmeerwelt Kenntnis von Landschaften und Völkern südlich des Pharaonenlandes Ägypten. Erathostenes, hochgebildeter Leiter der berühmten Bibliothek von Alexandria, trug alle Kenntnisse zusammen, die man danach über die Erde besaß.

Er wußte vom krümmungsreichen Lauf des Nils, diesem weithin zuflußlosen Wüstenstrom, und konnte berichten, daß es weit oberhalb der berühmten Stadt Merowe in Nubien einen Zufluß namens Astaboras (Atbara) gibt und in der fernen Hochgebirgswelt Habesch (Abessinien), wo die Berge weit höher aufragen als im Libanon, ein schwer erreichbares Gewässer, den Coloe-(Tana-)See, aus dem der Blaue Nil entspringt.

Die Entdeckungsgeschichte dieses Sees haben wir im vorigen Abschnitt kennengelernt. Doch man sprach noch von einem zweiten Nillauf, der sich südlich des Zusammenflusses mit dem Blauen Nil in schier endlosen Savannenlandschaften verlor. Niemand wußte, wo seine Quelle liegt. Kaiser Nero gab schließlich den Befehl, die Frage nach den Nilquellen endgültig zu lösen. Zwei Centurionen zogen im Jahre 70 n. Chr. mit ihren Hundertschaften nilaufwärts. Sorgfältig hielten sie die Namen aller Stämme fest, die im oberen Nilgebiet zu beiden Seiten des Stromes leben; diese Namenliste hat noch heute Gültigkeit.

Doch zu den Quellen des Nils vorzustoßen, gelang ihnen nicht. Die Papyruswildnis der mörderischen Sumpfgebiete im Mündungslabyrinth des Gazellenflusses (Bahr el-Ghasal) erwies sich als undurchdringlich. Beinahe zwei Jahrtausende vergingen, bevor wieder Europäer hierher gelangten und diesmal tief in das geheimnisvolle Land eindrangen (Miani, Junker, Schweinfurth u. a.).

Caput Nili quaerere – nach den Quellen des Nils fragen – wurde bei den Römern zur sprichwörtlichen Bezeichnung für jedes schwer oder unmöglich zu bewältigende Unternehmen. Und doch ist das Altertum der Entdeckung der Nilquellen näher gekommen, als man damals und später vermutete. Der letzte unter den großen Geographen des mittelmeerischen Altertums, Claudius Ptolemäus, hielt nämlich um die Mitte des 2. Jahrhunderts n. Chr. in seiner »Geografica« fest, daß sich im zentralen Gebiet Afrikas um den Äquator zwei große Seen befänden, aus denen der Nil entspringe. Dort liege auch ein schneebedecktes Gebirge, die sogenannten Mondberge. Für die damalige Zeit waren das erstaunliche Kenntnisse, liegt doch das über 5000 Meter hohe schneegekrönte Gebirgsmassiv des Ruwenzori südlich des Albertsees, aus dem der Albert-Nil, einer der beiden Quellflüsse des Weißen Nils, entspringt.

Erst das 19. Jahrhundert brachte den wissens- und machtbesessenen Europäern die Lösung der Nilquellenfrage. Doch alle Versuche, von Ägypten aus nilaufwärts die geheimnisvollen Quellen des großen Stromes zu finden, scheiterten.

Dazu bedurfte es erst der Unternehmungen zweier Offiziere der britisch-indischen Armee, die von der ostafrikanischen Küste aus in das Innere des riesigen Kontinents vorstießen. Diese Offiziere, John Hanning Speke und Richard Francis Burton, waren schon rein

**Ein Wohnsitz des Baristammes**

*Im tiefen Süden der heutigen Republik Sudan, in den schier endlosen Sumpfwildnissen und Ebenen nahe den Bergländern, welche das ostafrikanische Seenhochland ankündigen, leben die Bari. Samuel White Baker lobte vor hundert Jahren die Reinlichkeit ihrer Wohnsitze, die von einer Hecke aus undurchdringlichen Euphorbien umgeben waren. Im Hofraum standen eine bis mehrere Hütten, daneben Getreidespeicher auf Pfählen, alles mit Stroh gedeckt. Männer und Frauen gingen fast unbekleidet.*

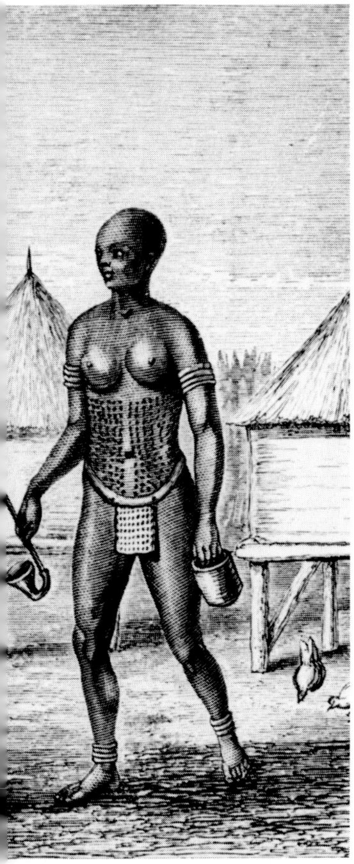

**Richard Burton**
(1821–1890)

*Das Foto zeigt den erbitterten Gegner von John Hanning Speke vor seiner Brasilienreise im Jahre 1865. Burton hielt hartnäckig am Tanganjikasee als Quellsee des Nils fest. Doch Speke sollte recht behalten – der große Quellsee des Weißen Nils ist der Viktoriasee.*

äußerlich völlige Gegensätze. Speke, hochgewachsen, blond mit blauen Augen, Burton deutlich kleiner, mit sehr dunklem Haar und feurigen dunklen Augen, von fast »orientalischem« Aussehen. Burton war der Prototyp eines scharfsinnigen und sprachlich hochbegabten Intellektuellen, dabei von beißendem Spott gegenüber jedermann, gleichgültig ob es sich um Bewohner Afrikas, Indiens oder Europas handelte.

Speke war ein sehr beliebter Soldat, besaß jedoch weder ein besonderes Sprachtalent noch hervorragende intellektuelle Fähigkeiten. Er war hochtrainierter Bergsteiger und von einer enormen physischen Vitalität. Während seiner Dienstjahre in Indien drang er als erster Europäer in einige der abgelegensten Himalaya-Winkel vor. Bei seinen mit unerschütterlicher Beharrlichkeit vorgenommenen Vermessungen in dieser äußerst unwegsamen Gebirgswelt eignete er sich einen untrüglichen Blick für Landschaftsformationen an, eine Fähigkeit, die ihm bei seinen späteren Ostafrikareisen außerordentlich nützlich war.

Burton studiert während seiner siebenjährigen Dienstzeit in Indien insgesamt elf einheimische Sprachen und legt in den meisten Kursen auch Abschlußexamina ab. Als er endlich von seinen Vorgesetzten beurlaubt wird, reist er nach Suez am Roten Meer und bricht von dort 1853 als afghanischer Pilger verkleidet zur Reise nach Mekka und Medina auf. Sein Buch über diese gefahrvolle Reise zu den heiligsten Stätten des Islam gehört zu den interessantesten Reisewerken des 19. Jahrhunderts.

Von diesem Erfolg beeindruckt, veranlaßt die Londoner Geographische Gesellschaft die Direktoren der Ostindischen Kompanie, Burton bei einer Reise nach Somaliland am Osthorn von Afrika zu unterstützen. Es geht wohl vor allem darum, Handelsbeziehungen mit diesem verschlossenen Land aufzunehmen.

Ende Januar 1855 gelingt es Burton als erstem Europäer, in die Handelsstadt Harar vorzudringen. Begleitet wird er auf dieser Reise von drei Offizierskollegen aus Britisch-Indien, unter ihnen sein späterer Ostafrika-Begleiter John Hanning Speke.

In London begegnen sich Speke und Burton erneut. Beide haben in der Zwischenzeit neue Reisepläne geschmiedet. Speke ist entschlossen, nach Zentralasien aufzubrechen. Burton überredet ihn schließlich dazu, ihn auf einer Reise ins Innere von Ostafrika als Landvermesser zu begleiten. Die von den deutschen Missionaren Rebmann und Erhardt veröffentlichte Karte des großen Sees von Ujiji (s. Kapitel 3) fasziniert Burton. Er ist besessen von der Idee, das Geheimnis der Nilquellen zu entschleiern.

Von Bombay aus erreichen sie am 18. Dezember 1856 die Insel Sansibar, den Ausgangspunkt ihrer Reise ins Innere Afrikas. Sansibar war damals Zentrum des Gewürznelken- und Sklavenhandels. Von hier führten Handelswege bis zu jenem geheimnisvollen See von Ujiji. Seitenrouten reichten zum Teil über anderthalbtausend Kilometer weit in den afrikanischen Kontinent hinein. Hauptstation im Inneren war Kazeh im Mondland Uniamwesi. Beherrscht wurde dieses Handelsimperium von den Omani-Arabern, die Ende des 17. Jahrhunderts vom Arabischen Golf und vom Golf von Oman gekommen waren und die Portugiesen aus ihren Stützpunkten vertrieben hatten. Und ohne Zustimmung dieser Omani-Kolonialherren gab es keine Möglichkeit, den See von Ujiji zu erreichen. Vor allem seiner Geschicklichkeit im Umgang mit Arabern, die er sehr hoch einschätzte, verdankte Burton die Unterstützung durch den Sultan von Sansibar.

Wegen der Regenzeit kann die Expedition erst im Juni 1857 aufbrechen. Der Sultan versorgt Burton mit Empfehlungsschreiben, die an die einflußreichsten Inlandhändler gerichtet sind. Ein gewisser Said bin Salim soll die Karawane führen, eine kleine Abteilung Baluchi-Söldner (aus Belutschistan) ihrem Schutz dienen. Die Zusammenstellung der Karawane bereitet außerordentliche Schwierigkeiten. 175 Träger werden benötigt, doch unter den im Küstengebiet ansässigen Uniamwesi-Trägern sind nur 35 bereit mitzuziehen. So kommt eine recht bunt zusammengewürfelte Truppe zustande. Viele der nach langem Feilschen angeworbenen Träger sind Sklaven der Küstenhändler. Die vielen Träger werden dringend gebraucht, denn große Mengen an Stoffen, Perlen und ähnlichem müssen als Tauschmittel mitgeführt werden. Die Häuptlinge, deren Territorium passiert werden muß, akzeptieren keine andere Währung. Und ohne Bezahlung des »hongo« (Transitgebühren) ist an ein Weiterkommen nicht zu denken.

Die persönlichen Diener der Offiziere stammen aus der portugiesischen Kolonie Goa an Indiens Westküste. Als ihre Gewehrträger fungieren zwei freigelassene ostafrikanische Sklaven. Einer von ihnen heißt Sidi Bombay. Er entwickelt mit der Zeit ein lebhaftes Interesse an geographischen Problemen und sollte später bei der Lösung der Nilquellenfrage noch eine wichtige Rolle spielen.

Jede Gruppe in der Karawane besteht auf einem eigenen Führer, der ihre persönlichen Interessen gegenüber dem Ras Kafileh (Karawanenführer) vertritt. Solch eine zusammengewürfelte Schar zusammenzuhalten, ist eine heikle Aufgabe. Sie erfordert unendliche Geduld, gepaart mit Druck im richtigen Augenblick. Immer wieder kommt es zu Streitfällen, häufig genug aus nichtigem Anlaß. Doch auch Delikte wie Diebstähle bleiben nicht aus. Nicht selten beschweren sich die Bauern eines Dorfes, daß ihnen eine Ziege gestohlen worden sei oder Früchte von ihren Feldern.

Verläuft der Marsch einmal wirklich nach Plan, dann dauert es zumeist nicht lange, bis irgendeine Gruppe aus der Karawane alte Freunde wiedertrifft, was natürlich ausgiebig gefeiert werden muß. So benötigen sie für den Marsch nach Kazeh insgesamt 134 Tage.

Burton ist von Kazeh, dem späteren Tabora der deutschen Kolonie Ostafrika, hellauf begeistert. Für ihn ist es eine »Oase arabischer Kultur« inmitten all »der Schäbigkeit der wilden und selbstsüchtigen Afrikaner«. Die Gespräche in den Abendstunden mit Snay bin Amir, einem weit gereisten, sehr belesenen und sprachlich hochbegabten arabischen Händler, vermitteln Bur-

## Speke und Grant (sitzend)

*Dem Engländer John Hanning Speke (1827–1864) gelang 1862 zusammen mit James August Grant der Nachweis, daß der Ukerewe (Viktoriasee) der große Quellsee des Nils ist.*

## Antilope und Fettschwanzschaf

*(links oben und links Mitte)*

*Im Lande Karague, im Gebiet westlich des Viktoriasees, ließ König Rumanika dem englischen Nilquellenforscher Speke eine junge Nzoe-Antilope (Tragelaphus spekii, Sitatungaantilope) vorführen. Die Zehen dieser Antilopen sind so an das Leben in sumpfigem Gelände angepaßt, daß die Tiere auf festem Boden kaum gehen können.*

*Das aus Leutholfs »Historia aethiopica« stammende Bild zeigt ein Fettschwanzschaf (Ovis orientalis), dessen Schwanz angeblich so schwer war, daß er auf einem kleinen Wagen gezogen werden mußte.*

## Krieger der Gani

*Nach Entdeckung des Nilquellensees (Viktoria Nyanza) passierten Speke und Grant auf der Rückreise das auf dem rechten Nilufer liegende Wohngebiet der Gani.*

## Speke und Grant an den Ripon-Fällen

*1862 erreichten Speke und Grant die Ripon-Fälle unterhalb des Ausflusses des Weißen Nils aus dem Viktoriasee.*

## Kamrasi blättert in der Bibel

*(oben rechts)*

*Auf der Rückreise von seiner berühmten Nilquellenreise wurde Speke im Gebiet des Bergnils von König Kamrasi von Unyoro empfangen. Zum Empfang nahm Speke ein Exemplar der Bibel mit. Kamrasi fing an, die Blätter dieses ihm so fremden »Zauberbuches« zu zählen und kam zu dem Schluß, daß jedes Blatt einen Tag seit Beginn der Schöpfung darstelle.*

ton wertvolle Informationen über den ostafrikanischen Raum. Von Amir erfährt er auch, daß es etliche Tagemärsche nördlich von Kazeh noch einen anderen großen See gibt, den die Araber Ukerewe oder Nyanza nennen. Amir rät eindringlich, dorthin zu ziehen und nicht zum Tanganjika; der Ukerewe sei in jeder Hinsicht der bedeutendste See Ostafrikas. Speke hört sich das alles mit gespannter Aufmerksamkeit an. Das riesige Binnenmeer, von dem die deutschen Missionare 1855 berichteten (S. 88), der See von Uniamwesi, scheint in Wirklichkeit aus mehreren Seen zu bestehen. Jedenfalls kommen ihm die diesbezüglichen Ausführungen Amirs recht glaubwürdig vor. Wie nun, wenn dieser Ukerewe der eigentliche Quellsee des Nils ist? Doch Expeditionsleiter Burton bleibt hartnäckig bei seiner Vorstellung, daß wahrscheinlich der Tanganjika das Geheimnis der Nilquellen birgt.

Viele der arabischen Einwohner von Kazeh sind sich darin einig, die Fremden aus England nicht weiter in das Innere des Landes vordringen zu lassen. Konnte man doch froh sein, die Portugiesen losgeworden zu sein, und nun mußte man vielleicht durch England eine neue lästige Konkurrenz befürchten. Doch Amir will die Fremden ziehen lassen und kann auch eine Karawane für den Marsch zum Tanganjika beschaffen.

Am 19. Februar 1858 stehen Burton und Speke endlich am Ufer des Tanganjikasees. Sie sind in Ujiji, dem alten Endpunkt der Karawanenstraße von Bagamoyo. Und so weit wie sie ist wohl noch kein Europäer in das Innere des riesigen Kontinents vorgedrungen. Hinzu kommt, daß sich die Nachrichten der ortsansässigen Händler geradezu aufregend anhören! Hamid bin Suleiman, Besitzer eines arabischen Segelbootes (Dhau), beteuert, am Nordende des Sees gewesen zu sein und dort einen Fluß gesehen zu haben, den die Eingeborenen Rusisi nennen und dessen Wasser aus dem See herausfließe. Burton ist entzückt. Doch der nüchterne Landvermesser Speke bleibt mißtrauisch. Seine umfassende Himalaya-Erfahrung hilft ihm dabei außerordentlich. Der See, so ermittelt Speke, liegt 1800 Fuß (heutige Angabe 773 Meter) über dem Meeresspiegel. Und das scheint ihm für einen so weit südlich gelegenen Quellfluß des Nils zu niedrig zu sein. Hinzu kommt, daß das Hochland, über welches sie noch vor wenigen Tagen gezogen sind, an verschiedenen Stellen doppelt so hoch liegt wie der Seespiegel. Speke folgert richtig, daß die langgestreckte Senke, in welcher der majestätische See liegt, nur vulkanischen Ursprungs sein kann und als Nilquelle wohl sicher nicht in Frage kommt.

Eine Erkundungsfahrt auf dem See soll Klarheit verschaffen. Am 12. April brechen Burton und Speke mit zwei Booten von Ujiji aus nach Norden auf. Ihr Gesundheitszustand ist alles andere als gut. Wiederholte Malariaanfälle haben ihren Körper geschwächt. Speke leidet unter starken Augenentzündungen. Burton ist noch viel schlimmer dran; die Malariaanfälle haben bei ihm zu partiellen Lähmungen geführt. Seine Zunge ist durch eine starke Entzündung so angeschwollen, daß er kaum noch sprechen kann.

Als sie sich dem Nordende des Sees nähern, weigern sich die Bootsleute, das Ufer anzusteuern. Auf dieser Seite des Sees leben die Tutsi von Burundi, vor denen sie große Furcht haben. So lenken sie die Boote nach Uvira am Nordwestufer des Sees.

Die Söhne des Häuptlings von Uvira versichern den Engländern ausdrücklich, daß der Rusisi in den See fließt. Die Umstehenden bestätigen das durch eifriges Kopfnicken. Die Häuptlingssöhne berichten ferner von hohen Bergen im Norden des Sees. Speke besteigt einige Hügel der Umgebung. Mit seinem im Himalaya geschulten Blick schätzt er die Berge am Ostufer auf mindestens 2000 Meter Höhe. Doch Burton weist das alles zurück. Das Verhältnis zwischen den beiden Männern beginnt sich zunehmend zu verschlechtern.

Auf dem Rückmarsch nach Kazeh muß Burton den Marsch unterbrechen. Sein Gesundheitszustand hat sich rapide verschlechtert. Speke beschließt, mit Bombay und einer kleinen Schar zum Ukerewe zu ziehen. Im August 1858 steht er bei Muanza am Südufer des riesigen Sees, den er zu Ehren Ihrer Majestät, der Königin von England, Viktoriasee nennt.

Alle Berichte der Araber über das Südufer des Sees erweisen sich als richtig. Im Westen dieses unabsehbaren Nyanza (in der Swahilisprache: See, Meer, Fluß) liegen nach den Angaben der Araber hohe Berge. Von dort strömen über hundert Flüsse in den Nyanza. Und nördlich vom See soll es einen großen Fluß geben, den sie Kivira nennen.

Für das Südufer des Sees ermittelt Speke 2° 30′ südlicher Breite, für die Höhe über dem Meeresspiegel gibt er 4000 Fuß an (heutige Angaben bei 3700 Fuß, ca. 1120 Meter). Der südlichste bekannte Punkt des Weißen Nils (bei 4° nördlicher Breite) liegt ca. 2000 Fuß (ca. 600 Meter) über dem Meeresspiegel. Und damit steigt die Wahrscheinlichkeit, daß der Nil Wasser aus dem Nyanza erhält. Und noch etwas dient dem Engländer als Beweismaterial: Die Regenzeit in den Bergen nördlich des Tanganjika paßt zeitlich genau zu dem sommerlichen Hochwasser des Weißen Nils. Ganz offensichtlich reichen diese Berge weit nach Norden bis in das Gebiet westlich des Ukerewe. Speke ist fasziniert. Der von den Arabern Kivira genannte Fluß muß der Weiße Nil sein; folglich ist der Ukerewe der Hauptquellsee des Nils!

Doch als Speke am 25. August in das Lager zurückkehrt und Burton von seinen Entdeckungen und Überlegungen berichtet, erlebt er eine schmerzliche Enttäuschung. Burton weist alle Argumente Spekes mit beißendem Spott zurück. Was der erfahrene Geograph auch vorbringt, Burton beschuldigt ihn völliger Inkompetenz. Es ist der alte Dämon in Burtons Seele, der ihn wieder einmal voll ergriffen hat. Nur er, der doch sprachlich so viel gewandter ist als Speke, kann recht haben. Speke hat doch kaum Ahnung vom Arabischen und dem Suaheli! Wer weiß, was er verstanden hat, seine Informationen können gar nicht den Tatsachen entsprechen. In Burtons Augen sind die angeblichen Entdeckungen seines Gefährten Phantasieprodukte eines ehrgeizigen Konkurrenten.

**Kampf mit Flußpferd und Krokodil**
*(vorhergehende Seite, unten)*

***Mut, Kraft und Geschick gehörten zur Harpunenjagd auf Flußpferde. Das Bild stammt aus S. W. Bakers Buch »Die Nilzuflüsse in Abessinien«. Dort befindet sich auch das Bild der gefährlichen Harpunenjagd auf ein Nilkrokodil.***

Für Speke ist das alles ungeheuerlich. Er weiß zwar, daß er ohne Burtons Expedition nicht zum Tanganjika und zum Ukerewe gekommen wäre, doch was Burton ihm jetzt unterstellt, verbittert ihn zutiefst. Die Wege der beiden Männer trennen sich in Sansibar für immer.

Nach London zurückgekehrt, wendet sich Speke unverzüglich an Sir Roderick Murchison, den Präsidenten der Königlichen Geographischen Gesellschaft. Speke ist fest entschlossen, erneut nach Ostafrika zu reisen, um den Nachweis zu erbringen, daß der Viktoria Nyanza tatsächlich der Quellsee des Nils ist. Er will von Kazeh aus durch das Land Uniamwesi (Mondland) zum Westufer des Ukerewe vordringen und an diesem entlang nach Norden reisen, um so schließlich durch direkte Beobachtung des Ausflusses aus dem See nachzuweisen, daß der Ukerewe tatsächlich der Quellfluß ist.

1860 bricht Speke erneut auf. James August Grant, ebenfalls Offizier und alter Jagdgefährte Spekes in Indien, begleitet ihn. Ein britisches Kriegsschiff bringt sie von Kapstadt nach Sansibar. Die Regierung in Kalkutta stellt alle gewünschten Geräte sowie 50 Karabiner und 20 000 Schuß Munition zur Verfügung. Der Sultan von Sansibar überläßt ihnen hauseigene Sklaven als Träger. Der freigelassene Sklave Bombay gehört wieder zur Expedition. Er wird im Verlauf der Reise bei den lokalen Herrschern eine entscheidende Vermittlerrolle spielen, ohne die Speke sicherlich vorzeitig hätte umkehren müssen. Von ähnlicher Bedeutung für den Erfolg des Unternehmens wird auch der ehemalige Sklave Baraka. Auch für den Zusammenhalt der Karawane sind diese einheimischen Führungskräfte geradezu unerläßlich.

## Harfenspieler

*Während seiner Reise nach Äthiopien besuchte James Bruce die Ruinenfelder der altägyptischen Reichshauptstadt Theben. Diese Skizze aus dem Reisewerk von Bruce stammt möglicherweise von einem Wandgemälde im Grab des Harembab oder des Nacht.*

Bombay, ein Angehöriger des Yao-Stammes, war mit 12 Jahren in die Sklaverei verschleppt worden. Lange Jahre lebte er in Indien und wurde dort nach dem Tode seines Herrn freigelassen. Daraufhin reiste er nach Sansibar, wo er in die Dienste des Sultans trat. Er begleitete später (1871) auch Stanley auf seinem Marsch nach Ujiji, wo die berühmte Begegnung mit dem als verschollen geltenden Livingstone stattfand. Im Jahre 1873 zog er mit Cameron von Ostafrika aus quer durch den Kontinent nach Angola. Von der Royal Geographical Society in London bekam er 1876 als Anerkennung für seine Verdienste bei der Erforschung des »dunklen« Erdteils eine Pension zuerteilt. Bombay, der um das Jahr 1884 starb, war einer der bedeutendsten, aber am wenigsten gefeierten Männer der afrikanischen Entdeckungsgeschichte des 19. Jahrhunderts.

Speke wußte, daß ohne die Mithilfe von Bombay und Baraka die Expedition zusammenbrechen würde. Bombay begleitete ihn bis nach Ägypten, Baraka wurde in Unyoro, nördlich des Viktoria Nyanza, ausgezahlt. Von den 176 Mann, mit denen er in Bagamoyo aufbrach, waren bei der Ankunft in Ägypten noch 18 bei ihm. Insgesamt 150 Männer hatten während des langen Marsches das Weite gesucht. Dabei ging auch so manches von den Vorräten »verloren«.

Bei der Ankunft in Kazeh stellt Speke fest, daß sich die Zeiten seit dem Besuch mit Burton gründlich geändert haben. Der Ort gleicht mehr einer belagerten Festung als einem gesicherten Handelsstützpunkt der Araber. Die Konkurrenz mit den einheimischen Händlern von Uniamwesi hat in zunehmendem Maße zu kriegerischen Auseinandersetzungen geführt. Viele kleine Potentaten sind jetzt im Besitz von Feuerwaffen und machen bei der Durchreise oft erhebliche Schwierigkeiten. Bis zur Residenz von König Kamrasi in Unyoro muß Speke sich nun seinen Weg von einem Herrschaftsgebiet zum anderen durch Verhandlungen erschließen.

Einzige Ausnahme bildet hierbei das am Westufer des Ukerewe gelegene Königreich Karagwe. König Rumanika von Karagwe empfängt die beiden Engländer überaus gastfreundlich. Die vielseitigen Gespräche mit dem König versetzten Speke in maßloses Erstaunen, denn »der Geist des Königs war so schnell und forschend«. Und derartiges erwarteten die Repräsentanten einer »überlegenen« Zivilisation am allerwenigsten bei Afrikanern. Solche Leute wie Rumanika konnte man gut gebrauchen, um den »weniger Zivilisierten« die »Segnungen« der »weit überlegenen« europäischen Zivilisation zu übermitteln. Speke selbst empfahl später den europäischen Kolonialherren feste, aber wohlwollende Kontrolle der Afrikaner.

Doch zurück in Rumanikas Reich. Die Frauen des Königs und der Prinzen, so berichtet Speke, werden aus großen Milchtöpfen gemästet und sind so fett, daß sie nicht mehr aufrecht stehen können. Die Kinder des Königs entzücken ihn durch ihre Schönheit und ihre edlen Manieren. Interessiert betrachten sie seine Skizzenbücher und sind begeistert, wenn sie darin Tiere wiedererkennen.

Von Rumanikas Palast ziehen Speke und Grant weiter nach Norden und überqueren den Kitangule (Kagera), der heute als der Hauptquellfluß des Nils angesehen wird. Doch letztlich sind alle Zuflüsse des Viktoria- und des Albertsees Quellflüsse des großen Stromes.

In geringem Abstand dem West- und Nordufer des Viktoriasees folgend, erreichen die Expeditionsteilnehmer nach ermüdenden Märschen die Residenz des Königs Mtesa von Buganda, die in der Nähe von Kampala, der heutigen Hauptstadt von Uganda, liegt. Am Hofe Mtesas herrscht ein überaus strenges Zeremoniell. Mit gebeugten Knien und gesenktem Blick hat man sich dem Herrscher zu nähern, niemand darf vor dem König stehen. Häufig werden schon geringfügige Verstöße gegen die Hofetikette mit dem Tode bestraft; auch Frauen sind davon nicht ausgenommen. So werden in den allermeisten Fällen alle Befehle des Königs strikt befolgt. Mtesa (Mutesa) von Uganda empfing nach Speke und Grant später noch andere europäische Afrikareisende wie Stanley und Emin Pascha, den Gouverneur der ägyptischen Äquatorialprovinz.

Die Verhandlungen mit dem launenhaften Herrscher ziehen sich lange hin, immer wieder verweigert er die Zustimmung zum Weitermarsch. Doch der beharrliche, kluge Taktiker Speke schafft es schließlich doch. Die Expedition kann jetzt Gondokoro entgegenmarschieren. »Hier stand ich endlich am Rande des Nil; die Szene war äußerst schön, nichts konnte sie übertreffen.« An den Riponfällen notiert Speke: »Der Zweck der Expedition war nun erreicht. Ich sah, daß der alte Vater Nil ohne Zweifel in dem Viktoria Nyanza entspringe und daß, wie ich vorhergesagt hatte, jener See die große Quelle des heiligen Flusses sei …«

Durch Kamrasis Reich nach Norden ziehend, erreichen die Reisenden, ohne den zweiten Quellsee, den Albert Nyanza, gesehen zu haben, Gondokoro am Bahr el-Djebel (Bergnil). Dort trifft Speke seinen alten Freund Baker, dem es im darauffolgenden Jahr gelingen wird, auch den Albertsee für England zu »gewinnen«.

## *»Der Nil gehört England!« Das Ehepaar Baker am Albertsee*

Wer konnte schon ahnen, daß ein knapp 30jähriger vermögender Engländer aus der Grafschaft Worcestershire, der in der Mitte des 19. Jahrhunderts durch die Dschungel der Tropeninsel Ceylon streifte und es meisterhaft verstand, Elefanten zu erlegen, einmal als einer der Entdecker der Nilquellen begeistert gefeiert würde.

Herbst 1865, London, im Hause der Royal Geographical Society: Der Vortragssaal faßt kaum die interessierte Zuhörerschaft. Die Hauptstadt des riesigen britischen Empire feiert ihren neuesten Helden, den Ceylon-Großwildjäger von damals, Samuel White Baker. Er, der Entdecker eines großen Sees im geheimnisvollen Nilquellenhochland, berichtet, daß der Weiße Nil zweifelsfrei aus eben diesem, von ihm Albert Nyanza getauften Gewässer seinen Lauf in das nördlich gelegene riesige Sudantiefland nimmt. Ganz ohne Peinlichkeit ist sein öffentlicher Auftritt im viktorianischen England nicht. Im Buckingham-Palast residiert eine Königin, die sich als Gralshüterin der Moral ihrer Untertanen versteht. Es ist bekannt, daß Baker die ihn begleitende hübsche junge Frau, erst seit kurzem mit ihm verehelicht, auf einem bulgarischen Sklavenmarkt »erstanden« hat. Danach ist er mit ihr jahrelang in »wilder Ehe« durch »unzivilisierte« Gegenden am oberen Nil gezogen. Gewiß, er liebt sie heiß und innig, und seine Verdienste für das Empire sind außerordentlich, doch ein Empfang bei Königin Victoria ist natürlich ausgeschlossen.

Begleiten wir die Bakers eine Zeitlang auf ihrer entbehrungsreichen Reise nilaufwärts. Im Juni 1862 treffen sie in Khartum ein. Mit drei Barken segeln sie auf dem Fluß nach Süden, Gondokoro entgegen. Im Lande der Dinka erschweren mächtige Pflanzenbarren den Fahrzeugen die Weiterfahrt. Es ist »ein Himmel für Moskitos, für den Menschen eine dumpfige Hölle«, schreibt Baker in seinem 1867 in deutscher Übersetzung erschienenen Reisewerk »Der Albert Nyanza«.

Weiter flußauf im Lande der Kytsch bemitleidet er die armen halbverhungerten Geschöpfe; die Zeichnung eines zum Skelett abgemagerten Knaben erinnert den heutigen Betrachter an Vertrautes aus der aktuellen Fernsehberichterstattung. »Die Menschen dieses Stammes sind reine Affen, indem sie sich ganz auf das verlassen, was die Natur zu ihrem Lebensunterhalt hervorbringt.«

In Gondokoro vernimmt er abenteuerliche Berichte über zwei weiße Männer, einer davon, heißt es, sei inzwischen verstorben. Grant und Speke?

»Gondokoro war eine vollkommene Hölle.« Von Ordnungshütern unbehelligt tummelten sich hier rund 600 wilde Gestalten, sämtlich Mitglieder von Sklavenjägertrupps und Elfenbein-Handelshäusern. Mitten im wilden Getümmel dieser zechenden und streitenden Soldateska tauchen zwei zerlumpte und gesundheitlich stark mitgenommene Europäer auf, die Baker beim Näherkommen als Speke und Grant erkennt.

Er lobt Großmut und Aufrichtigkeit dieser beiden Landsleute, die gerade den Viktoria Nyanza, Hauptquellsee des Weißen Nils, für Europa entdeckt haben. Sie ermuntern Baker, weiterzureisen und geben ihm eine Karte ihres Reiseweges mit. Sie hatten den Nil vom Viktoriasee aus verfolgt und bei 2° 17′ nahe den Karuma-Wasserfällen überschritten. Der Fluß wendet sich dort nach Westen. Die beiden Entdecker, die nach Norden vordrangen, trafen erst bei 3° 32′ wieder auf den mutmaßlichen Nil. König Kamrasi von Unyoro hatte ihnen versichert, daß der Nil mehrere Tagereisen weit nach Westen fließe und in einen großen See münde, den er als Luta N'zige bezeichnete. Fast unmittelbar nach seinem Eintritt verlasse er dieses große Wasser an seinem Nordufer und fließe als schiffbarer Fluß durch die Länder Koschi und Madi nach Norden.

Speke und Grant betonen die große Wichtigkeit dieses Sees, der für sie jedoch unerreichbar war, weil Kamrasi zu jener Zeit mit den dort lebenden Stämmen im Kampf lag. Speke ist fest davon überzeugt, daß der Luta eine zweite Nilquelle ist.

Er empfiehlt den Bakers, zwei Dolmetscher mitzunehmen, einen für Bari oder Madi und einen für Kinyoro; die Dialektunterschiede seien in diesem Raum nicht so bedeutend. Das Ehepaar soll zuerst zur Residenz des Katikiro (Oberbefehlshabers) gehen und den Wohnsitz von Kamrasis Bruder Rionga meiden, denn die beiden sind Todfeinde. »Sagen Sie dem Katikiro alle ihre Pläne frei und offen … Sind Sie in Kamrasis Residenz angekommen, so bestehen Sie darauf, alle seine fetten Weiber und Brüder zu sehen.« Baker berichtet, Speke habe ihm alle diese wichtigen Hinweise aufgeschrieben. Speke und Grant zeigten sich sehr aufgeschlossen und machten kein Geheimnis aus ihren Kenntnissen.

Nach heftigen Regenfällen beginnen die Latuka mit der Aussaat der Hirse. Sie benutzen dabei eiserne Hakken, die an über zwei Meter langen Stangen befestigt sind. Baker ist begeistert von der handwerklichen Arbeit der Schmiede, die ihr Rohmaterial, das Eisenerz, an zahllosen Stellen im roten Tropenboden vorfinden.

Die Regenzeit von Frühjahr bis Herbst 1863 übersteht das Ehepaar Baker im Lande der Obbo. Die Obbo sind ein ganz anderes Volk als die Latuka. Auch ihre Sprache ist völlig anders. Auf den schweren Böden des Obbolandes gedeihen verschiedene Arten der Jams-

**König Mtesa von Buganda (Uganda)**
*(rechts)*

*Am Hof des Mtesa, zur Zeit des Besuches von Speke und Grant ein gutaussehender junger Mann von etwa 25 Jahren, herrschte ein strenges Zeremoniell. Niemand durfte vor dem König stehen, man näherte sich mit gesenktem Blick. Schon geringfügige Verstöße gegen die Etikette wurden hart bestraft.*

**Samuel White Baker und Frau**
(1821–1893)

*Dieses Foto der Entdecker des zweiten Nilquellsees (Albertsee) ist Bakers Reisewerk »Der Albert Nyanza« entnommen. Die Bakers trafen auf ihrer strapaziösen Nilreise in Gondokoro mit Speke zusammen, der ihnen wertvolle Tips für die Weiterreise gab.*

## Guereza
*(unten)*

*Die wohl schönste Colobusaffenart ist der besonders in Wäldern Äthiopiens verbreitete Guereza, der hier auf der Abbildung aus Leutholfs »Historia aethiopica« gut zu erkennen ist. Seine auffällige Fellmusterung macht ihn hoch oben in den Baumkronen fast unsichtbar. Um die Jahrhundertwende wurde er fast ausgerottet, da die Europäer ein modisches Interesse an dem Fell entwickelten.*

## Murchisonfälle

*Baker gab diesem Wasserfall am Viktorianil den Namen Murchison zu Ehren des Präsidenten der Geographischen Gesellschaft in London.*

wurzel, etliche wachsen auch wild in den Wäldern. Eine Art dieser Pflanzen, die Kollolollo genannt wird, bildet ihre nahrhaften Knollen sowohl an den Wurzeln als auch an den Stengeln aus. Ein einziges Exemplar dieser an Bäumen hochrankenden Pflanzen bringt bis zu 150 Knollen hervor. Im Geschmack gleichen sie fast der Kartoffel. Auch viele wildwachsende Baumfrüchte gibt es jetzt während der Regenzeit in Fülle.

Immer wieder berichten uns die Entdeckungsreisenden von einer großen Menge nutzbarer Früchte der Wildpflanzen. Hier gab und gibt es ein beachtliches Reservoir potentieller tropischer Nutzpflanzen, das nicht hoch genug eingeschätzt werden kann, das aber durch die heute rasch voranschreitende Vernichtung der Tropenwälder vielleicht für immer der Menschheit verlorengehen wird.

Im Verlaufe der Regenzeit erkranken die Bakers wiederholt an Malaria. Die Fieberanfälle setzen ihnen oft sehr zu; dabei gehen die Chininvorräte bedenklich rasch zur Neige.

Endlich am Viktoria-Nil angekommen, schreibt Baker: »Unser Weg durch den herrlichen Wald lief parallel mit dem Flusse, der unter uns zur Rechten in einer Reihe von Stromschnellen und Wasserfällen zwischen hohen Klippen brauste...«

Bei dem Dorfe Atada müssen sie haltmachen – König Kamrasi hat das Überqueren des Flusses bei Todesstrafe verboten. Zunächst hält man die Neuankömmlinge für Feinde, doch dann steht fest, daß Baker Spekes »Bruder« ist. Nach langwierigen Verhandlungen dürfen Baker und seine Frau allein, ohne den bewaffneten Trupp, den Fluß überqueren und in Atada abwarten, bis Kamrasi sie in seine Residenz M'ruli einlädt.

Als endlich der Marsch zur Hauptstadt beginnen kann, ist Frau Baker schwer erkrankt. Ein Hitzschlag während eines überaus beschwerlichen Marsches hat sie zu Boden geworfen. Tagelang verharrt der Körper der jungen Frau in einer Art Starre. Kaum fünf Atemzüge in der Minute kann Baker zählen. Der Zustand ist besorgniserregend. Während der Weiterreise wird die Patientin auf einem Tragbett transportiert. Baker kommt der Marsch zur Hauptstadt wie ein Leichenzug vor. Über eine Woche hält die kritische Situation an, zerrt die ständige Ungewißheit an den Nerven. Dann endlich bessert sich der Zustand, Frau Baker ist gerettet.

In M'ruli angekommen, läßt Baker sich von seinen Leuten zum König tragen, wo er auf eine Matte zu Füßen desselben niedergesetzt wird. Die Dolmetscherin Batschita berichtet nun, wer die Fremden sind und was sie vorhaben.

Kamrasi amüsiert sich wahrhaft königlich über den Namen Luta N'zige und wiederholt diesen »komischen« Namen mehrmals, wobei die versammelten Häuptlinge im Chor einfallen. Der See heiße richtig M'wutan N'zige, sei aber sechs Monatsreisen weit entfernt. Baker schließt aus diesem Hinweis, daß Kamrasi die Reise der Fremden verhindern will.

Der Aufenthalt zieht sich wochenlang hin, ein Träger nach dem anderen läuft davon. Doch schließlich stimmt Kamrasi dem Reiseplan zu, eine große Schar lärmender Krieger wird die Bakers zum See geleiten.

Am 14. März 1864 hat Baker endlich das heißersehnte Ziel seiner mühsamen Reise vor Augen; überwältigt steht er am Berghang über dem See: »Dort lag, gleich einem Quecksilbermeer, tief unten die großartige Wasserfläche – im Süden und Südwesten ein grenzenloser Seehorizont...« Und weiter schreibt er: »Den Triumph jenes Augenblicks zu beschreiben ist unmöglich; – hier lag der Lohn für alle unsere Arbeit – für die jahrelange Zähigkeit, mit welcher wir uns durch Afrika hindurchgeplagt hatten. England hatte die Quellen des Nil erobert!«

Zehn Tage dauert die Reise auf dem See. »Es war eine Szene, die im Einklang stand mit der Einsamkeit der Nilquellen...« Im Nordosten und Norden erblikken sie, so weit das Auge reicht, eine hellgrüne Schilfwildnis – dort muß der Nil aus dem See abfließen und seinen Lauf nach Norden nehmen. Doch sie biegen in den Viktoria-Nil ein, gleiten vorüber an eindrucksvoller Landschaft mit dicht bewaldeten Klippen an beiden Ufern. Die Sandbänke sind oft übersät mit zahllosen urweltlich anmutenden Krokodilen. Nach wenigen Tagen erreichen sie den, wie Baker es beschreibt, größten Wasserfall des Nils. Zu Ehren des Präsidenten der Geographischen Gesellschaft in London nennt er ihn Murchisonfall.

Durch die Länder Schoa und Unyoro kehren die Bakers wohlbehalten nach Gondokoro zurück. Am Schluß resümiert Baker: »Der Nil, von seinem Geheimnis befreit, löst sich in einem verhältnismäßig einfachen Strom auf.« Viktoria- und Albertsee nehmen alle Flüsse auf, die aus den Gebieten unmittelbar südlich des Äquators kommen. Die Kenntnis des Ptolemäus, wonach der Nil aus zwei großen Seen hervorströmt, verdankte das Altertum wahrscheinlich uralten arabischen Handelsverbindungen in diesen Gegenden. Offenbar reichten die Händlerpfade damals schon tief in das ostafrikanische Hochland hinein. Jetzt steht fest: »Der Albert Nyanza ist das große Bassin des Nils...«

Doch ebenso fest steht für Baker die große Bedeutung der Leistungen von Speke und Grant. »... Es war stets mein Zweck, ihre Entdeckungen zu bestätigen und zu stützen und meine Stimme dem allgemeinen Lobgesang hinzuzufügen, den sie so gerechterweise verdient haben. Mittels unserer vereinigten Anstrengungen ist durch die Entdeckung der Quellen des Nils eine große geographische Tatsache aufs gründlichste festgestellt worden ... Meine Forschung bestätigt alles, was von Speke und Grant behauptet wurde.«

## *Exkurs*

### *Die Begegnung von Faschoda Großbritannien und die Kap-Kairo-Linie*

Großbritannien und Frankreich waren die großen Rivalen beim scramble for Africa – der Jagd auf Afrika – in den letzten Jahrzehnten des 19. Jahrhunderts. Auf britischer Seite trat als Chefideologe der afrikanischen

**Verhungernder Knabe des Kytschstammes**
(Weißer Nil in Äquatoria)
***Dieses Bild eines bettelnden Kindes erinnert an Berichte der Massenmedien über Hungerkatastrophen im Afrika des Jahres 1984. Baker schreibt (1874): »Die Kinder sind reine Gerippe, und der ganze Stamm scheint völlig ausgehungert zu sein. Die Sprache ist die der Dinka.«***

Kolonialpolitik Cecil Rhodes hervor, hinter den französischen Interessen stand Louis Faidherbe, General und Gouverneur der Kolonie Senegal. Dieser hatte im Jahre 1857 Hafen und Stadt Dakar gegründet und ein wirksames Verwaltungssystem aufgebaut, das späteren französischen Kolonisatoren als Vorbild diente.

Im Jahr der Gründung Dakars setzte Faidherbe im Senegal islamische Gerichte ein und gründete nichtkonfessionelle Schulen für die Bewohner der neuen Kolonie, die teilweise Moslems waren oder afrikanischen Religionen angehörten. Faidherbe gehört zu den wenigen Kolonisatoren, die es mit der Achtung der Afrikaner ernst nahmen und sich auch eingehend dem Studium ihrer Geschichte, ihrer Kulturen und Sprachen widmeten.

Zur Grundidee seiner Kolonialdoktrin erhob er die Senegal-Niger-Tschad-Achse; Cecil Rhodes hingegen wollte im Osten Afrikas ein zusammenhängendes Kolonialgebiet von Ägypten bis an das Kap der Guten Hoffnung schaffen (Kap-Kairo-Linie). Faidherbe war begeistert vom Glanz der alten, längst vergangenen Sudanreiche. Die Berichte der Entdeckungsreisenden hatten seine ganze Aufmerksamkeit auf den geheimnisvollen Niger, den großen Strom Westafrikas gelenkt. Besonders fasziniert hatten ihn die Berichte des René Caillé über das sagenhafte Timbuktu und vor allem die umfassenden Arbeiten des großen Afrikaforschers Heinrich Barth, der die Sudanreiche östlich des Niger bis ins Tschadgebiet bereist hatte. So waren von Anfang an auch emotionale Antriebe beim Zustandekommen des französischen Afrika-Imperiums wirksam.

Den Franzosen gelang es, ein zusammenhängendes Kolonialreich zu schaffen, das von den Atlasländern am Mittelmeer bis nach Französisch-Äquatorialafrika an Ubangi und Kongo reichte und sich von der Atlantikküste (Senegal, Mauretanien) bis in das ferne saharische Bergland von Ennedi erstreckte. Hier im Osten der Sudanzone galt es, den französischen Einfluß noch weiter zu verstärken. Hatten doch die Engländer im mittleren Sudan gerade damit begonnen, ihre große Kolonie Nigeria auszubauen und so einen störenden Keil in das französische Sudan-Kolonialreich getrieben. Im Sommer 1898 kam es wegen der französischen Besetzung des Sultanats Bornu westlich des Tschadsees zu einer ernsthaften militärischen Konfrontation zwischen Briten und Franzosen. Doch Frankreich gab schließlich nach, und im September 1898 rückten britische Truppen in das umstrittene Gebiet vor.

In der Zwischenzeit war ein französischer Major namens Marchand von der Provinz Ubangi in Französisch-Äquatorialafrika in Richtung auf das Nilgebiet vorgestoßen. Gerüchte über eine solche Unternehmung kursierten seit 1895 in Kreisen britischer Diplomaten und Militärs. Das britische Parlament beeilte sich, jegliche Unternehmungen dieser Art als einen unfreundlichen Akt zu erklären. Das war deutlich genug. Doch Marchand erhielt den ausdrücklichen Befehl weiterzumarschieren. Ziel seines militärischen Vorstoßes war der Ort Faschoda am Weißen Nil, nicht weit unterhalb der Mündung des Sobat. Unter großen Strapazen erreichten die Franzosen das Bahr el-Ghasal-Gebiet. Die Verbindung zwischen den vorsorglich angelegten Nachschubposten wurde durch ausgedehnte Sumpfgebiete sehr erschwert. Mit einem kleinen Kanonenboot gelangte Marchand in die alte Sklavenhändler-Niederlassung Meschra er-Rek inmitten der Sumpfwildnisse des Bahr el-Ghasal-Flusses. Von hier aus begann der Marsch über Land zum Weißen Nil. Am 10. Juli 1898 wurde das Ziel Faschoda erreicht. Von nun an wehte am Nil die französische Flagge. Für England war das eine außerordentliche Provokation, denn der Sudan, im Bereich der angestrebten Kap-Kairo-Linie gelegen, war »legitime« britische Interessensphäre.

Marchand wartete unterdessen vergebens auf Verstärkung, welche von Osten her aus dem äthiopischen Bergland anrücken sollte. Die Franzosen hatten versucht, den christlichen Herrscher Äthiopiens davon zu überzeugen, daß der britische Einfluß im Nilgebiet gebremst werden müßte und bewirkten, daß er den Durchmarsch des Expeditionskorps duldete. Doch die französischen Truppen stießen während des Marsches durch die äthiopische Bergwelt auf unerwartet große natürliche Hindernisse. Marchand blieb in seinem Stützpunkt Faschoda auf sich allein gestellt. Am 25. August wurde er von einer großen Streitmacht der Mahdisten angegriffen (vgl. Kapitel 5), doch es gelang den Franzosen, den Gegner in die Flucht zu schlagen. Der Sieg nutzte wenig, denn andernorts waren die Weichen für den Ausgang des Unternehmens längst gestellt. Die Engländer unter Lord Kitchener hatten wenige Wochen zuvor die Entscheidungsschlacht gegen die Mahdisten gewonnen und standen im Begriff, die entfernteren Provinzen des Sudan unter ihre Kontrolle zu bringen. Der neue Feind hieß Frankreich. Lord Kitchener handelte rasch. Bereits am 19. September erschien er mit seiner Flotte vor Faschoda. Die militärische Überlegenheit der Engländer war eindeutig. Die beiden Kommandanten begegneten einander mit ausgesuchter Höflichkeit, was aber nicht über den Ernst der Lage hinwegtäuschen konnte. Ein Krieg zwischen Frankreich und England war in greifbare Nähe gerückt. Doch die beiden Militärs waren klug genug, die Lösung des heiklen Problems den Diplomaten zu überlassen. Die Franzosen blieben zunächst in Faschoda, wurden aber durch einen britischen Posten unter ägyptischer Flagge »verstärkt«.

Im November 1898 einigten sich England und Frankreich auf eine Evakuierung der französischen Truppe. Marchand zog nach Westen zurück, und im fernen Frankreich fühlte sich eine ganze Nation durch England zutiefst gedemütigt. Der Rest war nahezu kolonialpolitische Routine. Im März 1899 unterzeichneten die beiden Regierungen ein Abkommen, wonach die Grenze im Westen künftig zwischen dem Königreich Wadai (im Osten der heutigen Provinz Tschad) und der Sudanprovinz Darfur verlaufen sollte. Die Grenze zwischen der Provinz Bahr el-Ghasal und dem französischen Äquatorialafrika verlief fortan im Gebiet der Nil-Kongo-Wasserscheide.

## *Der Weiße Nil und die Nilquellenfrage*

1823 Gründung einer ägyptischen Militärgarnison am Zusammenfluß von Weißem und Blauem Nil, die Keimzelle der späteren Sudan-Hauptstadt Khartum. Khartum wird zum Ausgangspunkt zahlreicher Forschungsreisen im oberen Nilgebiet.

ab 1831 Der Franzose Antoine Brun Rollet lebt 28 Jahre als Generalkonsul des Königreichs Sardinien in Khartum, von wo er zahlreiche Geschäftsreisen (Elfenbein) ins Gebiet des Weißen Nil unternimmt. Den Bahr el-Ghasal (Gazellenfluß) hält er für den Nil.

1837 Der Franzose G. Thibaut reist in das Gebiet der Schilluk am Weißen Nil. 1839 und 1841 beteiligt er sich an den Nilexpeditionen Mohammed Alis.

1839 Mohammed Ali schickt unter Leitung des türkischen Kapitäns Bimbaschi Selim eine Expedition von Khartum den Weißen Nil aufwärts. Sie gelangt über das damals noch unbekannte Gebiet der Sobatmündung hinaus.

1841 Die Franzosen Arnaud und Sabatier sowie der Deutsche Ferdinand Werne fahren mit Kapitän Selim auf dem Weißen Nil bis in das Gebiet südlich von Juba. Sie erreichen Landstriche, die seit Kaiser Neros Zeiten kein Europäer mehr betreten hat. Die Reisetagebücher der wissenschaftlichen Begleiter erregen in der Fachwelt großes Aufsehen.

1848 Der hauptsächlich in Äthiopien reisende Engländer Charles Beke veröffentlicht eine viel diskutierte Abhandlung über das noch ungeklärte Nilquellenproblem: »On the Sources of the Nile in the Mountains of the Moon« (Über die Nilquellen in den Mondbergen).

1849 Der Jesuitenmissionar Ignaz Knoblecher aus Krain (Slowenien) gelangt am Weißen Nil bis Rejaf (südlich Gondokoro) bei 5° n. Br. In Gondokoro gründet er 1852 eine Missionsstation.

1858 Burton und Speke erreichen im Februar den Tanganjikasee, den Burton für den Quellsee des Nil hält.

1859 Der italienische Zoologe Orazio Marchese Antinori reist von Khartum nach Sennar und in das Gebiet der Blaue-Nil-Zuflüsse Dender und Rahad. Im Jahr darauf geht er mit dem Franzosen Lejean nach Kordofan und fährt danach den Weißen Nil und den Bahr el-Ghasal aufwärts.

1860 Freiherr Adalbert von Barnim, Sohn des Prinzen Adalbert von Preußen, zieht zusammen mit dem Zoologen Robert Hartmann ins Gebiet des Blauen Nil. Beide leisten wichtige Forschungsarbeiten.

1860 Der Italiener Giovanni Miani zieht mit dem Sklavenhändler Debono von Khartum den Weißen Nil aufwärts und gelangt bis in das Gebiet der Asuamündung bei 2° 30′ n. Br.

1862 Speke und Grant erreichen den Ausfluß des Viktoriasees und ziehen nilabwärts nach Gondokoro, wo sie Baker treffen. Von Khartum kann Speke sein berühmtes Telegramm nach London schikken: »The Nile is settled« – die Nilfrage ist gelöst.

1864 Den Weißen Nil aufwärts ziehend erreicht Baker mit seiner Frau am 16. März den Albertsee, den zweiten Quellsee des Nil.
In seinem Reisebericht »A Walk acros Africa« (Ein Marsch durch Afrika) unterstützt Spekes Reisebegleiter James August Grant dessen Theorie von dem Viktoriasee als wahrem Quellsee des Weißen Nil.

1869 Der Zoologe Ernst Marno aus Wien reist im Gebiet des Blauen Nil weit über Sennar hinaus. 1871 erforscht er als erster das Gebiet des Giraffenflusses. Mit den Verhältnissen am Weißen Nil bestens vertraut, läßt er im Sommer 1879 mit Erfolg die für die Schiffahrt hinderlichen Papyrusdickichte beseitigen.

1871 Stanley und Livingstone fahren zum Nordende des Tanganjikasees und stellen fest, daß der Rusisi in den See fließt. Der Tanganjika ist also kein Quellsee des Nils, wie Burton immer wieder behauptet hat.

1874 Chaillé Long, ein aus Baltimore (USA) stammender Oberstleutnant im ägyptischen Generalstab, reist im Auftrag Gordons zu König Mtesa von Uganda. Auf einer zweiten Reise (1875) gelangt er in das Gebiet der Makaraka in der Provinz Äquatoria.

1876 Der italienische Militäringenieur Romolo Gessi fährt zusammen mit seinem Landsmann Carlo Piaggia zum M'wutan (Albertsee), umfährt diesen und entdeckt die Austrittsstelle des Nils (Bahr el-Djebel). Gessi liefert auf dieser Reise die letzten Beweise, daß Albert- und Viktoriasee die Quellseen des Nils sind.

1878–1880 Der Fotograf Richard Buchta aus Galizien reist im Gebiet des Weißen Nil bis nach Uganda und auf dem Rückweg durch das Gebiet der Niamniam, wo er mit W. Junker zusammentrifft.

1881 Der Mahdi ruft die Völker des Sudan zum Heiligen Krieg auf. Vier Jahre später (Januar 1885) wird Khartum von den Mahdisten erobert.

1883 Erster Bericht über das Okapi durch Emin Pascha. Der Engländer Harry H. Johnston ist der erste Europäer, der diese Kurzhalsgiraffe (Okapia johnstoni) zu sehen bekommt, worüber die Londoner »Times« in ihrer Ausgabe vom 7. April 1901 berichtet.

1893 Oskar Baumann verfolgt den Kagera (Alexandra-Nil) von seiner Mündung in den Viktoriasee bis zur Quelle in Ruanda.

1898 Der deutsche Arzt Dr. Richard Kandt aus Posen durchzieht das bis dahin geheimnisvolle Ruanda und glaubt in dem Kagerazufluß Rukarara die eigentliche Nilquelle gefunden zu haben. O. Baumann hielt den Kagerazufluß Ruwuwu für den »wahren« Quellfluß des Weißen Nil; Graf Adolf von Götzen behauptete das gleiche vom Niawaronga.

## Der Gemp in Gondar

*Theodor von Heuglin, der 1861/62 das nördliche Äthiopien bereiste, schrieb über das damals bereits im Verfall begriffene Schloß (Gemp) der alten Residenzstadt Gondar: »In Nord, Ost und Süd lehnen sich an das Hauptgebäude noch verschiedene Hallen, Gallerien, Säle, Warten, Kapellen, Brücken, Torwege und Kioske an, alles jetzt mehr oder weniger zerfallen …«*

## Geierperlhuhn

(Acryllium vulturinum)

*Die Geierperlhühner leben in trockenen Steppen bis wüstenhaften Regionen Ostafrikas. Perlhühner wurden häufig in den Reiseberichten des 19. Jahrhunderts erwähnt und waren bereits im Altertum im Mittelmeerraum bekannt.*

# *Im Herzen des alten Afrika*

## Riesenkreuzkraut im Hochgebirge

*Jahrhunderte alt muß dieses Prachtexemplar einer Senecio-Art im äthiopischen Hochgebirge (über 3000 Meter) sein, hat man doch ein jährliches Wachstum von maximal 2,5 Zentimeter für diese unter extremen klimatischen Bedingungen existierenden Pflanzen ermittelt. Der gut drei Meter hohe Blütenschaft steigt wie eine Riesenkerze aus dem Blattschopf hervor. Von unten nach oben fortschreitend öffnen sich Abertausende von Blüten über Monate hinweg.*

## Landschaft am oberen Nil

(Seiten 120/121)

*Dieses eindrucksvolle Bild der Papyrus-Sumpfwildnis im Nilgebiet der südsudanesischen Provinz Äquatoria verdanken wir dem Afrikaforscher und Zeichner Wilhelm von Harnier.*

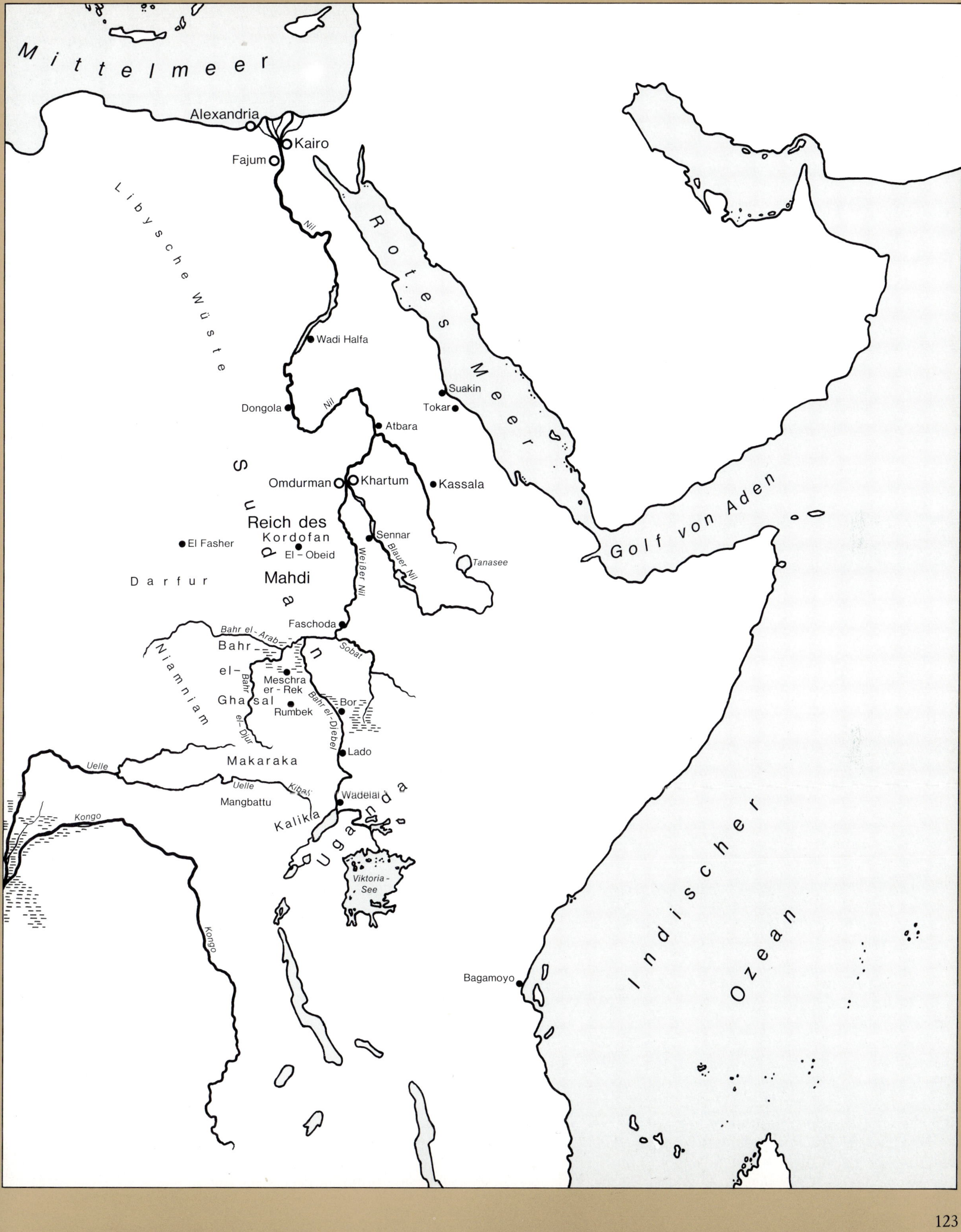
Mittelmeer
Alexandria
Kairo
Fajum
Libysche Wüste
Nil
Wadi Halfa
Rotes Meer
Suakin
Tokar
Dongola
Nil
Atbara
Sudan
Omdurman
Khartum
Kassala
Reich des Mahdi
Kordofan
El Fasher
El – Obeid
Sennar
Weißer Nil
Blauer Nil
Tanasee
Darfur
Golf von Aden
Faschoda
Bahr el - Arab
Sobat
Bahr-el-Ghasal
Niamniam
Meschra er - Rek
Bahr el-Djur
Rumbek
Bahr el-Djebel
Bor
Lado
Makaraka
Uelle
Uelle
Kibali
Wadelai
Mangbattu
Kongo
Kalikla
Uganda
Viktoria - See
Kongo
Indischer Ozean
Bagamoyo

## *Der »Pflanzenfresser« aus Riga Georg Schweinfurth bei den Niamniam*

In Wiesloch im Badischen war die Familie Schweinfurth zu Hause. Angehörige dieser Familie wanderten im 18. und 19. Jahrhundert nach Amerika, Rußland, Australien und China aus. Einer von ihnen, Georg Adam Schweinfurth, zog nach Riga, der Hauptstadt der russischen Ostseeprovinzen. Weinhandel im gesamten russischen Reich brachte der Familie beachtlichen Wohlstand.

Im Dezember 1836 wird im Hause der Schweinfurths ein Sohn (Georg) geboren, der später als Erforscher der Pflanzenwelt der Nilländer wissenschaftlichen Weltruf erlangt. Große Förderung erfährt der junge Gymnasiast durch den Direktor des Gymnasiums in Riga. Von der reichhaltigen Schulbücherei macht er eifrigst Gebrauch.

Seine Liebe zur Botanik entdeckt er in der Wagnerschen Gärtnerei, damals die größte in Rußland. Seine Schwester Pauline hat in dieses Unternehmen eingeheiratet. Die zahlreichen Treibhäuser sind mit exotischen Pflanzen angefüllt; bereits hier erwirbt er gründliche Kenntnisse afrikanischer Arten.

Bald steht für ihn fest: Er will Forscher werden und nach Afrika gehen. Mit großen Fußmärschen (bis zu 75 Kilometer pro Tag) bereitet er sich auf seine späteren Reisen vor. Stets geht er allein; oft nimmt er dabei wenig Nahrung zu sich, um seinen Körper abzuhärten.

Sein Studium der Botanik beginnt er in Heidelberg. Ähnlich wie Darwin hat er Gelegenheit, den großen Kapazitäten seiner Zeit zu begegnen. Er hört bei Bunsen Experimentalchemie und bei Kirchhoff Physik. Zweimal in der Woche ist er im Botanischen Garten.

Die Hitze des Sommers 1859 nutzt er zu ausgedehnten Gewaltmärschen. Er ist überzeugt, daß man Hitze nur durch Bewegung gut übersteht. Er denkt dabei an Alexander von Humboldt und Bonpland, die beide sehr alt wurden. Humboldt ist in diesem Jahr (1859) am 6. Mai fast neunzigjährig gestorben.

Nach München übergesiedelt, hat der hochbegabte Student Zugang zu den Herbarien des berühmten Botanikers Karl Wilhelm von Nägeli, der als Gegner des Darwinismus bekannt ist. Hier entsteht auch ein enger Kontakt zu Karl Martius, dem Direktor des Botanischen Gartens in Nymphenburg. Zusammen mit Fachkollegen hatte dieser ein vielbändiges Werk über die Flora von Brasilien herausgegeben. Er lernt auch die Brüder Adolf, Hermann und Robert Schlagintweit kennen, die durch ihre Forschungen in Tibet und Indien berühmt wurden.

Auf einer Rußlandreise gelangt Schweinfurth wolgaabwärts nach Nischnij-Nowgorod, dessen orientalischer Markt auf den jungen Studenten einen überwältigenden Eindruck macht. Diese Welt des Orients sollte ihn für Jahrzehnte nicht mehr loslassen.

Die entscheidendsten Begegnungen hat er in Berlin. Hier lernt er den Botaniker Paul Ascherson kennen, Gelehrter jüdischer Abstammung, der von allen Lehrern den größten Eindruck auf ihn macht. Ein gewisser Heinrich Barth schreibt hier in Berlin gerade an seinem später so berühmten nordafrikanischen Reisewerk. Schweinfurth teilt seiner Mutter mit, in Barth das Ideal seiner Vorstellungen und Wünsche kennengelernt zu haben. Nun steht für ihn endgültig fest, Afrikaforscher zu werden. Enge Kontakte unterhält er auch zu Alfred Brehm, Begründer des Berliner Aquariums und Kenner der Nilländer.

Das Thema seiner Dissertation sind die Erlen. Es entsteht eine Monographie, in lateinischer Sprache, was damals noch Vorschrift ist. Seine zweite wissenschaftliche Arbeit besteht in der Bearbeitung des Pflanzenmaterials, das Robert Hartmann während der Nilexpedition des Freiherrn Adalbert von Barnim (Sohn des Prinzen Adalbert von Preußen) 1860 gesammelt hatte. Zur Vorbereitung seiner eigenen Reisen betreibt er arabische Sprachstudien.

1863 betritt er in Alexandria zum ersten Mal afrikanischen Boden. Nach ausgedehnten Reisen in Ägypten und dem nördlichen Sudan, auf denen er gründliche Erfahrungen gesammelt hat, bricht er am 5. Januar 1869 von Khartum nach Faschoda am Weißen Nil auf. Bei einem Aufenthalt nahe der Mündung des Sobat lernt er den nubischen Händler Mohammed Abd es Ssammat kennen. Die beiden Männer schließen eine Freundschaft, die bestimmend für den weiteren Verlauf der Reise werden soll. Mohammed lädt ihn zu Reisen in die entfernten Länder ein und unterstützt tatkräftig alle Unternehmungen des jungen Forschers.

Der gesamte Elfenbeinhandel des oberen Nilgebietes liegt in dieser Zeit in den Händen von wenigen Khartumer Händlern, die ihre Sammelgebiete durch feste Stützpunkte mit militärischer Bedeckung absichern. Diese von allen europäischen Reisenden besuchten Dörfer sind von Palisaden umgeben und werden Seriben genannt. Sie fehlen auf keiner Karte der Reisewerke. Jede Seriba hat ihre eigene Transportroute, die von Karawanen der Nachbarn nur nach vorheriger Absprache benutzt werden darf. Natürlich gibt es hier auch Sklavenhändler-Seriben, und häufig genug sind Sklaven- und Elfenbeinhandel eng miteinander verflochten, wenn auch Schweinfurth beteuert, daß das keineswegs so häufig der Fall sei, wie manche in Europa glauben.

Im Gebiet der Dinka-Stämme liegt die erste wichtige Station, die Meschra er-Rek, eine kleine Insel inmitten der Sumpfwildnis des Bahr el-Ghasal. Hier lebt nahe dem Ankerplatz der Sklavenhändler-Barken eine Frau vom Stamme der Lao, reich an Rindern und von großem Einfluß in den umliegenden Stammesgebieten. Grund genug, der ersten Begegnung mit ihr mit Spannung entgegenzusehen. Sie versteht es, von den nubischen Viehräubern und Sklavenjägern respektiert zu werden und andererseits ein friedliches Einvernehmen zwischen ihren Stammesgenossen und diesen Eindringlingen herzustellen.

Schweinfurth ist auf der Weiterreise begeistert von der Reinlichkeit in den Dörfern der Dinka. »Das Einzige, was in den Dinka-Behausungen den Fremdling

**Georg Schweinfurth**
(1836–1925)

*Georg Schweinfurth, berühmter Erforscher der Pflanzenwelt des Nilgebietes und Begründer der noch heute bestehenden Geographischen Gesellschaft von Ägypten, setzte sich auf der 51. Versammlung deutscher Naturforscher und Ärzte (Berlin 1886) leidenschaftlich für die Vorkämpfer deutschen Kolonialbesitzes ein. In Briefen an Carl Peters veranlaßte er diesen, eine Hilfsexpedition zur Rettung Emin Paschas zu starten (Emin Pascha-Affäre).*

beunruhigt, ist das Getümmel von Schlangen, welche hoch über dem geängstigten Haupte des Schlafenden im Stroh des Daches rasseln.« Es sind die einzigen Tiere, die bei den Eingeborenen eine Art göttliche Verehrung genießen. Die Tötung dieser ihrer Brüder betrachten sie als ein Verbrechen. Bei der Zusammenstellung ihres Speisezettels sind die »Wilden« sehr wählerisch. »Ich brauche kaum darauf aufmerksam zu machen, daß die Berichte über die Kannibalenmahlzeiten der Niamniam bei den Dinka ebenso viel Abscheu und Ekel erregen wie bei uns.« Teurer als Weib und Kind ist ihnen jedoch der Besitz ihrer Rinder. Sie schlachten nur Ziegen; diese haben den dreißigsten Teil vom Wert eines Rindes.

Im Grenzgebiet der Dinka, Djur und Bongo erreicht die Karawane die Seriba des Händlers Ghattas, die aus kleinen Anfängen zu einem wichtigen Sklavenumschlagplatz »aufgestiegen« ist. Hier wird Schweinfurth auf der Rückreise den schrecklichsten Tag seines Lebens bestehen müssen.

Der von offenen Graslandschaften unterbrochene Buschwald beeindruckt Schweinfurth. Er nennt ihn eine der gewaltigsten pflanzengeographischen Erscheinungen, geprägt von Einförmigkeit und einer riesigen Ausdehnung, vom Senegal bis nach Abessinien und weit herunter bis zum Sambesi. Dennoch, die Mannigfaltigkeit der Baumarten ist erstaunlich, artreine Bestände wie in Deutschland sind hier ganz selten. Warnend weist er auf die verödende Wirkung der Steppenbrände hin. Die begehrte, den Boden düngende Asche, wird von Regen und Wind in die Talgründe gefegt, die Erde wird abgetragen, bis schließlich das nackte Gestein hervortritt: frühzeitiger Hinweis auf Gefährdungen eines tropischen Ökosystems, deren Tragweite man erst heute, über hundert Jahre danach, klar zu erkennen beginnt.

Im Lande der Niamniam angekommen, beschäftigen ihn die Votivpfähle in den Weilern der Umgebung. Sie sind mit Jagd- und Kriegstrophäen versehen: Schädel von Antilopen aller Art, von Meerkatzen und Pavianen, Wildschweinen, Schimpansen und – Menschen. Manchmal hängen auch Arme und Füße des Homo sapiens von Bäumen herab, weithin die Luft mit ihrem Verwesungsgestank verpestend.

Am Diamvonu-Fluß, wo Schweinfurth auf zahlreiche Schimpansenschädel stößt, vermutet er ein Verbreitungszentrum dieser Menschenaffen. Er entdeckt hier eine Unterart dieser Primaten (Pan troglodytes schweinfurthi). Er befindet sich jetzt mitten im Land der geheimnisvollen Menschenfresserstämme, allesamt von den Moslems als Niamniam bezeichnet, das heißt als Fresser oder Vielfresser, eine Anspielung auf ihren Kannibalismus. Das Wort ist der Dinka-Sprache entlehnt. Die Niamniam nennen sich selbst Sandeh (Asande). Bei den nördlich von ihnen lebenden Mittu heißen sie Makaraka, bei den Golo Kunda und bei den Monbuttu (Mangbattu) Babungera. Eine derartige Namenfülle, die fast überall anzutreffen ist, hat viel zur Verwirrung und zu Auseinandersetzungen der Entdekker untereinander beigetragen.

Beeindruckend ist die materielle Kultur der Niamniam. Auf ihren gepflegten Äckern gedeihen vorzügliche Feldfrüchte; überall wird Tabak angebaut. Die mit einfachsten Werkzeugen gefertigten Kunstgegenstände sind von vollendeter Formschönheit. Sorgfältig gebaut sind die Häuser, in Form kleiner Weiler verstreut, oft hinter Baumgruppen verborgen. Nicht alle Niamniam sind Anthropophagen; manche Häuptlinge verabscheuen geradezu das Verspeisen der eigenen Art, doch wo es Brauch ist, macht man auch kein Hehl daraus.

Im Jahre 1863 hatte sich der Italiener Carlo Piaggia als erster Europäer bis in das Gebiet der Niamniam vorgewagt, was Schweinfurth ausdrücklich erwähnt. Ein Jahr lang hielt er sich unter diesen »Menschenfressern« (Schweinfurth setzt das Wort in Anführungszeichen) auf und war wegen seiner außerordentlich vielfältigen handwerklichen Fähigkeiten ein sehr beliebter Gast. Vor den Reisen dieser beiden Männer kursierten im Sudan die abenteuerlichsten Gerüchte über das Volk der Niamniam. Schreckliche Wilde sollten es sein, Urmenschen, die im sagenhaften Dunkel der Wälder von Hexen und Kobolden gezeugt werden.

Noch geheimnisvoller erscheint das Land der Mangbattu südlich des Niamniam-Gebietes. Auch dorthin gelangt Schweinfurth mit der Karawane seines Freundes Mohammed Abd es Ssammat. Mohammed wird von Munsa, dem Herrscher der Mangbattu, bereits ungeduldig erwartet. Bald nach Ankunft der Karawane im Residenzbezirk des Kannibalenfürsten eilt Mohammed zu Munsa, um die Geschenke zu überbringen. Am nächsten Tag, es ist der 22. März 1870, wird Schweinfurth von Munsa empfangen. In feierliches Schwarz gekleidet und mit schwer beschlagenen Schnürstiefeln angetan, nähert er sich voller Erwartung der Residenz des Königs. Für viele der anwesenden Mangbattu steht fest, daß diese Lederhüllen an den Füßen des merkwürdigen Fremdlings fest mit dem Körper verwachsen sind. Und was macht er mit all den Pflanzen, die er wie ein Besessener einsammelt? Sicherlich ist dieses seltsame hellhäutige Wesen ein »Pflanzenfresser«. Als sich der Zug der Residenz nähert ertönen die Trommeln. Vor der zweitgrößten Palasthalle ergreift eine Art Zeremonienmeister die Hand des Forschers und geleitet ihn ins Innere, mitten durch die Reihen Hunderter von Häuptlingen und Würdenträgern des Mangbattuvolkes.

Am anderen Ende der Halle steht der leere Thronsessel des Königs, in dessen Nähe Schweinfurths Stuhl abgesetzt wird. In der Halle erhebt sich nun ein gewaltiger Lärm von Pauken und Hörnern. Aller Augen sind auf den Neuankömmling gerichtet, dem zu Ehren der König diese Versammlung angeordnet hat. Doch Schweinfurth stört das alles wenig in seiner Ruhe und Beschaulichkeit. Da der König so bald nicht erscheinen wird, hat er Zeit sich umzusehen und nach Belieben seine Notizen zu machen. Am meisten fesselt ihn die mächtige Hallenkonstruktion. Noch imposanter ist die benachbarte Halle, die nur von den Kronen der hochaufragenden Ölpalmen übertroffen wird. »Beide waren kleine Weltwunder in ihrer Art ... Mit unseren Baumitteln, es sei denn, man hätte Fischleim in Anwendung gebracht, wäre man nicht imstande gewesen, etwas Ähnliches von gleicher Leichtigkeit und solcher Widerstandsfähigkeit hinzustellen gegen das Toben der Tropenorkane, wie die Königshallen Munsas.«

Als der König endlich naht, breitet erwartungsvolles Schweigen sich in der Halle aus. Mit gleichgültigem Blick, niemanden beachtend, schreitet der König mit derben Schritten durch die Halle und läßt sich auf seinen Thronsessel nieder.

»Wohl hafteten meine Augen an der phantastischen Figur des Kannibalenherrschers, nicht satt sehen konnten sie sich an diesem seltsamen, wilden Gesellen, von welchem gesagt wurde, daß er täglich Menschenfleisch esse ... Sein Anblick hatte indes etwas über alle Maßen Bizarres, denn alles, was er an sich hatte, trug den unverfälschten Geschmack Zentralafrikas zur Schau, und nur die Kunsterzeugnisse des eigenen Landes wurden hier als würdig erachtet, die Majestät eines Königs der Mangbattu zu schmücken.«

Nach einem höflichen Gespräch mit dem Herrscher, das über Dolmetscher geführt wird, beginnen die Darbietungen der Musikanten, Sänger und Spaßmacher. Am Schluß erhebt sich der Herrscher und hält eine Rede, die über eine halbe Stunde währt. Schweinfurth versteht natürlich kein Wort, kann aber erraten, daß es sich um bedeutsame Ausführungen handelt, denn oft hält der König inne und scheint sich zu verbessern oder die Wahl seiner Worte sorgfältig zu überlegen. Höhepunkte seiner Rede werden von lautem Jubel begleitet, und die Musikanten zaubern jedesmal einen wahren Höllenlärm aus ihren Instrumenten hervor. Während der Rede entwirft der Forscher eine detaillierte Skizze des Herrschers. Daraus entstand daheim in Europa eine der berühmtesten Darstellungen afrikanischer Reiseliteratur.

Umfangreiche Ausführungen in dem Reisewerk Schweinfurths geben uns ein unmittelbares Bild vom Leben der Mangbattu. Große Sorgfalt verwenden sie auf die Zubereitung ihrer Speisen. Dabei wird reichlich von Fett Gebrauch gemacht. Palmöl fehlt bei keiner Mahlzeit, aber auch Erdnüsse, Sesam und die Früchte eines weit verbreiteten Urwaldbaumes (Lophira alata) liefern reichlich Speiseöl. Auch aus den dicken Hinterleibern männlicher Termiten wird durch Sieden ein helles, durchscheinendes Fett gewonnen. »Von allgemeinstem Gebrauch indessen ist bei ihnen das Fett der Menschen; dies führt unsere Betrachtung zu dem Inbegriff aller ihrer kulinarischen Genüsse.« Umgeben von »primitiven« Völkern, die sie verachten, findet sich, wann immer sie wollen, willkommene Gelegenheit zu einem Kriegszug. Das Fleisch der im Kampf gefallenen »Wilden« wird noch am Ort des Gemetzels für den Transport hergerichtet, indem sie es in Streifen schneiden und auf Gestellen über dem Feuer dörren. Andere Menschen werden zu Gefangenen gemacht, und die Mangbattu treiben sie wie eine Viehherde erbarmungslos vor sich her. Die Unglücklichen dienen als lebender Fleischvorrat. Kinder gelten als besonderer Leckerbissen. Soweit Schweinfurth in Erfahrung bringen kann, werden fast täglich kleine Kinder eigens für die Tafel des Herrschers geschlachtet. Doch selten bietet sich Gelegenheit, die Mangbattu bei ihren Mahlzeiten zu überraschen. Einmal gelingt es Schweinfurth, einige junge Frauen zu beobachten, die damit beschäftigt sind, einen Kadaver durch Abbrühen mit kochendem Wasser von Haaren zu säubern. Ein anderes Mal glückt ihm ein forschender Blick in eine Hütte, wo gerade der noch frische Arm eines Menschen geräuchert wird. Munsa erklärt dem Reisenden ganz offen, er wisse, daß dies den Weißen ein Greuel sei, und deshalb würde die Menschenfresserei während des Aufenthaltes der Europäer möglichst verheimlicht. Schweinfurth erwirbt übrigens gegen Bezahlung mit kleinen Kupferbarren eine große Zahl menschlicher Schädel.

Trotz allem lobt Schweinfurth die Zuverlässigkeit dieser Menschen. Als Freunde kann man sich auf sie fest verlassen. Ihre Urteilskraft und materielle Kultur beeindrucken ihn. Er kann ihnen trotz der Menschenfresserei eine hohe Kulturstufe nicht absprechen.

Und noch etwas beschäftigt den Forscher fieberhaft. Hier, im Lande der Mangbattu, soll es Zwergmenschen geben, jenes sagenhafte Völkchen der Pygmäen, von dem schon Herodot berichtete und von dem Schweinfurths nubische Diener wiederholt erzählt haben. Etliche gar wollen diese Zwerge mit eigenen Augen gesehen haben, als sie den Mangbattu Elfenbein im Tauschhandel anboten. Sollte es ihm vergönnt sein, die fast zweitausend Jahre alte Legende zu enträtseln? Doch er ist bescheiden genug, darauf hinzuweisen, daß andere Europäer vor ihm Berichte über Zwergmenschen geliefert haben. Dem Franzosen Du Chaillu war es im äquatorialen Westafrika, im heutigen Gabun, sogar gelungen, Vertreter eines Zwergvolkes mit eigenen Augen zu sehen. Doch auch in Dappers »Umständlicher Beschreibung von Afrika« finden sich umfangreiche Angaben über Zwergvölker, die in hohem Grade mit dem übereinstimmen, was Schweinfurth dann über seine Begegnung mit den Akka berichten wird.

Am Hofe des Königs sollen mehrere solcher Zwerge sich aufhalten. Doch Schweinfurth muß sich etliche Tage gedulden, bis er Gewißheit erlangen kann. Sein getreuer Freund Mohammed erscheint schließlich an einem Vormittag mit einem seltsamen Männchen auf dem Rücken vor seinem Zelt. »Ich konnte nun endlich meine Augen weiden an der handgreiflichen Verkörperung tausendjähriger Mythe, ihn zeichnen und ausforschen.« Aus dem Munde dieses »Zwerges« erfährt er, daß sein Stamm den Volksnamen Akka trage. Er lernt noch mehrere »Exemplare« dieser Akka kennen, die zu den Kuriositäten der Residenz Munsas gehören. Er zeichnet sie und gibt eingehende Beschreibungen, ganz im Stil eines minutiös vorgehenden Zoologen. Einen jungen Akka erhält er vom König als Geschenk, doch stirbt der »Kleine« (1,30 m groß) unterwegs.

Auf dem Rückmarsch zum Bahr el-Ghasal gehen die Vorräte zur Neige. Mohammed organisiert mit seinen nubischen Söldnern, welche die Expedition begleiten, und einer Anzahl Niamniam einen Raubzug, um die hungernde Karawane mit neuen Kornvorräten zu

## Mandolinespieler der Niamniam

*(rechts)*

***Als typisches Instrument afrikanischer Musik gilt die Trommel, die bei den einzelnen Völkern in vielerlei Gestalt verbreitet ist. Um so überraschter waren Reisende, als sie bei verschiedenen Stämmen des oberen Nilgebietes und im Bereich der Nil-Kongo-Wasserscheide Harfen unterschiedlicher Gestalt als Hauptmusikinstrumente vorfanden. Die Mandolinen (Harfen) dieser jungen Niamniam (Asande) sind von besonders auffälliger Form.***

## Bei den »Menschenfressern« in Bahr el-Ghasal

*(rechts und unten rechts)*

*Nicht alle Asande-Stämme waren Anthropophagen; andererseits gab es nach Aussage zuverlässiger Reisender zahlreiche Asande, die sich offen zu ihrem Verhalten bekannten. Von den Nubiern wurden sie allesamt Niamniam (Vielfresser) genannt, eine Anspielung auf den Kannibalismus.*

*Das rechte Bild zeigt ein Mädchen und Jünglinge und das untere einen Sänger der Niamniam.*

## Meschra er-Rek

*In den Jahren 1862 bis 1864 reiste der aus Hirschlanden in Württemberg stammende Afrika- und Polarforscher Theodor von Heuglin in das Gebiet des Weißen Nil und seiner Zuflüsse. Schwierig gestaltete sich die Fahrt durch die schier endlose Schilfwildnis im südwestlichen Bereich des Bahr el-Ghasal (Gazellenfluß). Oft herrschte Windstille, dann mußte die Barke mit der langen Ruderstange mühsam vorwärtsgeschoben werden. Endlich war der kleine See mit der Meschra er-Rek (meschra = arab. Landungsstelle) erreicht, wo Handelsboote ankerten.*

## Viehkral der Dinka

*Allabendlich treiben die Dinka im Bahr el-Ghasal-Gebiet ihr wertvolles Vieh in die Umzäunungen im Bereich des Dorfes. Georg Schweinfurth schrieb hierzu vor über hundert Jahren: »Alles Trachten der Dinka dreht sich jedoch um Rinderbesitz …«*

## Hütten der Niamniam

*Die ersten Bilder aus dem Land der Niamniam lieferte wohl Georg Schweinfurth. Auffällig sind die Kegeldächer der Häuser.*

## Schillukdorf

*Am Weißen Nil, unweit der Sobatmündung, leben die zu den sogenannten Niloten gerechneten Schilluk. Theodor von Heuglin, der 1863 in Begleitung der holländischen Damen Tinné den Bahr el-Abiad (Weißer Nil) hinauffuhr, war auf die denkbar schlechten Eigenschaften dieser »Wilden« eindringlich hingewiesen worden. Doch er mußte später feststellen: »Über die Eingeborenen habe ich gar keinen Grund mich zu beklagen.«*

## In einem Weiler der Niamniam

*Georg Schweinfurth war von der materiellen Kultur dieser Stämme im Gebiet der Nil-Kongo-Wasserscheide sehr beeindruckt. Ihre Siedlungen lagen häufig zwischen malerischen Baumgruppen verborgen.*

## Ambatschboote

*Eine schmale Fahrrinne in der Bahr el-Ghasal-Sumpfwildnis trug auf den Karten des vorigen Jahrhunderts den Namen Ambatschkanal. So stark war dort der Flußlauf durch den im tropischen Afrika verbreiteten Schmetterlingsblütler (Aeschynomone elaphroxylon) eingeengt. Die Stämme der Ambatschpflanze werden einige Meter hoch. Das Holz ist von schwammiger Struktur und wird bei den Schilluk und anderen Völkern zu federleichten, ganz flachen Kähnen zusammengebunden.*

## Festhalle des Königs Munsa *(rechts)*

*Georg Schweinfurth war begeistert vom technischen Können der Monbuttu (Mangbattu). Die großartigen Hallenkonstruktionen verbinden in vollkommener Weise Eleganz und Stabilität. Hermann Schubotz traf 1911 die damals 70jährige Schwester Munsas, die sich noch gut an Schweinfurth und Junker erinnern konnte. Schubotz fand auch noch die von Schweinfurth beschriebenen Hallen vor, von denen seit dieser Zeit auch Fotos existieren.*

## Truppen des Bahit Bey

*Während der kriegerischen Auseinandersetzungen mit dem Fürsten Mambanga rückte am 21. November 1881 die Emin Pascha unterstehende Truppe Bahit Beys in die befestigte Station Hauasch ein (Provinz Äquatoria).*

## Brand der Station bei Semio

*Die Station Semio lag am Oberlauf des Bomu im äußersten Osten der heutigen Zentralafrikanischen Republik. Am 13. November 1882 brach in dieser Station Feuer aus. Doch Wilhelm Junker, der sich dort gerade aufhielt, konnte einen großen Teil seiner Sammlungen retten. Die Kiste mit den unersetzlichen Tagebüchern stellte er stets griffbereit neben dem Ausgang seiner Wohnhütten ab.*

versorgen. Die Nubier erbeuten dabei, wie so oft, auch junge Sklavinnen, was sie als ihr gutes Recht ansehen. Doch auch die Niamniam schleppen an »Weibern« mit, was sie können. Die jüngeren bereichern ihren Harem, die älteren sind willkommene Arbeitskräfte für Haus und Acker, die ältesten werden gewöhnlich verspeist. Für Schweinfurth fällt dabei so mancher Schädel an!

Er berichtet: »Die Schädel No. 38, 36 und 37 in der Sammlung des anatomischen Museums zu Berlin wissen davon zu erzählen. Diese Schädel brachten mir Eingeborene, wenige Tage nach beendigtem Kriegszuge, in frisch gekochtem Zustand. Sie wußten vom Monbuttulande her, daß ich dafür mit Kupferringen zahlte. Geschehen war geschehen, ich konnte nicht anders, als sie wissenschaftlich verwerten.«

Während der weiteren Rückreise beginnt die Trokkenheit, das Land ist wie ausgedörrt. Beständig lebt er in Angst, daß in einer der Seriben Feuer ausbrechen könnte. In der Seriba Ghattas geschieht es dann. Am 1. Dezember 1870, Schweinfurth hat gerade sein Mittagessen eingenommen, schreit plötzlich einer der Bongoneger »poddu, poddu! – Feuer!«. Im Nu steht die Sechshundert-Hütten-Seriba in Flammen, über hundert Trägerlasten mit Sammlungen und Geräten werden vom Feuer erfaßt, sämtliche Tagebücher verglühen in diesem mittäglichen Inferno. Es ist der schrecklichste Tag in Schweinfurths Leben.

## *Von Island zum Nil*<br>*Die Reisen des Deutsch-Russen*<br>*Wilhelm Junker*

Man schrieb das Jahr 1888. In der Maria-Theresien-Straße Nr. 5, nahe der neugotischen Votivkirche in Wien, hatte ein sympathischer Herr von etwa 50 Jahren eine Hofwohnung bezogen, um dem Straßenlärm zu entgehen. Es war eine der merkwürdigsten Behausungen, die man sich denken kann. Alle Räume waren mit exotischem Hausrat, ausgestopften farbenprächtigen Vögeln, afrikanischen Tabakspfeifen, Waffen aller Art und dergleichen mehr ausgestattet. Ein Zelt aus afrikanischem Faserstoff diente dem Mieter der Wohnung als Rauchkabinett; der tägliche Tabakgenuß war ihm so unentbehrlich wie Kaffee und Tee.

Am Tage saß der freundliche Herr fast ständig am Schreibtisch, der direkt am Fenster seiner Wohn- und Schreibstube stand. Ein prachtvoller Perserteppich, Geschenk des Sultans Said Bargasch von Sansibar, zog sofort den Blick jedes Besuchers auf sich. Häufige Gäste waren die Wiener Afrikaforscher, allen voran Oskar Baumann. Auch der berühmte deutsche Afrikaforscher Georg Schweinfurth war mehrmals Gast dieses Domizils. Aus Gotha reiste einer der bedeutendsten Kartographen seiner Zeit an, Bruno Hassenstein aus dem Verlagshause Julius Perthes. Der von allen Hausbewohnern geschätzte, einsiedlerisch lebende Junggeselle war der von den geographischen Gesellschaften Europas gefeierte Deutsch-Russe Dr. Wilhelm Junker.

In seiner Wiener Wohnung arbeitete er am Manuskript seines schließlich auf drei Bände angewachsenen Reisewerks, das unter dem Titel »Wilhelm Junkers Reisen in Afrika« im Verlag von Eduard Hölzel in Wien erschien.

Auf seinen Rundreisen im Gebiet des oberen Nil hatte er nach Aussage von Bruno Hassenstein 6250 Kilometer neue Routen mit bewundernswerter Sorgfalt aufgenommen. Jetzt galt es, die umfangreichen Tagebuchaufzeichnungen für die Veröffentlichung vorzubereiten. Die Arbeit wurde allerdings im Herbst 1888 für einige Zeit unterbrochen, weil Junker auf Ersuchen König Leopolds von Belgien noch einmal nach Brüssel reiste, wo er bereits am 17. Mai 1887 eine lange Audienz gehabt hatte. »Sie wären der Mann für unseren Kongostaat!«, hatte der König ihm damals anvertraut, in der Hoffnung, diesen mit zentralafrikanischen Verhältnissen bestens vertrauten Forschungsreisenden für sein gerade begonnenes Kolonialwerk zu gewinnen.

Doch Junker lehnte beide Male Leopolds Angebot ab. Eine zunehmende innere Unruhe drängte ihn, zunächst sein Reisewerk zu vollenden. Seine Gesundheit litt erheblich unter der anstrengenden Arbeit am Manuskript. Doch er schaffte es, dunklen Ahnungen eines frühen Todes zum Trotz, das Werk abzuschließen. 1891 ging der letzte Band in Druck. Weihnachten wollte er daheim in Petersburg bei seiner Familie verbringen.

Immer häufiger plagten ihn Wechselfieberanfälle. Starke Leberschmerzen und ständige Benommenheit trübten zunehmend die Wiedersehensfreude in Petersburg. Ab Anfang Dezember konnte er sein Zimmer nicht mehr verlassen. Geschwülste an den Schläfen erwiesen sich als äußere Anzeichen einer unheilbaren Sarkomerkrankung der inneren Organe. Wilhelm Junker war ein hoffnungslos krebskranker Mann. Noch einmal schmiedete er große Pläne. Nach Ägypten wollte er wieder reisen. »Ich kenne es ja noch gar nicht.« Doch die Krankheit verschlimmerte sich zusehends. Am Montag, dem 8. Februar 1892, konnte er das Bett nicht mehr verlassen. Der Todeskampf dauerte nur wenige Tage. Am Samstag gegen 10.35 Uhr starb Wilhelm Junker, einer der großen Afrikaforscher des 19. Jahrhunderts.

Der Vater Wilhelm Junkers hatte 1818 als Einundzwanzigjähriger seine Heimatstadt Göttingen verlassen und war über die Ostsee nach St. Petersburg gezogen, wo er einen »Warenbazar« eröffnete. Er gründete später in Petersburg und Moskau das Bankhaus Johann Wilhelm Junker und Co. und brachte es zu großem Ansehen und beträchtlichem Vermögen. Wie sein Sohn Wilhelm war er eine rastlose Natur und reiste viel durch Europa, oft auf abenteuerliche Weise.

Wilhelm, am 18. April 1840 in Moskau geboren, verliert den Vater, als er erst sieben Jahre alt ist. Der handwerklich vielseitig begabte Junge zieht am liebsten mit dem Hausgärtner der Familie durch Feld und Wald. Der Knabe denkt dann häufig an Expeditionen in ferne Länder. Doch wohin die Reise einmal gehen soll, bleibt ihm noch für lange Jahre unklar. Nach Beendigung sei-

**König Munsa der Mangbattu**
*(rechts)*

*Gespannt sieht der Afrikaforscher Georg Schweinfurth seiner ersten Begegnung mit diesem »Kannibalenfürsten« entgegen. »Wohl hafteten meine Augen an der phantastischen Figur des Kannibalenherrschers … von welchem gesagt wurde, daß er täglich Menschenfleisch esse … Alles, was er an sich hatte, trug den unverfälschten Geschmack Zentralafrikas zur Schau, und nur die Kunsterzeugnisse des eigenen Landes wurden hier als würdig erachtet, die Majestät eines Königs der Monbuttu zu schmücken.«*

**Wilhelm Junker**
(1840–1892)

*Der deutsch-russische Forschungsreisende Wilhelm Junker hat sich besonders um die Erforschung des südlichen Bahr el-Ghasal-Gebietes verdient gemacht. Sein dreibändiges Reisewerk, das eine Fülle wertvollster landeskundlicher Informationen enthält, ist zu Unrecht weitgehend in Vergessenheit geraten.*

## Das Haupt Gordons
*(rechts oben)*

*Nach dem Fall von Khartum (Januar 1885) wurde dem in ägyptischen Diensten stehenden Österreicher Slatin Pascha von den Mahdisten das Haupt des Sudan-Gouverneurs als Siegestrophäe vorgeführt. Slatin verfaßte über seine Erlebnisse im Sudan der Mahdisten ein Buch unter dem Titel »Feuer und Schwert im Sudan«.*

## Kriegsspiel der Mangbattu

*Im September 1880 erreicht Junker die Residenz des gefürchteten Mangbattu-Herrschers im Gebiet des oberen Uelle-Stromes. Mambanga war ein Neffe des durch Schweinfurth berühmt gewordenen Königs Munsa. Zu Ehren des weißen Gastes führen die Krieger des Fürsten ein eindrucksvolles Kriegsspiel auf.*

ner Schulzeit studiert er Medizin und promoviert schließlich in Göttingen. Doch zuvor reist er 1869 nach Island. Er will Polarforscher werden, sein Fernziel ist der Nordpol. Aber die Islandreise wird zu einer unerwartet großen Strapaze. Nässe, Kälte und karges Essen setzen ihm außerordentlich zu. In dieser weltabgeschiedenen nordischen Landschaft schier endloser Lavafelder findet er Zeit, über sich selbst nachzudenken. Doch die Zukunft bleibt weiter in Dunkel gehüllt. Sehnlichst wünscht er das Ende der Reise herbei.

Die Wende bahnt sich in Berlin an. Durch die dortigen Altertumsforscher angeregt, gelangt er 1873 in die Regentschaft Tunis. Anders als auf Island, fühlt er sich hier von Anfang an in dieser ihm neuen Welt zu Hause. Bereits in Berlin hat er eifrig Arabisch studiert. Anfang August 1875 besucht er den Geographischen Kongreß in Paris. Junker ist fasziniert, nicht zuletzt auch von der Ausstellung, die mit dem Kongreß verbunden ist. Die deutschen Afrikaforscher Gustav Nachtigal, Gerhard Rohlfs und Georg Schweinfurth stehen dem vielversprechenden jungen Mann mit Rat und Tat zur Seite.

Am 8. Oktober des gleichen Jahres besteigt er spät abends nach Besuch einer Aufführung der Oper »Aida« in Triest den Lloyd-Dampfer »Austria«, der ihn nach Alexandria in Ägypten bringt. Seine erste afrikanische Forschungsreise führt ihn durch die Libysche Wüste westlich von Alexandria bis in die Oasenlandschaft Fajum südlich von Kairo. Es gelingt ihm der Nachweis, daß der viel diskutierte alte Nilarm, das angebliche »Bahr bela ma«, der Strom ohne Wasser, nicht existiert. Sein erster öffentlicher Vortrag, gehalten in den Räumen der Geographischen Gesellschaft zu Kairo, findet viel Beifall.

Seine weiteren Reisen, die ihn tief in den Sudan bis in die weltabgeschiedene Provinz Äquatoria führen, nehmen fast drei Jahre in Anspruch. Wohin er im einzelnen reisen wird, weiß er fast nie im voraus. Er hält nichts von einer detaillierten Planung. In einem Brief an die Familie schreibt er: »Ich bin nicht mit ganz bestimmten Plänen und Absichten in Betreff der Reiserouten nach dem Sudan gekommen und nehme mit, was mitzunehmen ist … Ich schätze mich glücklich, kein Abgesandter einer wissenschaftlichen Gesellschaft zu sein, wo die Herren am grünen Tische leicht bogenlange Instruktionen ausarbeiten können.«

Auf die richtige Ausrüstung verwendet er allerdings die größte Sorgfalt. Er ist auch fest entschlossen, im Falle einer ernsthaften Erkrankung schleunigst den Rückzug anzutreten. Später wird er wiederholt auf einsamen Stationen oft wochenlang ausharren, um im günstigen Augenblick unverzüglich zu einer neuen Rundreise aufzubrechen. Denn das ist sein eisernes Prinzip, ein einmal erreichtes Gebiet durch Rundreisen so gründlich wie möglich zu erforschen.

Die erste große Reise führt ihn von Suakin am Roten Meer über Tokar durch das bis dahin noch völlig unerforschte Tal des Baraka nach Kassala im Sudan, von wo er nach Khartum weiterreist. Von dort geht es nilaufwärts in die ihm noch unbekannte Welt des »dunklen« Erdteils, in das Herz des alten Afrika.

Am Abend des 7. November 1876 trifft Wilhelm Junker an Bord des Regierungsdampfers »Ismailia« in Lado am oberen Nil ein. Lado ist Verwaltungssitz der Provinz Äquatoria. Die Reise hierher hat 16 Tage gedauert. Der Engländer Charles Gordon, damals Gouverneur der Provinz, hat ihm ein Empfehlungsschreiben an den Regierungsarzt Dr. Emin Effendi mitgegeben, der erst kurz zuvor von einer diplomatischen Reise zu König Mtesa, dem Herrscher von Uganda, zurückgekehrt ist und sich auf eine Dienstreise nach Khartum vorbereitet. So dauert die erste Begegnung der beiden Männer nur wenige Tage.

»Ich lernte in Dr. Emin einen sehr gebildeten Mann kennen und vernahm von ihm, daß er auch in Berlin studiert habe; außer unserer damaligen Umgangssprache, der französischen, sprach er fast alle im Orient gebräuchlichen Idiome.« So berichtet Junker über seine erste Begegnung mit diesem ein wenig rätselhaften, hochbegabten »Türken«, der in Wahrheit aus einer jüdischen Familie in Schlesien stammte, daselbst am 28. März 1840 in Oppeln zur Welt kam und eigentlich Carl Oskar Theodor Eduard Schnitzer hieß. Getauft wurde er in der evangelischen Pfarrkirche zu Neisse, verwandelte sich aber später, als er auf dem Balkan in die Dienste des Osmanischen Reiches trat, mehr und mehr in einen türkischen Moslem, zumindest äußerlich. Sein Medizinstudium hatte er 1858 an der Universität Breslau aufgenommen. Bereits im neunten Semester bestand er das Doktorexamen. Ende 1874 war er von Berlin nach Laibach im heutigen Jugoslawien gereist. Hier bewarb er sich um eine Militärarztstelle im Söldnerheer des Kaisers Maximilian von Mexiko. Nach abschlägigem Bescheid lebte er im weiter südlich gelegenen Hafenort Antivari (heute Bao) einige Zeit als Quarantänearzt in Diensten der osmanischen Verwaltung. Mehr und mehr gewann er eine Vertrauensstellung beim Provinzgouverneur Hakki Pascha, für den er teils geheime politische Aufträge ausführte.

Anfang Dezember 1875 erreichte er, nach abenteuerlichen Zwischenstationen, die Sudan-Metropole Khartum. Mit arabischen Händlern wohnte er in einem öffentlichen Warenlager. Dem deutschen Vizekonsul Friedrich Rosset stellte er sich als Türke vor, der seine Erziehung und Ausbildung in Deutschland genossen hatte. An dieser Fiktion hielt er auch dann noch fest, als er bald darauf Rosset seinen Paß aushändigte, der ihn als Deutschen und Dr. Schnitzer auswies. Die Herren der europäischen Kolonie wunderten sich nicht wenig über diesen seltsamen Neuankömmling.

Emin alias Schnitzer wurde bereits im März des folgenden Jahres Bezirksarzt in Lado. Gordon erkannte rasch die außergewöhnlichen Fähigkeiten dieses »türkischen« Doktors und ernannte ihn im März 1878 zum Gouverneur von Hatt el-Estiva (Äquatoria), nachdem er selbst Generalgouverneur des Sudan geworden war. Dr. Emin Effendi weilte demnach gerade ein halbes Jahr in Lado, als Wilhelm Junker bei ihm eintraf. Die beiden Ärzte begegneten sich später noch mehrmals und bestanden während des Mahdistenaufstandes im Sudan gemeinsam gefahrvolle Situationen.

**Tänzerinnen bei einer Azume**
*(rechts)*

*Die reichen Kaufleute von Khartum, häufig genug Sklavenhändler, gaben zu Ehren des ägyptischen Khediven Ismail Pascha große Feste in ihren Villen. Während einer solchen Azume beobachtete Wilhelm Junker, neben dem Pascha sitzend, die Darbietungen von Tänzerinnen.*

**Emin Pascha**

*Der aus Schlesien stammende jüdische Arzt Dr. Eduard Schnitzer (1840–1892) wurde während der Mahdi-Revolution im Sudan unter dem Namen Emin Pascha international bekannt. Das hier abgebildete Porträt stammt von Wilhelm Kuhnert.*

## Affenbrotbaum
*(oben rechts)*

*Ein besonders auffälliges Exemplar des berühmten Affenbrotbaumes oder Baobab (Adansonia) ist in Junkers Reisewerk abgebildet. Auf seiner Reise von Suakin nach Khartum fand Junker solche »Dickhäuter des Pflanzengeschlechts« im nordöstlichsten Verbreitungsgebiet der Art, den vorabessinischen Hochländern, in großer Anzahl.*

## In den Sümpfen des Kafu

*Auf seinem Marsch von Emin Paschas Amtssitz Lado (Äquatoria) zur ostafrikanischen Küste erreichte Wilhelm Junker im Gebiet des heutigen Uganda am 4. März 1886 den von ausgedehnten Papyrussümpfen gesäumten Kafu.*

Doch zunächst begleiten wir Junker auf einigen seiner so überaus erfolgreichen Reisen in Äquatoria und in den schwer zugänglichen Räumen der Nil-Kongo-Wasserscheide. Dreieinhalb Monate bleibt Junker in Lado. Dann kann er sich einer 1200-Mann-Karawane in den westlich des Nil gelegenen Bezirk Makaraka anschließen. Das Zusammenstellen und Verpacken der Ausrüstung und des Proviants geschieht mit größter Sorgfalt und nimmt viel Zeit in Anspruch. Die Tragkörbe mit den eisernen Reserven enthalten speziell angefertigte Blechkästen, in die alles nach dem Prinzip der »identischen Lasten« verpackt wird. In den Reservekästen befindet sich jeweils das gleiche Sortiment lebenswichtiger Vorräte, so daß auch bei Verlust mehrerer dieser Kästen kein unersetzlicher Gegenstand verlorengehen kann. Jedes Gepäckstück betreut Junker hier und auch später stets persönlich. So ist er oft tagelang intensiv beschäftigt. Alle Kisten sind doppelt beschriftet, mit Ziffern für den Expeditionsleiter und mit Farben sowie Tiersymbolen für die eingeborenen Träger, so daß diese unterwegs stets rasch die richtige Kiste finden und herbeischleppen können.

Am 22. Januar 1877 setzt sich die Karawane in Bewegung. Da stets im Gänsemarsch gelaufen wird, formiert sich bei solchen Zügen eine kilometerlange Trägerschlange von etwa einer Wegstunde Ausdehnung. Die Expedition bildet ein Gewirr der verschiedenartigsten Völkerschaften vom oberen Nil, neben Bari größere Trupps Niambara, Moru, Mundu, Bombé, Makaraka und Angehörige einiger anderer Stammesgruppen. Hinzu kommen Dutzende von Beamten der einzelnen Stationen im »fernen Busch«, dazu Frauen mit Kindern und Sklavinnen der Beamten und nicht zuletzt Rinder-, Schaf- und Ziegenherden, ein Dutzend Esel und viele zum Reiten abgerichtete Ochsen der kleinen Niambara-Rinderrasse.

Trotz des Durcheinanders und Geschreis beim Aufbruch dieser buntgemischten Schar läuft doch alles nach gewissen, auf langjährigen Erfahrungen beruhenden Regeln ab. »Die einzelnen Abteilungen marschierten, jede mit vorgetragenem Halbmondbanner, im Gänsemarsch, und da, wo es das Terrain gestattete, auf den geschlängelten Fußpfaden in mehreren Kolonnen nebeneinander.«

Im allgemeinen wird sehr rasch marschiert, und zwar sechs Kilometer in der Stunde. Alle paar Stunden rastet die vordere Gruppe und die übrigen Teile der Karawane ziehen an ihr vorbei, für den Betrachter ein ständig wechselndes, höchst interessantes Bild.

Auf dem Marsch passiert die Kolonne Dörfer der Bari, die aber bei Annäherung der Karawane von den Bewohnern schleunigst verlassen werden. Zahlreiche korbartige Kornbehälter auf Stelzen deuten an, daß die Bari dieses Gebietes vorwiegend vom Ackerbau leben; meist wird rote Durra, eine Hirseart, angebaut. Im Vorbeimarsch werden zahlreiche dieser »guru« genannten Getreidespeicher von hungrigen Trägern geplündert.

Auf halbem Wege von Lado nach Makaraka erreicht die Karawane nach fünf Tagen eine vor anderthalb Jahren angelegte Regierungsstation, die Seriba Niambara. Eigentlich sollte die Station, wie andere auch, durch Steuereinnahmen in Form von Tributen über genügend Vorräte zur Versorgung der durchziehenden Expeditionen verfügen. Doch der Haß der umliegenden Baristämme auf die fremden Eindringlinge macht derartige Verfahren illusorisch.

Die Besatzung der Seriba hat unter den ständigen Scharmützeln und den Schwierigkeiten der Nahrungsbeschaffung schwer zu leiden. Dabei kann sie noch von Glück reden, daß die einzelnen Baristämme nicht geschlossen angreifen, es wäre ihr sicherer Tod. Doch dank der Stammeszersplitterung, die Junker als den wahren Todfeind der Neger erkennt, kann sich die Seriba, dieser Fremdkörper im Negerland, fernab von jeglicher »Zivilisation« behaupten. Auch diesmal werden die über tausend Menschen durch einen Raubzug mit Getreide und Fleisch versorgt. Fadl Allah, Mudir (Vorsteher) einer im Makarakaland gelegenen Seriba, leitet das Unternehmen. Häuptling Dukeri, dem die Heimsuchung gilt, läßt die Rinder von seinen Stammesangehörigen immer höher in das Bergland treiben, an dessen Fuß sein Dorf liegt. Erst nach überaus ermüdenden Klettertouren über schroffe Felsplatten gelangt die Raubexpedition in den Besitz der ersehnten Beute. Fünf Niambara werden dabei erschossen, nur zwei der eigenen Leute durch Pfeilschüsse verwundet.

Eine Woche später kehrt eine andere Gruppe der Karawane von einer ebenso erfolgreichen »ghazwe« (Raubzug) heim. Junker sieht die ersten Abteilungen bereits in den frühen Morgenstunden in die Seriba einziehen, jeder Mann mit einem Korb Durra auf dem Kopf. Erst im Laufe des Vormittags treffen die letzten Trupps beutebeladen ein. Dann geht es an die Verteilung des eingebrachten Raubgutes. Ein Teil verbleibt den Trägern, der größere Teil kommt in die Seriben-Speicher als Nahrung für die Besatzung und für durchziehende Karawanen und zur notdürftigsten Versorgung der unterworfenen Stämme im Fall einer Dürre.

Auf zwei Rundreisen durchstreift Junker in den Monaten März und April die Provinz Makaraka. Oft ist es unmöglich, brauchbare Informationen für die Weiterreise zu erhalten. »Gesch, gesch« – Gras, alles Gras, ist die stereotype Antwort der ortsansässigen Neger. Junker beklagt diese »unglaubliche Unkenntnis ihrer nächsten Nachbargebiete«. Nachdem er einen schweren Fieberanfall überstanden hat, will er sich einer Regierungsexpedition nach Kalika anschließen, einer Landschaft ganz im Süden von Äquatoria, die noch nie zuvor ein Europäer betreten hat. Doch die Herren Regierungsbeamten, die in diesem Fall einen äußerst lukrativen Raubzug erhoffen, wollen keinen fremden Zuschauer dabeihaben.

So zieht Junker, wiederum mit einer mehr als tausendköpfigen Expedition, in die Provinz Bahr el-Ghasal. Die Reise beginnt am 16. Juli 1877. Die Tagemärsche führen zunächst ständig in nördliche Richtung, häufig am Ufer des Flusses Rohl entlang, einem der Zuflüsse des Bahr el-Ghasal (Gazellenfluß). Der Rohl erweist sich als außerordentlich fischreich, die Expedition leidet keine Not. Im Oberlauf, bei den

## Fruchtstände afrikanischer Palmen

*Diese Abbildung aus Friedrich Ratzels klassischer »Völkerkunde« zeigt links unten einen Fruchtstand der Ölpalme (Elaeis guineensis), rechts der Dumpalme (Hyphaene thebaica) und oben der Dattelpalme (Phoenix dactylifera). Die im feuchttropischen Afrika beheimatete Ölpalme gehört heute zu den wichtigsten Fettlieferanten der Weltwirtschaft.*

Makarakanegern, wird der Rohl auch Aire genannt, bei den Moru heißt er Jalo, andernorts Gosa, Mene usw. Dies erklärt, warum bei den ersten Reisen im oberen Nilgebiet hinsichtlich der Flußsysteme so arge Verwirrung herrschte. Junker findet hier sein Prinzip möglichst häufiger Rundreisen in eng umgrenzten Gebieten voll bestätigt. Nur auf diese Weise gelangt ein Forscher schließlich zu gesicherten Erkenntnissen.

Das Übersetzen des 1700 Mann zählenden Expeditionszuges über den Rohl nimmt mehrere Stunden in Anspruch. Aus Zweigen und Stricken werden schwankende Brücken gefertigt, die etwa einen halben Meter unter der Wasseroberfläche hängen.

Nach achtzehntägigem Marsch wird Rumbek, die Hauptstation der Provinz Rohl, erreicht. Hier residiert der aus Nubien stammende Gouverneur Jussuf Agha Schellali, ein Mann mit beträchtlichem Sündenregister, der viele Jahre lang in aller Öffentlichkeit einen lukrativen Sklavenhandel betrieben hat. Auf seine Veranlassung ist übrigens auch der Mangbattukönig Munsa getötet worden, der uns durch die Schilderungen Schweinfurths vertraut ist. Das von Unrat erfüllte Rumbek gleicht einem Räubernest. Als Junker hier eintrifft, ist es mit Sklaven angefüllt. Gegründet wurde dieser Ort um 1858 von dem berüchtigten Händler Alfons de Malzac, der vor seiner »Karriere« Attaché der französischen Gesandtschaft in Athen war. Nach dessen Tod ging Rumbek in den Besitz des aus Siebenbürgen stammenden Kaufmannes Franz Binder über. Danach gab es mehrere ägyptische Besitzer, unter anderem den späteren Oberschreiber des Generalgouverneurs Gordon. Der Kopte Ghattas, ein ägyptischer Christ, verkaufte die Station dann an die Regierung. An den Zuständen, die dort herrschten, änderte sich nichts. Am 10. August erreicht die Karawane die Seriba Ghattas, wo vor Jahren Schweinfurth während der Regenzeit monatelang ausgeharrt hatte. Hier war es auch, wo er beim Brand der Station seine umfangreichen Sammlungen verlor.

Die Rückreise nach Makaraka wird zu einem Schreckensmarsch. Tagelang müssen Sumpfwildnisse durchquert werden. Die Versorgung mit Lebensmitteln wird immer schlechter. Die Leichen von Trägern einer anderen Regierungskarawane markieren als gräßliche Wegzeichen den Trampelpfad. Dutzende von Geiern erheben sich bei Annäherung der Karawane mit lautem Flügelschlag von ihrer Entsetzen hervorrufenden Mahlzeit. »Die armen Teufel waren vor Hunger und Ermattung liegen geblieben und elendiglich zu Grunde gegangen.«

Nur sechzehn Tage verweilt Junker nach diesem Schreckensmarsch in der Seriba Kabajendi im Makarakaland. Am 12. November bricht er mit einer Gruppe von dreißig Trägern zur Station Rimo nahe dem Jeifluß auf. Es ist der Sammelplatz einer Kalika-Expedition. In Rimo herrscht lebhaftes Treiben. Rund tausend Personen werden an dem Unternehmen beteiligt sein. Von der Station Wandi trifft Seribenchef Ahmed Atrusch ein, der die Expedition befehligen soll. Unter den Teilnehmern sind vierhundert Gewehrträger, eine beachtliche Streitmacht in diesen Gebieten. Zum unentbehrlichen Troß jeder Expedition gehören die Dragomane. Es sind Neger aus den unterschiedlichsten Stammesgebieten der Provinz Äquatoria, die schon seit langem in einer der Seriben leben und das Sudan-Arabisch gut beherrschen. In den Stammesgebieten mit ihren zahlreichen Sprachen sind sie bei allen Expeditionen als Dolmetscher unentbehrlich.

Junker ist sich völlig im klaren darüber, welcher Art von Reisegesellschaft er sich da angeschlossen hat. Es geht schlicht um die Beraubung der Negerstämme im Kalikaland. Vor allem Elfenbein soll erbeutet werden, welches in den von den Ägyptern unterworfenen Gebieten schon selten geworden ist. Und es soll soviel Schlachtvieh wie möglich zusammengeraubt werden, denn die Gebiete im weiteren Umkreis der Makaraka-Seriben sind von dem »Raubgesindel der Nubier« (Junker) schon weitgehend ausgeplündert.

Am 20. November 1877 setzt sich bei Tagesanbruch der lange Zug in Bewegung. Mit ihrem Kriegsgesang geben die Bombéneger das Zeichen zum Aufbruch. Schon am zweiten Tag soll in einem Dorf eine »Gerichtsverhandlung« stattfinden. Der dortige Häuptling hat den Chef eines benachbarten Dorfes erschlagen. Doch der Übeltäter ist vorsichtig genug, rechtzeitig mit einem Teil seines Hab und Guts zu verschwinden. Willkommene Gelegenheit, unter dem Vorwande der Justiz, das Dorf auszurauben. Die reifen Durrafelder werden abgeerntet, die Hütten auseinandergenommen, die Dächer zum Bau des Lagers verwendet, der Rest zerstört und verbrannt. »So nahm das Vernichtungswerk, in welchem sich mehrere unserer Leute als Meister zeigen sollten, seinen Anfang, bevor wir noch in feindliches Land eingedrungen.«

Auf dem Weitermarsch hörte das Rauben und Morden nicht auf. »Die Gefahr, von den Negern angegriffen zu werden, aber war eine geringe, denn sie hatten vor der Schußwaffe eine heillose Angst und konnten sich nie in größerer Menge zu gemeinsamer Tat vereinigen; ja es fanden sich oft Verräter unter ihnen, die wegen eines geringen augenblicklichen Vorteils oder einer kleinlichen Rache an einem unliebsamen Nachbar, dem ›Abu Turk‹ die Wege zu entlegenen, gut versteckten Dörfern wiesen, in denen reiche Beute zu machen war.«

Meist überlassen die überfallenen Neger ihre Kornspeicher ohne Gegenwehr dem Feind. Doch das Vieh, ihre kostbarste Habe, suchen sie unter allen Umständen zu retten. Gelingt es ihnen nicht, so töten oder verwunden sie aus Verzweiflung so viele Tiere wie möglich.

Das Kalikaland, das die Truppe schließlich erreicht, vermittelt den Eindruck von Wohlstand. Die Landschaft ist von außerordentlichem Reiz. Junker fühlt sich an Europa erinnert. Die Kalika sind eifrige Ackerbauern und Viehzüchter; häufig führt der Weg an unabsehbaren Durrafeldern vorbei. Herrliche Baumgruppen beleben die reiche Ackerlandschaft. Neben Durra werden Bataten, Kürbisse und zahlreiche tropische Bohnenarten angebaut. »Der Anblick dieser Gegend bot dem Besucher das seltene Bild friedlichen afrikanischen Wohllebens, zu welchem unser Raubzug schlecht

## Dahabijen auf dem Weißen Nil

*Zahllose große Segelboote (Dahabijen) zogen im vergangenen Jahrhundert in gemächlicher Fahrt den Weißen Nil aufwärts in die Gebiete der Dinka, Schilluk und anderer Stämme. Auf der Rückfahrt nach Norden waren diese Boote mit Elfenbein, geraubtem Vieh und Sklaven vollgestopft.*

**Spitzkopfturako (Tauraco livingstonii)**

*Südlich der Sahara sind die Turakos oder Helmvögel weit verbreitet. Als Livingstone diese Art in den Manganjaländern südlich des Njassasees entdeckte, war über die Lebensweise der Vögel noch kaum etwas bekannt. Heute wissen wir, daß diese Kuckucksvögel keinen Brutparasitismus betreiben.*

paßte«, notiert Junker in sein Tagebuch. Außerdem vervollständigt er gewissenhaft seine Routenbeschreibungen.

Anfang Dezember erreicht die Expedition die Wasserscheide der beiden größten Ströme Afrikas. Von einer Anhöhe aus erblickt Junker die nach Norden und Nordosten dem Nil zufließenden Wasserläufe. Die Bäche im Westen dagegen tragen ihr Wasser dem gewaltigen Kongo, dem wasserreichsten Strom des Kontinents, zu. Doch die denkwürdige Stimmung, die ihn bei diesem Anblick überkommt, soll nicht lange anhalten. Einer der Dragomane hat den Kopf eines von ihm erschossenen Kalikanegers neben Junkers Hütte abgelegt. Doch die Irritationen, die durch solche Vorkommnisse ausgelöst werden, halten nicht lange an. Die Sammelleidenschaft der Forschungsreisenden kennt oft keine Grenzen, sie verdrängt menschliche Tragödien aus dem Bewußtsein. Bei anderer Gelegenheit läßt Junker sich den Kopf eines Gemordeten für seine Sammlungen präparieren.

Weiteres Grauen läßt nicht lange auf sich warten. In der Karawane brechen die Pocken aus. Die Seuche greift verheerend um sich, Hunderte sterben in den folgenden Wochen. Doch die Gesunden in den Marschkolonnen gehen weiter auf Raub aus. Verlassene Weiler inmitten ausgedehnter Durrafelder sind ein untrügliches Zeichen, daß die Vorausabteilungen der Expedition bereits da waren. Diesmal haben sie eine besonders schreckliche »Spur« hinterlassen. »Wenige hundert Schritte weiter auf dem Wege lag mit ausgebreiteten Armen ein zwei- bis dreijähriges Kind auf dem Bauche, winselnd, das Köpfchen lebensschwach von einer Seite zur andern bewegend, im Rücken eine frische Lanzenwunde, aus welcher das Blut träufelte!«

Vierzehn Tage vor Weihnachten erreichen sie erneut Gebiete, die zuvor noch kein Weißer betreten hat. Noch einmal läßt die Entdeckerfreude den Reisenden die Schrecken dieses Höllenmarsches vergessen: »Ich war am Kibbi (Kibali), dem Quellfluß des Uelle, und hatte somit ein lange und beharrlich angestrebtes Ziel erreicht; es war mir gegönnt, in Länder, welche vor mir noch keines Weißen Fuß betreten hatte, vorzudringen und unsere Kenntnis Afrikas zu bereichern.« Immerhin fügt er hinzu: »Sie war nicht fröhlich, diese Reise, weiß Gott, nein!«

Als Junker im September 1878 in die Heimat nach Petersburg zurückkehrt, ist er der festen Überzeugung, daß seine Afrikareisen damit beendet sind. Doch schon im nächsten Sommer führen ihn Marschübungen kreuz und quer durch Deutschland. Im Oktober 1879 reist er von Triest aus ein zweites Mal an den Nil. Dabei ist er keineswegs freudig und hoffnungsvoll, ein schwer in Worte zu fassendes Reisefieber, ein elementarer Drang in die Ferne, hat den ruhelosen Mann aufs neue gepackt. Mit Abenteuerlust hat das Ganze wohl wenig zu tun. Gewissenhaft notiert er ins Tagebuch: »Nicht Waghalsigkeit soll deine Schritte leiten, doch bleibe auch nicht zaghaft vor dem Hindernis stehen.« Diesmal folgt er den Spuren Georg Schweinfurths. An Bord des Regierungsdampfers »Ismailia« fährt er von Khartum zur Meschra er-Rek am Bahr el-Ghasal. Den Lauf dieses Flusses nimmt er durch genau 1781 Winkelmessungen exakt auf. Stets hält er seine Instrumente in bester Ordnung, was später von dem großen Meister der damaligen deutschen Kartographie, Bruno Hassenstein, in geradezu bewundernden Worten bestätigt wird. Die wichtigsten Geräte hat der unermüdliche Mann stets griffbereit in einer ärmellosen Weste aus grauem Leinen, die mit zahlreichen Taschen ausgestattet ist. An verschieden langen Fäden hängen Stifte: rot für die Routenlinie, blau für die Wasserläufe und ein Bleistift für Zeit- und Richtungsangaben. Auf den Rundreisen liest er Uhr und Handkompaß oft alle fünf Minuten ab. Die am Tage in handliche Notizbücher eingetragenen Daten werden abends mit Feder und Tinte säuberlich in große Oktavhefte übertragen.

Über die Seriba Ghattas nähert er sich dem Gebiet des Asande-Fürsten Ndoruma. So manchen kleinen Potentaten hat er bereits erlebt, stets konnte er aufkommende Schwierigkeiten überwinden, sich durchsetzen und unbehelligt weiterziehen. Wie er dabei vorging schildert er in einem Brief an seine Familie (28. Jan. 1881): »Erzähle ich Euch häufig von Fürsten, so müßt Ihr Euch in den meisten Fällen unter denselben nur Lumpen vorstellen, die kaum einige Hundert Seelen als Untertanen haben ... Solche Subjekte müssen in Furcht erhalten werden. Eine Ohrfeige ist da häufig von besserer Wirkung als alle Geduld.« Diesmal jedoch ist Junker ernsthaft in Sorge. Ndoruma gilt als ein mächtiger Mann, dessen Gebiet sich der Reisende mit gemischten Gefühlen nähert. Doch die Begegnung mit dem gefürchteten Herrscher, dessen Krieger bereits zwei gut gerüstete Expeditionen der Araber bis auf wenige Mann vernichtet hatten, gestaltet sich vom ersten Augenblick an friedlicher als angenommen. Zum feierlichen Empfang beim Fürsten müssen Junkers Diener eiligst die Festtagskleider, russische Bauernanzüge, anlegen.

Junker ist fasziniert von der Persönlichkeit Ndorumas. Lebhaft erinnert er ihn an das Bildnis des Mangbattukönigs Munsa, den Schweinfurth so eindrucksvoll geschildert und porträtiert hatte. »Im Gesicht prägte sich unverkennbar der Typus der Asande aus. Scharfe, energische Züge, große, lebhafte Augen zeugen von Willenskraft.« Und Junker bringt es fertig, den Fürsten und seine Gefolgschaft durch fremdartigen »Zauber« zu begeistern. Abends bedient er seine Drehorgel und »Die Wacht am Rhein« schallt weit hinaus in die afrikanische Wildnis. Ein ganzes Arsenal von Kinderspielzeugen breitet er vor den erstaunten Asande aus: Mundharmonikas und Kinderflöten, Spielzeugsoldaten, kleine Schiffe, Bilderbücher, Luftballons und vieles andere mehr. Den Vätern, nicht den zahlreichen Kindern, will er damit eine Freude bereiten. »Der erwachsene Schwarze steht mit seinem Denk- und Fassungsvermögen gleichsam noch in einem frühen Lebensjahr, obgleich er ein Menschenalter an Erfahrung hinter sich hat«, glaubt Junker feststellen zu müssen. Und weiter notiert er: »Die lange Tonleiter der menschlichen Empfindungen, die Gefühlsregungen des höher zivilisierten

## Das Dorf des Kassongo

*Mit banger Erwartung betrachteten die Reisenden häufig die Residenz der allgewaltigen lokalen Machthaber, von deren Wohlwollen und Unterstützung die Fortsetzung der Reise abhing.*

## Pombe-Trinken

*Nach dem Essen trinken die Waganda (Bewohner von Uganda) Wasser oder in großen Mengen den Pombe genannten Pisangwein aus reifen Bananen. Speke beobachtete an Mtesas Hof, daß die Vornehmen des Palastes ihn direkt aus dem Trog tranken, weil der Becher ihnen das begehrte alkoholarme Getränk nicht rasch genug spendete.*

## Versammlungsort der Häuptlinge

*(rechts)*

*Am Oberlauf des Uëlle erreichte Wilhelm Junker im November 1880 an einem nördlichen Zufluß den Mbanga (Versammlungsort) des Fürsten Ngerria. Von Neuankömmlingen wurde die übliche Einführungsansprache erwartet, während die versammelten Würdenträger den fremden Gast gebührend bestaunten. Man saß unter einem Schatten spendenden Baum, die Halle wurde nur bei Regenwetter genutzt. Die Holzgerüste dienten zum Aufhängen der Speere und Schilde.*

## Begegnung mit Mambanga
*(Seite 142 oben)*

*Im September 1881 erfährt Wilhelm Junker, daß Fürst Mambanga die Station Hauasch am Uelle angegriffen hat und zieht dem Fürsten entgegen. Bei der spannungsgeladenen Begegnung am 13. September schließen die beiden Blutsbrüderschaft.*

## Die Stromschnellen des Assa
*(Seite 143 oben)*

*Auf der Reise von der Station Semio zum Uelle (1882/83) mußte Junker den Assa, einen Nebenfluß des Mbomu (Zufluß des Uëlle), überqueren. »Die Brücke über den Assa war in ihrer Art ein kleines Kunstwerk«, schreibt Junker im dritten Band seines Reisewerkes.*

## Rekruten im Halsjoch
*(rechts)*

*Am 20. April 1883 erreichte Junker im Nordwesten des Gebietes der Asande-Stämme die bedeutende Station Ombanga (im Osten der heutigen Zentralafrikanischen Republik). Hier waren in einem großen Lehmziegelbau Hunderte von Rekruten eingepfercht; sie wurden mehrmals am Tage zum Wasser geführt. Viele dieser Opfer einer ägyptischen Zwangsaushebung verhungerten später auf dem Transport zum Nil.*

Menschen bis hinauf zu der ausgearteten krankhaften Empfindlichkeit sind ihm fremd. Das Auge des Negers widerstrahlt kein Spiegelbild einer Seele.«

Im Verlauf seiner Reise dringt Junker weit über die Nil-Kongo-Wasserscheide vor und erreicht den geheimnisvollen Uelle, den er für den Oberlauf des Schari hält. Doch die Belgier Grenfell und van Gele können wenige Jahre später (1885) nachweisen, daß der Uëlle-Makua der größte nördliche Zufluß des Kongo ist. Der Schari hingegen mündet in den abflußlosen Tschadsee. Den südlichsten Punkt seiner Reise ins Innerste des alten Afrika erreicht Junker am 6. Mai 1882. An diesem Tag steht er am steil abfallenden Ufer des Nepoko. Schweren Herzens muß er jedoch umkehren. Seine Mittel sind aufgezehrt; das Gepäck lagert weit im Norden im Gebiet des befreundeten Fürsten Semio. Ihm graut vor dem langen Rückmarsch, seine Gesundheit ist stark angeschlagen, um seine psychische Verfassung ist es schlimm bestellt.

Noch über ein Jahr reist er durch die Gebiete nördlich der Nil-Kongo-Wasserscheide, dann erlangt er Gewißheit, daß der Rückweg nach Khartum durch die aufständischen Mahdisten, welche die ägyptische Regierung in schwere Bedrängnis bringen, versperrt ist. Von der Residenz des Fürsten Semio bricht er am 16. November 1883 zum oberen Nil auf. Er will nach Lado, wo sich Dr. Emin Bey mit Erfolg gegen die Mahdisten behauptet. Der Marsch dorthin dauert über zwei Monate. In Lado beginnt das Warten auf den Dampfer aus Khartum, dessen Ankunft sich immer weiter verzögert. Am 26. März 1884 trifft eine Hiobsbotschaft von dem Engländer Lupton Bey ein, der Gouverneur der Nachbarprovinz Bahr el-Ghasal ist. Danach ist die Armee des Generals Hicks südlich des Ortes El-Obeid von den Mahdisten vernichtet worden. Zwei Monate später erreicht eine neue Schreckensnachricht Lado. Lupton Bey hat kapituliert, die Provinz Bahr el-Ghasal ist in den Händen der Mahdisten. Damit sind auch Junkers Sammlungen verloren, die dort für den Abtransport nach Khartum lagern. Trotz einer Einladung des Mahdisten-Generals Karam Allah ringt sich Junker, der keine Lust verspürt, zum Islam bekehrt zu werden, zu dem Entschluß durch, seine Sammlungen endgültig aufzugeben. Er will aber unter allen Umständen seine Tagebücher retten, die er stets griffbereit in einer Kiste nahe dem Ausgang seiner jeweiligen Behausung abstellt.

Er reist im Auftrag Emin Beys nach Süden zum Viktoriasee, um dort bei den englischen Missionaren Auskünfte über die Lage im Norden des Sudan einzuholen. Im Januar 1886 verläßt er Lado endgültig. Die Rückreise führt ihn durch Buganda und über den riesigen Viktoriasee. Erst Ende November 1887 erreicht er Bagamoyo an der Ostküste Afrikas, Sansibar gegenüber.

Sieben Jahre hatte diese Reise durch das Innere Afrikas gedauert. Mit welchen Augen sah dieser Mann, der so lange unter afrikanischen Menschen gelebt hatte, den von ihm durchforschten Kontinent? Eine Antwort darauf finden wir im zweiten Band seines Reisewerkes, eingestreut in eine Schilderung aus dem Lande Amadi am großen Uelle-Bogen:

»Es ist doch einleuchtend, daß solche seit Jahrtausenden bei allen Negervölkern tief eingewurzelten Mißstände (gemeint ist die Sklaverei) nicht mit Feuer und Schwert bekämpft und in kurzer Zeit beseitigt werden können ... Der Schlag aber würde vor allem die Pulsader des Negers treffen, welcher plötzliche Neuerungen, wie Gesetz zur Befreiung der Sklaven und zur Aufhebung der Haussklaverei, nicht begreift. Er bedarf wahrlich noch einer langen Erziehungsperiode, bis er einsehen wird, daß er sich unter bessern Bedingungen ohne Sklavenraub ein behaglicheres und menschenwürdigeres Leben schaffen kann. Jetzt, bevor er sich noch mit den besseren Verhältnissen der ihm aufgezwungenen europäischen Kultur befreunden konnte, wird er sich bei übereiltem Vorgehen in seinen Interessen geschädigt fühlen, sein Mißtrauen gegen europäischen Einfluß wird wachsen und er wird sich dem Weißen nicht nähern, sondern sich ihm eher entfremden. Der Erfolg einer wirklichen Kulturarbeit ist dadurch verzögert.«

Und zu den Vorbedingungen einer solchen Kulturarbeit gehören nach Junker: »... dauernde Besetzung der Gebiete durch militärisch organisierte Stationen der Kulturstaaten, wie beispielsweise die des Kongostaates ... das Hörigkeitsverhältnis der Eingeborenen zu ihren Gebietern jedoch bleibe unangetastet ... Die volle Freiheit aber sollte nach meinem Ermessen als Krönung des Erfolges der beginnenden Kulturarbeit in Afrika angesehen werden und dem Neger erst nach Ablauf einer Übergangsperiode, nachdem seine Erziehung zum freien Menschen gelungen, zugesprochen werden.«

## *Exkurs*

### *Al Mahdi: Islamische Revolution am Nil*

Im Jahre 1820 schickte Mohammed Ali, Herrscher über Ägypten, ein Heer von 10 000 Mann gen Süden, um den Sudan für sein Land zu erobern. Außerdem sollten die Soldaten mindestens 40 000 Sklaven mit nach Hause bringen. Über die Hälfte der Truppe bestand aus Albanern und Türken verschiedenster Provenienz, weshalb denn auch fortan alle Fremdlinge aus dem Norden, einschließlich der Europäer, im Sudan »al Turk« (die »Türken«) genannt wurden.

In jedem Gebiet, in dem diese Truppe gewesen war, wußte man hinterher von schrecklichen Greueltaten zu berichten. Zehntausende Bewohner fanden den Tod, der Keim für die spätere Erhebung war bereits gelegt. Die Gouverneure der Sudan-Zentrale Khartum, 1824 gegründet, »beschafften« mit Hilfe skrupelloser Sklavenhändler die notwendigen »Abgaben« an Menschen und Vieh.

Sorgfältig ausgesuchte Negersklaven wurden nach europäischem Muster zu Soldaten gedrillt. Die so geschaffene Truppe wurde unter dem Namen Jihadiyya bekannt. Viele Soldaten der Jihadiyya liefen mit ihren modernen europäischen Waffen später zum Mahdi über, was die Schlagkraft seiner Armeen erhöhte.

Immer weiter nach Süden dehnten die »Handelsherren« ihren Einfluß aus; alles, was im Bereich ihrer Seriben lag, war selbstverständlich ihr »Eigentum«. Seit 1869 befehligte der Gouverneur Ziber Pascha die Provinz Bahr el-Ghasal auf seine Weise als »souveräner« Herrscher. 1874 eroberte er Darfur. Dem zu mächtig gewordenen Pascha wurde daraufhin die Rückkehr in seine Provinz untersagt.

Unter dem Einfluß Englands entsandte der Khedive in Kairo Europäer in die entfernten Provinzen. Samuel Baker eroberte das Nilgebiet südlich Gondokoro, wodurch England und Ägypten ihren Einfluß bis an die Grenze von Uganda ausdehnen konnten. Der Engländer Charles Gordon wurde 1877 Generalgouverneur des Sudan. In seinem Auftrag warf der italienische Offizier Romulo Gessi einen Aufstand von Ziber Paschas Sohn Soliman nieder. Solimans Heerführer Rabah floh in den westlichen Sudan und schuf sich dort für wenige Jahre ein Großreich mit dem Tschadseegebiet als Mittelpunkt. Französische Truppen zerstörten dieses Reich im Jahre 1900. Die Nationen des »Mutterkontinents« zogen Grenzlinien durch den riesigen Erdteil und begannen mit der Aufteilung Afrikas, die nach ihrer Vorstellung die kommenden Jahrhunderte überdauern sollte.

1878 wurde Eduard Schnitzer (Emin Pascha) Gouverneur von Äquatoria. Im Jahre darauf unterdrückte der Österreicher Slatin Pascha in der Provinz Darfur einen Aufstand. Fünf Jahre später geriet er nach Niederlage seiner eigenen Truppen in elfjährige Gefangenschaft der Mahdisten. In dem Buch »Feuer und Schwert im Sudan« berichtete er später eingehend über diese kriegerischen Jahre im Sudan. Der britische Historiker Peter M. Holt konnte in unserer Zeit nachweisen, daß viele Angaben in Slatin Paschas Aufzeichnungen, ebenso wie in dem seinerzeit sehr bekannten Sudan-Buch des Pater Josef Ohrwalder, reine Kriegspropaganda waren.

In Khartum konnte man unterdessen seit Anfang der siebziger Jahre einen jungen Mann beobachten, der flammende Reden gegen die ungläubigen fremden Unterdrücker hielt. Später wird er seinen heiligen Kriegern zurufen: »Tötet alle Türken, denn sie sind Ungläubige!«

Doch zunächst zog er sich auf die Insel Abba im Weißen Nil, südlich von Khartum, zurück. Hier führte der von früher Kindheit an tief religiöse Mann ein streng asketisches Leben. Bei den umliegenden Stämmen galt er als heiliger Mann, der mit übernatürlichen Kräften ausgestattet war. Der junge Mann hieß Mohammed Ahmed Ibn Abdallah und stammte aus Dongola, wo er 1844 als Sohn eines Bootsbauers geboren wurde.

Am 29. Juni 1881 verkündete er seinen Anhängern, daß er der erwartete Mahdi sei, der göttliche Führer, von Gott ausgewählt am Ende der Zeit, um die Erde mit Gerechtigkeit zu erfüllen und die Gleichheit aller Gläubigen zu verwirklichen.

Der Glaube an das Erscheinen eines solchen Mahdi, eines rechtgeleiteten Dieners Allahs, war damals weit verbreitet im Sudan. Der Glaube an das Kommen eines solchen Erneuerers des wahren Islam läßt sich in der Geschichte der islamischen Welt immer wieder beobachten. Ein Beispiel dafür ist die Reformbewegung des Abd el-Wahab auf der arabischen Halbinsel, die unter dem Namen Wahabismus bekannt wurde, und die das Leben der Gläubigen in Saudi-Arabien in vielem noch heute bestimmt.

Immer wieder hob Mohammed Ahmed, der neue Mahdi des Sudan, in Ansprachen vor seinen gläubigen Anhängern hervor, daß er gesandt worden sei, den wahren Glauben wiederherzustellen und den Gläubigen den rechten Weg dorthin zu weisen. Die Rückkehr zum wahren Islam werde ihnen die Erlösung bringen und den Sieg über die Ungläubigen. Und er, der Mahdi, sei der wahre Imam, das heißt der Führer aller rechtgläubigen Muslime. Als Mahdi hat er Zugang zu den letzten Dingen, die den übrigen Gläubigen verborgen bleiben, die sie nicht begreifen können. So ist seine Autorität göttlicher Natur und wie diejenige des Ayatollah Khomeini im heutigen Iran unantastbar.

In Khartum wurde man hellhörig und begann zu handeln. Der ägyptische Gouverneur des Sudan schickte im August 1881 eine gut bewaffnete Truppe nach Abba. Doch die Expedition wurde zum Fehlschlag. Die Speere der Ansar, der Kämpfer des Mahdi, widerstanden den Gewehren. Weiterem Zugriff entzog sich der Mahdi durch Flucht, wie einst der Prophet Mohammed, der von Mekka nach Medina floh. In den Nuba-Bergen, im fernen Kordofan, konnte der Mahdi in Ruhe seine ständig wachsende Anhängerschar sammeln und zum Dschihad, dem heiligen Krieg gegen die Ungläubigen, rüsten.

Nachdem die Mahdisten zwei Heere der »Türken« vernichtend geschlagen hatten, galt der Mahdi als unbesiegbar. Im September 1882 begann die Belagerung von El-Obeid in Kordofan. In der kurzen Zeitspanne zweier Jahre werden große Teile der heutigen Republik Sudan von den Mahdisten überrannt.

In der Londoner »Times« vom 19. 7. 1884 wies der deutsche Afrikaforscher Georg Schweinfurth warnend darauf hin, daß der eilends erneut zum Gouverneur ernannte Gordon sich in höchster Gefahr befinde. Doch es war bereits zu spät; die Mahdisten hatten Khartum umzingelt.

»Khartum selbst war voll von Verrätern«, schrieb der bereits erwähnte Pater Ohrwalder. Am 23. Oktober traf der Mahdi vor Omdurman ein, begleitet von Tausenden seiner Ansar, die von Ohrwalder durchweg als Horden bezeichnet werden. Das Fort von Omdurman fiel am 5. Januar 1885 in die Hände der Mahdisten.

In der völlig isolierten Stadt Khartum verschlimmerte sich die Lage von Tag zu Tag. Gordon gab wegen der Geldnot Gutschriften aus. Vierzehn Kaufleute, die sich weigerten, das System zu akzeptieren, ließ er zum Nilufer schleppen und vor die Kanonen stellen. Der gleiche Gordon hatte sich schon bei der Niederwerfung des Taiping-Aufstandes in China »bestens bewährt«!

Doch diesmal begnadigt er die Kaufleute im letzten Augenblick, »er wollte eben nur Furcht einjagen« (Ohrwalder).

Khartum war voll von Frauen und Kindern, deren Väter und Männer beim Mahdi kämpften. Als diese Frauen in ihrer Verzweiflung weinend bei Gordon erschienen und ihn um Brot baten, gab er ihnen aus den Vorräten der Magazine, so daß seinen Soldaten das Getreide fehlte. Der Pater warf dem Gouverneur daraufhin vor, von den Gesetzen der Menschlichkeit in diesen Kriegszeiten falschen Gebrauch gemacht zu haben, »besonders in einem Kriege gegen fanatische und grausame Wilde«. »Hätte Gordon sich dieser nutzlosen Schar von Mitessern rechtzeitig entledigt«, dann hätte das Getreide noch lange gereicht. So die Logik des offiziellen Vertreters einer Religion, welche die Nächstenliebe predigt. Am 25. Januar 1885 gelang den Mahdisten die Erstürmung der Stadt. Gordon und mit ihm ein großer Teil der Angloägypter wurden getötet.

Der Mahdi war nun Herr des Sudan, und seine Krieger, die Ansar, glaubten, daß mit dem Fall von Khartum eine Serie von Eroberungen in der islamischen Welt beginnen werde. Doch nach kurzer, plötzlich auftretender Krankheit starb der Mahdi, wohl durch Herzversagen, am 8. Ramadan 1302 (22. Juni 1885). Drei seiner Mitstreiter hatte er in Anlehnung an die Tradition des Propheten Mohammed zu Kalifen (Nachfolgern) ernannt. Abdallahi ibn Mohammed nahm die Stelle des Kalifen Abu Bakr ein, der unmittelbarer Nachfolger des Propheten geworden war. Somit regierte Kalif Abdallahi jetzt als rechtmäßiger Nachfolger. Abdallahi festigte seine Macht im Innern des Landes und baute vor allem ein wohldurchdachtes Verwaltungs- und Finanzsystem auf. Dabei hatte er mit zahlreichen Problemen zu kämpfen. Die ständigen Querelen der miteinander rivalisierenden Stämme erforderten energisches Eingreifen, oft erschwert durch die ungeheure Weiträumigkeit dieses größten Flächenstaates in Afrika.

1890/91 stellte sich zu allem Unglück noch eine verheerende Dürre ein, das uralte Grundübel der Sudanländer am Südrand der größten Wüste der Erde, der Sahara. Gewaltige Hungersnöte brachen aus, ganze Dörfer starben in kurzer Zeit. Doch die öffentliche Meinung in Europa, aufgehetzt durch Berichte wie die des Paters Ohrwalder, lastete alles dem Kalifen an, der jedoch der Naturkatastrophe und den Folgen machtlos gegenüberstand.

Ohrwalder, der das Eingreifen Europas kaum erwarten konnte, schrieb in Kairo im Juli 1892: »Wie lange wird noch Europa, voran jene Nation, die in Ägypten und im Sudan zunächst beteiligt ist (gemeint ist Eng-

## Überbringung von Tribut

*In der Station Mbelia im Gebiet des Mangbattu-Fürsten Gambari (im Nordosten des heutigen Zaire) beobachtete Junker im Frühjahr 1882 die Überbringung von Landesprodukten durch die Tributpflichtigen des despotischen Fürsten. Auf Stangen aufgereiht wurde unter anderem sorgfältig in Bananenblätter verpacktes kostbares Speisesalz herangeschleppt.*

land) und die nicht mit Unrecht den Ruf hat, die an Kolonisation und Zivilisation wilder Völker bestverdiente zu sein, die Greuel der Mahdia und die grausame Ausrottung der Sudanvölker müßig mitanzusehen?« Und er beschwor eine vergangene heile Welt, die jedoch in lebhaftem Gegensatz stand zu den Berichten Wilhelm Junkers aus dem oberen Nilgebiet und dem Bahr el-Ghasal. »Auf dem geheimnisvollen Nil«, schwärmte der Pater, »erschienen zum Staunen der Eingeborenen Dampfer ... überall herrschte Sicherheit und geachtet zog der Weiße unangefochten bis zu den menschenfressenden Stämmen der Niam-Niam und ihrer Nachbarn, um an den Ufern des Nepoko seinem vom Kongo her vordringenden Bruder die Hand zu reichen; überall erhoben sich Einrichtungen europäischer Kultur und pflanzte die Religion Christi das welterlösende Banner auf.«

Europa ließ nicht lange auf sich warten. Was als »scramble for Africa«, die Jagd auf Afrika, in die Geschichte eingehen sollte, war bereits in vollem Gange. Schon bald drang der neue alte Feind nilaufwärts in den Sudan ein. Ein britischer General namens Kitchener hatte die Ehre, dem Britischen Weltreich mit überlegenen Waffen »seinen« Besitz zurückzuerobern. Überraschend drang er 1896 nach Dongola vor. Von Erithrea aus waren 1894 die Italiener bis Kassala vorgestoßen; die Belgier erschienen in der Provinz Bahr el-Ghasal, denn ihrem König Leopold V. gehörte ja mittlerweile der benachbarte Kongostaat. Kitchener gelang es schließlich am 1. September 1898 in der Schlacht bei Karari, zehn Kilometer nördlich der Mahdistenstadt Omdurman, die Armee des Kalifen vernichtend zu schlagen. Das Grabmal des Mahdi in Omdurman wurde zerstört.

Die wiedererrichtete Grabmoschee mit ihrer weithin sichtbaren silbrig glänzenden Kuppel ist heute das Wahrzeichen von Omdurman. Noch immer gilt vielen der Mahdi als Abu al-Istiqlal, Vater der Unabhängigkeit, der die Stämme einte, die Fremden vertrieb und den wahren Islam zur bestimmenden Kraft machte.

### *Die Erforschung des Bahr al-Ghasal*

1821 Der Franzose Frédéric Cailliaud gelangt mit der Armee Ibrahim Paschas (ein Sohn Mohammed Alis, des Herrschers in Ägypten) bis zum Zusammenfluß des Blauen und Weißen Nil.

ab 1831 Antoine Brun Rollet fährt zweiundzwanzigjährig als erster Europäer den Bahr el-Ghasal bis Meschra er-Rek aufwärts. Brun Rollet stammte aus Savoyen (Frankreich) und lebte in Khartum längere Zeit als Generalkonsul des Königreichs Sardinien. Er war einer der gründlichsten Kenner des Bahr el-Ghasal-Gebietes, wo er durch Elfenbeinhandel reich wurde.

1847 John Petherick, englischer Bergmann in ägyptischen Diensten, reist mit Alfred Brehm nach Kordofan, wo er bis 1853 mit Gummi arabicum handelt. Ab 1853 unternimmt er mehrere Reisen in das Bahr el-Ghasal-Gebiet, wo er zu den Djur-Negern vordringt und 1858 das später von Schweinfurth bereiste Land der Niamniam besucht.

ab 1854 Die in Khartum aufgewachsenen Brüder Ambroise und Jules Poncet gründen mehrere Handelsstationen im Land der Djur und der Niamniam und liefern wertvolle geographische Informationen aus diesen Gebieten. Viel beachtet wurde ihre Karte vom Gebiet des Weißen Nil.

1863 Der Zoologe Theodor von Heuglin schließt sich von Nordäthiopien kommend in Khartum der Expedition von Alexine Tinné an. Diese Tochter eines reichen Engländers und einer Holländerin reist mit gemieteten Dampfern und 200 Mann Begleitung in das Bahr el-Ghasal-Gebiet, wo sie mit Heuglin bis in das Gebiet der Djur-Neger vordringt.

1863–1865 Der mit Sprachen und Sitten der Einheimischen wohlvertraute Italiener Carlo Piaggia lebt ein Jahr lang im Gebiet der Niamniam, wo er wegen seiner vielseitigen handwerklichen Fähigkeiten großes Ansehen erlangt.

1869 Am 5. Januar reist der berühmte deutsche Afrikaforscher Georg Schweinfurth von Khartum ins Gebiet der Djur, Bongo, Schilluk, Nuer, Dinka und Niamniam, wo er vor allem die Pflanzenwelt gründlich erforscht. Im Mangbattuland erreicht er den Uelle und bringt sichere Kunde von dem Pygmäenvolk der Akka nach Europa.

1871 Der Italiener Miani reist in das Gebiet der Mangbattu, wo er 1872 infolge Überanstrengung einer Krankheit erliegt. Seine Tagebücher werden von Angestellten des Elfenbeinhändlers Ghattas nach Khartum gebracht, zwei Knaben der Akka-Pygmäen gelangen durch Ghattas' Vermittlung nach Italien, wo sie von Anthropologen im zoologisch-wissenschaftlichen Sinne gründlich beobachtet werden.

1876–1887 Eduard Schnitzer (Emin Pascha) aus Oppeln in Schlesien, seit 1878 Gouverneur der Provinz Äquatoria am Oberen Nil, erforscht auf oft monatelangen Rundreisen nahezu alle Gebiete Äquatorias bis in das Bahr el-Ghasal hinein. Der mit einheimischen Sprachen wohlvertraute Gouverneur liefert in seinen Tagebüchern eine Fülle zuverlässiger Informationen, speziell wertvolle zoologische, botanische, meteorologische und völkerkundliche Beobachtungen.

1876–1884 Der Deutsch-Russe Wilhelm Junker reist durch die Gebiete der westlichen Nilzuflüsse, wo er nachweisen kann, daß Jei und Rohl getrennte Zuflüsse des Bahr el-Ghasal sind. Zahlreiche Rundreisen im Lande der Niamniam und Mangbattu tragen wesentlich zur Verbesserung der Kartographie von Zentralafrika bei.

## Musizierende Schulineger

*Im oberen Nilgebiet bis zum Viktorianil leben die Schuli, die dort die südlichste Gruppe der Schilluk bilden. Sie besitzen Saiteninstrumente und Flöten in großer Formenfülle. Das Bild entstand nach einem Photo von Richard Buchta.*

## Musikanten der Bongo

*Vielfältig sind die Musikinstrumente und Geräte der Völkerschaften im Gebiet des Bahr el-Ghasal, zu denen neben den Bongo die Madi, Mittu, Mundu u. a. gehören.*

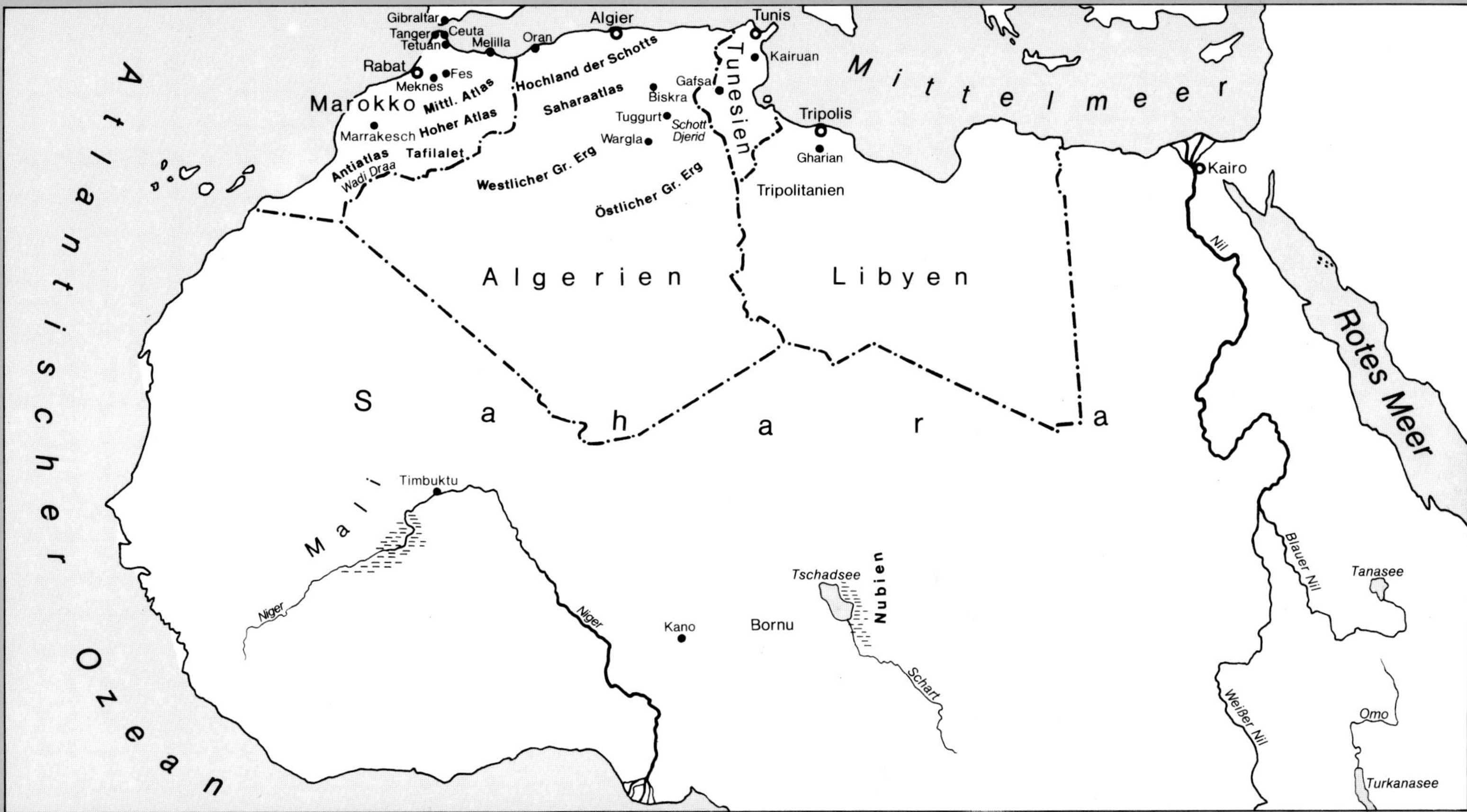


## Versammlung in der Moschee

*Im Zeitalter der Renaissance des Islam mit seinen von Männern erfüllten Moscheen gewinnen solche Bilder zunehmend an Aktualität. Die Abbildung entstammt dem Buch »Marokko« von Edmondo Amicis.*

# *Reisen in den Atlasländern*

**Algier – eine vortreffliche Stadt, in Afrika gelegen**
*(Georg Braun 1574)*

*Die Stadt Algier soll im 16. Jahrhundert 400 000 Einwohner gehabt haben. Überaus kunstvoll waren nach den vereinzelten Berichten europäischer Kaufleute und Geistlicher die Häuser, Bäder, Paläste und Moscheen der Stadt. Die große Freitagsmoschee liegt hinter dem Hafengelände. Von dem engen Gassengewirr dieser typischen nordafrikanisch-islamischen Stadt ist auf der Darstellung jedoch nichts zu erkennen.*

paniar, qui Cabam illam stuprauerat, ob quod vindicandum, Iulianus Pater, Maurorum præsidio, vni
uersam expugnauit Hispaniam.
SINVS SARGELYCVS
Castrum laxine
Moschea zidi Bohonor
Murus, ciuitatē ab Alcazaba separans
Palatium Age Janiceror
Castrum nouum Anno 1569. perfectum
Sepulchra Regum
Scogli
Scopulus Coletta dictus

## Die Stadt Mahadia (Mahdia)

*»Afrika olim (einst) Aphrodisium … von den Mohren (Mauren) Mahadia genannt, ist das meiste Teil im Meer gelegen«, schreibt Georg Braun (1574) in seinen Erläuterungen zu dieser Darstellung. Zum Festland hin war diese zwischen Sousse und Sfax gelegene Stadt an der tunesischen Mittelmeerküste durch umfangreiche Befestigungsanlagen abgeschirmt. Mahdia war lange Zeit, wie so manche andere Mittelmeerstadt, Zentrum eines blühenden organisierten Seeräubertums.*

## Die Stadt Tzaffin (Zaffin)

*(unten)*

*Eine zierliche Stadt in Afrika (Berberei) nennt Georg Braun das an der marokkanischen Mittelmeerküste gelegene Zaffin. Die 1508 von den Portugiesen eroberte Stadt hatte »gar viel wohlgeschmückte Häuser und ein überaus hohen Turm« (Minarett).*

# *Das Königreich Fezza Leo Africanus, der Sklave aus der Berberei, berichtet*

Für das christliche Spanien war das Jahr 1492 höchst bedeutsam. Der Genuese Kolumbus hatte im Auftrag der spanischen Krone Amerika entdeckt, und den christlichen Heeren war es gelungen, Granada, die letzte Bastion der Mauren, zu erobern. Damit war die Macht des Islam auf spanischem Boden endgültig gebrochen. Viele der muslimischen Bewohner blieben aber noch in ihrer alten Heimat.

Ein Jahr nach der Reconquista, der Rückeroberung Granadas, wurde im Haus eines solchen Mauren ein Sohn geboren, der später einmal unter dem Namen Leo Africanus in ganz Europa berühmt werden sollte. In Wirklichkeit hieß er al Hassan ibn Mohammed al Wassan. Seine Erziehung erhielt er in der alten Königsstadt Fes, denn sein Vater zog nach Marokko als Hassan noch ein kleiner Junge war. Der hochbegabte junge Mann hatte bereits mit 20 Jahren praktische Erfahrungen als Diplomat, Soldat, Jurist, Richter und Kaufmann. Bis nach Täbris in Persien war er gereist und hatte seinen Onkel auf einer Gesandtschaftsreise nach Timbuktu am Niger begleitet. Hier lernte er das Leben am Hofe des mächtigen Songhai-Herrschers Askia Muhammed kennen. Das Machtzentrum des Reiches lag im großen Nigerbogen am Südrand der Sahara. Zeitweilig reichte der Einflußbereich der Songhai-Herrscher bis in das Gebiet der Salzminen am Südrand der Atlasländer.

Bald nach dieser Reise mit dem Onkel zog Hassan wieder nach Timbuktu. Diesmal besuchte er zuerst das westlich von Songhai gelegene Reich Mali (Melli) und im weiteren Verlauf der Reise die alte Handelsstadt Kano im Norden des heutigen Staates Nigeria, von wo aus er ostwärts in das Sudanreich Bornu am Tschadsee zog. Wahrscheinlich über Wadai und Nubien erreichte er nach zweijähriger Reise das ägyptische Niltal.

Als er im Jahre 1518 von einer zweiten Ägyptenreise an Bord eines Schiffes nach Marokko zurückkehren wollte, geriet er vor der tunesischen Küste in die Hände italienischer Seeräuber. Seeräuberei war damals auf beiden Seiten des Mittelmeeres eine Form wirtschaftlicher Betätigung, die auch von staatlicher Seite je nach Interessenlage geduldet wurde. Die Seeräuber, die Leo gefangengenommen hatten, ließen sich etwas besonderes einfallen. Sie schenkten den jungen Mauren dem damaligen Papst Leo X. Papst Leo war tief beeindruckt von den außergewöhnlichen intellektuellen Fähigkeiten des jungen Mannes. Besonders bemerkenswert waren seine Kenntnisse ferner afrikanischer Länder südlich der großen nordafrikanischen Wüste, die in Europa kaum dem Namen nach bekannt waren. Papst Leo schenkte dem Mauren die Freiheit und taufte ihn auf seine eigenen Namen Giovanni i Leo. Allgemein bekannt wurde er unter dem Namen Leo Africanus, Leo der Afrikaner. Er trat zum Christentum über und lehrte dann an der Universität von Bologna Arabisch. Hier entstand auch seine in italienischer Sprache abgefaßte »Beschreibung von Afrika«.

Das Werk besteht aus insgesamt neun »Büchern« (Kapitel), von denen die Mehrzahl den Ländern der Berberei (von Marokko bis Libyen) gewidmet ist. Jeweils ein Buch handelt von Ägypten und den Ländern des Sudan.

Eingehend beschreibt Leo die großen arabischen Volksstämme, die sich in den Jahrhunderten nach Gründung des Islam über ganz Nordafrika ausgebreitet haben. Im Atlasgebirge hatten sich besonders viele unterschiedliche Stämme niedergelassen. Da hier alteingesessene Berberstämme mit ausgeprägtem Unabhängigkeitsstreben saßen, kam es zu einer wechselvollen Geschichte der verschiedenen »arabischen« Königreiche. Eines dieser Reiche war zur Zeit Leos das Königreich Fezza im Nordteil des heutigen Königreichs Marokko. Der König residierte in einem großen Palast in der Hauptstadt Fezza (Fes). Verwaltet wurde das Land von Gouverneuren, die der König selbst ernannte und von denen es in jeder größeren Stadt einen gab. Im Palast konnte man eine erstaunliche Vielfalt der Völker und Rassen beobachten. Das Personal der königlichen Familie bestand zum größten Teil aus schwarzen Sklaven. Im königlichen Harem lebten neben einheimischen und schwarzen Frauen auch etliche weiße Sklavinnen aus Spanien und Portugal. Alle diese Frauen standen unter der Aufsicht schwarzer Eunuchen.

Im Süden des Königreichs Fezza lag das Reich Marokko, das seinen Namen in sprachlicher Anlehnung an die Hauptstadt Marrakesch erhalten hatte. Dieser Name Marokko ging später auf den ganzen westlichen Atlasraum über. Die Stadt Fes war damals eine sehr große Stadt, die von hohen Mauern eingeschlossen wurde. Auf allen Seiten ist diese alte Königsstadt von Bergen und Hügeln umgeben. Alle Teile der Stadt, die Wohnhäuser, Herbergen, Schulen, Moscheen und Krankenhäuser, waren mit fließendem Wasser versorgt. Zu diesem Zweck hatte man das Wasser des Flusses, in dessen Tal die Stadt liegt, in zahllose Kanäle abgezweigt. Es gab in der Stadt damals an die 200 Herbergen, deren größte in der Umgebung der Hauptmoschee lagen. Manche Gebäude hatten drei Etagen, die sehr geräumig und mit über 100 Zimmern ausgestattet waren. Mitten im Hof solcher Herbergen lag ein Springbrunnen. Die Toiletten waren an Abflußkanäle angeschlossen. Die Kanäle der Stadt trieben auch 400 Getreidemühlen an. Der Handel in den Basaren war nach Leos Bericht sehr bedeutend. Es gab in den Basarvierteln nahe der Hauptmoschee 30 Buchläden, 25 Blumenstände, 50 Obststände, 30 Läden mit Baumwolltuch, 40 Kräuterläden, 200 Wäschereien und viele andere Geschäfte. Diese Basarviertel waren auch Zentrum der Rechtsvertreter, hatten hier doch 80 Notare ihr Büro.

Die Bewohner der Stadt trugen oft prachtvolle Kleidung. Besonders die Frauen waren in die schönsten wallenden Gewänder gehüllt und trugen kostbaren Silberschmuck. Ihre Gesichter konnte man häufig nicht sehen, da sie verschleiert waren. Doch wenn sie in Begleitung ihres Mannes oder ihrer Eltern durch die Einkaufsstraßen der Stadt gingen, schlugen sie den Schleier stets zurück.

Nicht selten sah man große Hochzeitszüge durch die Straßen von Fes ziehen. Waren die Familien der Brautleute sich einig geworden, dann lud die Braut ihre Freundinnen zu einem häuslichen Fest ein. Am Tage der Hochzeit begaben sich die Brautleute in Begleitung ihrer Eltern, der nahen Verwandten und zweier Notare zur Moschee. In Gegenwart von Braut und Bräutigam legten dann die Notare den Ehevertrag zur Unterschrift vor. Nach Abschluß des Vertrages lud der Bräutigam alle Anwesenden zum Festessen ein. Der Vater der Braut lud danach alle seine Freunde zu einem Fest.

Detailliert beschreibt Leo Lebensweise und Sitten der einzelnen Araberstämme Nordafrikas. Besonders wohlhabend waren die Araber, welche wie die Bewohner von Fezza zwischen den Höhenzügen des Atlasgebirges und in den Landschaften nahe dem Mittelmeer lebten. Sie besaßen oft prachtvolle Häuser, betrieben intensiven Ackerbau und hatten Getreide in Fülle. Auch Oliven und Weintrauben gab es in etlichen Gebieten, Feigen, Mandeln und andere Früchte wurden reichlich geerntet. Auf den Weideflächen konnte man oft große Viehherden beobachten. Auch die Händler, die in den Städten wohnten, waren oft sehr reiche Leute.

Ganz anders lebten die Araber im Küstengebiet von Tripolis (heute zu Libyen gehörend). Ihre Lebensgrundlage bildeten die Kamele, und im völligen Gegensatz zu den seßhaften Stadtarabern waren sie ständig unterwegs. Manche Nomadenstämme hatten sich auf Karawanentransporte durch die endlosen Weiten der Sahara spezialisiert. Wieder andere besorgten den Transport der Datteln aus den Oasen südlich des Atlas in die Städte der Berberei. Die weiten Wüstengebiete südlich der Atlasländer heißen bei Leo allesamt Numidien. Die Bewohner Numidiens trugen häufig importierte Baumwollkleider, die von den großen Kamelkarawanen aus den Ländern der Schwarzen am Südrand der Sahara mitgebracht wurden. Besonders der Herrscher von Bornu trieb damals intensiven Handel mit den Königreichen der Berberei. Für seine berittene Leibwache hatte er ständig einen großen Bedarf an Pferden, die man im heißen Sudan schlecht züchten konnte. Für jedes gute Reitpferd lieferte der Herrscher 15–20 Sklaven.

Leo kannte auch die Nomadenstämme im Herzen der Sahara – die Tubbu (Tibbu) und Tuareg. Doch darüber werden wir im nächsten Kapitel mehr erfahren. Über das spätere Schicksal Leos sind wir nur unzureichend informiert. Manche Quellen sprechen davon, daß er in seine alte Heimat Fezza zurückgekehrt sei und sich wieder dem Islam zugewandt habe. Er starb nach 1550 in Tunis.

## *In geheimer Mission durch Marokko: Ali Bey el Abasi alias Domingo Badia y Leblich*

»Lob sei Gott, dem Allerhöchsten und Unermeßlichen, ihm, der uns durch den Gebrauch der Feder unterrichtet, der die Menschen lehrt, die Unwissenheit abzulegen! Lob sei Gott, welcher uns zu dem wahren Glauben des Islam leitete, bis zum Ziel der Pilgrimschaft und bis zum heiligen Lande. Dieses Buch ist das Werk des Gottesfürchtigen, des Fürsten, Lehrers, Weisen, Scherifs, Pilgers, Ali Bey, des Sohnes Othman, Fürsten der Abbasiden, Dieners des den Ungläubigen unzulänglichen Hauses Gottes.«

Mit diesen Worten beginnt die Einleitung zu einem 1816 in Weimar in deutscher Übersetzung unter dem Titel »Ali Bey's el Abasi Reisen in Afrika und Asien« erschienenen Werkes.

Der Verfasser, ein höchst sonderbar anmutender Mann von etwa 30 Jahren, mit dunklen Augen, auffallend großer Nase und lang wallendem schwarzem Bart, ging am 29. Juni des Jahres 1803 von Spanien kommend im Hafen von Tanger an Land. Seine Lebensgeschichte mutet so seltsam an wie der Mann selbst. Seine Eltern hatten, so hieß es, als er noch ein Säugling war, in England Zuflucht gesucht. Die Familie stammte aus Syrien; der Vater gehörte dem altehrwürdigen Herrschergeschlecht der Abbasiden an, weshalb der Sohn, Ali Bey, den Beinamen el Abasi trug. Die Eltern verstarben früh, doch Freunde der Familie zogen den kleinen Ali auf. Als er herangewachsen war, bereiste er England, Frankreich und Spanien. Hier in den Staaten der Christen studierte er Naturwissenschaften und erlernte diejenigen Künste, »welche allen Menschen, ohne Unterschied des Glaubens und der Religion, nützlich sind«.

Die Sprachen dieser Länder beherrschte er glänzend. Sein Arabisch dagegen war anfangs nur schwer verständlich, obwohl er mit dem Wortschatz dieser heiligen Sprache des Koran offensichtlich gut vertraut war. Die Unbeholfenheit im praktischen Umgang mit der arabischen Sprache war vermutlich eine Folge seiner unsteten Entwicklung, die ihn früh dem islamischen Kulturkreis entfremdet hatte.

Schon bald kursierten in Marokko die widersprüchlichsten Gerüchte über ihn. Dennoch konnte kein Zweifel daran bestehen, daß Ali Bey ein frommer Mann und ein rechtmäßiger Anhänger der Lehre des Propheten war. Was der junge Ali Bey nach Überquerung der Straße von Gibraltar empfand, schildert er in seinem Reisewerk mit folgenden Worten:

»Was man bei dieser kurzen Überfahrt, wenn man sie zum ersten Mal macht, empfindet, kann mit nichts, als mit dem Zustand eines Träumenden verglichen werden. Wer in einem so kurzen Zeitraum in einer ganz neuen Welt, die derjenigen, welche er soeben verlassen hat, auch nicht im mindesten ähnlich ist, sich befindet, dem ist es ebenso zumute, als wenn er auf einen anderen Planeten versetzt worden wäre.«

### Vornehme Dame aus Fes

*Ausführliche Beschreibungen der Stadt Fes und ihrer Bewohner lieferte der aus Granada stammende Mohammed al Wassan, der in Europa unter dem Namen Leo Africanus bekannt wurde. Seine berühmte »Beschreibung von Afrika« enthält einige der für das 16. Jahrhundert typischen Holzschnitte.*

### Hochzeitszug in Marokko

*Eingehende, häufig bis ins Detail exakte Beschreibungen, liefert O. Dapper (1670) über die Länder der Berberei, das heißt die Gebiete von Marokko bis zur Großen Syrte. Die Hochzeiten*

*beschreibt er als sehr kostspielig, »sonderlich wenn es Leute von Ansehen sind«. Die Braut solcher Familien sitzt auf dem Kamelrücken in einem »köstlichen Gezelt, wo sie niemand sehen kann, aber sie durch ein dünnes Tuch wohl alle sieht«.*

War dieser Ali Bey wirklich ein Moslem? Zu den größten Zweiflern gehörte der britische Konsul James Matra, der ihn von Anfang an für einen Hochstapler und Agenten einer europäischen Macht hielt und überwachen ließ. Doch trotz seines weitreichenden Informantennetzes im ganzen Land gelang es Matra nicht, die wahre Identität dieses geheimnisvollen Mannes ausfindig zu machen. Seinen Vorgesetzten in London teilte Matra mit, daß Ali Bey aller Wahrscheinlichkeit nach kein Spanier sein könne, denn der Hof in Madrid wisse über Marokko wohl genauso gut Bescheid wie die Mauren selbst. Die Spanier benötigten demnach keine speziellen Informationen. Der Unverschämtheit nach zu urteilen, mit der dieser Ali Bey auftrete, könne er eigentlich nur ein Franzose sein, und zwar wahrscheinlich einer von der Sorte, die mit Napoleon in Ägypten waren. Ein gewöhnlicher Reisender sei er jedoch auf keinen Fall. In diesem letzten Punkt hatte Matra völlig recht. Doch die wahre Identität Ali Beys fand er bis zu seinem Tode im Jahre 1806 nicht heraus. Ali Bey war nämlich in Wirklichkeit weder Moslem noch Franzose, sondern ein aus Barcelona gebürtiger (1766) Spanier, und sein richtiger Name lautete Domingo Badia y Leblich. Er hatte in Spanien Naturwissenschaften, Arabisch und Geographie studiert. Seine geographischen Studien brachten ihn zu der Überzeugung, daß Nordafrika für Europa ein ganz natürlicher Kolonialraum sei. Sein eigenes Vaterland verfügte in Ceuta und Melilla bereits seit langem über zwei Stützpunkte an der marokkanischen Mittelmeerküste. Da es fraglich war, ob die großen Kolonialgebiete in Lateinamerika noch lange beim Mutterland verbleiben würden, bot sich Marokko, unmittelbar vor der Haustüre gelegen, als geradezu idealer Ersatz an.

Badia y Leblich entwickelte einen kühnen Plan. Man müßte es zustande bringen, einen aufgeschlossenen Moslemherrscher davon zu überzeugen, daß es für sein Land besser sei, die Errungenschaften der europäischen Zivilisation zu übernehmen, und daß dies am leichtesten geschehen könnte, wenn er europäische Siedler ins Land holen würde. Und selbstverständlich müßte auch die Verfassung des Landes in entsprechender Weise geändert werden. Doch wahrscheinlich würde man keinen entsprechenden Moslemherrscher finden. Wäre es also nicht besser, wenn sich ein Europäer in einen vollendeten Moslem verwandeln und die gewünschte Entwicklung einleiten würde? Und wäre er am Ende nicht der richtige Mann für eine solche Mission? Zuerst hatte Leblich Bedenken. Er fragte sich, ob es moralisch vertretbar war, Menschen anderen Glaubens so zu täuschen. Er brauchte einige Wochen, um seine Skrupel zu verdrängen. Dann war er fest entschlossen, seinen Plan zur Ausführung zu bringen.

Badia y Leblich fand beim Hof in Madrid sofort Unterstützung für sein Vorhaben. In Paris und London bereitete er sich auf seine Aufgabe gründlich vor. Er soll sich sogar in London einer Beschneidungsoperation unterzogen haben, um im Falle eines ernsthaften Verdachts, seine Moslemidentität unter Beweis stellen zu können. Nach Spanien zurückgekehrt, traf er die letzten Vorbereitungen. Die Regierung versorgte ihn mit allen notwendigen Geldmitteln und Vollmachten und ließ in Algeciras, nahe dem Felsen von Gibraltar, eine Armee von 10 000 Mann zusammenziehen, die sich bereit hielt, um auf seine Anordnung hin nach Marokko überzusetzen.

Von seiner Ankunft in Tanger haben wir bereits gehört. Keines der unglaublichen Gerüchte, die über ihn kursierten, konnte dem großen Ansehen, das er bei der Masse der Gläubigen besaß, auch nur den mindesten Schaden zufügen. Es erregte auch keinen Verdacht, daß er sich fast täglich mit dem spanischen Konsul traf. Da er sein großes Vermögen teilweise in Spanien angelegt hatte, mußte er sich zwecks Geldüberweisungen natürlich an den Konsul dieses Christenlandes wenden, und freundschaftlicher Verkehr konnte dem Geschäft nur nützlich sein.

Nach einigen Monaten erschien König Mulay Sliman höchstpersönlich in Tanger, um diesen berühmten Mann aus so vornehmem Herrscherhause kennenzulernen. Zu Ali Beys großer Verlegenheit lud der Herrscher Marokkos ihn zu einer Reise durch sein Reich ein. Er sollte mit ihm Meknes, Fes und Marrakesch besuchen. Wie konnte er die Gastfreundschaft eines Mannes annehmen, dessen Sturz er durch eine Revolution herbeiführen wollte? Kurz entschlossen änderte Ali Bey seinen Plan. Er würde nun versuchen, intensiv auf die Handlungsweisen und Entscheidungen des Herrschers einzuwirken und ihn auf diese Weise mehr und mehr für seine Pläne arbeiten zu lassen.

Die nun folgende Reise durch Marokko schildert Ali Bey eingehend in seinem Reisewerk. Es enthält treffliche Beobachtungen über Land und Leute, von denen etliche selbst einem heutigen Touristen sehr nützlich sein können. Das Beispiel des Nationalgerichtes Kuskus zeigt, wie genau Ali Bey Sitten und Gebräuche des Landes beobachtete:

»Die hauptsächlichste Nahrung der Einwohner im ganzen Königreich Marokko ist der Kuskus, ein Teig, welcher bloß aus Mehl und Wasser besteht und welchem man durchs Kneten eine ziemliche Härte verschafft. Man teilt selbigen in zylindrische, Fingers große Stücke ab und macht endlich Körner daraus, indem man jene allmählich immer dünner macht und sie geschickt mit den Händen verteilt. Den auf diese Weise geformten Teig läßt man hart werden, indem man ihn auf Servietten an der Sonne oder Luft trocknet. Um den Kuskus zu kochen, tut man ihn mit Butter in eine Art von Topf, dessen Boden mit kleinen Löchern versehen ist; man stellt denselben auf einen anderen größeren Topf, in welchem bei armen Leuten nichts als Wasser, bei wohlhabenderen aber Fleisch und Geflügel getan wird. Wenn nun der doppelte Topf ans Feuer kommt, so zieht sich der aus dem unteren Topf aufsteigende Dampf durch die Löcher in den oberen und kocht auf diese Art den in letzteren befindlichen Kuskus. Ist in dem unteren Topf Fleisch vorhanden, so richtet man dasselbe auf eine Schüssel an und legt den Kuskus neben herum und oben darauf, wodurch eine Art von Pyramide ohne Brühe gebildet wird.

Alle Muselmänner essen mit den Fingern der rechten Hand ohne Gabel und Messer, aus dem Grunde, weil der Prophet auch so aß. Diese den Christen so auffallende Gewohnheit hat jedoch nichts ekelhaftes und unbequemes. Außer den legalen Abwaschungen, welche der Muselmann den Tag über verrichtet, wobei er sich die Hände wäscht, wäscht er sie auch, so oft er sich zu Tische setzt und so oft er gegessen hat, sodaß sie also immer reinlich sind; überdies ist die Gewohnheit, die Speisen mit den Händen zu nehmen, sehr bequem. Was den Kuskus anbelangt, so ist es Sitte, mehrere Körner in eine Kugel zu vereinigen und sie so in den Mund zu bringen.«

Ein Jahr lang lebte Ali Bey in der Gesellschaft Mulay Slimans. Sein Einfluß bei Hofe wuchs ständig. Mulay Sliman wußte den weisen Rat seines Gastes so zu schätzen, daß er ihn bald mit einem prachtvollen Landsitz nahe der alten Residenzstadt Marrakesch beschenkte. Während dieser ganzen Zeit stand Ali Bey mit dem spanischen Konsul in Tanger in Verbindung. Doch er verstand es, jeden Verdacht von sich abzuwenden. Die Verwirklichung seines Planes schien in greifbare Nähe zu rücken. Da überbrachte ihm ein Geheimkurier ein Schreiben des spanischen Königs. Darin las er zu seiner Bestürzung, daß der König ihn aufforderte, den ganzen Plan fallenzulassen! Sein Gewissen habe den König zu diesem unumstößlichen Entschluß gebracht, nachdem ihm sein Beichtvater dargelegt habe, daß es für einen Christen eine große Sünde sei, wie ein Moslem zu leben. Das Wort eines Priesters hatte den Plan zu Fall gebracht.

Doch es war nicht nach dem Geschmack eines Badia y Leblich, nun einfach in die Heimat zurückzukehren. Kurz nach Erhalt des königlichen Schreibens ließ er verkünden, er habe beschlossen, sich auf die Wallfahrt nach Mekka vorzubereiten. Für sechs Monate zog er sich auf seinen Landsitz bei Marrakesch zurück, um sich, wie er öffentlich bekanntgab, von allem Weltlichen fernzuhalten. Sein plötzliches Verschwinden erregte am Hof immerhin einiges Mißtrauen. Etliche einflußreiche Leute versuchten, gegen ihn zu intrigieren. Der König, der ihm offenbar noch immer wohlgesonnen war, bot ihm zwei Frauen an, eine Weiße und eine Schwarze, die Ali Bey jedoch erst nach anfänglichem Zögern in sein Haus aufnahm. Der englische Konsul Matra ermittelte, daß Mulay Sliman mit Hilfe der beiden Frauen herausbekommen wollte, ob Ali Bey wirklich Moslem sei. Eine der beiden Frauen berichtete nach einiger Zeit einem Kundschafter des Königs, daß Ali Bey zwar beschnitten sei, jedoch nicht in der bei einem Moslem üblichen Art und Weise. Doch Ali Bey gelang es, trotz dieses Verdachtsmomentes ehrenvoll zur Küste geleitet zu werden, wo er in der Hafenstadt Larache, gegenüber der heutigen Hauptstadt Rabat, die Reise nach Ägypten antrat.

Im Jahre 1807 besuchte er als frommer Pilger die heiligen Städte Mekka und Medina. Über Syrien und die Türkei reiste er dann nach Europa zurück. Spanien war unterdessen von Napoleons Truppen besetzt worden. Fünf Jahre lang bekleidete Ali Bey hier hohe Posten im Dienste der Franzosen. Sein erklärtes Ziel war es, mit Hilfe französischer Truppen seinem mißglückten Marokko-Abenteuer doch noch zum großen Erfolg zu verhelfen. Doch Napoleon wurde gestürzt und Ali Bey aus Spanien verbannt. Frankreich wurde seine neue Heimat.

In Paris erschien 1814 die französische Ausgabe seines Reiseberichtes. Über seine Intrigen am marokkanischen Königshof schwieg er sich allerdings aus. Und das aus guten Gründen. Noch immer verfügte er in vielen Orten Marokkos über Vertrauensleute, mit denen er in Verbindung stand. Er hoffte noch immer, seine alten Pläne, nun wieder mit Unterstützung der französischen Regierung, aufgreifen zu können. Doch in Paris verhielt man sich ablehnend. Zu viele Leute wußten dort und in London mittlerweile, daß Badia y Leblich und Ali Bey ein und dieselbe Person waren.

Ali Bey entwarf jedoch einen neuen Expeditionsplan. Er wollte wieder nach Mekka und von dort über das Rote Meer nach Afrika reisen und den riesigen Kontinent von Ost nach West durchqueren. Der Senegal am Atlantik war sein Ziel. Er gelangte jedoch nur bis nach Syrien, wo er sich einer Pilgerkarawane anschloß. Kurz nach der Abreise erkrankte Ali Bey an einer schweren Dysenterie. Als die Diener am Morgen des 1. September 1818 den Vorhang der Sänfte zurückschlugen, in welcher er die Pilgerreise angetreten hatte, fanden sie ihren Herrn tot auf den Kissen liegend. So endete das abenteuerliche Leben des Ali Bey alias Badia y Leblich auf dem Wege nach Mekka in der großen arabischen Wüste.

## *Der Zauber des Orients Der Freiherr Heinrich von Maltzan in der Regentschaft Tunis*

In den ersten Märztagen des Jahres 1854 reist Heinrich Karl Eckardt Helmut von Maltzan, Reichsfreiherr zu Wartenberg und Penzlin, hoch zu Roß durch die tunesische Steppe und nähert sich gegen Abend der heiligen Stadt Kairuan, die vor ihm nur wenige Europäer betreten haben.

»Es war ein so echt orientalischer Anblick, wie er mir lange nicht zuteil geworden. Aus einem steinernen Meer, dessen Wellen die gewölbten Dächer zahlreicher Häuser und Kapellen bildeten, hoben sich nicht wenige größere Kuppeln und namentlich eine sehr große auf einem turmartigen Rundbau erhöhte empor, während ein kleiner Wald von Minaretten, alle in ihrer Form der berühmten Giralda (von Sevilla) nacheifernd, aufwärts ragte. Hie und da wand sich der schlanke Stamm einer Dattelpalme zwischen diesen charakteristischen Baumassen empor und schüttelte luftig im Ostwinde seine zierliche Federkrone.«

Wer je auf dem Minarett der uralten Sidi-Okba-Moschee in Kairuan gestanden hat, dem wird der Anblick dieser islamischen Stadt unvergeßlich geblieben sein und der wird etwas gespürt haben von dem eigen-

### Araberin aus Tanger

*In mehreren Eroberungszügen drangen arabische Stämme in die von Berbern bewohnten Atlasländer vor. Häufig erfolgte eine so weitgehende Vermischung der verschiedenen Völkerschaften, daß man heute bei den islamisierten Bewohnern des nördlichen Afrika nur noch mit Einschränkungen von »Arabern« sprechen kann.*

### Reiter vor dem Palast des Großwesirs in Meknes

*Vorzügliche Reiter gibt es noch heute in den Ländern Nordafrikas und der Arabischen Halbinsel. Alljährlich am Geburtstag des Propheten findet in Meknes ein großes Volksfest statt; Hauptattraktion für Einheimische und Touristen sind die »Attacken« (Fantasia) der Reiter. Die Bilder aktueller Fernsehberichte gleichen in frappierender Weise den Illustrationen der alten Reisewerke.*

artigen Zauber, den diese morgenländische Welt seit eh und je auf so viele Europäer ausgeübt hat. In den Reisewerken des 1826 bei Dresden geborenen Freiherrn von Maltzan spüren wir in trefflichen Schilderungen immer wieder etwas von diesem Zauber des Orients.

Heinrich von Maltzan, der in Heidelberg Jura studierte, wurde durch den Tod des Vaters bereits mit 25 Jahren finanziell unabhängig. Von 1852 bis 1871 reiste er wiederholt für längere Zeit in den Orient. Er besuchte alle Länder Nordafrikas und wurde durch intensive Studien zu einem vorzüglichen Kenner dieser Regionen. So konnte er im Jahre 1860 nach Arabien reisen und das Wagnis einer Pilgerfahrt nach Mekka auf sich nehmen, was vor ihm nur wenigen Europäern gelungen war. Das zweibändige Werk »Meine Pilgerreise nach Mekka« (1865) und seine »Reise in die Regentschaften Tunis und Tripolis« (3 Bände, 1870) machten ihn zu einem der bekanntesten Reiseschriftsteller seiner Zeit.

Der Besuch in der Stadt Kairuan, einer der heiligsten Städte des Islam, war nur von kurzer Dauer. Nur an einem einzigen Tag entließ der Gouverneur den Reisenden unter Bewachung aus dem Regierungspalast. Wer heute als Tourist durch die Straßen dieses »Mekkas Norafrikas« wandert, ahnt kaum, daß ein solcher Spaziergang vor über hundert Jahren noch mit Lebensgefahr verbunden sein konnte.

In der Hauptstadt Tunis ist das schon damals alles anders. Hier leben um 1860 zahlreiche Europäer in einem eigenen Stadtviertel. Dieses sogenannte Frankenviertel dehnt sich östlich der Altstadt in unmittelbarer Nachbarschaft zum Stadttor Bab el Bahr (Seetor) aus. Die gut zweitausend Häuser dieses Stadtteils sind meist ein- bis zweistöckig und überwiegend unansehnlich, so jedenfalls sieht es Maltzan. In punkto Sauberkeit genießt das Frankenviertel damals keinen guten Ruf. Die Straßen sind ungepflastert, und nahezu aller Unrat wird einfach vor die Häuser geworfen. Im Gegensatz zur reinlichen Maurenstadt gilt das Viertel als der ungesundeste Bezirk von ganz Tunis. »Die Straßen des europäischen Viertels bilden in ihrer Verwahrlosung, ihrem Schmutz und ihrer Ungepflegtheit eine Schande für die Angehörigen der zivilisierten Nationen.«

In einem wohltuendem Kontrast dazu stehen die gepflasterten und regelmäßig sauber gehaltenen Straßen der höher gelegenen Maurenstadt. Es ist die von einer Mauer umschlossene mittelalterliche Stadt oder Medina. Die meisten Bewohner leben zwar in den von der äußeren Stadtmauer eingefaßten Vorstädten wie der Rabat Bab el Dschesira (Vorstadt des Inseltores) oder dem Haumat el Andalus (Stadtviertel der Andalusier), wo sich einst ein Großteil der unter Philipp III. aus Spanien vertiebenen andalusischen Mauren niederließ, doch die Medina mit ihrer großen Zahl von Basaren bildet das wirtschaftliche Herz von Tunis.

Hier sind die Straßen eng und verwinkelt, Laden drängt sich an Laden, und fast alle öffentlichen Gebäude einschließlich der bedeutendsten Moscheen liegen in diesem Gassengewirr versteckt. Der Neuankömmling findet sich hier ohne ortskundigen Führer nur mühsam zurecht. Die Straßennamen wechseln ohnehin oft alle paar Schritte – immer dann, wenn die Läden einer anderen Branche anfangen. Noch verwirrender wird es in den reinen Wohngassen, die nach einer nahe gelegenen Moschee, einem Heiligengrab oder einer Sawiya (Schule) benannt sind. Kreuzen sich diese Gassen oder liegen sie eng parallel zueinander, dann tragen häufig gleich drei oder vier den gleichen Namen.

Am meisten faszinieren den Freiherrn, wie auch heute noch fast jeden Reisenden, der die Medina einer orientalischen Stadt besucht, die Ladenstraßen, welche man in den arabischen Ländern Suk (Mehrzahl Aswak) und nicht wie in Persien Basar nennt. Nicht alle Basare sind reine Ladenstraßen. So liegen im Suk esch Schaschiya (Basar der Mützenmacher) vornehmlich die Werkstätten der in der ganzen islamischen Welt bekannten Fes-Fabrikanten. Diese leuchtend rot gefärbte Kopfbedeckung ist in Europa ebenso bekannt wie der berühmte Turban. Im Orient wird der Fes häufig auch Tarbusch und in Tunis Schaschiya genannt.

Nur Stoffe aus Europa werden im Suk el Bey (Basar des Bey) angeboten. Nach orientalischem Geschmack gemusterte Tuche aus Sachsen und Thüringen haben die wesentlich teureren Fabrikate aus Frankreich weitgehend verdrängt. Es ist die Zeit des Weberelends, in der diese Handwerkerfamilien oft in großer Armut leben.

Nördlich der Dschami es Saituna (Oliven-Moschee), der Hauptmoschee von Tunis, beginnt ein wahres Labyrinth enger und engster Gassen, seitlicher Hallen und überdachter Gänge. In einem dieser engen gewölbten Gänge liegt der reichste Suk der Stadt, wo die kostbarsten Juwelen, Diamanten und Goldschmiedearbeiten angeboten werden. Von hier aus gelangt der Ortskundige rasch in den berühmten Suk el Attarin, den Basar der Parfümhändler, welcher als der vornehmste von ganz Tunis gilt. Der Duft der zahlreichen Essenzen erfüllt die Luft. Hier wird das begehrte Itr el Ward (Rosenöl) zum Verkauf feilgeboten.

Am stärksten wirkt auf den Alltag der Muslime der Fastenmonat Ramadan ein. Bei Tage muß dann ein strenges Fastengebot eingehalten werden, dem sich kaum jemand zu entziehen wagt, denn ein Verstoß gegen das Gesetz wird hart bestraft. Von Sonnenaufgang bis Sonnenuntergang darf nicht geraucht, nicht gegessen und getrunken, ja nicht einmal an einem Parfümfläschchen gerochen werden. Nur Kranke und kleine Kinder sind von den Vorschriften befreit.

»Erst des Nachmittags kriechen die Budenbesitzer aus ihren Häusern hervor, öffnen langsam und gravitätisch ihre kleinen nischenartigen Läden und installieren sich regungslos in einem Winkel derselben, mehr Statuen als lebenden Wesen vergleichbar. Mit Sehnsucht sehen sie dem Maghreb (Sonnenuntergang) und dem ihn verkündenden Kanonenschuß entgegen; sie wissen genau den Augenblick, wann er ertönen wird und halten mit ängstlicher Vorsicht die kleine Zigarette und einen Wasserkrug bereit, um die zwei am lebhaftesten gefühlten Bedürfnisse und am schmerzlichsten vermißten Genüsse sogleich im ersten Moment, in dem es das

Gesetz gestattet, genießen zu können und auch keinen Augenblick einer überflüssigen, nicht mehr länger gebotenen Enthaltsamkeit zu weihen.«

Groß ist jetzt das Gedränge vor den Kaffeehäusern und Barbierläden, den beiden Haupttreffpunkten der Männerwelt in den islamischen Städten. Der Kaffeewirt und der Barbier oder einer ihrer Gesellen überreichen den Gästen ein Glas Wasser, jenes köstliche Naß, das für die Araber eine ganz besondere, quasi religiöse Bedeutung hat.

Ein verstärktes Band der Brüderlichkeit scheint in diesem Augenblick alle Muslime zu umschlingen. »Der Geschäftsmann, den der Sonnenuntergang fern von den Seinen überrascht, der Fremde, welcher noch nicht seinen Weg bis zur Herberge zurückgelegt hat, wird von dem ihm oft völlig unbekannten Kaffeewirt, vom Barbier oder von irgendeinem sonstigen Budenbesitzer, an denen ihn sein Weg vorbeiführt, mit gastfreundlicher Beflissenheit angehalten und ihm der köstliche Trank überreicht.«

In den Ramadannächten nehmen alle, auch solche Bürger der Stadt, welche sich sonst nur einmal wöchentlich Fleisch gönnen, die reichhaltigsten und erlesensten Speisen zu sich. Zu keiner Zeit des Jahres werden daher so viele Hühner und Hammel geschlachtet. Bald bricht die Dunkelheit herein, und in den engen Gassen der Medina »drängt sich Kopf an Kopf, Burnus an Burnus; die Kaufläden zieren sich mit matten Lämpchen und Leuchtern; eine Menge kleinerer und größerer Laternen schwebt bald tief am Boden, bald in halber Mannshöhe, je nachdem der Träger ein Kind oder ein Erwachsener ist, dahin, und die launischen auf- und abhüpfenden Lichtfünkchen verwandeln die Nacht in ein wie von zahllosen spottenden Irrlichtern durchzucktes, geheimnisvolles, undurchsichtiges Halbdunkel.«

## Exkurs

*Der Sprung nach Algier*
*Algerien und das französische Mutterland*

Jahrhundertelang waren die nordafrikanischen Küsten von Algerien bis Tripolitanien eine Domäne der Korsaren, die unter dem Banner des Halbmondes Handelsschiffe christlicher Seefahrernationen kaperten und in kühnen Kommandounternehmungen die europäischen Mittelmeerküsten heimsuchten. Tausende junger Menschen gerieten auf diese Weise in die Sklaverei. Auf christlicher Seite trieben ebenfalls Korsaren ihr Unwesen und machten häufig Jagd auf Moslemschiffe.

Doch es gab auch Überläufer, sogenannte Renegaten, »abtrünnige« Christen, welche die »Ungläubigen« bei ihrem »Handwerk« der Seeräuberei unterstützten. Als berühmtester »osmanischer« Seeräuber gilt Cheireddin Barbarossa (Rotbart), Sohn eines griechischen Töpfers von der Ägäisinsel Mytilene. Nach erfolgreichen Kaperfahrten im Mittelmeergebiet setzte Cheireddin sich an der algerischen Küste fest, wo er bald zum mächtigsten Mann von Algier aufstieg und weite Gebiete der Atlasküstenländer beherrschte.

Dem Sultan in Konstantinopel überließ er Algier als eine Provinz des Osmanischen Reiches, was seiner Macht allerdings keinen Abbruch tat, ihm aber militärische Unterstützung durch Entsendung hervorragend gedrillter Janitscharen einbrachte. Diese Elitetruppe des Sultans bestand aus jungen Christen, die in den Balkanländern rekrutiert und dann islamisch erzogen wurden. 1529 eroberte Cheireddin die Festung Penon, letzte spanische Bastion in Reichweite der Stadt Algier.

Unaufhaltsam begann im westlichen Mittelmeerraum eine Epoche nahezu unumschränkter Seeherrschaft des »Rotbarts«. 1534 erstürmten seine Korsaren die bedeutende Hafenstadt Reggio an der Straße von Messina. Zahlreiche Schiffe fielen Cheireddin in die Hände. Karl V. von Spanien versuchte, durch Eroberung der Stadt Tunis das Ende des gefürchteten Renegaten einzuleiten, doch der holte bereits zum nächsten Schlag aus. Durch eine Kriegslist gelang es Cheireddin, unerkannt auf der Baleareninsel Menorca zu landen. Die Bewohner hielten die unter spanischer Flagge segelnden Schiffe für die siegreiche Flotte Karls V. Cheireddin zog mit reicher Beute und 6000 Gefangenen davon. Er vergaß nicht, den Sultan in Konstantinopel mit wertvollen Geschenken aus der Beute bei Laune zu halten.

Durch Kundschafter wurde ihm bald darauf zugetragen, daß die Stadt Venedig einen »heiligen« Krieg gegen den Islam plante. Cheireddin schlug unverzüglich zurück und machte an der Adriaküste reiche Beute. Dann setzten die Christen die vereinten Flotten Venedigs und Spaniens gegen den verhaßten Korsaren ein. Es gelang aber Cheireddin, die Schiffe an der albanischen Küste in eine Bucht zu locken, und dort wurde die stolze Armada unter dem Kommando des berühmten Admirals Andrea Doria entscheidend besiegt. Die Vormacht Cheireddins im westlichen Mittelmeerraum war ungebrochen.

Dank der Uneinigkeit der europäischen Mächte blieben die Küsten Algeriens auch in den folgenden Jahrhunderten eine Domäne der Seeräuber, die oft einen starken Einfluß auf die Politik der lokalen Herrscher (Beis und Deis) ausübten. Um Handel treiben und christliche Sklaven freikaufen zu können, waren die europäischen Mächte gezwungen, sich mit den Korsaren zu arrangieren.

Als im Jahre 1798 infolge der Revolutionswirren in Frankreich großer Nahrungsmangel eintrat, ersuchte das Direktorium in Paris den Dei von Algier wiederholt um Getreidelieferungen. Wenn auch das Hinterland der Seeräuberstaaten noch kaum bekannt war, so wußte man doch, daß dort Garten- und Ackerbau in hoher Blüte standen. Durch Vermittlung algerischer Großhändler erhielt Frankreich schließlich das ersehnte Getreide, nur ließ die Bezahlung seitens der Franzosen auf sich warten. Pariser Rechtsgelehrte sprachen von Unklarheiten in den Verträgen, was den Dei verständlicherweise in nicht geringen Zorn versetzte.

Als schließlich auch die Engländer Kontakte zum Dei in Algier aufnahmen, ließ Napoleon Bonaparte vorsorglich die Umgebung Algiers inspizieren, um für

### Der Sultan von Marokko

*Mulay Hassan, Herrscher von Marokko, wurde in den Berichten der Europäer als Sultan, König oder auch Kaiser bezeichnet. In seinem Reich waren bereits um 1830 Postboten eingesetzt, die im Dauerlauf von Station zu Station eilten.*

### Eine Karawane wird beladen

*Rasthäuser mit großen Innenhöfen für die Kamele und ihre zentnerschweren Lasten waren bis ins 20. Jahrhundert wichtige Dienstleistungsbetriebe der Städte in Nordafrika und anderen Teilen der islamischen Welt. Heute werden die Waren zumeist von Lastwagen über die Paßstraße des Atlasgebirges und durch die große Wüste (Sahara) transportiert.*

## Innenhof eines Wohnhauses in Fes

*Von der Außenwelt abgeschirmt sind die Wohnhäuser in den islamischen Ländern. Türen und Fenster sind zum Innenhof ausgerichtet, wo sich die Frauen, vor neugierigen Blicken geschützt, frei bewegen können. Von Südspanien aus gelangte der Typ des maurischen Patiohauses bis nach Lateinamerika.*

den Kriegsfall den günstigsten Landungsplatz ausfindig zu machen. Als ideal erwies sich ein Küstenstreifen bei Sidi Ferruch, 26 Kilometer südwestlich von Algier. Doch zunächst ließ die Invasion auf sich warten. Die längst fällige Getreiderechnung war inzwischen beglichen, weitere Lieferungen folgten und wurden erneut durch »Zahlungsschwierigkeiten« der Franzosen belastet.

Als der Dei am 27. April 1827 in Algier einen Empfang gab, kam es zu einem schwerwiegenden Zwischenfall. Der wegen der Schwierigkeiten beim Getreidegeschäft erregte Herrscher versetzte dem diplomatischen Vertreter Frankreichs einen »ganz leichten Schlag« mit seinem Fliegenwedel. Bereits im Juni hielt der verblüffte Dei eine formelle Kriegserklärung der Franzosen in Händen. Doch bis zum Sommer 1830 geschah nichts. Völlig überraschend tauchte dann am 14. Juni eine mächtige Kriegsflotte vor der Küste von Algier auf. Ein 37 000 Mann starkes französisches Heer ging an Land. Der Dei kapitulierte bald und wurde umgehend zur Ausreise bewogen.

Genau an dem von Hauptmann Boutin im Auftrag Napoleons ermittelten Küstenstreifen bei Sidi Ferruch war die glorreiche und siegreiche Armee an Land gegangen. Die Trikolore wehte nun an der ehemaligen Seeräuberküste. Aber was sollte man mit der »Beute« anfangen? Zwei Parteien standen sich in Frankreich schroff gegenüber. Die Gegner einer Kolonialisierung zitierten den Engländer Charles Bruce: »Der Besitz von Kolonien ist politisch wie wirtschaftlich schädlich. England wäre ohne Kolonien reicher als mit ihnen.« Monatelange Kammerdebatten folgten. »Die Eingeborenen werden nie aufhören uns zu bekämpfen«, sagten die Gegner der Kolonialpläne. Die Befürworter entgegneten: »Algerien aufgeben, heißt nicht nur Frankreich schädigen, sondern auch seinen Ruhm beflekken.« Die Kolonialisten setzen sich durch. Ein Jahrzehnte dauernder Eroberungskampf begann. Die Berberstämme in den wild zerschluchteten Gebirgsketten des Hinterlandes verteidigten in erbitterten Kleinkriegen ihre angestammte Unabhängigkeit. Felsen um Felsen mußte erobert werden. Doch schon 1839 brachen neue schwere Unruhen aus. Landgüter der Franzosen gingen in Flammen auf. Araber und Berber formierten sich zum Großangriff auf Algier.

In dieser gefährlichen Situation wurde General Bugeaud zum Gouverneur ernannt. Er ließ zwischen den Gütern der aus Frankreich eingewanderten Landwirte Militärkolonien errichten. Trotz kontroverser Debatten über einen weiteren Verbleib Frankreichs in Algerien wuchs die Zahl der Einwanderer rasch an. 1848 waren bereits 115 000 Franzosen im Lande. Unter Mißachtung arabischer Rechtsbegriffe wurden für die Siedler die besten Ländereien requiriert. Im Laufe der Zeit wuchs eine im Lande geborene Grundbesitzerschicht heran. Für sie war Algerien ein Teil Frankreichs, eine Provinz des Mutterlandes. Doch Algerien trotzte allen Versuchen einer Europäisierung.

Mit dem Zweiten Weltkrieg begann die Zeit des Niedergangs der europäischen Kolonialreiche. Zu den

### Fahrt über den Sebu (Marokko)

*Wie im mittelalterlichen Europa bildeten Flußläufe ernsthafte Hindernisse für Reisende und Kaufleute. Der Begegnung mit dem Fährmann sah man nicht selten mit nervöser Spannung entgegen, galt es doch, den oft maßlos überhöhten Preis für die Überfahrt herunter zu feilschen. Die Entdekkungsreisenden mußten, wenn als »Ungläubige« erkannt, oft besonders tief in die Tasche greifen.*

### Im Schuhmacher-Basar (Tunis)

*Bis zum heutigen Tag haben die »orientalischen« Basare den Europäer immer wieder fasziniert. Vielerorts haben sie heute durch die Entwicklung neuer Geschäftszentren außerhalb der Altstadt (Medina) erheblich an Bedeutung verlore. Nicht wenige alte Basarstraßen sind heute von den Händlern verlassen.*

Führern der algerischen Widerstandsbewegung gehörte ein Mann namens Chadli Ben Jedid. Der damalige französische Innenminister François Mitterrand erklärte noch am 7. November 1954 in der Nationalversammlung: »Algerien ist Frankreich.« Ein achtjähriger verlustreicher Befreiungskrieg (Algerienkrieg) brachte der »Provinz« Algier im Jahre 1962 die Unabhängigkeit. Rund eine Million Franzosen mußte das Land verlassen. Die weitblickenden Warner von einst hatten recht behalten. Algerien war kein Teil Frankreichs geworden.

Am 7. November 1983 betrat zum erstenmal ein algerischer Staatspräsident zum offiziellen Staatsbesuch französischen Boden. Dieser Präsident hieß Chadli Ben Jedid, sein Gastgeber war Staatspräsident François Mitterrand. Ironie der Geschichte?

*Die Berberei*
*Entdeckungsreisen in den Atlasländern*

1325 Ibn Battuta, der »Reisende des Islam« begibt sich von seiner Heimatstadt Tanger aus auf die Pilgerreise nach Mekka und beschreibt die von ihm bereisten Gebiete in den Atlasländern.

1351 In Florenz erscheint die berühmte Florentiner Seekarte, auf welcher der Verlauf der Nordküste Afrikas erstaunlich genau verzeichnet ist. Die italienischen Seerepubliken, besonders Genua und Venedig, unterhielten intensive Handelsbeziehungen mit den islamischen Herrschern von Marokko bis Ägypten. Die Städte Pisa und Genua hatten bereits 1250 Verträge mit dem Sultan von Tunis abgeschlossen.

1721 Kapitän Stewart und J. Windhus unternehmen eine Gesandtschaftsreise nach Marokko und halten sich in der alten Königsstadt Meknes auf.

1722–1727 Der englische Geistliche Dr. Thomas Shaw reist durch die Berberstaaten in Marokko und erkundet die gesamte algerische Küste. Er schreibt über seine Reisen ein reich illustriertes Werk.

1723–1725 Die französischen Patres J. de la Faye, D. Mackar, A. d'Arcias und H. Le Roy reisen nach Algerien und Marokko, um christliche Gefangene loszukaufen.

1725 In Paris erscheint die bedeutende »Geschichte der Piratenstaaten der Barbarei« von Langier de Tassy, der viele Jahre im Auftrag des spanischen Königs in Algerien lebte. Seine Darstellung zeichnet sich durch bemerkenswerte Objektivität aus.

1732–1733 Die deutschen Botaniker Johann Ernst Hebenstreit und Christian Gottlieb Ludwig reisen im Auftrag des Kurfürsten August des Starken von Sachsen durch Algerien und Tunesien. Sie bringen umfangreiche naturwissenschaftliche Sammlungen für den sächsischen Königshof nach Dresden.

1760–1768 Der dänische Konsul G. Höst reist während eines achtjährigen Aufenthaltes durch Marokko und besucht die alte Königsstadt Fes.

1785 Der französische Botaniker J. L. M. Poiret lebt unter den Beduinen des nördlichen Tunesien, worüber er 1788 einen eindrucksvollen Bericht veröffentlicht.

1803–1807 Der Spanier Domingo Badia y Leblich reist als Moslem getarnt unter dem Namen Ali Bey el Abasi in geheimer Mission durch Marokko.

1835–1850 Der französische General Joseph Eugène Daumas bekleidet hohe Verwaltungsposten in der französischen Kolonie Algerien und nimmt an verschiedenen Feldzügen gegen die Berber teil. Als einer der besten Kenner des Landes schreibt er mehrere bedeutende Werke über Algerien und die »französische« Sahara.

1836–1838 Der berühmte Naturforscher Moritz Wagner aus Bayreuth reist zwei Jahre lang durch die Regentschaft Algier.

1852–1869 Wiederholte Reisen und längere Aufenthalte des Freiherrn von Maltzan in den Atlasländern.

1855 Der spätere deutsche Afrikaforscher Gerhard Rohlfs tritt als Arzt in die französische Fremdenlegion ein und nimmt in Algerien an der Eroberung der Berbergebiete im Atlasgebirge teil. Nach 1861 reist er als Moslem durch Marokko, erforscht im Süden des Landes das Wadi Draa und gelangt wohl als erster Europäer in die Oasen des Tafilalet am Nordrand der Sahara.

1879/80 Als türkischer Militärarzt verkleidet reist der Afrikaforscher Oskar Lenz aus Leipzig von Tanger aus durch noch weithin unbekannte Regionen des Atlasgebirges in Marokko. Von Südmarokko aus durchquert er die Westsahara und erreicht Timbuktu.

1882 Der französische Archäologe Defournoux reist durch den Osten Marokkos zur Oase Figig im Sahara-Atlas und über das Hochland der Schotts nach Tunesien, wo er in die damals noch für Christen verbotene Stadt Kairuan gelangt.

1883/84 Der französische Leutnant und Trappistenmönch Charles de Foucauld reist völlig allein und ohne Lasttiere durch Südmarokko und die algerische Sahara (Wadi Saura).

1886–1906 Der deutsche Geograph und Kenner der Mittelmeerländer Theobald Fischer bereist fünfmal Marokko.

1891–1901 Der Franzose Charles de Ségonzac reist u. a. durch das Fremden schwer zugängliche Rifgebirge und durch den Hohen Atlas in Marokko, wo er den Djebel Ajaschi (4250 m) als höchsten Berg Marokkos erkennt.

1904–1909 Der französische Geologe Louis Gentil erforscht eingehend den Bau des marokkanischen und algerischen Atlas.

# Der Niger – Nil des Westens?

## Lagune in Nordloango

*Die Mangrovepflanzen verleihen den »Wäldern im Meer«, die fast überall im tropischen Wattenmeer (an schlammigen Küsten) gedeihen, ein ganz eigenes unverwechselbares Aussehen. Links im Bild und rechts im Vordergrund sieht man Exemplare der von Westafrika bis Hawaii verbreiteten Schraubenbäume (Pandanus-Arten). Das eindrucksvolle Bild schuf Moritz Eduard Pechuel-Loesche, der 1875 an einer Loango-Expedition teilnahm.*

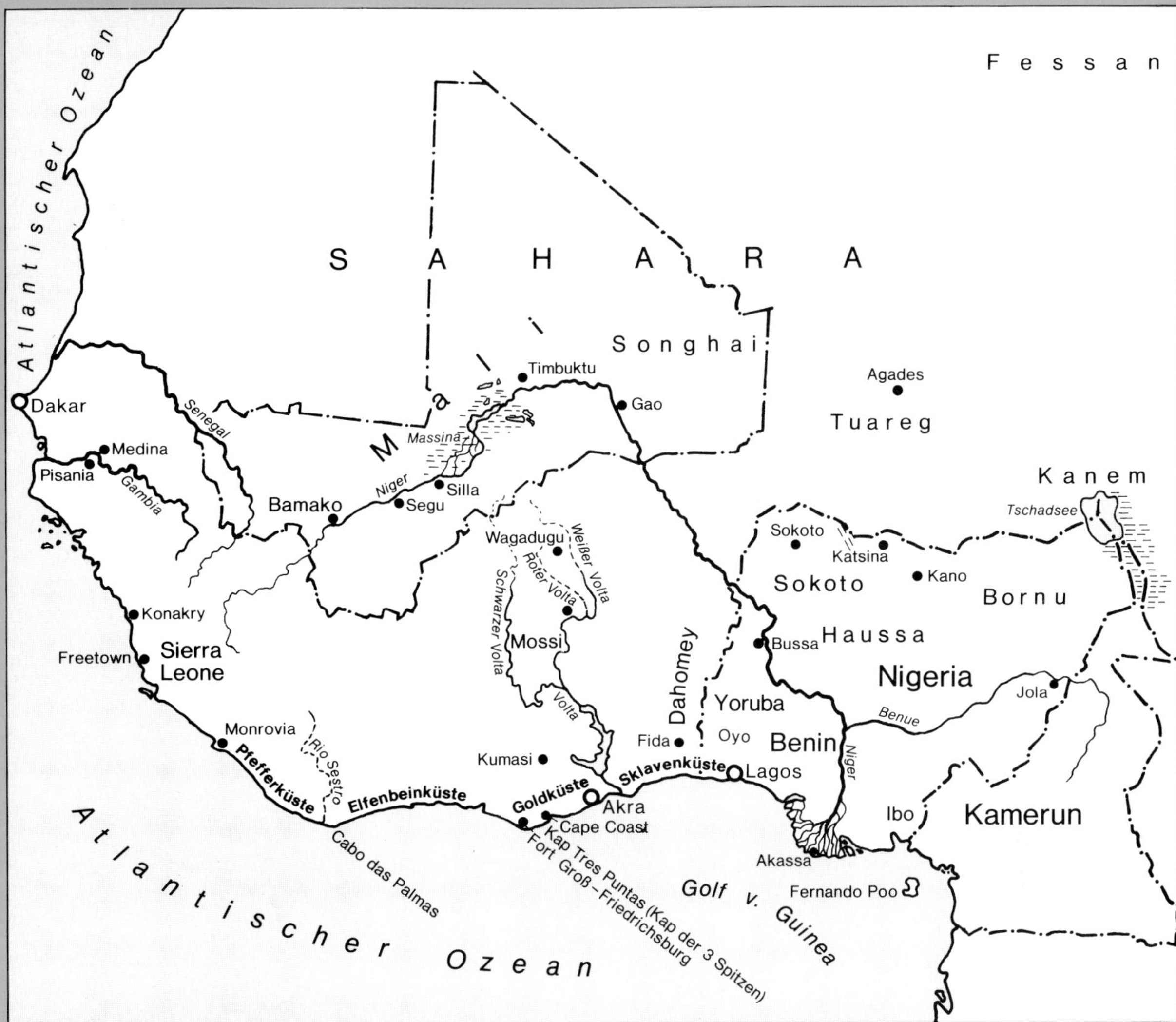


## Afrikaner beim Palaver

*Palaver, häufig in Form wochenlanger Verhandlungen afrikanischer Häuptlinge, verhinderten so manche blutige Auseinandersetzung. Ebenso hartnäckig verhandelte man mit europäischen Gold- und Sklavenhändlern an der Guineaküste. Nur Gewehre von bester Qualität akzeptierten die Afrikaner für das begehrte »schwarze Elfenbein« (Sklaven).*

## *Im »Land der Schwarzen« Leo Africanus am Südrand der großen Wüste*

Spärlich waren jahrhundertelang die Nachrichten, die Europa über die Länder jenseits der großen Wüste erreichten. Die aufschlußreichen Berichte, welche Heinrich der Seefahrer in Ceuta aus dem Munde maurischer Fernhändler vernahm, verschwanden weitgehend in den portugiesischen Geheimarchiven. Auch die genuesischen und venezianischen Handelshäuser hatten aus einleuchtenden Geschäftsgründen kein besonderes Interesse daran, das ihnen in den Hafenstädten der Berberei übermittelte Wissen über die fernen Länder im tiefen Süden Afrikas einer breiten Öffentlichkeit bekanntzugeben.

Erst durch die Veröffentlichung des Reisewerkes von Leo Africanus (vgl. Kapitel 6) erhielt Europa zuverlässige Nachrichten über die Länder des Bilad es Sudan, des »Landes der Schwarzen«. Erst die von der African Association (Afrikanische Gesellschaft) in London seit dem ausgehenden 18. Jahrhundert finanziell geförderten Entdeckungsreisen sollten den Europäern zuverlässige Informationen vermitteln, die über Leos Werk hinausgingen.

Leo kannte die wichtigsten Handelsrouten durch die Sahara aus eigener Anschauung und vermittelte ein im ganzen zutreffendes Bild von der großen Wüste, welche die Handelskarawanen durchqueren mußten. Wie winzige Inseln nahmen sich die Raststätten inmitten der Einöden aus unabsehbaren Dünenfeldern und Felswüsten aus, die heute in jedem Schulatlas als Oasen von Wargla, Tuat, Fessan, Ghadames oder Agades verzeichnet sind.

In Leos Bericht erfahren wir auch von seinen Begegnungen mit den Herren der Wüstenräume, die bei ihm Targa und Berdoa heißen. Sie sind uns heute unter den Namen Tuareg und Tubbu bekannt. Leo ist Gast in ihren Zelten und lobt die Gastfreundschaft mancher Tuaregführer. Doch insgesamt fällt sein Urteil negativ aus. Für ihn, den seßhaften Muslim aus der städtischen Kultur des Maghreb, sind letztendlich alle Wüstenbewohner Diebe, Räuber und Mörder.

»Fünfzehn Königreiche der Neger habe ich mit eigenen Augen gesehen«, berichtet er im siebten Buch seiner »Beschreibung von Afrika«. Die größte und bedeutendste von allen Städten, die er besuchte, war die reiche Handelsstadt Timbuktu, damals das wirtschaftliche Herz des weiträumigen Songhai-Reiches. Keiner anderen Handelsstadt am Südrand der großen Wüste widmete Leo so viele Worte seines Berichtes, und keine andere Stadt beflügelte die Phantasie der europäischen Reisenden so sehr wie Timbuktu.

»Tombut (Timbuktu) liegt zwölf Meilen von einem Seitenarm des Niger entfernt. Alle Häuser der Stadt sind Steinbauten und mit Stroh gedeckt. Der prachtvolle große Tempel und der königliche Palast sind von einem der größten Architekten Granadas errichtet worden.«

Tatsache ist, daß die Große Moschee (bei Leo Tempel genannt) von einem Andalusier namens as Saheli errichtet wurde. Der im 14. Jahrhundert lebende Mali-Herrscher Mansa Musa hatte den als Architekten wie als Dichter gleichermaßen berühmten as Saheli auf seiner großen Pilgerreise im Jahre 1324 in Mekka kennengelernt.

»Es gibt in Tombut viele Läden von Händlern und Handwerkern, vor allem solche, die Leinen und Baumwollstoffe weben. Die Händler aus der Berberei bringen auch Stoffe aus Europa hierher. Die Bewohner und besonders Fremde, die in der Stadt leben, sind außerordentlich reich. Der König hat deswegen zwei seiner Töchter mit reichen Händlern verheiratet. Die Dörfer der Umgebung liefern Getreide, Vieh, Milch und Butter im Überfluß. Nur Salz ist hier sehr knapp; es muß aus dem 500 Meilen entfernten Tegaza herbeigeholt werden ... Der König unterhält einen prachtvollen Hof. Ständig stehen ihm dreitausend Mann Reiterei zur Verfügung und er hat eine große Zahl von Fußtruppen, die mit vergifteten Pfeilen schießen. Sie sind oft mit denen in Gefechte verwickelt, die sich weigern, ihren Tribut zu zahlen. Dann verkaufen sie so viele, wie sie ergreifen können an die Händler von Tombut.«

Leo beschreibt auch andere alte Handelsplätze wie Gao am Niger oder Kano in Nordnigeria, das Endpunkt der Karawanenstraße ist, die von Algier über das Hoggargebirge und die alte Karawanenstadt Agades am Südrand des Air-Berglandes in den Sudan führt. Von Kano aus erreicht Leo das Reich Bornu am Tschadsee, das rund dreihundert Jahre nach ihm von den Engländern Clapperton und Denham sowie dem berühmten deutschen Afrikareisenden Heinrich Barth besucht wird.

Doch nicht nur von dem Reichtum der großen Handelszentren weiß Leo zu berichten. Im Reich Gao gibt es außer der Hauptstadt nur Dörfer, deren Bewohner in bitterer Armut leben, da sie ständig unter der Bürde übermäßig hoher Abgaben zu leiden haben. Im Umkreis von hundert Meilen findet man hier kaum einen einzigen gelehrten Mann. In Katsina (nordwestlich von Kano), wo die Menschen tiefschwarz sind, lebt das Landvolk in erbärmlichen Hütten, ständig von Hungersnot bedroht.

Für Leos Begriffe sind die Angehörigen vieler Stämme in Bornu und Gaogo (Baghirmi) rohe und wilde Gestalten. So mancher europäische Leser mag bei der Lektüre der »Beschreibung von Afrika« seine eigenen Vorurteile gegenüber diesen »unzivilisierten Heidenvölkern« mit Freuden bestätigt gefunden haben. Leo Africanus, der gebildete Moslem aus der Großstadt Fes, vermittelt uns hier das gleiche verzerrte Bild vom wilden unzivilisierten Afrikaner wie viele seiner europäischen Nachfolger, die als Entdecker und Händler ins »Land der Schwarzen« zogen.

Am stärksten bringt Leo sein Bild vom Afrikaner wohl mit den folgenden Worten zum Ausdruck: »Die Neger leben wie die Tiere und sind nahezu bar jeden Verstandes, ja sie benehmen sich so, als ob sie ständig im Urwald unter wilden Tieren gelebt hätten.«

**Junges Mädchen der Fulbe**

*Die Fulbe sind über weite Gebiete des westlichen Sudan verbreitet, vom Futa-Dschallon-Gebirge im Westen bis in den Tschadsee-Raum. Gerühmt wurde immer wieder die Schönheit der »reinrassig«-hellhäutigen Fulbemädchen.*

## So reisen die Vornehmen

*Olfert Dapper schrieb hierzu (1670): »Die Konger, wann sie von einem Orte zum anderen reisen, pflegen nicht zu fahren oder zu reiten, sondern lassen sich von Menschen in Hängematten liegend oder in Tragestühlen sitzend tragen.«*

## Das Fort Groß-Friedrichsburg

*1683 ließ der Major Otto von der Gröben im Auftrag des Großen Kurfürsten an der Goldküste das Fort Groß-Friedrichsburg errichten. Doch bereits 1720 verkaufte es der Preußenkönig Friedrich I. an die Holländer. Der englische Faktoreibeamte John Barbot berichtete 1732 in seiner umfassenden Beschreibung der Guineaküste, daß der Platz wegen der fast ständig wehenden kühlen Brise als sehr gesund galt.*

## Seevögel auf der Jagd nach fliegenden Fischen

*Verschiedene Arten fliegender Fische bevölkerten oft in Schwärmen von Millionen den Atlantik vor der Guineaküste. Von Thunfischen oder anderen großen Raubfischen verfolgt, sprangen sie aus dem Wasser und wurden dann häufig von großen Seevögeln erbeutet.*

Unglücklicherweise bestätigt Leo die Meinung des arabischen Geographen al Idrisi, der Jahrhunderte vor ihm behauptet hatte, daß der Niger in einem sehr großen See im Osten der Wüste entspringt und nach Westen in den Ozean fließt. »Und unsere Kosmographen versichern auch, daß er vom Nil abzweige und unterirdisch weiterfließe und bei seinem Austritt den erwähnten See bildet.« Getreu dieser Darstellung erschien der Niger auf den meisten europäischen Karten des 17. und 18. Jahrhunderts als ein nach Westen fließender Strom, der sich mit drei von Senegal, Gambia und Rio Grande gebildeten Mündungsarmen in den Atlantik ergoß. Erst die große Reise des Schotten Mungo Park sollte Licht in dieses geographische Dunkel bringen.

## *Entdecker und Sklavenhändler Frühe Berichte aus Westafrika*

Die Portugiesen waren die ersten Europäer, die den Küstenstreifen am Golf von Guinea betraten. Im Jahre 1482 bauten sie an der Goldküste das Fort El Mina (s. Kapitel 1). Bereits vier Jahre später erreichte der Portugiese João Affonso de Aveiro an der Spitze einer Gesandtschaft den Hof des Königs von Benin. Doch derartige Expeditionen ins Hinterland blieben die Ausnahme.

In der Mitte des 16. Jahrhunderts erschienen die Holländer, Engländer und Franzosen an den Küsten Westafrikas, errichteten eigene Forts und verdrängten die Portugiesen von den meisten ihrer Stützpunkte. Der Franzose Villault de Bellefond berichtete in den sechziger Jahren des 17. Jahrhunderts, daß die Portugiesen, die im Jahre 1604 von Engländern und Holländern vertrieben wurden, ins Hinterland auswichen, wo sie sich offenbar bereits vorher gut ausgekannt hatten. Sie heirateten dort einheimische Frauen, und so entstand eine einflußreiche Schicht von Mulletos (olivenfarbene Menschen), die in weiten Räumen Westafrikas den Inlandhandel beherrschte. Sie sollen sogar den Niger abwärts gefahren sein und dabei das Königreich Benin an der Nigermündung erreicht haben.

Das würde bedeuten, daß die Portugiesen lange vor den Reisen eines Mungo Park oder Richard Lander die Geheimnisse des Niger entschleiert hätten. Ob Berichte dieser Mulletos den Torre do Tombo in Lissabon, wo die Geheimarchive des portugiesischen Staates aufbewahrt wurden, erreicht haben, wissen wir nicht. Viele der Dokumente wurden im Laufe der Zeit bei Sichtung der Archive oder aus Sicherheitsgründen vernichtet. Was übrig blieb, fiel zum großen Teil dem verheerenden Erdbeben von 1755 zum Opfer.

Die Berichte der Reisenden des 17. und 18. Jahrhunderts geben allesamt nur Auskunft über den schmalen Küstenstreifen. Die Angaben über das Hinterland bleiben spärlich, denn kaum einer der Kaufleute, Soldaten und Ärzte, die in den Forts an der Küste Dienst taten, drang weiter als 20 Kilometer in das Hinterland ein.

Zu den frühen Dokumenten aus der Zeit nach der portugiesischen Vorherrschaft im Guineahandel gehört die »Guineische Reisebeschreibung« des Majors Otto Friedrich von der Gröben, der 1682 im Auftrag des Kurfürsten Friedrich Wilhelm I. von Brandenburg, genannt der Große Kurfürst, mit zwei Kriegsschiffen an die Goldküste segelte. Er hatte Festungsingenieure und 40 Mann brandenburgische Infanterie an Bord. Der Große Kurfürst gab ihm genaue Order mit auf den Weg. Gold, Elfenbein und 40 Sklaven sollten eingekauft werden. Unter den Sklaven sollten 20 Knaben im Alter von 8 bis 16 Jahren sein.

Vor allem aber gehörte es zu seinen Aufgaben, ein Fort errichten zu lassen, denn der Kurfürst beabsichtigte mit Hilfe seiner gerade gegründeten Afrikanisch-Brandenburgischen Kompanie in das Handelsgeschäft an der Guineaküste einzusteigen. So entstand nahe dem Kap Tres Puntas das Fort Groß-Friedrichsburg, das 1683 seiner Bestimmung übergeben, aber bereits 1721 an die Holländer verkauft wurde.

Major von der Gröben beklagt, daß die Mohren (das heißt die Bewohner der Goldküste) durch den Handel mit den Portugiesen sehr gewitzte Kaufleute geworden sind. »Das Gold ist bei ihnen eine teurere Ware, als wir Christen uns einbilden, weil sie damit sehr genau wissen umzugehen... Wann sie nun in das Schiff zu handeln kommen, währet es wohl drei Stunden ehe man um den Preis eins (einig) ist; darnach wollen sie noch das Gewicht disputieren. Endlich, wann der Kauf recht geschlossen, so ist das Gold halb mit Kupfer oder mit einer guten Partie Sand untermenget. Selbiges muß ein kluger Kaufmann in eine Schale legen und den Sand mit dem Kupfer vom guten Golde durch Blasen separieren.«

Über die Bewohner der Goldküste schreibt von der Gröben: »Die Eigenschaft der Einwohner insgemein betreffend sind sie meist alle starke und hohe Leute, lieben die Waffen sehr, indem ein Haupt mit dem andern oft in die drei bis sechs Jahre krieget; können sich wohl behelfen mit Schießgewehr, wie ich selbst gesehen. Sie sind sehr böse; verkaufen nicht alleine ihre Gefangenen, die sie im Kriege bekommen, sondern auch Weiber, Kinder und nächste Freunde ... sie halten ihre Frauen gleich den Hunden und heiraten soviel als sie bezahlen können.«

In Amsterdam veröffentlichte 1668 der holländische Arzt Olfert Dapper seine später so berühmte »Umständliche und eigentliche Beschreibung von Afrika« (deutsch 1670). Amsterdam war damals ein internationales Zentrum des Buch- und Kartenwesens. Das Neuartige an Dappers Werk war, daß er nicht einfach Reisebeschreibungen über Afrika zusammentrug – was bereits andere vor ihm getan hatten –, sondern die zahlreichen ihm zur Verfügung stehenden Quellen kritisch verglich und zu einem Gesamtbild kompilierte. Dapper hatte selbst keine größeren Reisen unternommen, stand aber in ständigem Kontakt mit Seeleuten, Kaufleuten und Ärzten, die nach Übersee reisten. So konnte er auch zahlreiche unveröffentlichte Berichte in seine Darstellung von Afrika einbeziehen. Ihm vor

### Das Land Sestro

***Diese Abbildung aus Barbots Beschreibung der Guineaküsten zeigt Bilder von der Pfefferküste. Hier nahmen viele Schiffe auf der Fahrt zur Gold- und Sklavenküste Wasser auf. Auch Guineapfeffer, Elfenbein und vor allem Reis lieferte dieses fruchtbare Land im Überfluß.***
***Zu den Abbildungen: Webervogelnest, darunter eine der bis zu handlangen Raupen (links oben); Bananenstaude und Guineapfeffer (rechts oben); Reispflanze, Hausschaf und im Hintergrund typische Sestrohäuser (links unten); ein Neger mit milchweißer Haut und schwarzen Flecken, rechts daneben ein Pfeife rauchender Mann mit stark vergrößertem Scrotum (rechts unten).***

## Dahomé-Amazonen auf der Elefantenjagd

*(rechts)*

*Ein beliebtes Thema im populären Afrikaschrifttum des 19. Jahrhunderts bildeten Berichte über die Frauenregimenter (Dahomé-Amazonen) des Königs von Dahomé. Stark dramatisiert hat der Zeichner diese Jagdszene in der französischen Zeitschrift für Völkerkunde »Tour du Monde« (1863).*

allem verdankt Europa die Kenntnis von dem Königreich Benin im Hinterland westlich des Nigerdeltas. Er berichtete unter anderem von den berühmten Benin-Bronzen, die zu den vollendetsten und ausdrucksstärksten Kunstschöpfungen der Menschheit gehören. Ferner erfahren wir von Menschenopfern beim Tode des Oba (Herrschers) von Benin oder anderer hoher Würdenträger.

Dapper wollte auch in Erfahrung gebracht haben, daß im Inneren Afrikas Zwergmenschen (Pygmäen) leben. Es dauerte aber noch 200 Jahre, bis Schweinfurth und Du Chaillu diese Angaben Dappers bestätigen konnten.

Der französische Hugenotte John (Jean) Barbot, der von 1660 bis 1680 in seiner Eigenschaft als Generalagent der Königlichen Afrikagesellschaft zu Paris wiederholt die Guineaküste bereiste, schrieb ein umfangreiches Werk über die Küstengebiete von Senegal bis Angola. Es erschien 1732 in London. Die 50 doppelseitigen Kupferstiche dieser bedeutenden Arbeit zeigen Küstenpanoramen, Karten von Gebieten an Flußmündungen, Grundrisse und Ansichten der europäischen Forts sowie zahlreiche Darstellungen der Pflanzen- und Tierwelt, der Menschen sowie ihrer Geräte und Waffen.

John Barbots Werk macht deutlich, wie unterschiedlich die Urteile über die Afrikaner schon damals ausfielen. Über Benin berichtet er: »Die Einwohner dieser großen Stadt sind im allgemeinen ein sehr höfliches und gutmütiges Volk, mit dem man leicht verhandeln kann.« Und über den Oba (König): »Den König kann man als gerecht und unparteiisch bezeichnen; er hat den Wunsch, daß seine Beamten gerecht vorgehen und ihre Pflichten gewissenhaft ausüben.« Barbot ist nicht selbst in Benin gewesen. Die Afrikaner, die er persönlich kennt und mit denen er verhandeln muß, sieht er nicht selten mit anderen Augen. Dann spricht er von Negern, die von Natur aus faul und hinterlistig sind und nur darauf warten, die ehrlichen europäischen Kaufleute zu übervorteilen!

Westlich von Benin lag der palmenbestandene Küstenstreifen, der den Namen Sklavenküste trug. Einer der bekanntesten Umschlagplätze für das »schwarze Elfenbein« war dort das kleine Königreich Whidah (Fida), von dem Barbot im Jahre 1680 berichtet, daß es pro Monat gut tausend Sklaven liefern könne. 40 bis 50 Schiffe unter englischer, holländischer, französischer und portugiesischer Flagge gingen hier jährlich vor Anker.

Barbot weiß auch von großen Schwärmen fliegender Fische vor den Küsten der Guinealänder zu erzählen. Wenn sie von Thunfischen verfolgt werden, springen sie oft in riesiger Zahl aus dem Wasser und gleiten so lange durch die Luft, bis ihre »Flügel« nicht mehr genügend Feuchtigkeit besitzen. Er unterscheidet bereits mehrere Arten dieser fliegenden Meeresbewohner und schwärmt davon, wie köstlich ihr Fleisch mundet, besonders wenn es über dem Feuer geröstet wird.

Der Rio Sestro an der Pfefferküste (heute Liberia), so erfährt der Leser in einem anderen Kapitel, ist ein wichtiger Ankerplatz für den Elfenbein- und Pfefferhandel. Der hier angebaute Malagueta- oder Guineapfeffer wuchs oft so dicht, daß die Sträucher regelrechte Dickichte bildeten. Die rötlichen Samen des Strauches gelangten als »Paradieskörner« nach Europa. Beeindruckend für den Europäer war die Vielgestaltigkeit der Tierwelt und die üppige Fülle der tropischen Pflanzen, besonders der oft majestätischen Baumgestalten. Auf den höchsten Bäumen beobachtet Barbot einen sperlingsgroßen Vogel, der überaus kunstvolle Nester baut. Auf einem Baum am Flußufer schätzt er die Zahl dieser Webervogelnester auf nahezu 1000 Stück. In ungeahnter Menge treten hier die Insekten auf, oft genug werden sie zu entsetzlichen Quälgeistern des Menschen. Einige Raupenarten sind hier so lang wie eine Hand.

Es gibt auch bemerkenswert seltsame Menschen: Neger mit milchweißer Haut, die aber ganz mit schwarzen Flecken bedeckt ist und wie ein Tigerfell aussieht. Damit liefert Barbot eine der ersten Beschreibungen (mit Abbildung) sogenannter »weißer Neger« (Albinos). In einem anderen Dorf beobachtet er einen alten Neger mit mächtig vergrößertem Skrotum (Hodensack); der Mann raucht vergnügt seine Pfeife. Barbot weiß natürlich noch nicht, daß es sich hierbei um eine starke Aufstauung von Lymphflüssigkeit handelt, die von einem parasitischen Wurm hervorgerufen wird, der in den Lymphknoten lebt. Diese Krankheit ist heute unter dem Namen Elephantiasis bekannt. Barbot ist überzeugt, daß der alte Neger diese Verunstaltung dem reichlichen Genuß von Palmwein und dem Umgang mit vielen Frauen verdankt.

Zu den wichtigsten zeitgenössischen Quellen über die Guineaküsten gehört auch das Werk des holländischen Faktoreibeamten William Bosman, der um 1790 an der Goldküste lebte. Ihm verdanken wir eine ausführliche Schilderung des Goldhandels. »Nicht wenige Leute in Europa glauben, daß wir die Herren der Goldminen sind; daß wir, wie die Spanier in Westindien, nichts anderes zu tun haben, als unsere Sklaven dort arbeiten zu lassen. Aber es ist im Gegenteil so, daß wir keinerlei Zugang zu diesen Schätzen haben und ich glaube auch nicht, daß irgendeiner unserer Leute je eine der Minen gesehen hat ... Die Neger betrachten sie als heilig und unternehmen daher alles, um uns von ihnen fern zu halten.«

Bosman wie auch Barbot wissen offensichtlich nicht, daß es den Portugiesen im Jahre 1623 gelungen war, eine Expedition rund 20 Kilometer den Ankobrafluß aufwärts zu schicken. Die Portugiesen errichteten dort ein Fort und eröffneten eine Goldmine. Der Rückweg zur Goldküste war durch das Fort St. Antonio gesichert, das in der Nähe der Küstenstadt Axim lag. 1636 zerstörte ein Erdbeben die Minenstollen. Die überlebenden Portugiesen mußten vor den erbosten Eingeborenen die Flucht ergreifen, denn diese waren überzeugt, daß die Götter die fremden Eindringlinge für ihren Frevel am heiligen Goldberg bestraft hatten.

Von Bosman erfahren wir Wichtiges über afrikanische Formen der Sklaverei, die nicht selten eher einem Vasallentum als der oft grausamen Sklavenhaltung auf den Zuckerrohrplantagen der Neuen Welt ent-

## Bäume und Tiere an der Goldküste

*John Barbot, dessen Werk über die Guineaküsten dieser doppelseitige Kupferstich entnommen ist, berichtet eingehend über die Verwendung der verschiedenen Palmen und anderer Nutzpflanzen. Leoparden, die auf Nahrungssuche bis in die Forts vordrangen, bildeten eine wahre Landplage. Solange genug Vieh vorhanden war, griffen sie den Menschen im allgemeinen nicht an.*

## Richard Lander löst die Nigerfrage

*Erst Richard Lander (1804 bis 1834), dem ehemaligen Diener des Kapitäns Clapperton, gelang der Nachweis, daß die zahlreichen Wasserläufe der Mangrovewildnis zwischen dem Benin-Golf und der Insel Fernando Póo das Mündungsdelta des Niger bilden. 1830 befuhr er mit seinem Bruder John im Auftrag der britischen Regierung den Niger von Bussa, wo Mungo Park starb, bis zum Atlantik.*

## Brücke über den Bafing

*(rechts)*

*Im Jahre 1795 reiste der Schotte Mungo Park (1771 bis 1805) den Gambia aufwärts, um die Nigerfrage zu lösen. Er überquerte den Oberlauf des Bafing (Senegal) und erreichte nach vielen Strapazen die am Niger gelegene Bambara-Hauptstadt Segu. Hier konnte er feststellen, daß der Niger nach Osten fließt und nicht nach Westen, wie viele angenommen hatten.*

## Erkundungsfahrt am Gambia

*Im Jahre 1619 fuhr der englische Kapitän Richard Jobson mit zwei Schiffen den Gambia aufwärts. Wie viele andere Entdecker hielt er ihn für den Niger und hoffte, das sagenhafte Timbuktu zu erreichen. Untiefen zwangen ihn schließlich, die Reise mit einem kleinen Boot fortzusetzen. Auf seiner zwei Monate dauernden Fahrt sah er eine afrikanische Wildnis, die zuvor wohl noch kein Weißer erblickt hatte. Durch Jobson drangen die ersten Nachrichten über die Mandingo und das Nomadenvolk der Fulani (Fulbe) nach London.*

**Menschenopfer in Dahomé**
*(rechts)*

*Die Menschenopfer des Herrschers von Dahomé regten die Zeichner zu publikumswirksamen Illustrationen an, wie diese aus dem Bericht des französischen Marinearztes M. Répin in der Zeitschrift »Tour du Monde« (1863).*

sprach: »Die Leute, die aus dem Binnenland kommen, um mit uns Handel zu treiben, sind hauptsächlich Sklaven; einer von ihnen, dem sein Herr das größte Vertrauen schenkt, wird zum Anführer der Karawane bestimmt ... In der Tat habe ich beobachtet, daß einige dieser Sklaven mehr Autorität als ihre Herren besitzen.«

Als gegen Ende des 18. Jahrhunderts in England Menschen wie der Philantrop William Wilberforce energisch für die Abschaffung des Sklavenhandels kämpften, setzten die Händler alles daran, ihre schmutzigen Geschäfte zu rechtfertigen. Ein beliebtes Alibi lieferten ihnen die Berichte über die alljährlichen Menschenopfer am Königshof zu Dahomé (heute der Staat Benin). Dort wurden angeblich unzählige Kriegsgefangene in einem blutrünstigen Zeremoniell enthauptet. War es da nicht besser, diesen »barbarischen Despoten« die armen Geschöpfe abzukaufen, um sie vor diesem schrecklichen Schicksal zu bewahren? Doch diese Blutopfer fanden in Wirklichkeit nur während ganz bestimmter Zeitabschnitte und in begrenzten Gebieten statt. Der englische Historiker Basil Davidson hat betont, daß die europäischen Sklavenhändler ihrer Profitgier weitaus mehr Menschenopfer darbrachten, indem sie kranke Afrikaner beim Transport auf den Meeren einfach über Bord warfen!

Ausführliche Schilderungen der Menschenopfer in Dahomé lieferte der englische Sklavenhändler Archibald Dalzel. Er ist Verfasser einer aufschlußreichen »Geschichte von Dahomey«, die 1793 in London erschien und zum erstenmal auf die Geschichtlichkeit afrikanischer Königreiche hinwies. Das war für die damalige Zeit etwas durchaus Neuartiges, galt doch den meisten Zeitgenossen Afrika südlich der Sahara als weithin geschichtsloser Raum.

## *Vom Gambia zum Niger Mungo Park und der Nil des Westens*

Als die Portugiesen im Jahre 1447 den Senegal erreichten, erhielten sie dort erste Kunde von »schwarzen« Königreichen am Oberlauf dieses Flusses. Der Chronist Barros berichtet sogar, daß die portugiesischen Händler in der Folgezeit mit der reichen Handelsstadt Timbuktu im fernen Hinterland in Verbindung getreten seien. Doch mehr erfuhr man damals über das geheimnisvolle Innere Westafrikas nicht.

1678 verdrängten die Franzosen Portugal aus dem Senegalgebiet, das später einmal ihre erste große Kolonie in Westafrika werden sollte. Die Engländer setzten sich an dem weiter südlich in den Atlantik mündenden Gambia fest. Beide Nationen lebten lange Zeit in dem Glauben, einen der Mündungsarme des Niger zu kontrollieren. Als die Briten 1723 eine Expedition unter Führung des Majors Stibbs den Gambia aufwärts schickten, kehrte dieser mit der Überzeugung zurück, daß der Gambia wohl keinesfalls ein Mündungsarm des Niger sein könne. Die Enttäuschung in England war groß, und das allgemeine Interesse wandte sich nun anderen Teilen der Welt zu.

Das änderte sich aber rasch, als am 9. Juni 1788 zwölf Mitglieder eines exklusiven Clubs in London eine Gesellschaft gründeten, die sich »Association for promoting the Discovery of the Interior parts of Africa« (Gesellschaft zur Förderung der Entdeckung der inneren Gebiete von Afrika) nannte. Ihr erster Präsident wurde der hervorragende Naturwissenschaftler Sir Joseph Banks, der den berühmten Kapitän Cook auf dessen erster Weltreise begleitet hatte. Die zu keiner Zeit mit nennenswerten öffentlichen Mitteln ausgestattete Gesellschaft (sie ging 1830 in der Royal Geographical Society auf) rechnete damit, Idealisten zu finden, die trotz aller damit verbundenen Gefahren bereit sein würden, tief in das Innere des für Europa noch immer geheimnisvollen Afrika vorzudringen. Sie sollte sich in ihrer Annahme nicht getäuscht haben.

Vorherrschendes Thema war in der Anfangszeit der Gesellschaft die seit dem Altertum ungelöste Nigerfrage. Man kannte von diesem Strom weder die Mündung noch die tatsächliche Fließrichtung, noch die Quelle. War dieser Strom ein westlicher Seitenarm des Nils, wie so oft behauptet und in Karten eingezeichnet wurde? War der Niger wirklich der Nil des Westens? Dies zu klären, war eine der ersten Aufgaben, die sich die African Association stellte, und für deren Lösung sie den geeigneten Mann finden mußte.

Der junge schottische Schiffsarzt Mungo Park schien für diese Pläne besonders geeignet zu sein. Er wurde am 10. September 1771 auf einem Pachthof nahe dem Ort Selkirk im Süden Schottlands geboren. Er war das siebte von insgesamt dreizehn Kindern des Gutspächters. Seine erste Schulbildung erhielt der junge Mungo durch Privatlehrer im elterlichen Haus; später besuchte er dann die Sprachenschule in Selkirk. Die Eltern hätten es gerne gesehen, wenn er Geistlicher geworden wäre, aber seine Neigungen für die Medizin waren schon frühzeitig so ausgeprägt, daß er nach dem 15. Lebensjahr bei einem Wundarzt in Selkirk in die Lehre gegeben wurde. Nach dreijähriger Lehrzeit zog er im Herbst 1789 nach Edinburgh, wo er Medizin und mit besonderer Liebe Botanik studierte. Sein Schwager James Dickson, der ein sehr bekannter Botaniker war, empfahl ihn nach Beendigung seiner Studien bei Sir Joseph Banks. So erhielt Mungo Park bald eine Ausbildung als Schiffsarzt an Bord eines Ostindienschiffes. Auf der Insel Sumatra fand er genügend Zeit, sich eingehend botanischen Studien zu widmen. Die nach London mitgebrachte Sammlung seltener Pflanzen und eine hervorragende botanische Abhandlung darüber beeindruckten Joseph Banks außerordentlich.

Am 22. Mai 1795 verläßt Mungo Park an Bord der »Endeavour« den Hafen von Portsmouth und erreicht am 21. Juni die Mündung des Gambia. Eine Flußfahrt bringt ihn in das über 200 Kilometer landeinwärts gelegene Pisania, wo ihn Dr. Laidley, Leiter einer englischen Faktorei, gastfreundlich aufnimmt.

Am 25. November bricht er von Pisania in das Landesinnere auf. Ein Neger namens Johnson, der Englisch

### Mungo Park wird von einem afrikanischen König empfangen

***Zweimal reiste Mungo Park an den geheimnisvollen Nigerstrom. Er durchquerte dabei mehrere westafrikanische Königreiche. Die Herrscher und ihre Untertanen waren häufig maßlos erstaunt über diesen sonderbaren, eigentümlich gekleideten Fremdling, der durch ihr Land reiste, um einen Fluß zu sehen.***

und Mandingo spricht, begleitet ihn. Die Mandingo, bedeutendste Volksgruppe im westlichen Sudan, leben in dem Raum vom unteren Gambia bis zum oberen Niger.

Bei Kayes stößt Mungo Park auf den Bafing (Senegal). Er befindet sich jetzt in der trockenen Savannenzone, die unter dem Namen Sahel bekanntgeworden ist. Das arabische Wort Sahel bedeutet soviel wie Strand oder Uferzone. Gemeint ist hier die breite Übergangszone von der Sahara zu den feuchteren Savannen weiter im Süden. Das Gebiet, das Mungo Park im weiteren Verlauf seiner Reise zum Niger und auf einem großen Teil des Rückweges durchzieht, bildet heute den südwestlichen Teil des weit in die Sahara reichenden Staates Mali.

Das erste größere Sahelzonen-Königreich auf der weiten Reise zum Niger ist Kaarta. Sie erreichen die Hauptstadt in der heißen Mittagszeit. Kaum haben sie den ansehnlichen Ort betreten, da werden sie auch schon von einer riesigen Menschenmenge umringt. Ein Bote des Königs weist dem so fremdartig anmutenden Gast eine Wohnung zu und versucht das aufdringliche Volk zurückzudrängen. Doch die Leute sind nicht zu halten. Wahre Menschentrauben bilden sich vor dem Eingang der Hütte. Jeder will den so seltsam, sprich europäisch, gekleideten Fremdling mit dem weißen Gesicht möglichst eingehend betrachten. Kaum haben sich die einen satt gesehen, drängen auch schon die nächsten nach vorne.

Der König ist bereit, Mungo Park nach Osten weiterziehen zu lassen. Doch er rät ihm, vorerst an den Senegal zurückzukehren, da ein Heer des Königs von Bambara von Süden her gegen Kaarta vorrücke. Für den Fall, daß ihm etwas zustoßen sollte, würde er als König von Kaarta von den Engländern am Gambia verdächtigt werden, einen Weißen umgebracht zu haben. Doch als er merkt, daß Mungo Park fest entschlossen ist, seine Reise fortzusetzen, gibt er ihm bis zur Grenze des Nachbarlandes Ludamar eine Eskorte mit auf den Weg. Viele der Bewohner in diesen kleinen Königreichen sind Moslems. Mungo Park schätzt, daß sich gebietsweise nahezu die Hälfte der Bevölkerung zum Islam bekennt.

Das Königreich Ludamar wird von Mauren beherrscht, die aus Marokko und anderen Gebieten Nordafrikas eingewandert sind. Sie ziehen als Nomaden durch das überwiegend von Sudannegern bewohnte Land, und wehe dem, der den geforderten Tribut nicht in der entsprechenden Höhe beibringt.

In der Stadt Djarra verabschiedet sich Mungo Park von Johnson, der seine Tagebücher nach Pisania bringen soll. Auf der Weiterreise ist Mungo Park Gast in einem Dorf und zutiefst beeindruckt von der Liebenswürdigkeit der Menschen dort. »Ich brachte bei den freundlichen Negern, die gegen die Rohheit und Härte der Mauren auffallend abstachen, angenehme Stunden zu.« Er ist in glücklichster Stimmung und glaubt sich bereits jenseits aller Gefahren, die von den Mauren drohen können, als plötzlich ein Trupp muslimischer Reiter herangaloppiert und ihn auffordert, sie ins Lager des Scheichs Ali zu begleiten. Er ist vor Schrecken stumm. Angeblich will sich Fatima, Alis Gattin, die seltene Gelegenheit, einen Christen mit eigenen Augen zu sehen, nicht entgehen lassen. Widerstand scheint zwecklos.

In vier Tagen erreichen sie die Stadt Dina. Dann geht es weiter in Richtung Benaum, wo Alis Zeltlager liegt. Es wird zugleich der nördlichste Punkt auf der beschwerlichen Reise zum Niger sein. Auf dem Marsch nach Benaum geht der Wasservorrat zu Ende, alle leiden unter der entsetzlichen Hitze. Mit dem Harz eines Baumes, das den Mund feucht hält, können sie den quälenden Durst etwas lindern.

Bei der Ankunft in Benaum stürzen die Einwohner auf Mungo Park zu. Er ist bald so von Menschen umringt, daß er sich kaum noch rühren kann. Der eine zupft ihn am Rock, ein anderer untersucht seine Knöpfe, ein dritter nimmt ihm den Hut vom Kopf; der nächste verlangt drohend, daß er ihm das islamische Glaubensbekenntnis nachsprechen solle. Während der ganzen Zeit sitzt Ali auf einem schwarzen Lederkissen vor seinem Zelt. Es ist ein Mann mit langem weißen Bart und von finster-stolzem Aussehen. »Er fragte mich, ob ich arabisch spräche und schien erstaunt, als ich es verneinte. Die Anwesenden, besonders die Frauen, drängten sich wieder dicht um mich, taten tausend Fragen, untersuchten meine Kleider gründlichst, und zählten mir sogar Finger und Zähne, als ob sie zweifelten, daß ich ein Mensch sei.«

Mungo Park ist im Zeltlager der Nomaden zahlreichen Schikanen ausgesetzt. Einmal muß er ihnen fast den ganzen Tag vorführen, wie er seine europäische Kleidung an- und auszieht. »Fremd, ohne Schutz und als Christ, konnte ich nichts Gutes von den wilden, rohen, fanatischen Mauren erwarten, ich tat aber alles, was von mir verlangt wurde, und ertrug jede Beleidigung mit Geduld.«

Erst nach Wochen gelingt es Mungo Park durch die Bekanntschaft mit Fatima, Alis Frau, die er rasch als die eigentliche Regentin des Stammes erkennt, die Bewilligung für freien Abzug zu erhalten.

Der Weitermarsch durch endlosen Buschwald wird zur schier unerträglichen Strapaze. Ein unsäglich quälendes Durstgefühl raubt ihm fast die Besinnung. Mit letzter Kraft klettert er auf einen Baum, hält Ausschau nach Anzeichen einer menschlichen Ansiedlung, doch wo er auch angestrengt hinblickt, überall dehnt sich vor ihm die gleiche menschenleere öde Wildnis. Bald darauf spürt er, wie seine Kräfte ihn unaufhaltsam verlassen. Mühsam steigt er vom Pferd und befreit das hungrige Tier von seinem Zaumzeug. »Indem ich dies tat, fiel ich auch schon auf den Sand hin und hatte ganz die Empfindung, als ob meine Todesstunde mit starken Schritten herannahe.« Die Kühle des Abends gibt ihm die Besinnung zurück, und er zieht weiter. Nur eine Wasserstelle kann ihm jetzt noch Rettung bringen. In nordöstlicher Richtung leuchten plötzlich einige Blitze auf. Kurz darauf erhebt sich ein heftiger Sandsturm, der die Lage des Erschöpften noch zu verschlimmern droht. Doch gegen zehn Uhr abends wird er plötzlich

## Bootsbau in Kamerun

*Das »Evangelische Missions-Magazin« in Basel veröffentlichte, wie andere Missionszeitschriften auch, zahlreiche Berichte der Missionare aus dem »dunklen« Erdteil, dessen Völkern, ebenso wie den »Heiden« in Asien, das Licht des Evangeliums gebracht werden sollte. Auf dieser Illustration aus dem Missionsmagazin sind »Eingeborene« in einem Waldgebiet der jungen deutschen Kolonie Kamerun mit dem Aushöhlen eines Einbaumes beschäftigt.*

## Das Dorf Kamalia

*Von Segu reiste Mungo Park zur afrikanischen Westküste zurück. Im September 1796 erreichte er das Dorf Kamalia, wo eine schwere Krankheit ihn zu einem längeren Aufenthalt zwang. Trotz seiner Erkrankung verfaßte Park in Kamalia einen umfangreichen Bericht über die Mandingo.*

durch mehrere grelle Blitze überrascht, und kurz darauf regnet es eine Stunde lang. Rasch breitet er seine Wäsche aus und saugt das kostbare Naß begierig aus dem durchnäßten Stoff.

Die Wildnis hört nach einiger Zeit auf. Jetzt geht die Reise durch Gegenden, die landwirtschaftlich genutzt werden. Die Menschen hier wissen »von Hunger nichts«. Männer und Frauen bestellen gemeinsam die Felder. Es ist mittlerweile Juni geworden, die ersten Anzeichen der nahenden Regenzeit machen sich bemerkbar. Mungo Park befindet sich auf der belebten Karawanenstraße nach Segu am Niger. Pferd und Reiter sind in einem jammervollen Zustand. Viel Spott muß der Reisende in so manchem Dorf über sich ergehen lassen. »Ich glaube, selbst die Sklaven schämten sich, in meiner Gesellschaft gesehen zu werden. Im nächsten Dorf erfuhr ich dann, daß ich den Niger, den die Neger Yoliba oder das Große Wasser nennen, am anderen Tage schon früh zu Gesicht bekommen würde.« Als er mit einer Reisegruppe aus Kaarta gerade eine sumpfige Niederung durchzieht, ruft einer der Leute plötzlich: »Geo affili – seht da, das Wasser!«

»Ich blickte vorwärts und mit unendlichem Vergnügen sah ich den großen Gegenstand meiner Sendung, den majestätischen Niger, so breit wie die Themse bei Westminster, in der Morgensonne flimmernd und langsam nach Osten fließend. Ich eilte an das Gestade, trank von dem Wasser, und mein glühender Dank strömte in Gebeten zu dem großen Regierer aller Dinge, der soweit wenigstens meine Bemühungen mit einem glücklichen Erfolg gekrönt hatte.«

Daß der Niger nach Osten fließt, verwundert ihn nicht. Zwar hatte er Europa mit großen Zweifeln im Hinblick auf diese Frage verlassen und eher der alten Annahme Glauben geschenkt, daß er nach Westen fließe, doch während seiner Reise durch Westafrika hatten ihm immer wieder Angehörige der verschiedensten Völkerschaften mit aller Entschiedenheit versichert, daß der Niger der aufgehenden Sonne entgegenströme.

Von Segu reist Mungo Park noch etwa 150 Kilometer stromabwärts. In Silla angekommen, sammelt er alle erreichbaren Nachrichten über den weiteren Verlauf des großen Stromes. Er spürt, daß er hier umkehren muß. Sein Körper ist von Hunger und Krankheiten ausgezehrt, finanziell ist er nahezu erschöpft.

Im Dezember 1797 kehrt er nach England zurück. Sein Reisebericht über die bis dahin in Europa völlig unbekannte Staatenwelt im Inneren Westafrikas und den tatsächlichen Verlauf des Niger wird zur Sensation. Überall in Europa kennt man bald den Namen des jungen Schotten.

1805 bricht er erneut nach Westafrika auf. Von Pisania aus erreicht er mit seinen Begleitern den Niger diesmal bei Bamako. Es gelingt ihm, den gewaltigen Bogen des Flusses bis zum Unterlauf zu befahren. Bei Bussa, im Westen des heutigen Nigeria, kommt er in den Fluten des großen Stromes ums Leben. Erst ein viertel Jahrhundert später wird es Richard Lander gelingen, den Unterlauf des Niger zu erforschen. Lander kann dann der Öffentlichkeit mitteilen, daß die seit Jahrhunderten bekannten Oilrivers (Ölflüsse) der weit in den Guineagolf vorgeschobenen feucht-heißen Mangrovedschungel das riesige Mündungsdelta des Niger sind.

## *Exkurs*

### *Das Reich Oyo*
### *Afrikanischer Imperialismus an der Sklavenküste*

Im Südwesten des heutigen Nigeria, dem Lebensraum der Yoruba-Völker, entwickelte sich im 16. Jahrhundert das kleine Königreich Oyo zur vorherrschenden Großmacht. Zentrum des Reiches war seit Beginn des 17. Jahrhunderts die alte Hauptstadt Oyo Ile, rund 80 Kilometer nördlich der heutigen Yoruba-Stadt Ilorin. Allerdings gab es damals unter den dort lebenden Völkern noch keinen Ansatz zu einem Nationalgefühl, das sich erst im Laufe des 19. Jahrhunderts herausbildete. Vorher bestanden in den fruchtbaren Savannengebieten, welche die Yoruba-Völker seit vielen Jahrhunderten bewohnten, etliche kleine Königreiche, die oft genug gegeneinander Krieg führten. Gemeinsam waren ihnen jedoch eng miteinander verwandte Sprachen, welche die moderne Sprachforschung als Yoruba-Sprachen zusammenfaßt.

Dem Königreich Oyo gelang es im 17. Jahrhundert, seine Grenzen über ein Gebiet auszudehnen, das in der Größenordnung etwa dem süddeutschen Raum entsprach. Der Alafin (König) in Oyo Ile hatte diesen Machtzuwachs vor allem seiner vorzüglich organisierten Armee zu verdanken. Die entscheidende Rolle fiel bei diesen Eroberungszügen der Kavallerie zu. Da ständig neue Reitpferde aus den Sahelstaaten im Norden eingeführt werden mußten, war Fernhandel eine wichtige Voraussetzung für die Machtentfaltung der Herrscher von Oyo. Man hatte zwar selbst mit der Pferdezucht begonnen, aber die Verluste waren wegen der fast überall verbreiteten Tsetsefliegen, welche die gefürchtete Viehseuche Nagana übertragen, einfach zu hoch.

In den Zeiten der höchsten Machtentfaltung gelang es den Oyo-Herrschern sogar, einen so bedeutenden Nachbarn wie das Königreich Dahomey (heute Benin) westlich des Yoruba-Landes zu ihrem Vasallen zu machen. Die von Oyo direkt beherrschten kleinen Yoruba-Königreiche unterlagen während der Blütezeit des Reiches einer wirksamen Kontrolle durch besondere Beamte, die unmittelbar dem Alafin und seinem Hofrat unterstanden. Jedes Jahr erschienen in der Hauptstadt die lokalen Herrscher der größeren und kleineren Provinzstädte, die Oba und Bale, um ihren Tribut zu entrichten. Es war dies die Zeit des prunkvollen Bere-Festes. Als Symbol seiner Unterordnung gegenüber dem Alafin überreichte jeder Herrscher das Bere-Gras, mit dem die Dächer des königlichen Palastes gedeckt wurden. Doch auch wertvollere Abgaben erwartete der mächtige Herrscher, dessen umfangreiche Hofhaltung ständig hohe Ausgaben erforderte. Wer sich dem Tribut zu entziehen suchte, bekam die Schlagkraft der königlichen Reiterei zu spüren, die auf ihren Feldzügen oft genug Angst und Schrecken verbreitete.

Es handelte sich also um ein Imperium, das auf Machterhaltung und Machterweiterung bedacht war. Es war ein Beispiel für afrikanischen Imperialismus, der seit dem 17. Jahrhundert auch immer tiefer in das Geschäft des transatlantischen Sklavenhandels verstrickt wurde.

Sklavenhaltung und Sklavenhandel wurden von vielen afrikanischen Herrschern bereits lange vor ihren ersten Kontakten mit den Europäern praktiziert. Im Reich Oyo gab es eine ganze Hierarchie von Sklaven mit den unterschiedlichsten Funktionen. Sie alle waren fest in das Sozial- und Wirtschaftsgefüge des Staatswesens eingegliedert.

An der Spitze dieser Gesellschaftspyramide standen die Eru oba (Königssklaven), von denen es insgesamt wohl mehrere tausend gab. Die ranghöchsten Palastsklaven hatten weitreichende Befugnisse in der Verwaltung, dem Finanzwesen und in den religiösen Kulten. Die gefürchteten königlichen Kontrolleure, die oft völlig überraschend in den Provinzstädten auftauchten, waren ebenfalls allesamt Sklaven. Auch die für das Militärwesen so wichtige Pflege der Pferde unterlag besonderen Palastsklaven, die vor allem aus den Haussa-Staaten im Norden »importiert« wurden. Natürlich bildeten diese Sklaven, die sozusagen an den Schalthebeln von Staat und Wirtschaft saßen, nur eine verhältnismäßig kleine Gruppe, und sie paßten auch nicht in das gängige Bild vom Arbeitssklaven, der auf Zuckerrohrplantagen von Sonnenauf- bis -untergang schuftet. Die breite Masse der Sklaven wurde auch in Oyo in der Landwirtschaft eingesetzt. Sie gehörten aber meist unmittelbar zum Haushalt, und nicht wenigen gelang es, in die Familien einzuheiraten. Daß es auch ausbeuterische Formen der Sklaverei gab, zeigt das Beispiel des großen Haussa-Sklavenaufstandes im Jahre 1817.

Kriegsgefangene wurden häufig nicht als Landarbeiter eingesetzt, sondern an ausländische Handelspartner verkauft. Die Händlerstaaten der Haussa im Norden lieferten dafür die begehrten Handelsartikel aus dem islamischen Norden oder Seide und geschliffene Glasperlen aus Venedig.

Das ganz große Geschäft mit der menschlichen »Ware« entwickelte sich aber erst zur Zeit des Transatlantikhandels mit den Europäern. Für die schwächeren Nachbarvölker Oyos begann jetzt eine oft unvorstellbare Leidenszeit. So wurden im Jahrzehnt von 1770–1780 in den Häfen an der Beninbucht rund 71 000 Sklaven »umgesetzt«. Im »Boom«-Jahrzehnt 1781–1790 kam sogar die Rekordziffer von 144 000 zustande. Die Häfen der Beninbucht lagen in den mehr oder weniger von Oyo abhängigen kleinen Küstenstaaten. Solche Massen von Sklaven konnten nur noch durch regelmäßige Kriegszüge gegen schwächere Nachbarstaaten beschafft werden. Hier setzte das Reich Oyo seine ganze imperiale Macht rücksichtslos gegen die Schwächeren ein. Waren die Unternehmen erfolgreich, dann füllten sich die Sammelplätze an der berüchtigten Sklavenküste.

Die brutalen Kriegszüge erforderten eine ständige Sicherung der militärischen Macht der Oyo-Imperialisten, die ganz wesentlich auf der Schlagkraft der gefürchteten Kavallerie beruhte. Bei der Beschaffung der Reitpferde war Oyo aber auf die weit im Norden liegenden Sahelstaaten angewiesen, die sich ihrerseits zunehmend für die Lieferung europäischer Waren interessierten. Als Gegenleistung für die Beschaffung der begehrten Artikel verlangten die europäischen Händler an der Küste von ihren Geschäftspartnern die Bereitstellung von Sklaven, die dann als Arbeitskräfte in die Neue Welt verkauft wurden. So entstand ein Kreislauf, und das Ende dieser Tragödie begann erst mit dem allmählichen Erliegen des transatlantischen Sklavenhandels an der Wende vom 18. zum 19. Jahrhundert.

### *Pfeffer-, Gold- und Sklavenküste*
### *Die Erforschung Westafrikas*

ab 1421 Die Portugiesen führen regelmäßige Erkundungsfahrten entlang der Westküste Afrikas durch.

1678–1682 Der englische Faktoreibeamte John Barbot sammelt genaue Informationen über die europäischen Niederlassungen an der Guineaküste und beschreibt das Leben der Eingeborenen in den Küstenregionen von Gambia bis in das Gebiet von Angola.

1682 Der preußische Major von der Gröben läßt im Auftrag des Großen Kurfürsten an der Goldküste die Festung Groß-Friedrichsburg errichten.

um 1700 William Bosman, holländischer Faktoreibeamter in El Mina, berichtet in 22 »Briefen« detailliert über die Handelsbedingungen und Völker an der Guineaküste (Elfenbein-, Gold- und Sklavenküste).

1719–1732 Der Engländer William Snelgrave reist nach Sierra Leone und Dahomey.

um 1750 Der französische Botaniker Michel Adanson führt im Senegalgebiet systematische naturkundliche Forschungen durch.

1772 Der Engländer R. Norris besucht Dahomey und erlebt die »annual customs«, bei denen oft Menschenopfer dargebracht werden.

um 1795 Der Engländer Thomas Winterbottom bereist das Hinterland von Sierra Leone. Er betont die Wichtigkeit ausgedehnter Feldstudien und die Erlernung der Eingeborenensprachen.

1792–1802 Der britische Sklavenhändler Archibald Dalzel lebt als Gouverneur der britischen Niederlassung Cape Coast Castle an der Goldküste. Auf Grund eines dreijährigen Aufenthaltes und unter Benutzung europäischer Quellen verfaßt er eine Geschichte des Staates Dahomey.

1795–1797 Der schottische Wundarzt Mungo Park reist den Gambia aufwärts bis zum oberen Niger und stellt fest, daß dieser Strom nach Osten fließt. Auf einer zweiten Nigerreise (1805) kommt er bei Bussa am Unterlauf des Niger ums Leben.

1800 Friedrich Hornemann gelangt von Tripolis auf der Bornustraße nach Katsina, der Hauptstadt der Haussa-Länder. Über Sokoto erreicht er den mittleren Niger (1801) oberhalb der Mündung des Benue, erliegt aber kurz danach im Nupe-Land einer Tropenkrankheit.

1802 Der deutsche Kartograph Christian Gottlieb Reichard vermutet, daß die riesige Mangrovelandschaft östlich von Lagos das Mündungsdelta des Niger ist.

ab 1822 Der schottische Kolonialtruppen-Offizier Alexander Gordon Laing unternimmt im Auftrag des britischen Gouverneurs von Sierra Leone zwei bedeutende Reisen in das Innere der westlichen Guinealänder. Es gelingt ihm nicht, bis an die Quelle des Niger am Osthang der Lomaberge vorzudringen.

1822–1825 Die Engländer Denham und Clapperton erreichen vom Tschadsee aus das Fulbe-Sultanat Sokoto und gelangen zum Niger. Denham nimmt an, daß der Strom in den Tschadsee fließt, Clapperton ist überzeugt, daß er bei Lagos in den Golf von Guinea mündet.

1825–1827 Clapperton dringt von der Beninbucht bei Lagos erneut zum Niger vor und erreicht Sokoto, wo er dem Fieber erliegt. Nur seinem Begleiter Richard Lander gelingt der Rückmarsch zur Küste.

1830 Richard Lander reist mit seinem Bruder John nach Bussa am Niger. Es gelingt ihnen als ersten Europäern, den Unterlauf des Niger zu befahren und nachzuweisen, daß die sogenannten Oilrivers der Mangrovesümpfe die Mündungsarme dieses größten westafrikanischen Stromes sind.

1854 Der Engländer Macgregor Laird rüstet im Auftrag der britischen Regierung zwei erfolgreiche Nigerexpeditionen aus. Laird, der schon Richard Lander auf seiner Nigerfahrt begleitet hat, gründet auch die afrikanische Dampfschiffahrtskompanie und trägt damit zu den Voraussetzungen bei, die den Briten die Gründung ihrer Kolonie Nigeria ermöglichen.

1861 Richard Burton und der deutsche Botaniker Gustav Mann besteigen den Hauptgipfel (Mongo ma Loba, 4070 m) des Kamerungebirges.

1863 Richard F. Burton reist von der Insel Fernando Póo (im Golf von Guinea), wo er als britischer Konsul lebt, in diplomatischer Mission zu König Gelele von Dahomey. Burton liefert eine eingehende Beschreibung des Königreichs, der Frauenregimenter des Königs und der schon von Norris und Dalzel geschilderten Menschenopfer.

1863–1866 Der französische Marineoffizier Eugène Mage reist in das Gebiet des oberen Niger, wo er in Segu zwei Jahre festgehalten wird. Seine kartographischen Aufnahmen tragen wesentlich zur Verbesserung der geographischen Kenntnisse Westafrikas bei, was das Vorrücken der französischen Truppen in der Sudanzone erleichtert.

1869 Der Schotte William Reade gelangt in das Gebiet der Nigerquellen und stellt fest, daß Gambia, Niger und Senegal im Hinterland von Sierra Leone entspringen. Als Korrespondent der Londoner »Times« begleitet er 1873 die britische Militärexpedition gegen die Aschanti und ist bei der Eroberung der alten Aschanti-Hauptstadt Kumasi dabei.

1879 Der Franzose Marius Moustier und der Schweizer Josua Zweifel entdecken in den Lomabergen Sierra Leones das Gebiet der Nigerquelle bei dem Dorfe Tembi Kundu. Erst 1896 gelingt es dem Engländer J. K. Trotter, die Quelle zu erreichen. Der deutsche Kaufmann und Kolonialpionier Robert Eduard Flegel besteigt das Kamerungebirge. Seine Forschungsreisen führen ihn bis ins ferne Hochland von Adamaua, das später Teil der deutschen Kolonie Kamerun wird. Flegel träumt von einer großen deutschen Kolonie in Westafrika, was aber durch die Aktivitäten der britischen »Royal Niger Company« verhindert wird.

1884 Der deutsche Afrikaforscher Dr. Gustav Nachtigal hißt die Flagge des Deutschen Reiches am 5. Juli an der Küste von Togo und am 16. Juli an der Kamerunküste. Damit hat das Deutsche Reich seine Besitzansprüche auf diese Teile Westafrikas geltend gemacht.

1887–1889 Der vorher schon im Senegal tätige Elsässer Louis Gaston Binger dringt über Bamako und Wagadugu (Obervolta) in das Land Kong vor und erreicht nach einem Marsch durch die Regenwälder der Elfenbeinküste den Guineagolf, was vor ihm noch keinem Europäer gelungen ist. Binger zerstört die Legende vom sagenhaften Konggebirge, das angeblich ein Vordringen in das Innere Westafrikas nahezu unmöglich macht.

1888 Hauptmann Kurt von Francois und Stabsarzt Ludwig Wolf erforschen Teile des Hinterlandes von Togo.

1889–1890 Eugen Zintgraff, ein deutscher Kolonialpionier in Kamerun, dringt von der Küste aus bis nach Jola am Benue vor und kehrt wohlbehalten zurück. Damit hat er als erster Europäer Kamerun in Nord-Süd-Richtung durchquert.

1890–1892 Der Franzose P. L. Monteil reist von Senegambien quer durch Französisch-Westafrika zum Tschadsee und erreicht von Bornu aus Tripolis am Mittelmeer.

um 1900 Zahlreiche französische Forscher liefern wichtige geographische, geologische, historische und ethnographische Kenntnisse über Westafrika.

1895 Die englische Westafrikareisende Mary Kingsley besteigt den Mongo ma Loba (Kamerungebirge).

1900–1903 Hauptmann Hans von Ramsey kartiert das ca. 100 000 km² große Nordwestkamerun und entdeckt dabei das kulturell bemerkenswerte Bamum-Reich.

1907/08 Der Ethnologe Leo Frobenius bereist Französisch-Westafrika und den Nigerbogen.

**Borassussteppe in Togo**

*(rechts oben)*

***Der deutsche Afrikaforscher und Generalkonsul in Tunis Gustav Nachtigal erhielt 1884 den Auftrag, an der westafrikanischen Küste noch nicht von europäischen Mächten besetzte Gebiete unter deutschen »Schutz« zu stellen. Am 5. Juli 1884 schloß er mit König Mlapa von Togo einen Vertrag, in dem dieser um den Schutz seiner Majestät, des deutschen Kaisers, bat.***
***Der westafrikanische Regenwaldgürtel ist an der Togoküste wie in den Nachbargebieten infolge geringerer Niederschläge unterbrochen. Im Landesinneren stießen die Europäer auf verschiedene Typen von Baumsavannen; dieses Bild zeigt eine mit Borassuspalmen.***

**Häuptling der Bamum**
*(rechts außen)*

*Der 1876 in Kiel geborene Maler und Lithograph Ernst Vollbehr unternahm zunächst Studienreisen durch Albanien und Brasilien. 1910/11 begleitete er den Afrikaforscher Adolf Friedrich Herzog zu Mecklenburg auf seiner Reise durch das Kongogebiet und zum Benue im Norden der deutschen Kolonie Kamerun. Im Gebiet des alten Königreiches Bamum gelang ihm dieses eindrucksvolle Porträt eines Häuptlings. Nach 1933 wurde Vollbehr übrigens als Maler von Bildern der Reichsautobahn bekannt.*

**Audienzhof in Bamum**

*Der Audienzhof eines Häuptlings in Bamum in Zentralkamerun vermittelt einen Eindruck vom hoch entwickelten Kunsthandwerk dieses afrikanischen Volkes, das auf eine stolze Geschichte mit einem vorzüglich organisierten Staatswesen zurückblicken kann. Dem letzten Bamumherrscher, König Njoya, der 1883 den Thron bestieg, verdankte das Königreich eine eigenständige afrikanische Schrift.*

# Sahara und Sudan

**Aschenumma an der Bornustraße**

*Auf der Rückreise vom Tschadsee nach Tripolis folgt Barth den Spuren der Clapperton-Expedition. Am Südrand der Oasengruppe von Kauar erreicht er die Tubbu-Siedlung Aschenumma. »Die eigentümliche Szenerie des gen Osten von einem steilen, nackten und regelmäßig geschichteten Felszuge begrenzten Palmentales … machte mir viel Vergnügen und ich entwarf eine Skizze davon …« (17. Juni 1855).*

## Einzug in Timbuktu

*Am 7. September 1853 kann Heinrich Barth in seinem Tagebuch notieren, daß nun endlich der Tag anbricht, an dem er Timbuktu sehen wird. Nur dem Schutz des einflußreichen Scheich el Bakay hat er es zu verdanken, daß er sich nahezu acht Monate ohne unmittelbare Gefahr für sein Leben in der damals christenfeindlichen Stadt aufhalten kann.*

## Sua Kolollua

*Auf der Reise von Kuka nach Timbuktu durchzieht Heinrich Barth das gebirgige Gebiet von Munio, das er ein kleines Alpenland nennt. Am 15. Dezember 1852 rastet seine Karawane am Brunnen Sua-Kolollua. »Der über die ganze Gegend ausgegossene Charakter der Ruhe und des Friedens machte einen so wohlgefälligen Eindruck auf mich, daß ich sie einer Skizze für wert hielt,« schreibt Barth im vierten Band seines Reisewerkes.*

**René Caillié**
(1799–1838)

*Schon als Kind träumte der Sohn eines armen Bäckers von Reisen in ferne Länder. Mit der erfolgreichen Reise in die für Europa so geheimnisvolle Stadt Timbuktu und der anschließenden Sahara-Durchquerung konnte er diesen Traum verwirklichen. Frankreich feierte einen neuen Entdecker-Helden.*

## *Der große Preis von Paris René Caillié in Timbuktu*

Als Fünfzehnjähriger begibt sich der Franzose René Caillié im Jahre 1814 in Rochefort an Bord eines Schiffes, das ihn in die französischen Besitzungen am Senegal bringt. Der Sohn eines armen Bäckermeisters hat bereits als Kind von Reisen in ferne Länder geträumt. Sicher ist der früh verwaiste Knabe in der Dorfschule dazu angeregt worden, denn dort fiel ihm ein Exemplar von »Robinson Crusoe« in die Hände. Als er die Schule verläßt, um bei einem Schuster das Handwerk des Schuhmachens zu erlernen, hat er recht bescheidene Kenntnisse im Lesen und Schreiben erworben. Die Geschichte vom schiffbrüchigen Robinson läßt ihm während seiner ganzen Lehrzeit keine Ruhe, und so zieht er zum Leidwesen seines Onkels mit Ersparnissen von ganzen 60 Franc in der Tasche nach Rochefort.

Seine ersten Afrikaerfahrungen, die er während eines Fußmarsches von St. Louis an der Senegalmündung nach Dakar macht, sind nicht gerade ermutigend. So fährt er, als ihm eine freie Passage nach Guadeloupe angeboten wird, erst einmal für sechs Monate in die Karibik. Der Zufall will es, daß er dort auf ein Exemplar von Mungo Parks »Reisen in Afrika« stößt. Seine Begeisterung für Afrika wird aufs neue geweckt. Er reist nach Frankreich zurück, geht in Bordeaux an Land und kehrt unter bescheidensten Bedingungen im Jahre 1818 nach dem Senegal zurück. Dort nimmt er an einer Expedition ins Landesinnere teil, wird aber durch wiederholte Fieberanfälle so geschwächt, daß er nach Frankreich zurückkehren muß.

Doch der Gedanke an eine große Reise in das Innere Afrikas läßt ihn nicht mehr los. Er fährt zum dritten Mal in den Senegal. Baron Roger, Gouverneur dieser französischen Kolonie und begeisterter Freund der Wissenschaften, versorgt ihn mit den notwendigsten Mitteln, um unter senegalesischen Mauren leben zu können, wo er gründliche arabische Sprachkenntnisse erwirbt und sich mit der religiösen Welt der Muslime vertraut macht. Nach St. Louis zurückgekehrt, glaubt er die Rolle eines Muslims spielen zu können und ist fest entschlossen, das geheimnisvolle Timbuktu aufzusuchen. Doch die Regierung des Senegal lehnt jede Unterstützung ab; sie ist nicht gewillt, weiteres Geld in das gefälschte Unternehmen zu investieren.

Enttäuscht reist René Caillié nach Sierra Leone, wo ihm der britische Gouverneur Turner die Aufsicht über einige Indigoplantagen überträgt. Von seinem Gehalt kann er 80 Pfund ersparen. Doch auch hier lehnt es die Kolonialregierung ab, ihm bei der Reise nach Timbuktu behilflich zu sein. Englische Freunde versorgen ihn mit einigen Medikamenten, und Caillié kauft von seinen Ersparnissen Tauschartikel, von denen er glaubt, daß er sie während der Reise im Umgang mit den Einheimischen benötigen werde. Als er erfährt, daß die Geographische Gesellschaft Frankreichs für denjenigen, der als erster Timbuktu erreicht, einen Preis von 10 000 Franc ausgesetzt hat, ist er fest entschlossen, diesen Großen Preis von Paris zu gewinnen.

Einer Gruppe von Mandingos, die als Wanderhändler bis tief ins Innere Westafrikas reisen, »vertraut« er seine fingierte »Lebensgeschichte« an: Seine Eltern lebten als fromme Muslime in Alexandria. Die französischen Invasionstruppen unter Napoleon verschleppten ihn nach Frankreich, von wo er schließlich in den Senegal gebracht wurde. Es gelang ihm aber, nach Sierra Leone zu entfliehen, und von hier aus will er nun versuchen, über Timbuktu in seine alte Heimat zurückzukehren. Caillié versichert seinen Lesern, daß die Landbevölkerung seine »Lebensgeschichte« stets geglaubt habe. Bei den Stadtbewohnern stieß er aber wohl des öfteren auf Mißtrauen.

Von Kakundi am Rio Nuñez (nördlich von Konakry) bricht er am 19. April 1827 zu seiner großen Reise ins Ungewisse auf. Er hat sich einer kleinen Karawane von Mandingohändlern angeschlossen. Die Reise geht durch das Bergland von Futa Dschallon zum Oberlauf des Niger, der bei Kurussa erreicht wird. Dann zieht die Reisegesellschaft westwärts durch dicht bevölkerte und ackerbaulich intensiv genutzte Savannenlandschaften. Das Gebiet liegt etwa im Grenzraum der heutigen Staaten Elfenbeinküste und Mali. Durch das Land der Wusula-Neger wendet er sich nordwärts und erreicht bei Jenne (Djenne) das riesige Überschwemmungsgebiet des Niger im Bereich des Sultanats Massina.

Jenne, ein Zentrum westafrikanisch-islamischer Gelehrsamkeit, ist damals das Zentrum des Fernhandels in diesem Teil von Afrika. Caillié ist der erste Europäer, der diese Stadt betritt. Zu seinem großen Erstaunen wird in den Basaren eine Vielzahl von europäischen, insbesondere englischen Waren angeboten. Sehr begehrt ist das hochbrisante englische Schießpulver! Auf kleinen Plätzen zwischen den Basarstraßen werden völlig nackte Sklaven für 25 000–40 000 Kaurimuscheln pro »Stück« zum Verkauf angeboten.

Caillié ist froh, daß die Bewohner dieser Stadt Taschentücher benutzen, so kann er einmal von diesem nützlichen Requisit Gebrauch machen, ohne Spott oder Mißtrauen fürchten zu müssen. Im Hause eines reichen Kaufmannes ist er zum Tee eingeladen. Der Besuch lohnt sich für ihn. Die anwesenden Gäste versorgen ihn mit Reisegeld, nachdem er ihnen seine »Lebensgeschichte« erzählt hat.

Zwischen Jenne und Kabara, dem Hafenort von Timbuktu, besteht ein regelmäßiger Bootsverkehr. Nach etwa vierwöchiger Flußfahrt erreicht Caillié genau ein Jahr nach seiner Abreise von Kakundi den Hafenort Kabara.

Am nächsten Morgen macht er sich in Begleitung eines Sklavenhändlers auf den Weg nach Timbuktu. Hoch zu Roß näherte er sich dem Ziel seiner Träume.

»Schließlich kamen wir glücklich in Timbuktu an, als die Sonne gerade den Horizont berührte. Ich sah vor mir jene Metropole des Sudan, die seit langem das Ziel all meiner Sehnsüchte gewesen war. Beim Betreten dieser geheimnisvollen Stadt … wurde ich von einem unaussprechlichen Gefühl der Genugtuung ergriffen.« Wenige Zeilen weiter schreibt Caillié:

»Doch nach meiner ersten Begeisterung stellte ich fest, daß der Anblick da vor meinen Augen durchaus nicht meinen Erwartungen entsprach. Ich hatte von der Größe und dem Reichtum der Stadt eine völlig andere Vorstellung gehabt.«

Die Stadt liegt auf einer weiten öden Ebene und ist nach allen Seiten offen. Die Straßen sind sauber und ungefähr so breit, daß drei Reiter einander bequem passieren können. Neben einstöckigen Lehmhäusern gibt es innerhalb und außerhalb der Stadt zahlreiche Strohhütten, die fast so aussehen wie die Hütten der Fulbe-Hirten. Der Handel ist nicht allzu bedeutend, die Basare halten keinen Vergleich aus mit der Handelsmetropole Jenne. Der alte Glanz, so eindringlich von den arabischen Geographen beschrieben, ist längst dahin; das Timbuktu, das Caillié hier erlebt, ist eine Provinzstadt ohne größere Bedeutung.

Caillié ist übrigens nicht der erste Europäer, der Timbuktu erreicht. Ein Jahr vor ihm weilte der britische Major Gordon Laing in der Stadt, wurde aber auf der Rückreise durch die Sahara in der Oase Arauan ermordet.

Zwei Wochen verweilt Caillié in der Stadt, dann schließt er sich am 4. Mai 1828 einer Karawane an, die über Arauan durch die westliche Sahara nach den Tafilalet-Oasen in Südmarokko zieht. Genau 567 Tage nach seiner Abreise von Kakundi an der Küste Westafrikas betritt er wieder französischen Boden. Er ist der erste Europäer, dem es gelingt, einen Bericht über das bisher so geheimnisvolle, als unermeßlich reich beschriebene Timbuktu in die Heimat zu bringen. Caillié empfängt zum Dank den Großen Preis von Paris und dazu einen mit regelmäßigem Gehalt dotierten Posten als französischer Konsul in Bamako am Niger. Allerdings braucht der neue »Held der Nation« seine Stellung dort nicht anzutreten.

## *Das große Wasser am Südrand der Wüste Die Expedition Clapperton am Tschadsee*

Nach den erfolgreichen Expeditionen der »African Association« zeigte die britische Regierung ein zunehmendes Interesse an der Aufnahme von Handelsbeziehungen mit den afrikanischen Reichen im Sudanland südlich der großen nordafrikanischen Wüste, von deren Bedeutung die Berichte Mungo Parks so beredtes Zeugnis ablegten. Über die Königreiche östlich des großen Nigerbogens, bis hin in das Gebiet des geheimnisvollen großen Wassers (Tschadsee) und darüber hinaus, wußte man noch sehr wenig.

1821 wurde der Marinearzt Dr. Walter Oudney damit beauftragt, das in Europa nur dem Namen nach bekannte Reich Bornu am Tschadsee aufzusuchen und dort als britischer Konsul Handelsbeziehungen anzuknüpfen. Captain Hugh Clapperton, ein schottischer Freund Oudneys, sollte ihn auf dieser schwierigen Mission begleiten. Ein Leutnant namens Dixon Denham, der später zum Major ernannt wurde, kam als dritter Begleiter hinzu.

Die Expedition brach im Frühjahr 1822 von Tripolis auf und erreichte ohne Zwischenfälle die Oasenstadt Mursuk im Fessan. Ein ungewöhnlich heißer Sommer brach an. Schon am frühen Vormittag stieg die Temperatur auf 35 Grad Celsius im Schatten an. Der Scheich el Bilad, der Gouverneur des Fessan, versuchte, die Weiterreise der Expedition durch immer neue Ausreden bis zum nächsten Frühjahr zu verzögern. Dabei hatte der türkische Pascha in Tripolis versichert, der Karawanenweg nach Bornu sei so offen wie die Straße von London nach Edinburgh. Der energische Denham kehrte kurz entschlossen nach Tripolis zurück und reiste nach vergeblicher Vorsprache beim Pascha in Richtung England ab. Beeindruckt von der Entschlossenheit des jungen Engländers gab der Pascha nun grünes Licht. Denham, der bereits Marseille erreicht hatte, entschied sich für einen neuen Versuch und machte sich wieder auf den Weg nach Tripolis.

Dr. Oudney und Clapperton reisten während der Abwesenheit Denhams in den äußersten Westen des Fessan, wo sie unter dem Schutz eines einflußreichen Scheichs das Land der Tuareg im Gebiet der alten Oasenstadt Ghat besuchen konnten.

Am Abend des 29. November 1822 verläßt die Expedition endlich Mursuk. Denham, der den größten Teil des Reiseberichtes verfaßt hat, schreibt in der Vorrede des Werkes über die nun folgende Durchquerung der großen Wüste:

»... die (Wüste), wenn man sie im ganzen schildern will, aus düsteren, drohenden, nackten Felsen oder endlosen Ebenen besteht, die an einigen Stellen mit Felsbrocken und Steinen bedeckt sind, an anderen in ungeheuere waagerechte Sandstrecken sich ausdehnen oder sich in gewaltigen Sandbergen erheben ... Aber selbst mitten in dieser traurigen Einöde trifft man bisweilen Städte, Dörfer, wandernde Stämme und Karawanen, welche die Stille dieses unglücklichen Gürtels, der sich quer durch Nordafrika hinzuziehen scheint, unterbrechen, dem an manchen Stellen jedes lebende Wesen, selbst Insekten, fehlen.«

Dr. Oudney leidet seit dem Aufenthalt in Mursuk an einem quälenden Husten. Auch Clapperton ist bei der Abreise noch krank, er hat Fieber. Der Gehilfe Hillman wirkt an einem der ersten Tage der Reise so hinfällig, daß die übrigen Expeditionsteilnehmer mit seinem Ende rechnen.

Südlich der Oase Tegerhy fällt am Morgen des 13. Dezember etwas Regen. Nahe dem Brunnen von Omah stößt die Gruppe am Nachmittag desselben Tages auf die ersten menschlichen Skelette. Der noch immer schwerkranke Hillman ist so schokiert, daß seine Mitreisenden ihn nur mit Mühe wieder beruhigen können. Doch das Grauen steigert sich am nächsten Brunnen noch. »Rund um diesen Platz lagen über hundert Skelette, an einigen war noch die Haut. Die Araber lachten laut über mein Entsetzen: ›Es waren nur

### René Caillié liest im Koran

*Als frommer Moslem verkleidet will der angeblich von den französischen Invasionstruppen aus Alexandria nach Frankreich verschleppte »arme Ägypter« vom Senegal aus über Timbuktu in seine Heimat zurückkehren. Das Täuschungsmanöver gelingt, und Caillié erreicht seine Heimat auf der geplanten Route.*

### Die Franzosen im »Garten Allahs«

*(rechts)*

*Nur zögernd wagten sich die Franzosen in die riesigen Saharagebiete an der Südflanke des von ihnen 1830 besetzten Algeriens. 1854, als Heinrich Barth in Timbuktu weilte, gelang ihnen die Besetzung der Oase Wargla am Nordrand des Östlichen Großen Erg. Weitere »Entdeckungsreisen« mit militärischen Zielsetzungen, wie hier die des Offiziers Alfred Couverchel, folgten. Die zum Studium der Trasse einer schon damals geplanten Transsaharabahn ausgesandte Kolonne des Oberst Flatters wurde 1881 in den Vorbergen des Hoggar von den Tuareg vernichtet. Erst in unserem Jahrhundert gelang es den Franzosen, das Herrschaftsgebiet der »Sahara Français« auf rund vier Millionen Quadratkilometer auszudehnen.*

## In der Oase Wargla

*Die Oasengruppe von Wargla liegt in der nördlichen algerischen Sahara. Im Hintergrund fällt der Blick auf das Minarett der großen Moschee.*

Schwarze – nam boo! (Hol der Henker ihre Väter!)‹, sagten sie und zerschlugen die Knochen mit ihren Kolben. ›Das war eine Frau! Der war noch jung!‹, und ähnliche Bemerkungen machten sie.« Die meisten der Unglücklichen sind die Opfer eines Raubzuges, den die Fessaner im letzten Jahr in Bornu unternommen haben.

Nach Überschreitung eines Passes erreichen die Reisenden das Wadi (Trockental) El Wahr. Der Brunnen dort enthält gutes Wasser, und die geschwächten Kamele können nach einer Woche zum ersten Mal wieder trinken. Überall stoßen die Männer am Wegesrand jetzt auf menschliche Skelette, die gräßlichen Zeugnisse vorbeigezogener Sklavenkarawanen. Es sind weit und breit die einzigen »Lebensspuren«. »Sechs Tage zogen wir nun schon durch die Wüste, ohne die mindeste Vegetation zu sehen.«

Am Weihnachtsabend steigen sie bald nach Sonnenuntergang in ein Tal hinab, in dem ein Dutzend verkrüppelter Dattelpalmen die Stelle andeutet, unter deren Oberfläche Grundwasser zu finden ist. »Selbst diese kümmerlichen Büsche waren ein Trost für die Augen nach dem traurigen Einerlei der vorhergehenden Tage, und ich mußte lächeln, als beim Anbruch des Tages Hillman sie mit freudigem Blick betrachtete und erklärte, sie erinnerten ihn an ein Tal in seiner Heimat in England.«

Am 12. Januar 1823 trifft die Karawane in der Oase Bilma ein; sie liegt inmitten der schier endlosen Sandwüste Tiniri (Große Tiniri-Erg). Über die Hälfte des Weges nach Bornu ist jetzt zurückgelegt. Nach drei Tagen Rast geht die Reise weiter. Die Karawane kommt wegen der Sandmassen nur langsam voran. »Wir kamen über Hügel von losem, feinem Sande, wo die Kamele fast knietief einsanken.« Weit verstreut ragen aus dieser erdrückenden Einöde düstere Sandsteinfelsen empor. Es sind die einzigen Landmarken inmitten dieses in Hügeln auf- und abwallenden uferlosen Sandmeeres. »Die Treiber sind sehr aufmerksam, wenn es bergab geht bei diesen Hügeln: die Araber hängen sich an den Schwanz des Kamels, um dadurch seinen Gang sicherer zu machen, sonst stürzt das Tier vorwärts und das Gepäck fällt über den Kopf hinweg.«

Und die Sandmassen wollen kein Ende nehmen! Denham klagt: »Solch ein Marsch ist furchtbar traurig; soweit man nur sehen kann, erblickt man nichts als Wogen von Sand.« Viele der genügsamen »Wüstenschiffe« sind den Strapazen nicht gewachsen. Am 19. Januar verliert die Karawane auf einen Schlag über 20 Kamele!

Drei Tage später erblicken die Männer die ersten Grashalme. Die Raststelle heißt Kasama-foma-hamse – die fünf Bäume, doch von Holz und Wasser keine Spur! Nach weiteren fünf Tagen wird der Graswuchs allmählich dichter. Ganze Büschel gedeihen auf den zahlreichen Sandhügeln. Die ersten, noch kleinwüchsigen Bäume tauchen auf. Die Karawane nähert sich dem Sahel, der spärlich bewachsenen Uferzone am Südrand der Sahara. Bald gibt es genügend Weideflächen für die hungrigen Pferde und Kamele. Am Abend zieht eine Herde von mehreren hundert Gazellen an der Karawane vorüber. Auf dem sandigen Boden finden sich Trittspuren von Straußen; die Araber bringen einige Federn dieser mächtigen Laufvögel herbei. Mit jeder Marschstunde ändert sich jetzt die Landschaft, die Vegetation wird immer dichter. Die Mittagsrast können sie in üppigem Schatten verbringen, der Boden ist bedeckt mit kriechenden Ranken, die in voller Blüte stehen.

Am 3. Februar notiert Denham: »Früh am Morgen zogen wir gerade gegen Süden durch ein dicht bewachsenes Land. Wir jagten eine Herde Antilopen auf... Perlhühner gab es in großer Menge... Den ganzen Tag kamen wir durch hübsche Waldgegenden... Fünfzig Brunnen liegen in einer waldigen Schlucht.«

Am 4. Februar trifft die Expedition in Lari ein. Der Tschadsee ist erreicht. »Der große See Tschad, glühend in den Strahlen der Sonne, schien ungefähr eine Meile von uns entfernt zu sein. Mein Herz pochte lebhafter, denn ich dachte, der See wäre der Schlüssel zu dem, was wir suchten.«

Am anderen Morgen ist Denham bei Sonnenaufgang am Seeufer. Im Schilf tummeln sich unzählige Vögel. Da gibt es Gänse und Enten mit buntestem Gefieder. Große Kraniche stolzieren durch das flache Wasser der Uferzone. Pelikane landen in elegantem Segelflug auf der Wasseroberfläche. An manchen Stellen können die erstaunten Reisenden bei ihren Exkursionen an den Ufern des Sees bis zu 500 dieser Tiere auf der Wasseroberfläche zählen.

Im See gibt es auch zahlreiche Krokodile und mächtige Flußpferde. Auf den sumpfigen Uferwiesen ziehen Elefanten vorüber, manchmal in Herden von über hundert Tieren. Die Reisenden aus dem fernen England erfahren bald, daß der Tschadsee im Süden einen großen Zufluß hat, den die Einheimischen Shary (Schari) nennen. Von Westen her mündet auf halbem Wege zwischen Lari und der Bornu-Hauptstadt Kuka (Kukawa) der Yeou in den See. Das Nordostufer des Sees können sie nur teilweise erkunden, doch soweit sie in Erfahrung bringen, fließt kein einziger Wasserlauf aus dem See heraus. Früher, so versichern die Anwohner, floß der See nach Osten in den Bahr el-Ghasal ab. Der Bahr el-Ghasal ist ein Hunderte von Kilometern langes Wadi, das schließlich in die ausgedehnte saharische Senke von Bodele südlich des fernen Tibestigebirges einmündet.

»17. Februar. – Dies war für uns ein wichtiger Tag... wir sollten ein Volk kennenlernen, das ein Europäer nie gesehen, ja kaum davon gehört hatte und wollten ein Land betreten, das bisher ganz unbekannt und dessen Lage nicht bestimmt war.

Diese Vorstellungen erregten ein eigenes Gefühl, und es erwachte die Hoffnung, daß unser Aufenthalt auch für die Leute, mit denen wir nun bald in Berührung kommen sollten, nicht unvorteilhaft sein werde und als der erste Schritt zu ihrer Bildung angesehen werden könne. Auch für unser Land, dachten wir, würde eine neue Handelsverbindung dadurch angeknüpft und sein Reichtum wie sein Glück würden dadurch wachsen.«

## Timbuktu

***Als René Caillié im Jahre 1828 sein Traumziel Timbuktu erreicht, notiert er ernüchtert: »Doch nach meiner ersten Begeisterung stellte ich fest, daß der Anblick da vor meinen Augen durchaus nicht meinen Erwartungen entsprach. Ich hatte von der Größe und dem Reichtum der Stadt eine völlig andere Vorstellung gehabt.«***

## Audienz bei Scheich Omar

*Immer wieder wurde diese berühmte Szene aus der Geschichte der europäischen Entdeckungen im nördlichen Afrika abgedruckt. Der deutsche Afrikaforscher Gustav Nachtigal überbringt hier gerade dem Scheich von Bornu die Geschenke König Wilhelms von Preußen.*

Als sie sich der Hauptstadt nähern, sind sie überrascht von der Menge der Krieger, die zu ihrem Empfang angerückt ist. Mehrere tausend Reiter bilden eine unabsehbare, streng militärisch ausgerichtete Linie. Ohne Lärm und irgendein Zeichen von Unruhe verharren die Reiter in dieser Ordnung.

»Als die Araber sich zeigten, erhoben die Truppen des Scheichs ein Geschrei, das weit erscholl, die rauhen Instrumente ertönten und sie setzten sich in Marsch… In ihrer Bewegung herrschte ein Takt und eine Ruhe, die mich überraschten.« Ihre Speere schwingend riefen sie: »Heil! Heil! Söhne eures Landes! Söhne eures Landes!«

Die schwarzen Häuptlinge dieser Kavallerie bieten ein Bild, das an die Ritterzeit in Europa erinnert. Sie stecken in Panzerhemden aus eisernen Ketten, die sie vom Hals bis zu den Knien schützen. Einige tragen Helme mit Kinnschutz. Die Köpfe der Pferde sind durch Eisenbleche geschützt oder durch Kupfer- und Silberplatten, die nur die Augen frei lassen.

Scheich Ibrahim von Bornu empfängt die fremden Gäste freundlich und heißt sie in seinem Reich willkommen. Die ihnen zugewiesenen Hütten, kleine Gebäude aus Lehm, bilden nun bis zu ihrer Rückkehr nach Tripolis ein sicheres Standquartier. Das ist für den Erfolg der Mission von entscheidender Bedeutung.

Am 14. Dezember 1823 schließen sich Clapperton und Oudney einer Karawane an, deren Ziel die westlich Bornu gelegene alte Handelsstadt Kano ist. Oudney wird dieses Ziel nicht erreichen. Kurz nach dem Neujahrstag verschlimmert sich sein Zustand rapide. Am 10. Januar ist er nicht mehr in der Lage, sich im Sattel zu halten. Zwei Tage später, er will gerade in seinem Zelt eine Tasse Kaffee zu sich nehmen, ereilt ihn der Tod.

Clapperton zieht allein weiter nach Kano. Er schätzt die Einwohnerzahl der Stadt auf 30 000–40 000, eine für damalige Verhältnisse, auch in Europa, bemerkenswert hohe Einwohnerzahl. Heinrich Barth, dem wir die ausführlichste Beschreibung des alten Kano verdanken, hat diese Schätzung Clappertons mehr als 30 Jahre später bestätigt. Die Basare der Stadt bieten beim Besuch Clappertons eine Fülle europäischer Waren an, darunter auch etliche Handelsartikel aus England.

Als der Fulbe-Herrscher Sultan Bello erfährt, daß einer der Engländer, die beim Sultan von Bornu zu Gast sind, in Kano weilt, schickt er ihm eine Einladung. Clapperton ist hoch erfreut und reist in das weit westlich von Kano gelegene Sokoto, die Residenzstadt Sultan Bellos. Er hofft, mit Zustimmung des Sultans an den Niger reisen zu können. Doch Sultan Bello stoppt die Expedition der Fremden. Das Rätsel, wohin der Unterlauf dieses großen Stromes mündet, bleibt vorerst ungelöst. Clapperton kehr nach Kano zurück.

Am 16. August treten Clapperton und Denham die Rückreise nach Tripolis an, wo sie am 26. Januar 1825 eintreffen. Eine der bedeutensten Afrikaunternehmungen des frühen 19. Jahrhunderts ist zu Ende gegangen.

**Empfang beim Scheich von Bornu**

*Im Jahre 1822 erreichten die Engländer Clapperton und Denham die nahe dem Tschadsee gelegene Residenzstadt Kuka des Bornureiches, das damals bereits auf eine fast tausendjährige Geschichte zurückblicken konnte. An eine Märchenszene aus Tausendundeiner Nacht erinnert diese Darstellung vom Empfang der Expedition beim Sultan.*

**Reiter der Leibwache**
*(rechts außen)*

*Zu den eindrucksvollsten Darstellungen eines Kavalleristen gehört dieses Bild eines Leibwächters des Sultans von Bornu. Hier wird das Selbstverständnis einer tausendjährigen Dynastie erkennbar.*

## Lanzenreiter des Sultans von Baghirmi
*(unten)*

*Die durch Wattepanzer geschützten Reiter und Pferde der Kavallerie dieses Sultanats im Südosten des Tschadsees (Karte rechts) sind seit der Veröffentlichung des Expeditionsberichtes von Clapperton und Oudney bis in unsere Zeit immer wieder abgebildet worden. Diese Darstellung stammt aus der englischen Originalausgabe des Reisewerkes (1826).*

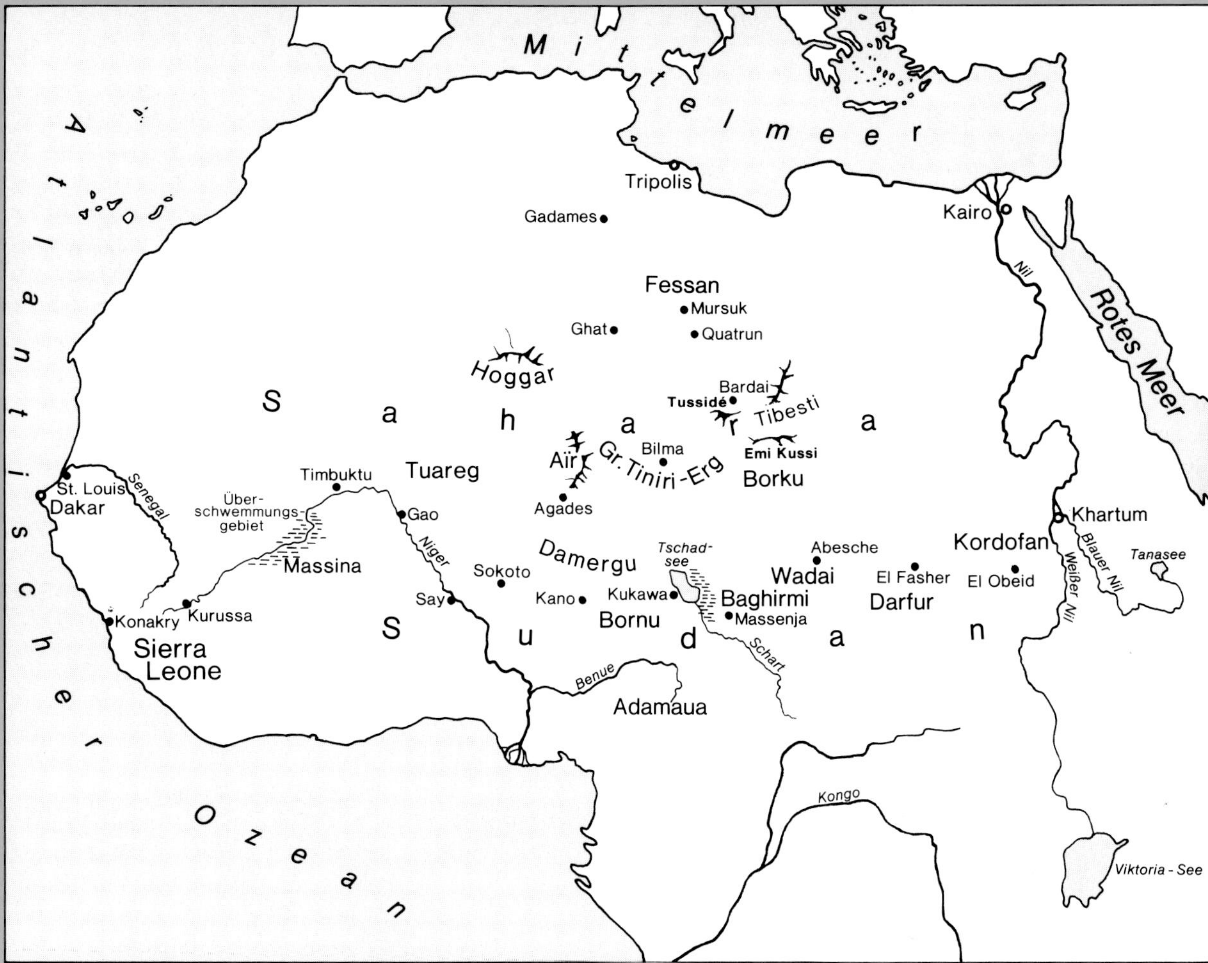

# *Die große Reise*
## *Heinrich Barth in den Ländern des Sudan*

Am 16. Februar 1821 wird im Hause der aus Thüringen nach Hamburg eingewanderten Kaufmannsfamilie Barth ein Sohn geboren, der einmal zu den bedeutendsten Forschungsreisenden des 19. Jahrhunderts gehören sollte. Der Knabe, auf den Namen Heinrich getauft, ist seinen Altersgenossen schon frühzeitig geistig weit voraus. Auf dem Gymnasium in Hamburg gilt er bald als Streber. Während seine Klassenkameraden ihren ausgelassenen Jungenspielen nachgehen, sitzt Heinrich zu Hause und vertieft sich in Bücher über das klassische Altertum und die Geographie. Er träumt von Reisen in die Länder des Mittelmeeres, wo er vor allem die Ruinenstätten Griechenlands besuchen will.

Der sensible und schwierige Junge zeigt eine bemerkenswerte Begabung für Sprachen. Mühelos lernt er Englisch, Französisch, Italienisch und Spanisch. Da er auch die Länder Nordafrikas bereisen will, vertieft er sich in das Studium des so stark von allen europäischen Sprachen abweichenden Arabischen. Seine Kenntnisse, insbesondere des Sudan-Arabischen, sind später so umfassend, daß er zu den bedeutenden Orientalisten seiner Zeit gerechnet werden muß.

Nach Abschluß seiner Gymnasialzeit soll er sich eigentlich auf die Übernahme des väterlichen Geschäftes vorbereiten. Doch er zeigt nicht das geringste Interesse für den Kaufmannsberuf. Er will Gelehrter werden und wählt die damals recht ausgefallenen Studienfächer Altertumskunde und Geographie. Der Vater weiß, daß es keinen Zweck hat, den eigenwilligen Sohn zurückzuhalten. So läßt er ihn nach Berlin ziehen, wo er in der Universität bald mit dem berühmten Geographen Karl Ritter in näheren Kontakt kommt. Sein Studium absolviert er mit Glanz, ebenso seine Doktorarbeit über die Handelsbeziehungen Korinths im Altertum.

Nach dem Examen kehrt Dr. phil. Heinrich Barth nach Hamburg zurück, bricht aber bereits Anfang des Jahres 1845 zu Studienaufenthalten nach London, Paris und Madrid auf. Über Gibraltar erreicht er Tanger und reist durch den Norden der Atlasländer nach Tripolis. Nach einem Zwischenaufenthalt auf Malta zieht er durch Libyen nach Ägypten, reist nilaufwärts bis nach Wadi Halfa und durch die Wüste nach Kosseir am Roten Meer. Über Palästina, Syrien, die Türkei und Griechenland kehrt er nach dreijähriger Reise in die Heimat zurück.

Mit 27 Jahren wird er Privatdozent an der Universität Berlin. Der junge Dozent erlebt jedoch eine herbe Enttäuschung. Seine Vorlesungen sind den Studenten zu trocken; der Gelehrte findet keinen Kontakt zu ihnen. Bald steht er allein im Hörsaal. Der ehrgeizige junge Mann ist zutiefst verbittert.

Bald soll sich jedoch erfüllen, was ein alter Haussa-Sklave in der Oase Gafsa in Tunesien ihm aus der Hand geweissagt hatte: »Bei Allah, Du wirst aufbrechen und Kano sehen!« Sein Freund und Lehrer Karl Ritter hat ihn auf Grund einer Anfrage aus London als deutschen Teilnehmer einer britischen Expedition in die Länder des Sudan empfohlen. Leiter dieses im Auftrag der britischen Regierung gestarteten Unternehmens ist der Engländer James Richardson. Als weiterer Teilnehmer kommt der Deutsche Geologe Dr. Adolf Overweg hinzu. Die drei Männer haben die Aufgabe, mit den wichtigsten Königreichen zwischen Timbuktu und dem Tschadseegebiet diplomatische Verbindung aufzunehmen und mit den Herrschern Handelsverträge abzuschließen.

Am 23. März 1850 bricht die Expedition auf. Erstes Etappenziel ist die Oasenlandschaft Fessan. Von deren Hauptstadt Mursuk geht es nach langwierigen Verhandlungen mit den einflußreichsten Tuareg-Fürsten in das Gebiet der alten Oasenstadt Ghat. Die Karawanenwege von dort bis zu den Sudanreichen werden von den Nomadenstämmen der Tuareg beherrscht. Sie sind in diesem ausgedehnten Teil der Sahara die unumschränkten Herren der Wüste. Wer sich hier nicht ihrem »Schutz« unterstellt, läuft Gefahr, ausgeraubt zu werden.

Mitte Juli nähert sich die kleine Karawane der Oase von Ghat. Im Westen erhebt sich der phantastisch geformte Gebirgszug, den die Einheimischen Kasr Djenun (Geisterburg) nennen. Die Tuareg warnen davor, in diese Bergregion, die sie als Sitz der Geister bezeichnen, einzudringen, doch Heinrich Barth läßt sich nicht beirren. Er vermutet in dem Felsenlabyrinth altertümliche Ruinen und Inschriften.

Bald muß er feststellen, daß er in der klaren Wüstenluft die Entfernung unterschätzt hat. Der Weg wird immer beschwerlicher, und die schier unerträgliche Hitze des saharischen Sommers macht ihm schwer zu schaffen. »Die Hitze war furchtbar, und von Durst gequält nahm ich den geringen Vorrat von Wasser, der mir übrig geblieben, mit einem Male zu mir.« Gegen Mittag hat er die Orientierung verloren. Er feuert Signalschüsse aus seiner Pistole ab; doch sie verhallen ungehört in der flimmernden Einsamkeit der schweigenden Felswüstenlandschaft.

Als es zu dunkeln beginnt, ist er bereits so entkräftet, daß er nicht mehr in der Lage ist, etwas Holz für ein Signalfeuer zusammenzutragen. »Ich fühlte, wie ein Fieber sich meiner bemächtigte, fast bewußtlos legte ich mich nieder.« Nach zwei Stunden erhebt er sich, erblickt in weiter Ferne im Tal ein hoch aufloderndes Feuer. Zweimal gibt er einen Schuß aus seiner Pistole ab, doch keine Antwort erfolgt. »In mein Schicksal ergeben, legte ich mich nieder. Schlaflos und in heftigem Fieber warf ich mich auf dem Boden umher.«

Der folgende Tag vergeht, ohne das sich ein menschliches Wesen nähert. »Der Durst quälte mich so unsäglich, daß ich an meinem Blute sog. Endlich war ich besinnungslos und verfiel in eine Art von wahnsinniger Träumerei. Erst als die Sonne sich hinter die Berge senkte, kam ich wieder zum Bewußtsein... Da traf plötzlich der Schrei eines Kameles mein Ohr – der klangreichste Ton, den ich je im Leben gehört!«

### Bewohner des Tschadseegebietes

*Über die Vielfalt der Völker im Tschadseeraum schreibt Wilhelm Sievers in seiner Länderkunde von Afrika: »In Bornu finden wir neben den Kanuri im Bezirke Kojam im Norden des Landes ziemlich rein erhaltene Tibbu, die Kai, ein Unterglied der Dasa; ferner die Tura aus dem Wüstenlande Tibesti; sodann, verstreut über ganz Bornu, die Kanembustämme, frühere Bewohner von Kanem ... Die Neger selbst sind überall stark in der allgemeinen Bevölkerungsmischung vertreten ... Außer den Kanuri, die nach allem jedenfalls als ein außerordentlich stark gemischtes Volk zu betrachten sind, haben auch die Araber Vertreter in Bornu.«*

**Lagerplatz bei Ederi**
*(rechts)*

*Zwei Tagereisen südlich von el Hassi erreicht Barth am 25. April 1850 die auf einem Hügel gelegene Oasensiedlung im Wadi Schiati (Fessan). »Es war in der Tat ein freundlicher Ruheplatz nach der traurigen Einöde, die wir durchschritten hatten, und die Anmut der Landschaft umher erfüllte uns mit neuem Leben.«*

## Der Brunnen El Hassi

*Der Maler J. M. Bernatz schuf nach Heinrich Barths Skizzen die Illustrationen für das fünfbändige Reisewerk und fertigte unter der Leitung des Forschungsreisenden die insgesamt 60 Farblithographien an. Der Brunnen El Hassi liegt nahe dem Südrand der großen Hammada zwischen dem tripolitanischen Küstenland und der Oasenlandschaft Fessan.*

## Das Tal von Auderas
*(links)*

*Vom 3. September bis zum 5. November 1850 lagert Barths Karawane in Tintellust im südsaharischen Aïr-Bergland. Barth ist begeistert von dem Tal von Auderas mit seinem üppigen Baumwuchs. Er durchzieht es während eines Ausfluges zur alten Handelsstadt Agades.*

**Die Oase Ghat**

*Am Nachmittag des 22. Juli 1850 gelingt es Heinrich Barth, unbemerkt einen Hügel zu ersteigen und, hin-er einem Busch versteckt, »in schönster Ruhe« die von len gefürchteten Tuareg beherrschte Oase zu skizzie-en. Im Hintergrund sieht nan die steil abfallende Felswand der Akakus-Gebirgskette.*

**Mursuk**
*(rechts)*

*Zu diesem berühmten Bild aus seinem Reisewerk schreibt Barth: »Die bei-folgende Ansicht, welche ch von der Terrasse des Englischen Vizekonsulats aus aufgenommen, wird genugsam zeigen, daß die äußere Erscheinung der Stadt keineswegs übel ist, sondern daß sie sogar etwas Malerisches hat.«*

## Kano von der Felshöhe Dala

*Im Februar 1851 erreicht Heinrich Barth die Sudanmetropole Kano. Nahe seiner Wohnung kann er von der Felshöhe Dala eine detaillierte Skizze dieses »afrikanischen London« anfertigen.*

## Der Niger bei Say

*»Nach ruhelos durchträumter Nacht und gehoben von den erhabensten Gefühlen« erreicht Heinrich Barth am Morgen des 20. Juni 1853 bei Say (»ssai« bedeutet im östlichen Songhai-Dialekt Fluß) den mächtigen Nigerstrom.*

Einer der Targi (Einzahl von Tuareg) der Expedition hat den halb verdursteten Mann gefunden. »Vorsichtig reichte er mir einen Trunk, aber in meinem fieberhaften Zustand fand ich das Wasser gallenbitter.« Im Lager ist die Wiedersehensfreude groß. Barth kann anfangs nur wenig und undeutlich sprechen und ist während der ersten drei Tage fast unfähig etwas zu essen. Doch bereits am nächsten Tag kann er den anstrengenden Marsch in der Hochsommerglut fortsetzen.

Über Ghat zieht die Karawane dem südsaharischen Bergland von Aïr oder Asben entgegen. Unterwegs gilt es äußerst gefahrvolle Situationen in der Auseinandersetzung mit den Tuareg zu meistern. Endlich ist der öde Nordrand des Aïr erreicht. Weiter im Süden ändert sich die Landschaft. Hier sind die sommerlichen Regenfälle häufiger, und in den Tälern, wo das von den kahlen Bergen herabströmende Wasser zusammenfließt, gedeiht ein üppiger Pflanzenwuchs. In einem dieser Täler liegt die Siedlung Tintellust. Hier hat die Expedition einen mehrwöchigen Aufenthalt. Barth nutzt die Zeit für einen Ausflug nach der alten Handelsstadt Agades, über die er als erster Europäer einen eingehenden Bericht verfaßt.

Mit einer Tausende von Kamelen umfassenden Salzkarawane zieht die Expedition der Sahelzone entgegen. Die Männer sind gut bewaffnet. So haben sie jetzt keine weiteren Überfälle der Tuareg zu befürchten.

In Damergu, einer Grenzsiedlung der Tuareg in der Nähe des Reiches Bornu, trennen sich Barth, Overweg und Richardson am 11. Januar 1851. Sie wollen auf diese Weise möglichst viele Gebiete kennenlernen. Richardson erliegt am 3. März in Ungurutua einer Krankheit, nur fünf Tagereisen vor den Toren der Bornu-Hauptstadt Kuka. Overweg wird eineinhalb Jahre später (27. September 1852) am Tschadsee das Opfer der Strapazen und Krankheiten. Der Verlust der Gefährten zwingt Barth, die meisten Gebiete allein zu erforschen.

Es ist im Rahmen dieses Buches nicht möglich, auch nur die wichtigsten Entdeckungen und Beobachtungen dieser insgesamt fast fünfeinhalb Jahre dauernden Reise zu erwähnen. Barths Reisewerk bietet eine derartige Fülle wertvoller landeskundlicher, wirtschaftlicher und historischer Informationen, daß es darin wohl kaum von einem anderen Afrikawerk der Entdekkerära erreicht oder gar übertroffen wird. Die Quellenkenntnisse des bei Reisebeginn gerade Neunundzwanzigjährigen sind bewundernswert. Doch das von tiefschürfender Gelehrsamkeit getragene Werk läßt über weite Passagen den Reiz der spannenden Erzählkunst anderer Entdeckerbücher vermissen. Das hat wohl viel dazu beigetragen, daß Barths fünfbändiges Werk in der Öffentlichkeit oft nicht die Beachtung fand, die es verdient hat.

Am 2. Februar 1851 trifft Barth in Kano, der bedeutendsten Handelsstadt des mittleren Sudan, ein. Seine finanzielle Lage ist zu diesem Zeitpunkt katastrophal. Die ersten Tage verbringt er in sehr bedrückter Stimmung. Er ist »in einer dunklen, höchst unbequemen und unerfreulichen Wohnung einquartiert«. Erst am 18. Februar erhält er eine Einladung zur Audienz beim Herrscher. Während des Rittes zum Palast sammelt er erste Eindrücke von der Sudanmetropole Kano.

»Es war ein sehr schöner Morgen, und die ganze Szenerie der Stadt mit der Mannigfaltigkeit von Lehmhäusern, Hütten in aller möglichen Gruppierung und in den verschiedensten Stadien des Verfalls, mit grünen freien Plätzen, auf welchen Rinder, Pferde, Kamele, Esel und Ziegen in bunter Gemeinschaft miteinander weideten; große und tiefe Gruben, mit Wasser hoch gefüllt, dessen Oberfläche von Wasserpflanzen bedeckt und belebt war, oder frisch ausgehoben, um das nötige Material zu neuen Wohnungen zu gewinnen; die einzeln umher zerstreute Flora von den verschiedensten und schönsten Arten, namentlich ... die schlanke Dattelpalme, Zeuge des tätigen Eingreifens der Menschen in die schaffende Natur; die Menschen selbst in dem buntesten Gemisch der Kleidung, von fast nackten Sklaven aufwärts bis zum farbenreich und prächtig gekleideten Araber: alles das bildete eines der belebtesten und anregendsten Schauspiele.«

Nach der Audienz kann Barth sich frei in der Stadt bewegen. Vom Pferd aus beobachtet er die verschiedenartigsten Szenen. Da bieten sich seinem Auge »Bilder ruhiger Behaglichkeit und häuslichen Glückes, wie eitler Verschwendung und verzweifelten Elends, rüstiger Tätigkeit und schlaffer Trägheit; hier ein Bild des Gewerbefleißes, dort ein anderes der äußersten Gleichgültigkeit.« Überall stößt er auf solche krassen Gegensätze. Da gibt es vornehme Läden, angefüllt mit den erlesensten Waren einheimischer und fremder Herkunft, an der nächsten Straßenecke eine finstere Bude, angefüllt mit halb verhungerten Sklaven, »ihrer Heimat, ihren Weibern oder Männern, ihren Eltern oder Kindern entrissen, wie Vieh in Reihen aufgestellt und verzweifelnd auf die Käufer starrend«. Da ist der arme, blinde Bettler, der seinen Weg durch die Menge ertastet, und der reiche Herr, in Seide und glänzende Gewänder gekleidet, der auf verschwenderisch verziertem Roß stolz vorbeireitet.

Auf den Märkten werden vor allem einheimische Fabrikate zum Verkauf dargeboten, besonders Baumwollwaren, die in der Stadt selbst oder in den Ortschaften der umliegenden Provinz hergestellt werden. Barth erlebt eine große Stadt voller Leben und Industrie, an Flächenausdehnung und Bedeutung ein afrikanisches London.

»Bedenken wir nun, daß diese Gewerbetätigkeit nicht, wie in Europa, in ungeheuren Fabriken betrieben wird und den Menschen zur niedrigsten Stellung herabdrückt, sondern daß jede Familie dazu beiträgt, ohne ihr Privatleben aufzuopfern, so dürfen wir wohl schließen, daß Kano eines der glücklichsten Länder der Welt sein müsse.«

Barth macht genaue Angaben über die einzelnen Waren und stellt Berechnungen an über die jährlich umgesetzten Mengen. Neben Baumwollwaren werden von der heimischen Industrie vor allem Sandalen und andere Lederwaren angeboten. Daneben spielen der Handel mit Kolanüssen (von der Sterculia acuminata)

**Heinrich Barth**
(1821–1865)

*Heinrich Barth, zu dessen 100. Todestag der bekannte Afrikakenner Heinrich Schiffers eine umfassende Biographie herausgab, war einer der Bahnbrecher der exakten Afrikaforschung. Sein fünfbändiger Reisebericht gilt auch bei afrikanischen Historikern als unverzichtbares Quellenwerk zur Geschichte des westlichen Sudan.*

und Salz eine wichtige Rolle. Auch der Handel mit Sklaven ist nach Barths Beobachtungen von erheblicher Bedeutung.

»Die hauptsächlichsten europäischen Waren, welche auf den Markt von Kano kommen, sind: Kattun aus Manchester, französische Seide und Zucker, rotes Tuch aus Livorno und aus Sachsen, Glasperlen von Venedig ... Spiegel, Nadeln und Kurzwaren aus Nürnberg, Schwertklingen von Solingen und Rasiermesser aus Steiermark ... Fast alle Klingen, die ich sah, nicht nur hier, sondern auch bei den westlichen Tuareg bis nach Timbuktu hin, waren von Solingen ... Grobes Papier ... wird in bedeutender Menge eingeführt. Jedoch darf man hieraus nicht auf große geistige Bildung schließen; denn es wird meistens zum Einschlagen des einheimischen Zeuges verwendet.«

Von Kano wendet sich Barth nach Osten und erreicht Ende April 1851 Kuka, wo er vom regierenden Scheich Omar herzlich empfangen wird. Am 5. Mai trifft auch Overweg, der sich bis zu seinem Tode meist im Tschadseegebiet aufhält, in Kuka ein.

Barth reist kurz darauf, wiederum allein, in das südlich gelegene und noch von keinem Europäer betretene Land Adamaua im Norden des heutigen Kamerun. Hier stößt er am 18. Juni 1851 auf den Oberlauf des mächtigen Benue.

»Es war ein herrlicher Morgen, die ganze Natur erfrischt von dem heftigen nächtlichen Gewittersturm. Mein Geist war aufgeweckter als je und schwelgte in enthusiastischen Gefühlen eines endlich erlangten Triumphes: sollte ich doch heute den Fluß sehen, nach dem ich so viel geforscht, von dem ich so vieles gehört und nach dem ich so begierig Verlangen getragen.«

Eine Viertelstunde später steht Barth am Ufer des Stromes. Er ist von »stummen Entzücken ergriffen«, schaut »sprachlos in das reiche Land hinein«. In majestätischer Breite fließt hier der Be-nuë von Ost nach West. In einer Anmerkung Barths erfährt der Leser, daß »Be« in der Batta-Sprache Wasser und »Nuë« Mutter bedeutet; der Be-nuë ist demnach nach Auffassung der Einheimischen die »Mutter der Gewässer«. Barth gelingt der für die Hydrographie des zentralen Afrika bedeutsame Nachweis, daß der Benue nicht im Tschadsee entspringt, wie vielfach angenommen wurde, und er weist nach, daß er der große östliche Zufluß des Niger ist. Barth empfindet die Landschaft als »ein Eingangstor für die rüstigen, alles überwältigenden Kräfte des Nordens (gemeint ist Europa)«. Er hegt die feste Hoffnung, »daß längs dieser Naturstraße europäischer Handel und Einfluß in das Innere dieses Kontinents eindringen ... werden«.

In der ersten Hälfte des Jahres 1852 gelangt Barth in das südöstlich des Tschadsees liegende Sultanat Baghirmi. In der Hauptstadt Massenja sammelt er alle erreichbaren Informationen über Baghirmi und das östlich davon gelegene Sultanat Wadai. Nach eingehenden Studien alter Manuskripte verfaßt er die erste genaue historische und geographische Darstellung dieser bedeutsamen mittelsudanischen Reiche, die bis dahin in Europa noch wenig bekannt sind. Seine historischen Studien über diese und andere Sudanreiche stellen noch heute wertvolles Quellenmaterial für den Afrika-Historiker dar.

Ende November, zwei Monate nach Dr. Overwegs Tod, bricht Barth zu seiner großen Westreise auf, dem Niger entgegen, den er am 25. Juni 1853 bei Say überquert. Er lernt auf dem Wege nach Timbuktu Gebiete kennen, die bis dahin in Europa noch völlig unbekannt waren.

In der berühmten Stadt am Niger hält er sich sieben Monate auf (von September 1853 bis Mai 1854). Als man in Timbuktu von dem Vordringen der Franzosen in Südalgerien hört, reagieren die Bewohner der Stadt mit Nervosität, und Barth gerät in große Gefahr, weil man ihn für einen Spion hält. Nur dem Einfluß seines mächtigen Freundes, des Scheichs El Bakay, hat er es zu verdanken, daß er mit dem Leben davonkommt.

In Europa gilt Barth längst als verschollen. So hat man den deutschen Astronomen Dr. Eduard Vogel ausgesandt, ihn zu suchen. Im Dezember begegnen sich die beiden Forscher, als Barth gerade auf dem Weg nach Kuka ist. »Seit länger als zwei Jahren hatte ich kein deutsches oder überhaupt europäisches Wort gehört, und es war ein unendlicher Genuß für mich, mich wieder einmal in der heimischen Sprache unterhalten zu können.« Drei Wochen verbringen sie in Kuka gemeinsam in dem von den Einheimischen »Englisches Haus« genannten Gästehaus der Europäer. Dr. Vogel reist nach Wadai weiter, wo er kurze Zeit darauf ermordet wird. Barth fühlt sich nun in Kuka recht verlassen, »... nachdem ich von einem so aufgeweckten Landsmann, der mir hier plötzlich in dieser Einöde menschlicher Geistesentwicklung begegnet war, Abschied genommen ...«

Am 5. Mai 1855 bricht Barth mit einer kleinen Karawane nach Norden auf, dem Mittelmeer entgegen. Der alten Bornustraße folgend zieht er durch die große Tiniri-Sandwüste über Bilma und Mursuk nach Tripolis. »Ungeachtet ihrer Einförmigkeit hat die Wüste doch etwas unaussprechlich Großartiges und ist gar wohlgeeignet, dem Menschen das Bewußtsein seiner eigenen Nichtigkeit tief einzuprägen«, notiert er gegen Ende der Reise. Am 21. August 1855 erreicht er die Hafenstadt Tripolis.

Noch zehn Jahre sind dem unermüdlichen Forscher vergönnt, dann stirbt er unter großen Schmerzen, erst 44 Jahre alt. Der berühmte Rudolf Virchow stellt bei der Obduktion Tod durch Bersten der Magenwände fest.

## Gustav Nachtigal
(1834–1885)

*Nur wenige Reiseberichte der Entdeckerzeit waren so populär bei Jung und Alt wie »Sahara und Sudan« des Arztes Dr. Gustav Nachtigal. Im Jahre 1884 wurde der zum Generalkonsul in Tunis ernannte Afrikaforscher nach Westafrika entsandt, wo er durch »Verträge« mit den ortsansässigen Häuptlingen den Grundstein zu den deutschen Kolonien Togo und Kamerun legte.*

## *Tibesti – Gebirgsinsel im Meer der Wüste Aus dem Bestseller des Dr. Gustav Nachtigal*

Der junge Arzt mit dem klangvollen Namen Nachtigal bereitete gerade seine Rückkehr von Tunis nach Deuschland vor, als sein Diener ihm die Ankunft eines Besuchers meldete, der offenbar mit ihm, dem Edris

**Sturm auf Baumwohnungen**

*Im Gebiet südlich des Tschadsees erlebte Gustav Nachtigal die Schrecken der Sklavenjagd. Gefolgsleute des islamisierten Sultan von Baghirmi versuchen, die »heidnischen« Bewohner im Waldland südlich des Sultanats in die Sklaverei zu verschleppen.*

Effendi et Tebib (Tebib = Arzt), wichtige Dinge zu bereden hatte.

Der Besucher war kein Geringerer als Gerhard Rohlfs aus Vegesack bei Bremen. Rohlfs hatte nach dem Medizinstudium in Europa fünf Jahre als Militärarzt in der französischen Fremdenlegion gedient. Danach war er als unerschrockener Wüstengänger im deutschen Sprachraum bekanntgeworden. Im Jahre 1868 beauftragte ihn König Wilhelm I. von Preußen mit einer Mission zu Scheich Omar von Bornu. Der gastliche Herrscher am fernen Tschadsee, der mehrere deutsche Reisende tatkräftig unterstützt hatte, sollte nun mit königlichen Geschenken belohnt werden.

Die wichtigsten dieser Geschenke, ein rotsamtener, an Lehnen und Füßen reich vergoldeter Thronsessel sowie lebensgroße Bildnisse des Preußenkönigs, seiner Gemahlin, der Königin Augusta und des Kronprinzen waren in unhandliche Kisten verpackt. Keine idealen Gepäckstücke für den Rücken eines Lastkamels! Überhaupt war die ganze Reise in für ihn längst vertraute Gebiete nicht nach dem Geschmack des Gerhard Rohlfs. Ihn zog es nach Osten in die noch kaum erforschten Räume der Libyschen Wüste. Und der Orientreisende Freiherr von Maltzan hatte ihm den deutschen Arzt in Tunis als geeigneten Überbringer der Gaben empfohlen.

Für den gerade 34 Jahre alten Dr. Gustav Nachtigal (geb. am 23. Februar 1834) aus Eichstädt bei Stendal in der Altmark ist es eine schicksalhafte Begegnung. Hat er nicht schon als Korpsstudent in seinen Bierreden den Kommilitonen phantasievoll von Besuchen beim Bey von Tunis und gefahrvollen Reisen zum Tschadsee im innersten Afrika vorgeschwärmt?! Leibarzt des Bey von Tunis ist er seit dem vergangenen Jahr, und nun wird es ihm vielleicht gelingen, Gebiete zu betreten, die noch kein Europäer vor ihm erreichte. Kurz entschlossen übernimmt Dr. Nachtigal den Auftrag und verläßt Tunis nach den Weihnachtstagen des Jahres 1868 in Richtung Tripolis. Seine wissenschaftliche Vorbildung erscheint ihm zwar für eine Entdeckungsreise unzureichend, doch Land und Leute der nordafrikanisch-islamischen Welt sind ihm gut bekannt.

Im Oktober 1862 war er nach mehrjähriger Tätigkeit als Militärarzt in Köln und kurzer Assistentenzeit bei Professor Niemeyer in Greifswald nach Bône in Algerien gelangt. Niemeyer hatte ihm wegen eines Lungenleidens zu einem längeren Aufenthalt in Nordafrika geraten. Im Juni 1863 siedelte er nach Tunis über, wo er sich während der über fünfjährigen Arzttätigkeit gründlich mit Sprache und Mentalität der Bewohner vertraut gemacht hatte.

In einem Brief an seinen Studienfreund Rudolf Berlin, dem er bis ans Lebensende in besonderer Freundschaft verbunden ist, schreibt er über das vor ihm liegende große Abenteuer:

»Zunächst gehe ich nach Bornu, um dem alten Herren, dem Sultan dort, einige Geschenke der preußischen Regierung zu übermachen. Von da hoffe ich entweder nach Wadai zu gehen oder im Süden von Wadai gegen Osten bis zum Nil vorzudringen ... Gelingt es, so habe ich eine glorreiche Reise gemacht. Gelingt es nicht, so kehre ich einfach von Bornu nach Vollendung meiner diplomatischen Mission zurück und habe Land und Leute gesehen.«

Nachtigal verläßt am 17. Februar die Hafenstadt Tripolis. Mehr als fünf Jahre werden vergehen, bis der unermüdliche Forscher im August 1875, nach glücklich überstandenem Aufenthalt in der Wadai-Hauptstadt Abesche, das damals von Europa kontrollierte Khartum erreicht.

Am 27. März 1869 trifft er in Mursuk, der Hauptstadt von Fessan ein. Lange Wochen vergehen, ohne daß eine Karawane nach dem Tschadseegebiet aufbricht. Wie in Tripolis trifft man hier auf Händler aus weit entfernten Regionen. Neben den verschiedenen Lokalformen des Arabischen hört der Arzt in den Basaren die Sprache der Tuareg, der stolzen Herren der Wüste, die Haussa-Sprache der Leute aus Kano, das Kanuri der Bornu-Kaufleute und das Tubu der Bewohner des geheimnisvollen Tibestigebirges.

Nur wenige Fessaner kennen diese als fremdenfeindlich verschriene Gebirgsinsel im schier endlosen Wüstenmeer der Sahara. Noch nie zuvor hat ein Europäer dieses Land der Tubu betreten! Die Freunde in Mursuk raten dem jungen Tebib Effendi dringend von einer Reise dorthin ab.

Auch sein durch Heinrich Barth berühmt gewordener Reiseführer Mohammed el Qatruni warnt ihn vor den Tubu. Mohammed hat die Reise nach Tibesti, der Heimat seines Vaters, bisher zweimal unternommen. Nachtigal bittet ihn, einen Diener zu suchen, welcher die Sprache der Tubu beherrscht. Er selbst, Mohammed, solle in Mursuk auf seine Rückkehr warten. Doch diesen Vorschlag weist der getreue Mohammed entschieden zurück und leistet dem Arzt den im Vorwort dieses Buches zitierten Treueschwur.

Es gelingt Nachtigal mit einem Tubu-Edlen, der unter dem Beinamen Kolokomi bekannt ist, einen Reisevertrag zu schließen. Kolokomi erhält als Entgelt umgerechnet 300 Mark, wovon die eine Hälfte vor Reiseantritt, die andere nach erfolgter Rückkehr in den Fessan ausgezahlt werden soll. Als Extrageschenk wird Kolokomi dann noch eine Steinschloßflinte erhalten. Selbstverständlich werden auch Geschenke für die wichtigsten Edelleute von Tibesti ausgehandelt. Kolokomi, ein kräftiger Mann um die Vierzig, strahlt trotz seines ärmlichen Äußeren Würde und Selbstbewußtsein aus. Auch die Fessaner, »welche ihn von seinen wiederholten Besuchen kennen, stellen ihm das verhältnismäßig beste Zeugnis aus, indem sie ihn als einen der wenigst schlechten unter seinen Stammesgenossen, die freilich insgesamt Schurken seien, bezeichnen.«

Am 6. Juni, um ein Uhr mittags, verläßt die kleine Schar die schützenden Mauern der Oase Mursuk. Seit drei Tagen weht aus Nordost ein kühler Wind, dichte Regenwolken türmen sich dort über dem Horizont – eine für diese heiße Jahreszeit ungewöhnliche Witterung. Doch schon am nächsten Tag bekommen die Reisenden die Qualen eines innersaharischen Hochsommermarsches zu spüren. Beim Mittagsschlaf im wohltuenden Schatten einer Dattelpalme treffen die glühenden Strahlen der fortschreitenden Sonne Nachtigals nackte Füße und Unterschenkel. Schon kurz nach dem Erwachen spürt er die ersten Anzeichen eines schweren Sonnenbrandes. Bald sind die Beine so schmerzhaft geschwollen und mit großen Blasen bedeckt, daß ein Fortkommen zu Fuß unmöglich wird.

»Wie glühendes Blei hingen meine Beine auf die Schultern des Kameles herab, und jede zufällige Berührung derselben mit den Knochen des Tieres oder dem Holze der Kisten, auf denen ich saß, verursachte Schmerzen, die mich fast der Besinnung beraubten.«

Am fünften Tag erreichen sie die Oase Qatrun (Gatrun), Heimatort von Mohammed (el Qatruni). Die Hitze steigert sich jetzt bis zum schier Unerträglichen. 49 Grad Celsius im Schatten mißt Dr. Nachtigal um 2 Uhr nachmittags.

»Die Hunde gruben mit verzweifelter Energie an schattigen Stellen Löcher in den Sand, waren jedoch nicht imstande, die kühle Bodenschicht zu erreichen, und die geschenkten Hühner lagen halb tot mit weit aufgesperrtem Schnabel da. Jeder Trunk des lauwarmen Wassers schien die Qual zu vermehren, und die Verminderung der Kleidungsstücke gab nur für Augenblicke das Gefühl der Erleichterung.«

Während der Weiterreise leidet Nachtigal an einer heftigen und schmerzhaften Augenentzündung. Mit verbundenen Augen hockt er auf dem Kamel. Nur unter größter Selbstüberwindung gelingt es ihm, von Zeit zu Zeit die eitrigen Augen zu öffnen und trotz blendender Lichtfülle die durchrittene Landschaft kurz zu betrachten.

Am Bir Meschru, der einzigen Wasserstelle auf halbem Wege zwischen der Südgrenze des Fessan und dem Tummogebirge, erwarten den Forscher neue Seelenqualen. Im milden Licht der Abendsonne erblickt er in nächster Umgebung des Brunnens die stummen Schreckenszeugnisse transsaharischen Sklavenhandels.

»Schaudernd bemerkte ich halb im Sande begraben die mumifizierten Leichname einiger Kinder, welche noch mit den blauen Kattunfetzen bedeckt waren, welche einst die Kleidung der Lebenden gebildet hatten ... das endlose Reisen unter Schlägen, Hunger, Durst und tödlicher Ermattung hat ihre letzte Widerstandskraft gelähmt. Fehlt den Armen die Kraft zum Wiederaufstehen und Weiterwandern, so werden sie einfach im Stiche gelassen, und langsam erlöschen ihre Lebensgeister unter dem vernichtenden Einflusse der Sonnenstrahlen, des Hungers und des Durstes. Kein Grab deckt dann die jugendlichen Gebeine, sondern die trockene Wüstenluft mumifiziert und skelettiert allmählich die Opfer menschlicher Barbarei.«

Nach Überwindung des Tummogebirges liegen die geheimnisvollen Landstriche vor ihm, die noch nie zuvor eines Europäers Fuß betreten hat. Zwischen Tummo und den ersten bewohnten Felsentälern von Tibesti befindet sich nach Aussage Kolokomis die Landschaft Afafi, in deren zahlreichen Tälern es Kamelfutter und vor allem Wasser geben soll.

Am 28. Juni zieht die Karawane über ein Wüstengelände, das keinerlei Wegespuren erkennen läßt; nirgends erblicken sie eines der aus Steinen aufgetürmten Merkzeichen (Alam). Am Abend mahnt Kolokomi, nicht zu verschwenderisch mit dem Wasser umzugehen. Noch vor Sonnenaufgang beginnt der Weitermarsch über wüste, steinige Ebenen, durch sandige Erosionstäler mit kümmerlichem Pflanzenwuchs und über endlose Hochflächen mit grauschwarzen Steinplatten, die unter dem Tritt des Fußes metallisch klingen.

Kolokomi erklimmt von Zeit zu Zeit einen Felsen, hält Ausschau nach dem Berg, an dessen Fuß die heiß ersehnte Quelle verborgen liegt, doch jedesmal kehrt er ergebnislos zurück. Stumm wandern die Männer weiter. Nase und Mund sind mit Turbanstoff verhüllt, um die Austrocknung der Schleimhäute und damit den Durst zu verringern.

»Immer stiller und stiller wurde die Gesellschaft, in der jeder das düstere Gespenst ernstlicher Wassernot vor seinen inneren Augen auftauchen sah.«

Am nächsten Tag sind die meisten dem Tode nahe, nur Kolokomi und Birsa, als Tubu echte Söhne der Wüste, sind noch im Besitz ihrer Kräfte. Sie eilen nun auf ihren Kamelen in einem breiten Tal, das die Karawane erreicht hat, voraus, um die rettende Wasserstelle ausfindig zu machen. Und in nahezu letzter Minute gelingt es den Wüstensöhnen, die Schläuche in dem schmutzigen Wasserloch zu füllen und den Verdurstenden das rettende Getränk zu reichen.

Am 11. Juli wird im Dunst des frühen Morgens die Gebirgskette des nördlichen Tibestimassivs sichtbar. Zum erstenmal erblickt ein Europäer den mächtigen Vulkanschild des Emi (Berg) Tussidé. Nachtigal hält ihn für den höchsten Berg (mit 3265 Meter) Tibestis. In Wirklichkeit ist der im Südosten gelegene Emi Kussi (3415 Meter) die höchste Erhebung Tibestis und des ganzen Sahararaumes.

Nach zwei Tagen erreichen sie eines der großen schluchtartigen Täler (Ennedi in der Tubu-Sprache), welche sich als oft gewaltige Schuttfächer in den unabsehbaren Kieswüsten vor dem Gebirgsrand verlieren.

Ennedi Tao heißt dieses Trockental, Heimat vieler vornehmer Familien der streng hierarchisch gegliederten Tubu-Gesellschaft von Tibesti.

Überaus schwierig gestalten sich die Verhandlungen mit den Bewohnern des Ennedi Tao. Der Wortkampf dauert von Sonnenaufgang bis anderthalb Stunden nach Sonnenuntergang. Soviel wie möglich wollen die zu einem kargen Leben verdammten Wüstenbewohner von den für sie verlockenden Mundvorräten der Fremden als Wegezoll einbehalten.

Überhaupt, was will der Fremde eigentlich hier? Noch nie zuvor ist einer dieser unerwünschten Christen in ihr Land vorgedrungen. Gewinnsüchtige Pläne müssen dahinterstecken. Denn nur um die kahlen Berge und unfruchtbaren Täler zu sehen, wird wohl niemand die weite und gefahrvolle Reise auf sich nehmen! Wahrscheinlich liegen in dem tiefen Krater nahe dem Berggipfel des Emi Tussidé, im Schutze der heißen

Quellen und brodelnden Dämpfe große Gold- und Silberschätze verborgen!

Längst hat die Nachricht von der Landung der Franzosen in Algier (1830) die Tubu in ihrer Wüsteneinsamkeit erreicht. Sie wissen nur zu gut, was die »friedliche Durchdringung« für ihre Unabhängigkeit bedeutet. Auch die »uneigennützige wissenschaftliche Forschung« eines Gustav Nachtigal muß diesen Menschen verdächtig erscheinen, er selbst ihnen als ein Spion der Weißen gelten. Es gelingt Nachtigal zwar, bis zur Oasensiedlung Bardai im Inneren Nordtibestis vorzudringen, doch die dort verbrachten Wochen gleichen eher einer endlos erscheinenden und an den Nerven zerrenden Gefangenschaft als einem gut vorbereiteten Forschungsaufenthalt.

»Da lag vor mir das malerische Tal mit seinen anmutigen Gruppen von Dattel- und Dumpalmen, die sauberen Hütten der Bewohner nur halb verbergend ..., seinem erfrischenden Grün und seinem köstlichen Schatten; da vollzog sich in meiner unmittelbaren Nähe das Leben seiner Bewohner in Familie und Gemeinwesen, in Sitten und Ideenkreisen, die ich so gerne beobachtet und betreten hätte, und ich, auf den nackten Felsboden gebannt und dunkler Besorgnis anheim gegeben, konnte mich nur in stiller Resignation üben.«

Doch zuletzt gelingt die Flucht. Ein plötzlich erzwungener Aufschub treibt Nachtigal fast zur Verzweiflung, läßt ihn toben und schimpfen. Doch bald schämt er sich seiner mangelnden Selbstbeherrschung. »Wie viel kann man in der Herrschaft über sich selbst von vielen unzivilisierten Völkern lernen, denen man sich so sehr überlegen glaubt! Wie hoch über mir standen in dieser Beziehung der alte Qatruner (Mohammed), Arami und seine Verwandten!«

Auf ihrer Flucht überquert die kleine Schar das vom Hinweg vertraute über 2000 Meter hoch gelegene Plateau der mächtigen Vulkanberge. Nur sechs Grad Celsius zeigt das Thermometer am 6. September kurz vor Sonnenaufgang! In den Ebenen des Vorlandes hat Nachtigal um diese Jahreszeit am frühen Morgen 20 bis 25 Grad gemessen!

Noch einmal kann er einen Blick in den riesigen Krater »Trou au Natron« unterhalb des Tussidégipfels werfen. »Der Anblick war großartiger, als ich geahnt hatte«, notiert er. »Staunend und bewundernd stand ich am Rande eines riesigen Kraters ... Die Wandungen des Trichters fallen in ihrem oberen Teile steil ab, und ihre dunkle Farbe kontrastiert scharf mit schmalen, gewundenen Fäden von weißen Salzen, welche den einstigen Krater im Lande als ›Natrongrube‹ bezeichnen lassen, und welche sich wie Rinnsale gegen die Mitte des Grundes hin schlängeln. Dort erhebt sich an der abhängigsten Stelle ein kohlschwarzer Hügel (Vulkankegel von ca. hundert Meter Höhe) von regelmäßiger Kegelform, der an der Spitze eine kleine, kraterförmige Einsenkung mit weißem Inhalt trägt und dessen Basis von derselben weißen Masse (Salzsumpf) umgeben ist.«

Beim Verlassen der Gebirgslandschaft ergreift Kolokomi plötzlich die Flucht. Er ist nicht zu bewegen, die kleine Karawane nach Fessan zurück zu geleiten. Selbst der sonst so unerschütterliche Mohammed el Qatruni wettert nun: »Siehst du, wie der letzte, dem verräterischen Charakter seines Stammes entsprechend, uns verläßt!? Geh' doch jetzt auf dem Wege, den du so sorgfältig aufgeschrieben hast, nach Fessan, wenn du es vermagst! Habe ich dir nicht vorher gesagt, wie es kommen würde?! Oh, diese Christen, die nur einen eigensinnigen Kopf und viel Wissen, aber keinen Verstand haben!«

Doch mit letzter Kraftanstrengung schaffen es die im Stich gelassenen Männer, völlig erschöpft und nur noch mit Stoffetzen bekleidet, am 8. Oktober 1869 das rettende Mursuk zu erreichen. In einem Brief (datiert: Murzuk, 18. Okt. 1869) an die Frau seines Studienfreundes Berlin schreibt Nachtigal:

»Es sind jetzt gerade fünf Wochen, das es mir gelang, nächtlich aus einer feindlichen Stadt zu entweichen, den Lanzen und Wurfspeeren ... zu entgehen, und daß ich es wagte, meiner Kamele und aller Habe beraubt, mit kaum halb hinreichender Dattelprovision versehen und abgeschwächt durch den erlittenen Hunger, eine dreiwöchentliche Fußreise durch wüste Gegenden anzutreten, zu denen wir voraussichtlich unseren Wasservorrat auf drei Tage auf den Schultern mit uns führen mußten. Zweimal dem Verdurstungstode nahe und während der letzten fünf Tage vor der Erreichung des ersten bewohnten Ortes von Fessan ohne alle Spur von Nahrung, bei einer täglichen Promenade von zehn bis zwölf Stunden, unterlag doch niemand von uns den Anstrengungen und Entbehrungen, und ich hatte die Freude, alle meine schwärzlichen Begleiter, unglückliche Opfer geographischer Gelüste, wieder nach Mursuk zurückführen zu können.«

Und ferner schreibt er in dem Brief an Frau Berlin: »So folgt jeder seinem Schicksale in dunklem Drange, entgeht Gefahren, deren ganze Größe er erst nach der Rettung erkennt, und unterliegt anderen, die kaum seine Beachtung zu verdienen schienen.«

Sein innerer Drang führt den Forscherarzt im Sommer des darauffolgenden Jahres noch einmal in den Bannkreis Tibestis; diesmal vom Tschadsee aus, wo seine Mission bei Scheich Omar in Bornu von vollem Erfolg gekrönt ist. Er erreicht von hier aus im Schutz eines arabischen Nomadenstammes das Plateau von Borku am Südrand des Tibesti. Die riesige flache Senke zwischen dem Tschad und Borku ist gebietsweise förmlich mit Fischskeletten übersät. Nachtigal erkennt, daß es sich um den Grund eines ehemaligen, flachen Binnenmeeres handelt, eines stummen Zeugen der einst regenreichen Zeiten, als die Sahara noch weithin »grün« war. Der letzte dieser »Pluviale« genannten Zeiträume ging zu Ende, als in Ägypten die großen Pyramiden von Gizeh gebaut wurden. Seitdem erstreckt sich der Bannkreis der Großen Wüste vom Atlantik bis zum Roten Meer.

Das Reisegebiet der Jahre 1872–73 liegt südlich des Tschadsee in einer fruchtbaren Savannenlandschaft, die von den äquatorialen Strömen Logone und Schari durchschnitten wird. Hier erlebt Nachtigal im bereits

1852 von Heinrich Barth bereisten Baghirmi-Reich Szenen schrecklichster Sklavenjagden.

Doch noch einmal rafft sich der von häufigen Fieberanfällen geschwächte Arzt zu einer gefahrvollen Reise auf. Im März 1873 gelingt ihm die Einreise in das verschlossene Königreich Wadai. Auf der uralten Mekka-Pilgerstraße zwischen Timbuktu und Khartum gelangt Nachtigal in die Residenz des gefürchteten Wadai-Herrschers in Abesche, wo er das Schicksal des Anfang 1856 erschlagenen Eduard Vogel aus Krefeld aufklären kann. Nachtigals Nachforschungen ergeben, daß Vogel durch unkluges Verhalten sein Schicksal weitgehend selbst verschuldet hat. Hadsch Ahmed, Nachtigals Gönner in Wadai, ist entsetzt über dessen Kühnheit, den König über ein so heikles Thema zu befragen: »Ihr Europäer seid doch unvernünftige Menschen. Nicht damit zufrieden, in einem Lande wie Wadai vom König auf jede Weise freundlich und gastlich aufgenommen zu sein, suchst du dich noch mit aller Gewalt um deinen Kopf zu bringen!«

Das sich durch überaus große Zuverlässigkeit der Beobachtung auszeichnende Reisewerk des Forscherarztes wird in der Heimat jahrzehntelang von Jung und Alt mit Begeisterung gelesen, wird zu einem wahren Bestseller der Afrika-Reiseliteratur.

Noch einmal kehrt der begeistert Gefeierte nach Afrika zurück. Bismarck ernennt ihn 1882 zum Generalkonsul von Tunis. Bald darauf beginnt der letzte Akt im Leben des Dr. Gustav Nachtigal. Während des hektischen »scramble for Africa« (Jagd auf Afrika) bestimmt Bismarck ihn zum Reichskommissar für Westafrika. Von preußischem Pflichtethos erfüllt, läßt der Reichskommissar Nachtigal an den berüchtigten Fieberküsten Togos und Kameruns am 5./6. bzw. 14. Juli 1884 die Flagge des Deutschen Reiches hissen.

Auf der Rückreise an Bord des Kriegsschiffes »Möwe« werfen ihn schwere Fieberanfälle aufs Krankenlager. 51jährig verstirbt der Entdeckungsreisende und Koloniengründer Gustav Nachtigal am 20. April 1885 auf hoher See vor der Küste Westafrikas.

### *Exkurs: Königreiche im Sudan*

um 800 Im Gebiet des Tschadsees entsteht das Königreich Kanem-Bornu.
Kaya Maghan Cisse (König des Goldes) dehnt die Macht des Reiches Ghana vom Senegal bis zum Mittellauf des Niger aus. Ghanas Fernhandel reicht bis in das maurische Spanien. Der islamische Gelehrte El Bekri beschreibt (1070) das prunkvolle Hofleben in Ghana, das von 950–1050 seine glanzvollste Zeit erlebt.

um 1010 Der Dia (König) von Songhai am mittleren Niger tritt zum Islam über. Zwischen Songhai und Nordafrika entwickeln sich intensive wirtschaftliche und kulturelle Beziehungen.

1055–1147 Die Reformbewegung der Almoraviden erobert in der Westsahara durch »Heiligen Krieg« ein riesiges Reich.

1061 Jusuf ibn Taschfin, der Emir der Muslime, wird Herrscher des Almoraviden-Reiches. Er erobert die alte Handelsstadt Audaghost im Senegalgebiet und die Hauptstadt von Ghana. Im südwestlichen Atlasgebiet gründet er Marrakesch (daher der Name Marokko). Sein Reich erstreckt sich um 1090 vom Ebro in Spanien bis zum Senegal.

1085 König Hume von Kanem-Bornu bekehrt sich zum Islam.
Fürst Dunama (1097–1150) von Kanem-Bornu reist zweimal nach Mekka. Als Neuerung im Militärwesen führt er die Kavallerie ein. Unter Dunama Dilabani (1221–1259) reicht die Macht von Bornu im Norden bis in den Fessan, im Westen bis zu den Haussa-Ländern (Nordnigeria) und im Osten bis nach Wadai.

1147 Die Reformbewegung der al Mowahidun (»die, welche die Einzigkeit Gottes bekennen«) erobert Marrakesch und leitet damit das Ende des Almoraviden-Reiches ein. Im Maghreb begründen die al Mowahidun (Almohaden) ein das ganze Atlasgebiet umfassendes Reich (1160–1212).

1203 Der Sosso-König Sumanguru Kante (1200–1235) erobert die Stadt Ghana im Senegalgebiet. Danach vertreiben die »heidnischen« Sosso, ehemalige Vasallen des Reiches Ghana, die islamisierten Soninke.

1224 Die Soninke gründen im Sahel westlich von Timbuktu Stadt und Reich Walata.

1235 Aus den Gebieten südlich des alten Ghana dringt der Mandingo-König Sundschata nach Norden vor und besiegt den Sosso-König Kante. Sundschata gilt als der Begründer des Reiches von Mali (Melli).

1310 König Abu Bakari II. von Mali schickt eine Flotte von 200 Booten auf den Atlantik, um herauszufinden, wo das Ende des Ozeans liegt.

1324/25 Der Mali-Herrscher (Mansa) Mussa unternimmt eine Pilgerreise nach Mekka. Er ist der große Förderer des Islams in Mali. Sein Reich erstreckt sich vom Atlantik im Senegalgebiet bis zum mittleren Niger.

15. Jh. Die Songhai von Gao gründen das letzte der mittelalterlichen Großreiche im Sudan.
Der Haussa-König Rimfa (1463–1493) läßt in Kano alle »heidnischen« Tempel zerstören und Moscheen errichten. Die unter seiner Herrschaft erbaute Stadtmauer ist bis in unsere Zeit erhalten geblieben. Die gut organisierten Kleinstaaten der Haussa (Kano, Saria, Gobir, Katsina u. a.) bestehen seit dem 10. Jahrhundert im Nordwesten des heutigen Nigeria.

1497 Der Songhai-Herrscher Askia Mohammed (1493 bis 1528) unternimmt mit 500 Reitern und 1000 Fußsoldaten die Pilgerreise nach Mekka. In Mekka und Medina verteilt er 300 000 Goldstücke als Almosen. Gelehrte aus ganz Nordafrika ziehen an den Hof des Songhai-Herrschers. 1510 und 1513 besucht Leo Africanus die Handelsmetropole Timbuktu. Das Songhai-Reich erstreckt sich unter Askia Mohammed vom Senegal bis zum Air-Bergland.

1549–1582 Regierungszeit von Askia Daud, dem letzten großen Herrscher des Songhai-Reiches.

1591 Pascha Dschuder, ein spanischer Renegat (zum Islam übergetretener Christ), führt eine überwiegend aus europäischen Renegaten zusammengesetzte Armee durch die westliche Sahara nach Songhai. Nördlich der Hauptstadt Gao wird eine Songhai-Armee von 30 000 Mann von nur 1000 Söldnern des Pascha Dschuder geschlagen. Die Soldaten des Pascha sind mit Feuerwaffen ausgerüstet.

um 1600 Unter dem Bornu-Herrscher Idris Alaoma (1571 bis 1603) wird ein großer Teil des Sudanhandels über die Bornustraße (Tschadsee-Bilma-Fessan) nach Tripolis gelenkt. Haupthandelsartikel sind Sklaven aus den »Heidenländern« südlich von Bornu. Die Bornustraße wurde auch Sklavenstraße genannt. Bilma und der Fessan gehören damals zum Machtbereich von Bornu.

um 1630 Der Herrscher von Baghirmi (südöstlich vom Tschadsee) tritt zum Islam über.

um 1640 Das Reich Wadai, zwischen Tschadsee und Darfur gelegen, wird islamisches Sultanat.
Unter Achmed Bokor (1682–1722) erlebt das Königreich Darfur im Westen der heutigen Republik Sudan eine Blütezeit. Von Darfur führt die Karawanenstraße Darb el Arbain (Straße der 40 Tage) durch die östliche Sahara nach Ägypten.

um 1725 Der gelehrte Moslem Karamako Alfa gründet im Gebiet der heutigen Volksrepublik Guinea den Fulbe-Staat Futa Dschallon.
Im mittleren Nigergebiet erobert der Bambara-König Biton Kulubali den Bambara-Staat Kaarta und die reiche Provinz Massina (im Binnendelta-Gebiet des Niger). Kulubali teilt sein Reich in 60 Provinzen, fördert die Landwirtschaft und kontrolliert mit einer militärischen Flotte den Mittellauf des Niger.

ab 1770 Die Tuareg, die »weißen« Herren der Wüste, zwingen Timbuktu zu regelmäßigen Tributzahlungen.

1804–1809 Die »Fahnenträger« des Fulbe-Moslem Usman dan Fodio erobern die Haussa-Staaten. Das Jahrhundert der »Heiligen Kriege« (Dschihad) im Sudan bricht an.

um 1810 Bornu gelingt es, den Ansturm der Fulbe von Sokoto (den Dschihad des Usman dan Fodio) abzuwehren. Der militärische und religiöse Führer dieses Widerstandes, Scheich Muhammed al Amin (al Kanemi) aus dem Fessan, wird zum eigentlichen Regenten von Bornu.

1826 Der große Mystiker und Förderer des Islam, Scheku Ahmadu Lobbo erobert Jenne und Timbuktu. Zentrum seines neuen Reiches ist die alte Songhai-Provinz Massina. In der von ihm gegründeten Hauptstadt Hamdallahi (»Gotteslob«) wird streng auf Hygiene geachtet (weit mehr als in den meisten europäischen Städten der damaligen Zeit).

1837 Nach dem Tod von al Kanemi wird sein Sohn Omar Herrscher von Bornu. Mai (König) Ibrahim, der letzte Vertreter der 1000jährigen Seifawa-Dynastie, versucht mit militärischer Hilfe Wadais Omar zu stürzen und wird 1846 getötet.

1842–1859 Das Fulbe-Reich von Sokoto erreicht seine größte Ausdehnung. Es reicht von Say am Niger bis nach Adamaua im Norden des heutigen Kamerun.

1852 Der Moslem Hajj Omar aus Futa Toro am Senegal fühlt sich durch eine Vision dazu berufen, in den »heidnischen« Bambara-Reichen von Segu und Kaarta einen islamischen Staat zu gründen. 1854 ist Kaarta in seiner Gewalt.

1857 Bei Medina im oberen Senegalgebiet wird Hajj Omar von den Truppen des französischen Generals Faidherbe geschlagen. Die nigerianische Historikerin E. Isichei spricht (1977) von dem ersten militärischen Zusammenstoß des europäischen und islamischen Imperialismus im westlichen Sudan. Omar erobert 1862 das Massina-Reich des Scheku Ahmadu, wird aber zwei Jahre später von seinen Gegnern getötet.

1879 Der Italiener Gessi besiegt im Auftrag des Khediven von Ägypten den aufständischen Bahr el-Ghasal-Gouverneur Soliman Pascha. Dessen General Rabah flieht in den zentralen Sudan, wo er sich ab 1886 ein eigenes Reich aufbaut.

1881 In Bornu stirbt der durch die Entdeckerberichte berühmt gewordene Scheich Omar. Er hat die deutschen Afrikaforscher Barth, Nachtigal, Overweg, Rohlfs und Vogel empfangen.
Am Weißen Nil ruft der Mahdi den Dschihad (Heiligen Krieg) aus. Inspiriert vom sudanesischen Dschihad in anderen Regionen Westafrikas gründet Samori Touré durch Eroberung im Osten der heutigen Volksrepublik Guinea ein großes Reich. Samori stammt aus dem Volk der Malinke, das zur großen Gruppe der Mandingo (Mande) sprechenden Völker gehört.

1886 In seiner Hauptstadt Bissandugu unterzeichnet Samori einen Protektoratsvertrag mit den Franzosen.

1891 Nach dem Fall von Segu marschieren die Franzosen in Samoris Reich ein. Samori zieht sich unter Anwendung der Taktik der verbrannten Erde zurück. Am 29. September 1898 wird er von den Franzosen gefangengenommen.

1893 Rabah erobert das 1000 Jahre alte Reich Bornu.

1898 Am 2. September schlägt Lord Kitchener in der Schlacht bei Omdurman das Heer der Mahdisten.

1900 In der Schlacht bei Kusseri besiegen die Franzosen am 21. April Rabah, der dabei getötet wird. Die letzte große Bastion des islamischen Widerstandes im Sudan ist gefallen. Das östlich gelegene Sultanat Wadai können die Franzosen erst 1909 erobern.

*Durch das Meer der Wüste*
*Sahara und Sudan*

1447 Im Auftrag eines Bankhauses in Genua reist der Kaufmann Antonio Malfante über Tlemcen in Westalgerien, als Europäer und Christ unbehelligt, in die 500 km südlich des Saharaatlas gelegenen Oasen von Tuat. Er stellt fest, daß die arabischen Händler eifersüchtig über ihr Handelsmonopol mit den sudanischen Goldlieferanten wachen. Die Gründung einer genuesischen Handelsniederlassung in Tuat ist daher nicht möglich.

1798–1801 Der Naturwissenschaftler Friedrich Hornemann aus Hildesheim reist von Kairo über die Oasen Siwa und Audschila nach Mursuk im Fessan. Auf einer folgenden Reise gelangt er als erster Europäer von Tripolis über Bilma nach Kuka am Tschadsee. Auf der Weiterreise erreicht er den Niger bei Bokani, wo er einer Krankheit erliegt.

1822–1825 Die Engländer Clapperton, Denham und Oudney reisen von Tripolis in den Sudan.

1823 Clapperton erreicht den Tschadsee. Denham und Clapperton reisen von Bornu nach Westen in das Sultanat Sokoto und bis zum Niger.

1825/26 Der Schotte Alexander Gordon Laing reist von Tripolis über die Oasen Ghadames und Tuat nach Timbuktu (am 18.8.1826). Auf der Weiterreise nach Süden wird er ermordet, weil er sich weigert, zum Islam überzutreten.

1827/28 Der Franzose René Caillié reist als Maure verkleidet von Sierra Leone zum Niger, erreicht die Stadt Timbuktu (am 28.4.1828) und zieht von dort mit einer Karawane nach Marokko.

ab 1845 Der Schotte James Richardson reist von Marokko in die nördliche Sahara. Auf einer weiteren Wüstenreise dringt er als wohl erster Europäer bis in die Oase Ghat vor.

1850–1855 Heinrich Barth aus Hamburg erreicht von Tripolis aus die Sudanländer am Tschadsee und Niger und kehrt auf der Bornustraße nach Tripolis zurück.

1851 Heinrich Barth erreicht in Adamaua (Nordkamerun) den Oberlauf des Benue.
Adolf Overweg aus Hamburg, der deutsche Reisebegleiter Heinrich Barths, unternimmt im Gebiet des Tschadsees bedeutsame Forschungsexpeditionen.

1853 Heinrich Barth hält sich sieben Monate in Timbuktu auf.

1853 Der Astronom Eduard Vogel aus Leipzig reist über Bilma nach Bornu, wo er im Dezember 1854 mit Heinrich Barth zusammentrifft. Ende 1855 erreicht er unbehindert Wadai, wird aber wegen Verdächtigungen vom dortigen Sultan zum Tode verurteilt.

ab 1860 Der Franzose Henri Duveyrier erforscht weite Gebiete der westlichen Sahara und liefert damit wichtige Informationen für den späteren Aufbau der »Sahara français«.

1860–1862 Der marokkanische Jude Mordokhai Abi-Serour hält sich in der für »Ungläubige« verbotenen Stadt Timbuktu auf.

1862 Karl Moritz von Beurmann aus Potsdam gelangt von Tripolis nach Mursuk und erreicht von dort aus die Oase Wau. Anschließend besucht er die noch von keinem Europäer betretene Oase Djebado, erreicht den Tschadsee und dringt in das Sultanat Wadai vor, wo er im Februar 1863 ermordet wird.

1863/64 Von Marokko aus zieht Gerhard Rohlfs durch die nördliche Sahara zu den Tuat-Oasen und über Ghadames nach Tripolis.

1865 Gerhard Rohlfs hält sich fünf Monate in Mursuk auf und liefert eine umfassende Beschreibung des Fessan und seiner Geschichte. Im Frühjahr 1866 reist er über Bilma nach Bornu. Dann fährt er den Benue abwärts bis zur Mündung in den Niger und erreicht über das Yoruba-Land Lagos an der Guineaküste.

1869–1874 Der deutsche Arzt Dr. Gustav Nachtigal reist von Tunis, wo er als Leibarzt des Bei lebte, über Tripolis nach Mursuk. Von hier aus erreicht er als erster Europäer unter großen Gefahren das zentralsaharische Tibestigebirge. Im Juli 1870 trifft er in Kuka, der Hauptstadt von Bornu, ein, wo er dem Herrscher Scheich Omar die Geschenke des preußischen Königs überreicht. Es gelingt ihm dann, sich längere Zeit in dem verschlossenen Sultanat Wadai aufzuhalten. Von dort aus zieht er durch die Königreiche Darfur und Kordofan und trifft am 22. November 1874 in Kairo ein. Sein Reisewerk gehört zu den bedeutensten der Afrikaforschung.

1871–1873 Der Franzose Paul Soleillet durchzieht die algerische Sahara und tritt als einer der Hauptverfechter einer Transsahara-Eisenbahnlinie hervor.

1873/74 Gerhard Rohlfs reist in Begleitung des Botanikers Paul Ascherson, des Geodäten W. Jordan, des Landschaftsphotographen Ph. Remelé und des Geologen Karl Zittel in die Oasen der Libyschen Wüste (Kharaga, Dachla, Farafra) und stößt nach Durchquerung der Libyschen Sandsee auf die Oase Siwa.

1879 Oskar Lenz aus Leipzig erreicht von Marokko aus, als türkischer Militärarzt verkleidet, als einer der ersten Europäer Timbuktu (am 1. Juli 1880) und reist von dort nach Senegambien weiter.

**Borassuspalmen am Sambesi**

*Der englische Maler und Forschungsreisende Thomas Baines lieferte eine Reihe wertvoller Bilddokumente aus dem südlichen Afrika. Er hatte 1855/56 an einer Expedition von August Gregory in das Innere Australiens teilgenommen. 1858 bis 1861 begleitete er Livingstone auf dessen zweiter Sambesi-Expedition. Vom Deck des Dampfers »McRobert« aus malte er 1859 diese Sambesi-Uferszenerie (oberhalb Masaro) mit den majestätisch wirkenden Borassuspalmen.*

Das Kap der
Guten
Hoffnung

**Zuckergewinnung auf der Kapito-Plantage**

*Während der zweiten Sambesi-Expedition von David Livingstone fand der Maler Thomas Baines reichlich Gelegenheit, das alte Afrika in eindrucksvollen Aquarellen festzuhalten. Baines war in Kapstadt (1847) mit den bedeutenden Landschafts- und Porträtmaler George Angas zusammengetroffen, von dem er wichtige Impulse für seine eigenen Werke empfing. Das abgebildete Aquarell zeigt eine Zuckerrohr-Mühle auf der Kapito-Plantage am Unterlauf des Sambesi.*

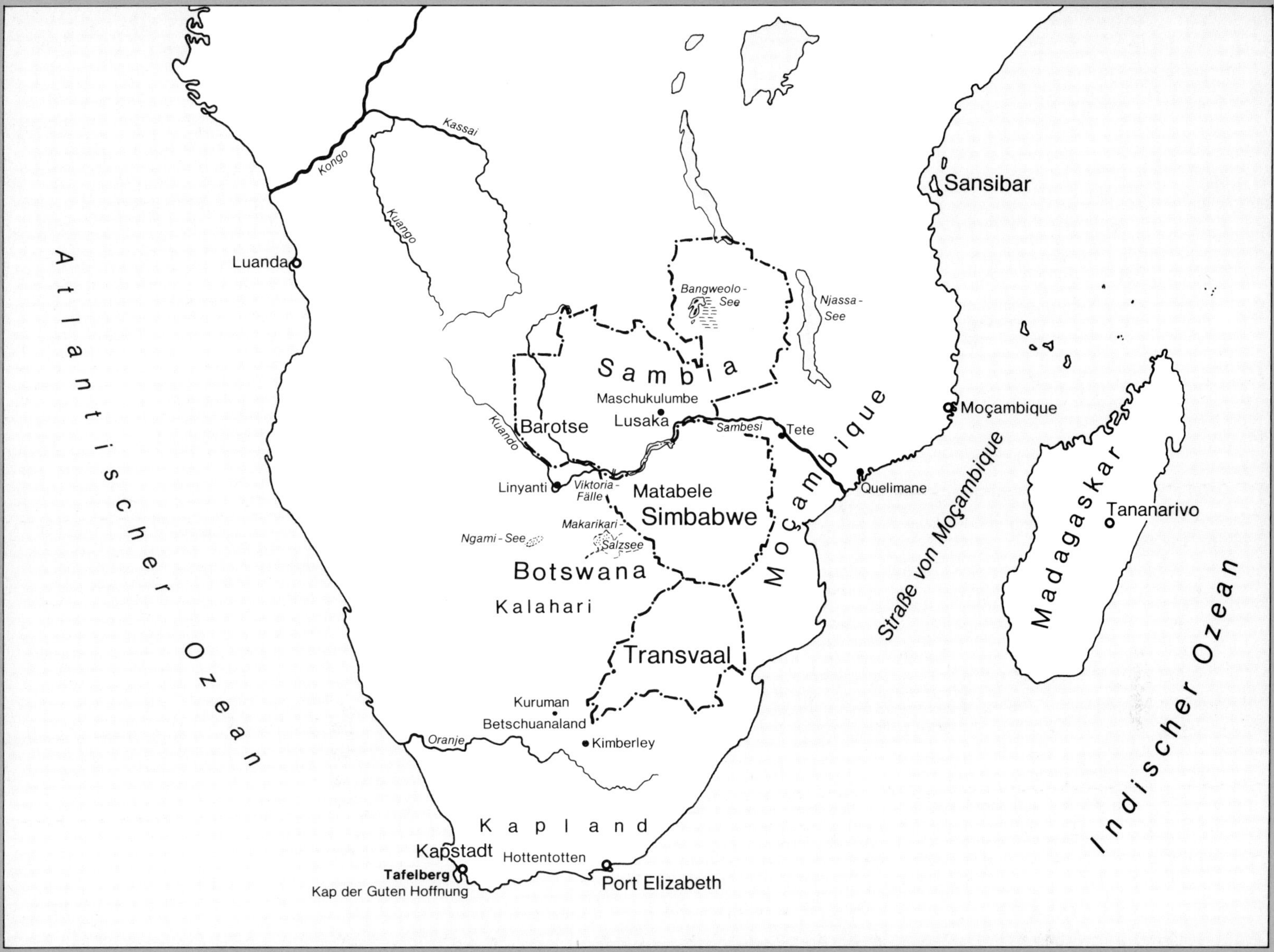


## Osterprozession in Tete

*Die portugiesische Kolonialstadt Tete am Unterlauf des Sambesi ist die älteste ständige Europäersiedlung im Inneren Schwarzafrikas. Der Sklavenumschlagplatz Tete war zugleich eine wichtige Missionsstation der Portugiesen. Das Bild zeigt die von Livingstones katholischen Kollegen »geretteten armen Heidenkinder« beim zeremoniellen Begräbnis Christi am Ostersamstag des Jahres 1859.*

## *Bei den Hottentotten Die Reise des Peter Kolb zum afrikanischen Vorgebirge der Guten Hoffnung*

Seit dem Jahre 1652 hatte die Holländisch-Ostindische Kompanie von dem Land am Kap der Guten Hoffnung Besitz ergriffen. Eine ganze Reihe von Kaufleuten, Ärzten, Naturforschern und Missionaren lieferten in den folgenden Jahrzehnten Berichte über Kapstadt, den Hafenort an der berühmten Tafelbucht und das von einheimischen Viehzüchtern bewohnte Hinterland. Die meisten waren beeindruckt von der Schönheit der Kaplandschaft mit ihrer eigentümlichen Pflanzen- und überaus reichen Tierwelt. Hottentotten, das heißt Stotterer, nannten die Holländer die Einheimischen. Das lag an den für ihre Ohren so merkwürdig klingenden Schnalzlauten der Hottentottensprachen. Es gibt mehrere verschiedene Schnalzlaute, die in diesen Sprachen als Konsonanten auftreten. Solche Laute sind uns durchaus vertraut; wir verwenden sie zum Beispiel, wenn ein Reitpferd zu schnellerer Gangart angetrieben werden soll.

Nur wenige der Reisenden hielten sich im Kapland über längere Zeit auf, und kaum einer von ihnen hatte Gelegenheit, weiter in das Hinterland vorzudringen. Aber schon damals lebten nur dort noch Hottentotten, die von der europäischen Zivilisation unbeeinflußt waren.

Zu den wenigen Europäern, die sich längere Zeit bei Hottentotten aufhielten, gehörte der Deutsche Peter Kolb aus Dörflas bei Marktredwitz nahe dem Fichtelgebirge im bayrisch-tschechischen Grenzgebiet. Kolb wurde am 10. Oktober 1675 als Sohn des Dorfschmiedes Andreas Kolb geboren.

Als 13jähriger kommt Peter Kolb auf die Lateinische Schule in Wunsiedel, wo er Latein, Griechisch, Arabisch und Hebräisch erlernt. Ab 1694 besucht er das Gymnasium in Nürnberg und wird Gehilfe des bedeutenden Mathematikers und Astronomen Georg Christoph Einmart. Als in Wunsiedel eine Lehrerstelle frei wird, lehnt er das Angebot ab, weil damit die Auflage verbunden ist, die Witwe seines Vorgängers zu heiraten.

1701 schließt Kolb in Halle seine Promotion ab. Er hat dort vor allem Mathematik, Physik und orientalische Sprachen studiert. Im Jahr darauf wird er Sekretär bei dem Baron und preußischen Geheimrat Bernhard Friedrich von Krosigk. Nebenbei erteilt er den Söhnen des Barons täglich drei Stunden Unterricht. Einen vom Zaren angebotenen Lehrstuhl für Mathematik an der Moskauer Universität lehnt er ab. Statt dessen reist er 1704 im Auftrag des Baron von Krosigk an das Kap der Guten Hoffnung, um dort meteorologische und vor allem astronomische Beobachtungen anzustellen.

Am 2. Oktober verläßt Kolb Berlin und trifft am 17. desselben Monats in Amsterdam ein. Am 8. Januar 1705 begibt er sich an Bord eines der insgesamt neun Schiffe der Ostindischen Kompanie, die nun die Reise um das afrikanische Vorgebirge herum nach der fernen Welt der indonesischen Gewürzinseln antreten. Einzige Anlegestelle auf der weiten Reise zum Kap ist die Insel St. Jago in der Kapverden-Gruppe. Der Hafen von Kapstadt wird am 12. Juni 1705 erreicht.

Kolb hat seine Beobachtungen in Südafrika in einem 846 Seiten umfassenden großformatigen Werk niedergelegt. Im ersten Teil des Buches wird das von den holländischen Siedlern bewohnte Gebiet des Kaplandes ausführlich beschrieben; auch die Tier- und Pflanzenwelt wird hier eingehend behandelt. Überall zeigt sich die scharfe Beobachtungsgabe des Autors. Dem Weinbau im Kapland sagt er eine große Zukunft voraus – heute gehören die Kapweine zu den Spitzenerzeugnissen des internationalen Weinhandels.

Im dritten Teil erfahren wir viele bemerkenswerte Einzelheiten über das Leben der Europäer sowie ihr Verwaltungs- und Regierungssystem. Am bekanntesten aber ist der zweite Teil des Werkes geworden, »welcher einzig und allein von den Hottentotten handelt«, wie wir dem ausführlichen Inhaltsverzeichnis entnehmen können.

Da lesen wir zum Beispiel: »Von den unterschiedlichen hottentottischen Nationen« oder »Von der Hottentotten politischen Regierungsform«. Ferner: »Von der Hottentotten Zeremonien und Gebräuchen, welche sie bei den Kindbetterinnen in Obacht nehmen müssen und absonderlich, wie sie verfahren, wenn eine Frau Zwillinge zur Welt bringet.« Oder: »Von der Hottentotten gewöhnlichen Speise und Trank; desgleichen, wie sie dieselbe zurichten, kochen und braten.« Es gibt kaum einen Bereich im Leben dieser Menschen, zu dem Kolb sich nicht ausführlich äußert.

Aus seiner umfangreichen Darstellung der Tierwelt sei die Beschreibung des afrikanischen Wildesels ausgewählt; ein Tier, das heute unter dem Namen Zebra allgemein bekannt ist, für den damaligen Leser aber noch den Reiz des weitgehend unbekannten Exotischen besitzt.

»Die andere Gattung, welche einheimisch ist, und insgemein ein wilder Esel oder Lateinisch Onager heißet, ist schön und zierlich, auch groß und lieblich, daß ich Scheu tragen sollte, ihm diesen Namen zu geben, wenn ich nicht der gemeinen Mundart folgen und solches gleichsam gezwungen tun müßte.«

Kolb erkennt mit sicherem Blick, daß dieses Tier außer den langen Ohren nichts Eselhaftes an sich hat. Die Abessinier, so führt er aus, nennen das Tier Zecora, bei den Bewohnern von Kongo heißt es Zebra. Oft hat er die Tiere in freier Wildbahn und häufig in großer Zahl beobachten können.

»Von Haaren ist es glatt, als ein gestriegeltes Pferd, die dabei unterschiedliche Farben haben. Denn über den Rücken laufet ein schwarzer Striemen, der vorne bei den Mähnen anfänget und sich bei dem Schwanze endiget. Der übrige ganze Leib hat wechselweise aneinander gefügte weiße und dunkel- oder kastanienbraune Striemen oder Streifen, welche oben bei den schwarzen Striemen des Rückens anfangen und unten bei dem Bauch zusammenlaufen: daher sie auch lauter Reifen um den ganzen Leib vorstellen.« Nie hat Kolb das

**Peter Kolb**

(1675-1726)

***Im Jahre 1719 erschien in Nürnberg »Die vollständige Beschreibung des afrikanischen Vorgebirges der Guten Hoffnung« des Peter Kolb, Rektor der Lateinschule in Neustadt an der Aisch. Die darin enthaltene Beschreibung des Kaplandes und der Hottentotten gehört zum Vorzüglichsten der afrikanischen Entdeckerliteratur im frühen 18. Jahrhundert.***

Zebra als Haustier angetroffen, aber er vermutet ganz richtig, daß man es bei entsprechender Behandlung zähmen könnte. Die deutsche Schutztruppe in Ostafrika zum Beispiel verwendete Zebras als Reittiere.

Vieles von dem, was Kolb über die Lebensgewohnheiten der Hottentotten berichtet, mag auf den ersten Blick absonderlich-phantasievoll anmuten. Doch Vergleiche mit verschiedenen alten Einzelbeschreibungen der unterschiedlichsten Autoren haben gezeigt, daß diese zu ihrer Zeit umfassendste Darstellung der Hottentotten als sehr zuverlässig anzusehen ist. So stellt das Werk für Völkerkundler eine überaus wertvolle Quelle dar.

Die Hottentotten sind Rinder- und Schafzüchter. Nachts werden die Tiere auf den großen freien Platz im Innern der kreisförmig angelegten Siedlung, den Kral (Kraal), getrieben. Jeder im Dorf ist verpflichtet an bestimmten Tagen mit den Herden auf die Weide zu ziehen. Meist brechen die Hirten gegen 7 Uhr morgens auf und kehren bereits um 5 oder 6 Uhr abends zurück, damit die Kühe noch bei Tageslicht gemolken werden können.

An männlichen Kälbern und Lämmern ist ihnen nicht viel gelegen, weil sie von diesen weder Milch noch Jungtiere zu erwarten haben. Daher gibt es in jedem Dorf oder Kral einen, »der mit dem Schneiden dieser Tiere umzugehen wisse«. Doch die Ballen oder Hoden schneiden sie den Tieren erst, wenn diese ungefähr ein Jahr alt sind. Die jungen Ochsen werden dann auf der Erde festgebunden. Dann »tritt der Ausschneider hinzu und gebrauchet anstatt eines Messers einen geschmeidigen zähen Riemen von einer Ochsen- oder anderen Haut ... bindet damit die Ballen also feste ab, daß kein, auch nicht der geringste Durchgang von Adern oder anderen Gefäßen mehr offen bleibet«. Dann lassen sie die Tiere wieder frei; die Hoden, welche nun ohne Blutversorgung sind, sterben ab und faulen mit der Zeit weg.

Das Melken der Kühe ist Sache der Frauen. Wenn sie die Milch zu Butter verarbeiten wollen, gießen sie diese in einen Ledersack, der an der Innenseite noch mit Fell besetzt ist. Den fest verschnürten Sack fassen sie an beiden Enden und schütteln ihn so rasch und lange, bis die Milch zu Butter geworden ist. Die Buttermilch geben sie »den jungen Lämmern oder Kälbern zu saufen«. Sauber sind die Buttersäcke natürlich nicht, und häufig erkranken die Hottentotten durch die verunreinigte Butter. Die Schuld daran schreiben sie übrigens ihren Zauberern zu.

Die Kuhmilch wird von allen Kralbewohnern getrunken, von jung und alt, von Männern und Frauen gleichermaßen. Von der Schafsmilch hingegen dürfen die Männer auch nicht einen Tropfen über ihre Lippen bringen. Strenge Tabuvorschriften gibt es für die Männer auch, wenn eine Geburt bevorsteht. In der Zeit vor den Wehen befinden sich stets zwei oder drei Nachbarinnen bei der Schwangeren. Setzen die Wehen ein, so wird die Hebamme geholt. Der Mann muß die Hütte alsbald verlassen und darf sich bis zur Geburt des Kindes nicht mehr im Hause blicken lassen. Kommt er dennoch, um sich nach dem Befinden der Frau zu erkundigen und die Nachbarn bemerken es, so macht er sich strafbar und muß nach der Geburt des Kindes zwei fette Hammel schlachten lassen.

Wird ein Kind tot geboren, sind Vater und Mutter ungemein betrübt, besonders wenn es ein Sohn gewesen ist. Das Kind wird begraben, und der ganze Kral bricht auf, um aus Furcht vor dem toten Kind einen neuen Lagerplatz zu suchen. Kommt das Kind lebend zur Welt, so wird es nicht etwa gewaschen, denn das gilt als ungesund. Statt dessen wird es mit frischem Kuhmist abgerieben und dann so lange in die Sonne gelegt, bis der Kuhmist trocknet und wieder von selbst herabfällt. Anschließend wird das Kind von den Frauen mit dem Saft aus den Blättern der Hottentottenfeige abgewaschen. Sie glauben, daß das Kind dadurch gelenkiger werde und später schneller laufen könne. Wenn der Saft genügend eingezogen ist, wird das Kind mit ausgeschmolzenem frischen Schafsfett am ganzen Körper eingerieben.

Das besondere Interesse des Chronisten gilt den Zwillingsgeburten und dem mit ihnen verbundenen Verhalten. Was geschieht nun, fragt er, wenn eine Frau zwei Söhne zugleich zur Welt bringt oder zwei Töchter oder aber einen Sohn und eine Tochter? Bei der Geburt zweier Söhne ist die Freude im ganzen Kral groß, und der Vater wird »als ein wackerer Mann gerühmet, weil er zween Söhne zugleich hat verfertigen können«. Auch die Bewunderung für die Mutter ist groß, hat sie doch zwei Söhnen gleichzeitig »Leibbergung und benötigten Unterhalt verschaffen können«. Der Mann schlachtet aus Freude und Dankbarkeit zwei bis drei Ochsen, die er mit dem ganzen Kral verzehrt.

Werden zwei Töchter geboren, dann muß darauf geachtet werden, ob die Mutter genug Milch hat, beide zu ernähren und ob überhaupt von den Eltern der Lebensunterhalt für zwei Töchter beschafft werden kann. Ist das nicht der Fall und eines der beiden Mädchen schwach und häßlich, dann wird es fortgeschafft. Das arme Geschöpf wird lebendig begraben oder auf einem hohen Baum festgebunden, wo es sich zu Tode schreit oder verhungert. Wenn es den Hottentotten zu mühsam ist, nach einem hohen Baum zu suchen, so legen sie das Kind auf freies Feld zwischen die Sträucher. Bei Geburt eines Sohnes und einer Tochter wird, wenn die oben geschilderten Verhältnisse gegeben sind, mit dem Mädchen ebenso verfahren wie bei Zwillingstöchtern.

1707 war Peter Kolb in die Dienste der Holländisch-Ostindischen Kompanie getreten und nahm ab 1711 eine Sekretärsstelle in Stellenbosch bei Kapstadt ein. Er blieb bis 1713 im Kapland. Nach Deutschland zurückgekehrt, ernannte ihn der Markgraf Georg Wilhelm von Brandenburg im Jahre 1718 zum Rektor der Lateinschule in Neustadt an der Aisch. Ein Jahr darauf erschien in Nürnberg bei Peter Conrad Monath die »Vollständige Beschreibung des afrikanischen Vorgebirges der Guten Hoffnung«. Bald danach wurden Ausgaben in holländischer, englischer und französischer Sprache veröffentlicht. Kolb verstarb in Neustadt am Silvestertag des Jahres 1726.

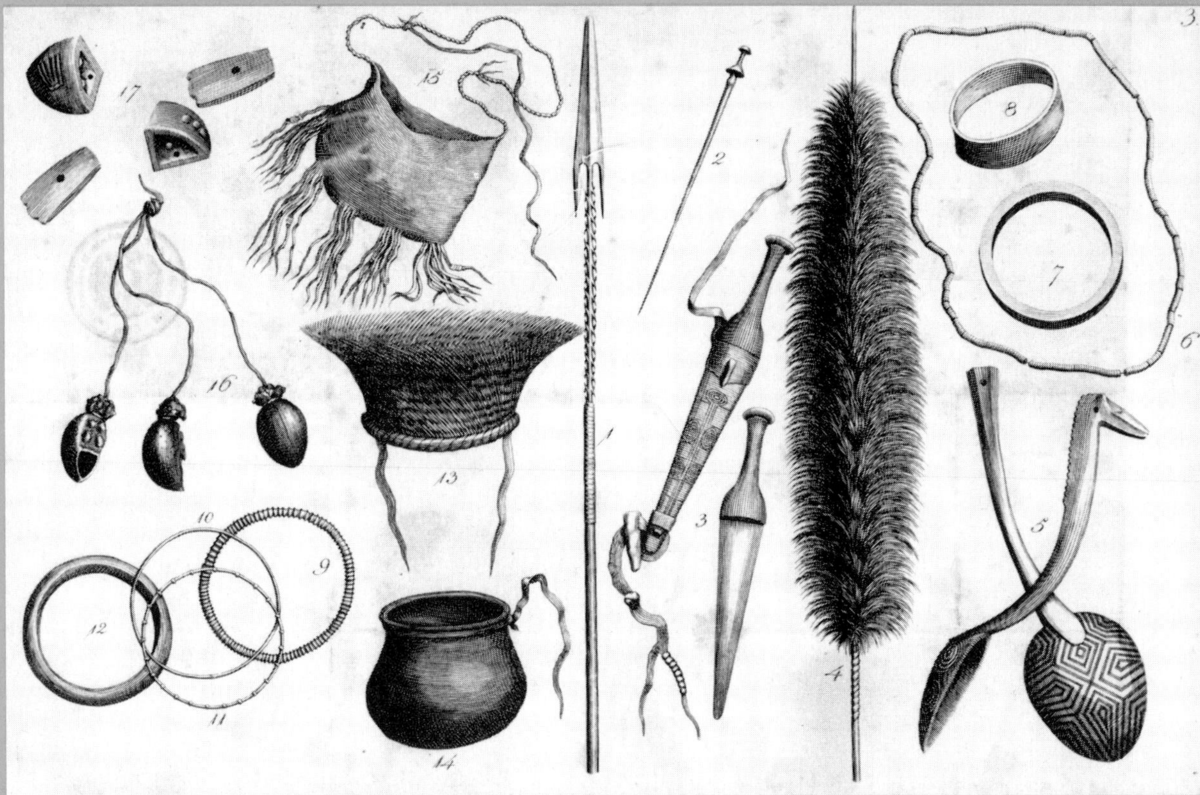

## Gerät und Waffen der Betschuanen

*Der deutsche Naturforscher Karl Lichtenstein (1780-1857) trat 1804 als Stabsarzt in die Dienste der Holländer am Kap. Auf seinen Reisen sammelte er wertvolles völkerkundliches Material. Die Abb. zeigt: 1 Assagai (Wurfspeer), 3 Zweischneidiges Messer mit Scheide, 4 Königlicher Fliegenwedel, 5 Löffel aus hartem Mimosenholz, 13 Kopfputz eines Tänzers, 14 Topf aus dunkelroter Tonerde, 15 lederner Tragbeutel, 16 Chitinskelette eines großen Käfers als Kinderamulette gegen Krankheit, 17 aus Antilopenhufen geschnitzte Würfel für Orakel.*

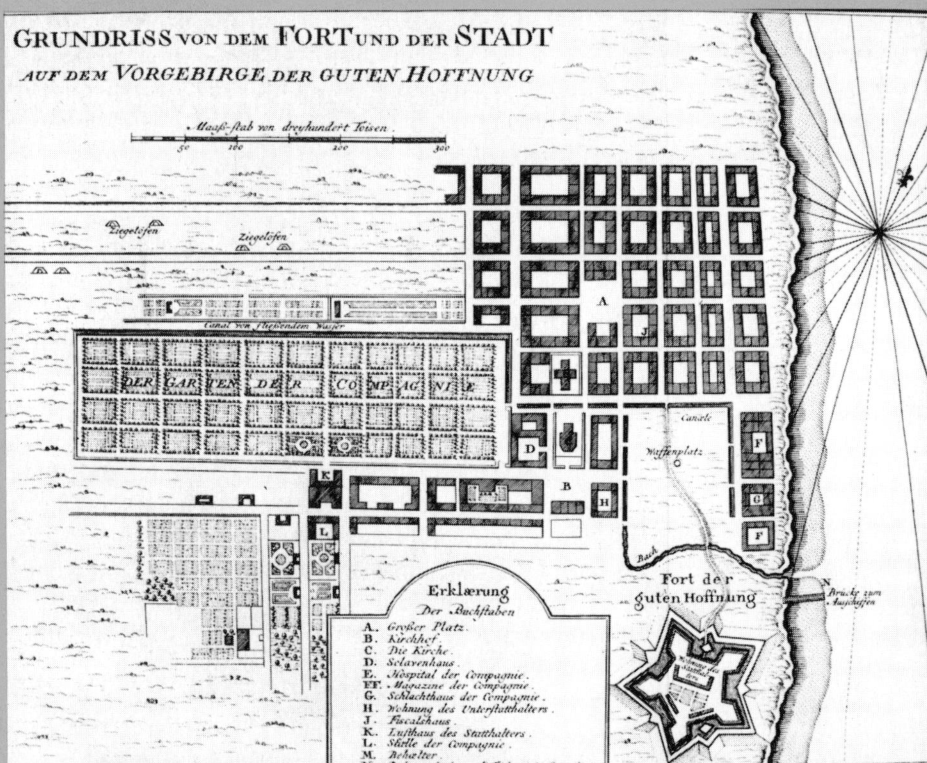


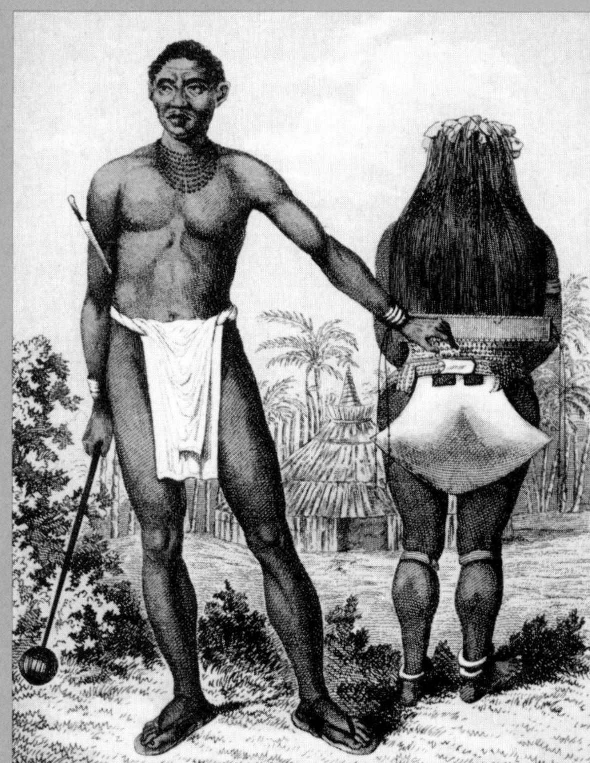

## Grundriß von Kapstadt

*Die Stadt an der berühmten Tafelbucht im Norden der Kaphalbinsel wurde im Jahre 1652 von dem holländischen Wundarzt Jan van Riebeeck gegründet. Er ließ Gärten anlegen, in denen Obst und Gemüse vorzüglich gediehen. Überragt wurde die Ansiedlung von einem Fort, das auch dem Schutz vor konkurrierenden europäischen Seemächten diente.*

## Mann und Frau der Ovambo

*Der Schwede Karl Johann Andersson gewann im Zeitraum von 1850 bis 1854 neue Kenntnisse über die bis dahin in Europa wenig bekannten Damara und Ovambos Südwestafrikas. Über die Frauen schrieb er (1858): »Die Züge der Ovambo-Frauen sind zwar grob, aber doch nicht unangenehm. In der Jugend nehmen sie sich gar nicht übel aus.«*

## Nakong- und Leché-Antilopen

*Eine Reihe eindrucksvoller Darstellungen aus der Großtierwelt Südafrikas enthält das Reisewerk des Schweden Charles Andersson.*

## Aus der Tierwelt des Kaplandes

*Eingehend beschrieb Peter Kolb die Säugetiere und Vögel des Kaplandes. Bei der Beschreibung der Fische erwähnt Kolb auch Geschmack und Zubereitung. Nur ein einziges Mal (1707) bekam er in der Tafelbucht einen südafrikanischen Seelöwen zu Gesicht. Strauße waren damals in der Umgebung von Kapstadt noch überaus häufig.*

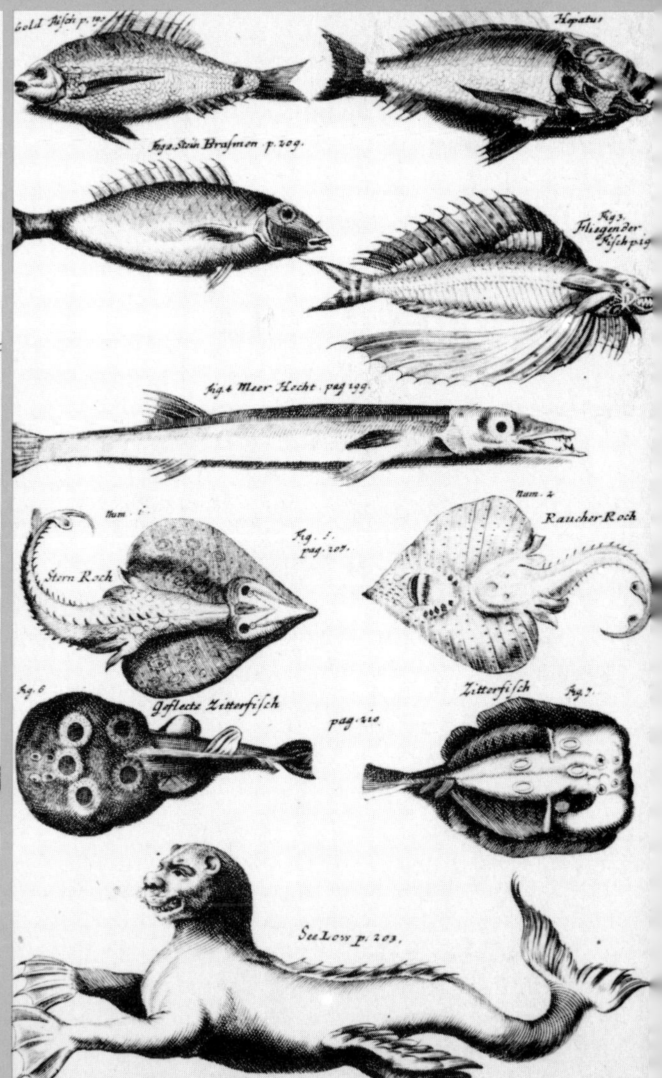

# *Mosi-oa-tunia – der »donnernde Rauch« David Livingstone am Sambesi*

Eigentlich wollte David Livingstone als Missionar nach China gehen, doch der Plan scheiterte an den damals herrschenden politischen Verhältnissen. In China tobte der Opiumkrieg. Livingstone stammte aus Schottland. Die finanziellen Verhältnisse der Familie waren so schlecht, daß der nicht gerade kräftige Knabe bereits mit 10 Jahren in eine Textilfabrik geschickt wurde.

Morgens um 5 Uhr verläßt der Junge die elterliche Wohnung. Der Besitzer der Spinnerei ist für die damalige Zeit geradezu fortschrittlich. Die Kinderarbeiter seiner Fabrik bekommen zu essen. Und wer tüchtig arbeitet, darf am kostenlosen Unterricht der Werkschule teilnehmen. Der schwächliche David schafft es, durch harte Arbeit zu diesen Privilegierten zu gehören. Der Unterricht findet abends statt – von 20–22 Uhr! Wen wundert's in einer »demokratischen« Gesellschaft, die sich erst im Jahre 1807 dazu durchgerungen hatte, endlich eine Gesetzesvorlage zu verabschieden, die es britischen Schiffen fortan untersagte, Sklaventransporte durchzuführen und die jedweden Import menschlicher »Ware« in die britischen Kolonien verbot.

Mit 19 Jahren hat Livingstone den Aufstieg zum Baumwollspinner geschafft. Jetzt verdient er so viel, daß er während des Winters die Universität in Glasgow besuchen kann. Dort hört er Vorlesungen über Medizin und Theologie. Lernbegierig ist Livingstone schon als Knabe gewesen; vor allem naturwissenschaftliche Bücher und Reisebeschreibungen hat er mit einem wahren Lesehunger »verschlungen«. Sein Interesse für die Theologie erwacht erst, als er das Werk »Philosophie der Religion« von Thomas Dick gelesen hat.

Nach Abschluß seiner medizinischen und theologischen Studien will er Missionar werden. Der London Missionary Society hat er sich bereits seit längerem angeschlossen. Diese schickt den mittlerweile 27jährigen 1840 nach Südafrika. Einige Jahre verbringt er auf der Missionsstation Kuruman des bekannten britischen Missionars Moffat. Im Jahre 1844 heiratet Livingstone dessen Tochter Mary.

Die Station Kuruman ist im Betschuanaland jenseits des Oranjeflusses gelegen. Dahinter dehnt sich endloses, weithin unerforschtes Steppenland. Das reizt den jungen Missionar Livingstone. 1845 zieht er mit seiner Frau nach Tschowane im Norden, wo ihm Häuptling Setschele gestattet, eine Missionsstation zu gründen.

Setschele, oberster Patriarch der Bakuena, ist mit den Töchtern mehrerer seiner Unterhäuptlinge verheiratet. Auf diese Weise sichert er sich die Gefolgschaftstreue der einzelnen Stammesgruppen. Doch das langfristige Ziel des frommen Missionars muß es sein, den jungen Häuptling von dieser »verderblichen Vielweiberei« abzubringen. Bei den unterschiedlichen Wertvorstellungen der Beteiligten waren die Probleme sozusagen vorprogrammiert. Der eifernde Kampf der Christen gegen die Polygamie rief häufig die unerbittliche Feindschaft der Afrikaner hervor, die ihre traditionelle soziale Ordnung gefährdet sahen. Die Missionare ihrerseits, getragen von dem unerschütterlichen Glauben, das sittliche Niveau der »armen Heidenkinder« heben zu müssen, verbanden sich oft genug mit den weltlichen Mächten und deren Machtstrukturen und sahen in der Kolonialisierung die einzige Möglichkeit, den Weg für die Christianisierung Afrikas zu ebnen.

Immerhin gelingt es Livingstone, Setschele für die Bibel zu interessieren. Auch lesen kann er sie bald. Das Alphabet erlernt er an einem Tag. Wenn Livingstone ihn besucht, bittet er stets darum, ihm einige Kapitel aus der Heiligen Schrift vorlesen zu dürfen.

»Setschele fuhr drei Jahre lang fort, sich beharrlich zu unserem Glauben zu bekennen; und da ich endlich mehrere der Schwierigkeiten dieser eigentümlichen Lage begriff und zugleich Mitleid mit den armen Weibern fühlte, die bei weitem die besten unserer Schüler waren, so drängte es mich garnicht, von ihm so rasch zu verlangen, daß er durch die Taufe ein vollkommenes Bekenntnis ablege und sich aller seiner Weiber bis auf ein einziges entledige. Zudem war sein hauptsächlichstes Weib gerade diejenige Person des ganzen Stammes, von welcher am wenigsten zu erwarten war, daß sie je etwas anderes werden würde, als eine von Grund aus unsaubere Jüngerin der alten Schule. Seither hat sie sich, wie ich höre, in mancher Hinsicht sehr gebessert; allein ich habe sehr häufig mit angesehen, wie Setschele sie aus der Kirche fortschickte, damit sie wenigstens einen Rock anziehe, und wie sie jedesmal mit herunter hängender Unterlippe davonging, das leibhaftige Bild unaussprechlichen Ekels über seine neuen Ansichten.

Als Setschele endlich von Livingstone die Taufe empfängt, schickt er alle »überflüssigen Weiber« zu ihren Eltern zurück. Die Alten des Stammes sind entsetzt und vermuten einen bösen Zauber des weißen Mannes. Der getaufte Setschele muß sich in der Folgezeit Vorwürfe anhören, die, gemessen an der Würde eines afrikanischen Häuptlings, geradezu unerhört sind. Die Zahl der Besucher von Schule und Kirche schrumpft auf eine ganz kleine Schar zusammen.

Livingstones Bekehrungserfolge werden auch in Zukunft sehr bescheiden bleiben. Sicherlich ist das eine herbe Enttäuschung für den Mann, der von sich selbst sagt: »Ich bin Missionar mit Leib und Seele.« Um den »Heiden« im Inneren Afrikas die Botschaft Christi zu bringen, muß Livingstone in unerschlossene Gebiete vordringen, in denen viele in Europa noch völlig unbekannte Stämme leben. Wie sonst sollen diese »unwissenden« Naturkinder von der ewigen Verdammnis errettet werden?

Wie diese Naturkinder leben, wie ihre Sozialordnung und ihre Glaubenswelt aussehen, interessiert den missionarischen Entdecker relativ wenig. Vieles von dem widerspricht einfach zu stark seinen vom Christentum geprägten Normen. So sind seine Beobachtungen in bezug auf das gesellschaftliche Leben und die Bräuche der Afrikaner nicht immer sehr zuverlässig,

## Audienz im Lunda-Reich

***Über eine Audienz beim Muata Cazembe, dem mächtigen Herrscher des Lunda-Reiches (im Gebiet von Katanga) berichtet Richard Oberländer (1883): »Stolz saß, von sieben bunten Schirmen gegen die Sonne geschützt, der Muata da; als Zepter schwenkte er einen Gnuschwanz, und zwölf mit Besen versehene Neger waren beschäftigt, jedes Stäubchen, jede Unreinigkeit aus seiner heiligen Nähe vom Boden zu entfernen«.***

## Zebra

*(rechte Seite, oben links)*

***Peter Kolb beschreibt auch den afrikanischen Waldesel, der heute jedem Europäer unter dem aus dem Kongo stammenden Namen Zebra bekannt ist.***

## Häuserbau bei den Hottentotten

*»Das Fundament…, worauf sie ihr Haus bauen, ist … nicht gemauert, sondern die Erde an sich selbsten, wie sie von Natur ist. Auf diese bauen sie ihre Hütte, nicht etwa viereckig wie die Europäer… sondern sie erwählen allesamt eine ovale Form« (Kolb, 1719).*

## Wie die Hottentotten ihre Kühe melken

*»Ihre Kühe und Schafe melken allezeit die Weiber, und zwar gemeiniglich auf die Art, wie wir Europäer selbige zu melken pflegen« (Kolb, 1719).*

## Wie sie (die Hottentotten) die Schafe und das Rindvieh bewahren

*»Alle ihre Dörfer sind rund gebaut… also, daß mitten innen ein großer leerer Platz sich findet. In diesen Platz treiben sie bei Nacht ihre Schafe… Auswendig stellen sie die Kühe, Ochsen und Rinder herum, welche gleichsam eine Wagenburg für sie und die Schafe sein müssen« (Kolb, 1719).*

## Fallharpune

*»Die Eingeborenen in Südafrika haben verschiedene Kunstgriffe, um die Flußpferde zu töten«, schrieb Charles Andersson im zweiten Band seiner »Reisen in Südwest-Afrika« (1858). »Zuweilen fängt man sie in Gruben; das geistreichste... Mittel besteht darin, sie mit der Fallharpune zu töten.« Über den nächtlich begangenen Wildwechsel wurde eine Leine gespannt, die sich bei Berührung löst, und die an einem großen, mit Steinen (C) beschwerten Holzstück (B) befestigte Harpune (D), häufig vergiftet, bohrte sich in den Rücken des Tieres.*

## Eisenschmelzen
*(rechts oben)*

*Nur im Werk von Peter Kolb finden sich – vermutlich zuverlässige – Angaben über das Schmiedehandwerk bei den Hottentotten.*

## Neugeborene Kinder

*Über die neugeborenen Kinder schrieb Peter Kolb (1719): »Anstatt des Wassers oder was man sonsten zu Säuberung erstgeborener Kinder gebrauchen möchte, nehmen sie frischen Kuhmist und waschen es über und über damit ab.«*

## Wie die Hottentotten den Mond als ihren sichtbaren Gott verehren

*Bei Neu- und Vollmond tanzen und singen die Hottentotten ganze Nächte hindurch. »Ich sage demnach, daß sie dem Mond als ihrem sichtbaren Gott Ehre antun … ich habe bereits oben gesagt, daß sie den Mond mit dem Namen des großen Kapitäns belegen; womit sie nichts anderes verstehen, als daß unter diesem sichtbaren Gott der unsichtbare müsse verstanden und zugleich mit angerufen werden« (Kolb, 1719).*

## Wie die Hottentotten einen zum Mann machen

*Peter Kolb berichtet im Jahr 1719: Solange ein Sohn, ob klein oder groß, noch nicht zum Mann ernannt ist, muß er bei seiner Mutter leben und ihr gehorchen. Diese »Milchbärte« dürfen noch nicht einmal mit ihrem Vater zusammen speisen! Erst bei einem besonderen Zeremoniell entscheidet der Ältestenrat über die Aufnahme des Jünglings in die Männergesellschaft.*

können sich nicht messen mit den subtilen Beobachtungen eines Heinrich Barth, der etwa zur gleichen Zeit in den Sudanländern am Südrand der großen Wüste reist und lebt.

Im Jahre 1849 begibt sich Livingstone auf seine erste Entdeckungsreise. Am 1. August steht er zusammen mit seiner Familie als erster Europäer an den Ufern des Ngamisees im Norden der dürftigen Kalahari-Dornbuschsavanne.

Die Royal Geographical Society in London erkennt die Bedeutung seiner Entdeckung und belohnt die Mühen mit der Hälfte der Summe, die im Rechnungsjahr 1850 für bedeutsame Entdeckungen vorgesehen ist. Livingstone wird in den Kreisen der Afrikaentdekker bekannt.

Weiter nach Norden vorzudringen gelingt ihm zunächst nicht, obwohl von Sebituane, dem König der Makololo, eine Einladung an ihn ergangen ist. Erst 1851 erreicht Livingstone den Nordrand der Kalahari und besucht die Residenz von König Sebituane in Linyanti. Der Ort liegt am Ufer des Tschobe, der identisch ist mit dem in Angola entspringenden Kuando.

Seine zweite Reise zu den Makololo führt Livingstone, wie alle weiteren Reisen, ohne seine Familie durch. Denn nur mit Schrecken denkt er an den Tag in der Kalahari zurück, an dem die Kinder um ein Haar einen qualvollen Dursttod erlitten hätten. Buchstäblich im letzten Augenblick ist die verzweifelte Suche nach Wasser doch noch erfolgreich.

Herr und Gebieter in dem Land am Tschobe ist im Jahre 1853 Sekeletu, ein Sohn Sebituanes. Der 18jährige Afrikanerfürst erweist sich als sehr aufmerksamer Gastgeber. Livingstone erhält reichliche Vorräte an Erdnüssen, dazu zehn Krüge mit Honig. Jede Woche werden außerdem zwei Ochsen geschlachtet. Die Makololo haben für Livingstone, der bereits 1851 Gast in der Residenz war, inzwischen Mais angebaut. Frauen zerstoßen nun die Körner in großen hölzernen Mörsern zu feinem Mehl. Der weiße Mann leidet keine Not unter diesen gastfreundlichen Menschen.

Der Tschobe, so kann sich Livingstone bald überzeugen, mündet nicht weit von Linyanti entfernt in den Liambai, was so viel wie »großer Fluß« oder »Strom« bedeutet. Andere Völker, so hört der Reisende, nennen ihn Luambesi, Ambesi, Ojimbesi, Sambesi usw. Livingstone vermutet, daß der Liambai mit dem großen Fluß identisch ist, der in Moçambique in das Meer mündet und an dessen Ufern die alte portugiesische Niederlassung Tete liegt.

Im September 1853 wird in Linyanti ein großes Pitscho (Versammlung) einberufen. Man spricht über den Vorschlag des weißen Mannes, eine Reise nach Westen an den großen Ozean zu unternehmen. Es geht bemerkenswert freimütig zu auf dieser Versammlung. »Der weiße Mann wird Euch vernichten. Eure Kleider riechen schon nach Blut!« warnt ein alter Weissager. Doch Sekeletu lacht ihn aus und deutet die Visionen als einen Ausdruck von Feigheit.

Eine große Expedition wird ausgerüstet. Die Reise beginnt mit einer Bootsfahrt auf dem Tschobe. Am 11. November 1853 verabschiedet sich Livingstone von seinem Gönner. Die Fahrt zum Oberlauf des Sambesi kann beginnen. Der dann folgende Marsch vom Oberlauf des Flusses in das Gebiet der Sambesi-Kongo-Wasserscheide wird zu einer harten Bewährungsprobe für Livingstone und seine treuen Makololo. Der Kassai und zahlreiche andere südliche Zuflüsse des Kongo müssen überquert werden. Doch von diesen hydrographischen Verhältnissen wissen die Europäer damals noch recht wenig. Nach Überquerung des Kuango erreichen die total erschöpften Teilnehmer der Expedition nach wochenlangem Fußmarsch endlich das langersehnte Luanda am Atlantik. Man schreibt an diesem Tage den 31. Mai 1854.

Die Aufnahme durch die Portugiesen ist überaus herzlich. Verwundert beobachten die Gastgeber, mit welchem unbändigen Heißhunger der britische Missionar die langentbehrten kulinarischen Köstlichkeiten verschlingt. Reichlich mit Proviant versorgt und mit Geschenken für Sekeletu ausgestattet, kann Livingstone die Rückreise nach Linyanti antreten. Sie führt durch weithin mit Wald bedecktes Land und gestaltet sich ebenso mühsam wie die Hinreise. Ständig haben sie mit Hindernissen zu kämpfen, praktisch sind sie nur zehn Tage im Monat wirklich unterwegs.

Als Livingstone Ende August wieder in Linyanti ankommt, wird eine große Volksversammlung zusammengerufen. Alle sind gespannt auf den Bericht über eine Reise in Länder, die auch für Afrikaner unbekannt und fern sind. Als die Geschenke aus Luanda ausgepackt werden, ist die Freude riesengroß. Besonders befriedigt ist Sekeletu. Er hat natürlich das fürstlichste Geschenk erhalten, eine portugiesische Offiziersuniform. Stolz erscheint der Herrscher am Sonntag, bekleidet mit der Uniform, zum Gottesdienst in der Kirche. Aller Blicke sind auf ihn gerichtet; die Uniform aus der Welt der Weißen fasziniert. Wer hört da noch auf die Predigt, auf die Worte aus einer so fremden Geisteswelt!

Für Livingstone ist das eine schmerzliche Erfahrung. Die Sympathie der Afrikaner für das Christentum, bemerkte später Stanley während seines Aufenthaltes bei König Mtesa von Uganda, beruhe weitgehend auf ihrer Bewunderung für das, was die Europäer ihnen darzustellen scheinen. Und sichtbarer Ausdruck dessen, was sie da bewundern, sind eben die materiellen Güter, welche sie selbst nicht besitzen.

Als die Regenzeit beginnt, rüstet sich Livingstone zur Weiterreise. Diesmal geht es den Sambesi abwärts; er will die Ostküste bei Quelimane erreichen und damit die erste West-Ost-Querung Afrikas durch einen Europäer vollenden. Wieder sind es Sekeletu und seine afrikanischen Untertanen, die den eigenwilligen Doktor mit allem Notwendigen versehen.

»So war ich also von ihrer und anderer Afrikaner Güte in Bezug auf meine Reisen von Linyanti nach Luanda und von Linyanti nach der Ostküste abhängig, und ich bin ihnen sehr dankbar dafür.«

Sekeletu begleitet ihn mit einer großen Schar auf dem ersten Abschnitt der Reise. Schon oft haben die Makololo Livingstone von den gewaltigen Wasserfäl-

## Bakalahari-Frauen an einer Wasserstelle

***Während seiner ersten großen Reisen ins Innere Südafrikas (1845-1851) gelangte Livingstone zu den Bakalahari im heutigen Staat Botswana. Das heute noch mühsame Geschäft der Wasserversorgung der oft großen Haushalte ist Sache der Frauen. Diese Bakalahari-Frauen füllen an einem Regentümpel in der Kalahari-Steppe Ziegenbälge und Straußeneier-Schalen mit dem kostbaren Naß.***

## Schmiede der Manganja

***Durch das Tal des Schire, einem linken Nebenfluß des unteren Sambesi, zog Livingstone dem Njassasee entgegen, den er am 16. September 1859 für die Welt der Weißen endeckte. »Eisenerz wird aus den Hügeln gegraben ... Jedes Dorf hat seine Schmelzhütte, seine Kohlenbrenner und Grobschmiede« (Livingstone, 1866).***

## Empfang bei Schinte
*(rechts außen)*

*Auf seinem Marsch vom Sambesi zur Westküste, wo er am 31. Mai 1854 Luanda in Angola erreichte, wurde Livingstone im Waldland des angolanischen Hinterlandes von Häuptling Schinte empfangen. Schinte war zu jener Zeit der mächtigste Balonda-Herrscher. Vielfach hatten in diesen riesigen Waldgebieten auch einflußreiche Frauen die Häuptlingsrolle inne.*

## Isangu-Rauchen

*Dieses alte Bild aus der Frühzeit der Expeditionsfotografie stammt aus dem Südosten des südlichen Afrika. Dort rauchten die »Kaffern« eine die Atemorgane stark reizende Substanz (isangu), die aus einer Art Wasserpfeife (aus Ochsenhorn) inhaliert wurde.*

## Der donnernde Rauch

*Am 9. August 1860 steht Livingstone ein zweites Mal an den Viktoriafällen: »Viele fühlen sich, wenn sie die großen amerikanischen Wasserfälle (Niagara) zum ersten Mal sehen, in ihrer Erwartung getäuscht, aber der Mosi-oa-tunia (Donnernder Rauch) ist so unerhört großartig, daß er stets Bewunderung erregen muß.«*

## Musikanten

*Im Auftrag der britischen Regierung reiste Livingstone erneut ins Sambesigebiet. Am Unterlauf des Stromes lauscht die Gruppe den Darbietungen afrikanischer Musikanten. Links die Marimba, ein afrikanisches »Piano« mit hölzernen Tasten und Kalebassen als Resonanzkörpern, rechts die Sansa, eine Trommel, und links dahinter eine Art Panflöte. Im Hintergrund erhebt sich ein mächtiger Baobab.*

## Livingstones letzte Reise

*Trotz eindringlicher Warnungen brach der gesundheitlich stark mitgenommene Livingstone im Herbst 1872 vom Tanganjikasee zu einer erneuten Reise ins Gebiet der Bangweolosees auf. Es sollte seine letzte Reise werden. Am 1. Mai 1873 starb der berühmte Afrikaforscher und Missionar am Südufer des Sees an den Folgen einer Dysenterie.*

len erzählt, die weiter unten am großen Strom liegen. Schongwe wurde der Ort früher genannt, die Makololo sprechen vom Mosi-oa-tunia, das heißt »Hier tost Rauch« oder freier übersetzt »der donnernde Rauch«. Viktoriafälle wird Livingstone sie taufen, während er sonst auf seinen Reisen die einheimischen Namen übernimmt. Aber bei diesem gewaltigen Naturschauspiel fühlt er sich seiner mächtigen Monarchin, der Königin Victoria, verpflichtet.

»Nach zwanzig Minuten Fahrt (auf dem Fluß) sahen wir zum ersten Mal die Rauchsäulen, die sich in einer Entfernung von 5–6 Meilen erhoben, gerade wie wenn große Strecken Gras in Afrika angebrannt werden. Es stiegen fünf Säulen auf... unten waren sie weiß, höher aber wurden sie dunkel, so daß sie fast wie Rauch aussahen. Die ganze Szene war außerordentlich schön; die Ufer und die auf dem Fluß verstreuten Inseln sind mit Waldbäumen der verschiedensten Farben und Gestalt geschmückt... Jeder Baum hat seine eigene Physiognomie. Hier steht über alle erhaben der große starke Baobab, von dessen Armen jeder einzelne den Stamm eines ansehnlichen Baumes abgeben könnte, neben Gruppen schlanker Palmen, welche mit ihren federartigen Zweigen, die sich am Himmel abspiegeln, viel zur Verschönerung der Szene beitragen.«

Da der Fluß jetzt am Anfang der Regenzeit noch wenig Wasser führt, können sie es wagen, eine der Inseln inmitten des Stromes vor dem gewaltigen Wasserfall anzusteuern. Batokahäuptlinge bringen hier Opfer dar. »Sie beteten mitten im Tosen des Wasserfalls, im Angesicht des glänzenden Regenbogens in den Wolken ... Furcht mag sie zur Wahl dieses Ortes bestimmt haben. Der Fluß selbst ist geheimnisvoll für sie.«

Am Abend des 2. März 1856 befindet sich Livingstone wenige Kilometer oberhalb von Tete. Todmüde begibt er sich zur Ruhe. Einige Leute hat er mit Empfehlungsschreiben aus Angola nach Tete vorausgeschickt. Bereits um 2 Uhr morgens erscheinen zwei portugiesische Offiziere mit einer Kompanie Soldaten. Nach langer Zeit gibt es wieder einmal ein »zivilisiertes« Frühstück. »Es war das erfrischendste Frühstück, das ich je genossen und ich ging die letzten 8 Meilen ohne die mindeste Müdigkeit zu verspüren.«

Erst am 22. April reist Livingstone weiter und erreicht am 20. Mai 1856 Quelimane am Indischen Ozean. Seit der Abreise von Luanda sind zwei Jahre vergangen. Seit drei Jahren hat ihn kein Brief seiner Familie mehr erreicht. Jetzt erfährt er durch einen Brief des Admirals Trotter, daß alle wohlauf sind.

Mitte Dezember ist Livingstone wieder daheim in England. Noch zweimal wird er nach Afrika zurückkehren. Auf seiner dritten Reise ereilt ihn nahe dem Südufer des Bangweolosees im Herzen Afrikas in der Nacht auf den 1. Mai 1873 der Tod. Seine treuen afrikanischen Diener Jakob Wainright, Chuma und Susi lassen den mit einfachsten Mitteln einbalsamierten Leichnam zur Küste nach Sansibar schaffen. Am 18. April 1874 wird der Tote feierlich in der Westminster Abtei in London beigesetzt.

## *Im Land der Maschukulumbe Die Abenteuer des Tschechen Emil Holub*

Voller Erwartung fährt der junge tschechische Arzt Dr. Emil Holub im Jahre 1872 nach Südafrika. Viel Geld hat er nicht in der Tasche. Er versteht auch weder Englisch noch Niederländisch, obgleich beide Sprachen in dieser Gegend von größtem Nutzen sind. Das muß er alles nachholen; so manche bittere Erfahrung wartet noch auf ihn. Doch von alldem ahnt er zu diesem Zeitpunkt nichts; ihn hat das Afrikafieber gepackt, wie so viele Entdecker vor und nach ihm.

In Port Elizabeth, wo er zum ersten Mal afrikanischen Boden betritt und sich zunächst um seinen Lebensunterhalt kümmern muß, erhält er durch Vermittlung des österreichischen Konsuls einige deutsche Patienten, denn englischsprachige kann er ja noch nicht behandeln. Doch schon bald zieht es ihn ins Landesinnere. Die Diamantengräber-Siedlung Kimberley im Griqualand ist seine erste Station. In diesem südafrikanischen Wildwestmilieu eröffnet er seine »Praxis« in einem gemieteten Zelt.

Bis zum Februar 1873 arbeitet er viel, aber er kann nur wenig sparen. Dennoch unternimmt er eine erste zoologische Sammelreise, die ihn ins südliche Betschuanaland führt. Nach zwei Monaten ist er wieder zurück und praktiziert bis zum November. Dann entschwindet der »deutsche« Doktor erneut in den »unzivilisierten Busch«. Diesmal entfernt er sich für ein halbes Jahr von seiner Praxis und durchwandert das Betschuanaland bis weit nach Norden. Er erreicht Schoschong im heutigen Botswana.

Im März 1875 bricht er zu seiner dritten Expedition auf. Er hat sich in den Kopf gesetzt, so viele naturkundliche Sammelstücke zusammenzubringen, daß die Museen Österreichs und Böhmens Sammlungen erhalten können, die den übrigen Museen Europas ebenbürtig sind. Es gelingt ihm auf dieser 21 Monate dauernden Kalaharireise in der Tat, sehr umfangreiche, für die Wissenschaft hochinteressante Sammlungen anzulegen. Er gelangt dabei bis in das mächtige Barotsereich nördlich des Sambesi. Zwar ist Livingstone zwei Jahrzehnte vor ihm bereits »überall« gewesen, doch was der junge Arzt an umfassenden, bis ins einzelne gehenden geographischen Kenntnissen aus dem riesigen Gebiet des Kalaharibeckens vermitteln kann, übertrifft alles bisher dort Beobachtete. Mit Männern wie Emil Holub oder dem Deutschen Karl Mauch beginnt in diesem Teil Afrikas die eigentliche landeskundliche Erforschung, die vom wissenschaftlichen Gehalt her oft ergiebiger ist als die Berichte der ersten Entdeckungsreisenden.

Die Jahre von 1879 bis 1883 verbringt Holub in der Heimat. Intensiv bereitet er sich auf eine neue große Südafrikaexpedition vor. Von den Viktoriafällen aus will er sich in das zum Teil nur vom Hörensagen bekannte nördliche Sambesiland begeben, wo die Maschukulumbe leben. Da er beabsichtigt, noch um-

### Schmiede der Zulu

*Der Wahlspruch des kriegerischen Volkes der Zulu lautet: »Erobere oder stirb!«. So kam den Schmieden, die ja die Waffen herstellten, eine besondere Bedeutung zu. Sie beherrschten ihr Handwerk meisterhaft. Angas porträtierte diese Szene in dem großen Kraal von Umbeza. Neben den Schmieden sitzt ein junger Mann, der einen Holzlöffel schnitzt; dahinter sieht man Getreidespeicher, die aus Lehm und Viehdung gefertigt wurden. Rechts im Bild werden Fleischstreifen zum Trocknen aufgehangen.*

## Rast auf dem Hochland

*Mit Ochsengespannen – wie die Buren – zog das tschechische Forscherehepaar Holub im Jahre 1884 über das südafrikanische Hochland im Oranje-Freistaat. Doch der technische Wandel vollzog sich hier nach den Gold- und Diamantenfunden mit atemraubendem Tempo. Bereits 20 Jahre später überzog ein ausgedehntes Eisenbahnnetz diesen Teil Afrikas. Nirgends sonst in Afrika folgte der Entdeckerära so rasch das von den Weißen beherrschte technische Zeitalter.*

fangreichere naturkundliche Sammlungen als auf der ersten Reise anzulegen, nimmt er sechs im Handwerk und wissenschaftlichen Hilfsarbeiten vorzüglich ausgebildete Diener mit auf die Reise. Alle sind sie Angehörige des österreichischen Armeeverbandes, Leute also, die an militärischen Gehorsam gewöhnt sind, was Holub als unabdingbare Voraussetzung für das Gelingen jeder großen Expedition erachtet. Seine Diener gehören verschiedenen Völkerschaften der österreichisch-ungarischen Monarchie an. Es sind die Wiener Karl Bukacz und Oswald Söllner, der Niederösterreicher Ignaz Leeb, der Tscheche Josef Spiral, Anton Haluschka aus Mähren und der Ungar Fekete János.

Wenige Tage vor der Abreise heiratet Holub. Ehefrau Rosa geht mit auf die Reise und wird sich als energische Person mit großem Durchsetzungsvermögen bewähren. Am 18. November 1883 verabschieden Hunderte von Freunden und Gönnern die Expeditionsteilnehmer auf dem Nordwestbahnhof in Wien. Am 22. November verlassen sie an Bord des britischen Dampfers »Pretoria« den Hamburger Hafen und erreichen die Bucht von Kapstadt am 22. Dezember. Dann geht die Reise mit der Eisenbahn quer durch das Kapland nach Colesberg nahe der Grenze zum Oranjefreistaat. Nach dreiwöchigem Aufenthalt in dieser Gegend zieht die Expedition durch die westlichen Randgebiete des Oranjefreistaates und durch Transvaal ins britische Betschuanaprotektorat. Ständig nach Norden reisend durchqueren sie mit ihren Ochsengespannen die östliche Kalahari, vorbei an riesigen durch Salzausblühungen weiß getünchten Tonbodenflächen. In der Ferne glitzert das Wasser eines riesigen, ganz flachen Salzsees. Makarikari (Ma-Karri-Karri, zu deutsch »viele Salzseen«), heißen diese endlos erscheinenden, abflußlosen flachen Senken.

Nördlich des Ma-Karri-Karri-Gebietes ächzen die Ochsengespanne langsam durch das ausgedehnte Buschwaldgebiet des Klamaklenjana-Waldes. Stellenweise ist der Boden dieses Buschwalds von üppigem »Rasen« bedeckt, der aus einer saftig grünen, dicht dem Boden aufsitzenden Pflanze gebildet wird. Eine böse Vorahnung läßt Holub keine Ruhe: Sollte es die gefürchtete Giftpflanze Machau sein? Wenn das der Fall ist und die Ochsen bereits von den saftigen Blättern gefressen haben, kann das den Verlust aller Zugtiere bedeuten.

Als Holub das nächste Lager erreicht, wird die böse Ahnung zur Gewißheit. Zwei der Tiere sind bereits schwer erkrankt. Auch andere Ochsen zeigen die ersten Vergiftungserscheinungen. Holub versucht es mit starken Abführmitteln, doch jede Hilfe kommt zu spät, binnen einer Stunde verenden die armen Geschöpfe laut brüllend unter schweren Krämpfen.

So schnell wie möglich versucht die Expedition das gefährliche Gebiet zu verlassen. Doch sie kommen nur langsam voran. Sie spannen 32 Ochsen vor einen Wagen, aber die kranken Tiere brauchen alle 200 Meter eine Ruhepause. Am dritten Tag sind bereits zwölf Tiere verendet. Mit einem Gemisch aus Tannin und schwarzem Kaffee gelingt es, sieben der erkrankten Tiere zu retten. Das Gemisch hat sich als Gegengift des Machaugiftes bewährt, doch für weitere Behandlungen steht kein Tannin mehr zur Verfügung. Weitere 17 Rinder müssen qualvoll sterben. Das Fleisch der verendeten Tiere wird nach anfänglichem Zögern gegessen und verursacht keinerlei Beschwerden.

Erst 1943 wurde das Gift der Machaupflanze (Dichapetalum cymosum) entdeckt. Es handelt sich um die Fluoressigsäure, die etwa 0,1 Prozent des Trokkengewichtes der Blätter ausmacht. Das schwer ausrottbare Kraut mit seinen ausgedehnten unterirdischen Verzweigungssystemen ist auch heute noch bei den Viehzüchtern sehr gefürchtet.

Im Oktober erreicht die Expedition die Viktoriafälle. Holub erlebt dieses Naturwunder zum zweiten Male. Drei Wochen verweilt er diesmal an den Fällen und stellt umfangreiche Untersuchungen an. Mehr als 100 Meter ist die dunkle Felswand hoch, über welche die Wassermassen des Sambesi in einer 1200 Meter breiten, durch zahlreiche Inseln und Inselchen in einzelne Wasserfälle aufgelösten Front in die Tiefe stürzen.

»Namentlich früh und abends, wenn die aufsteigenden Wasserdünste und Wasserbläschen, welche Dampfsäulen gleich gegen den Himmel steigen, von den schief einfallenden Sonnenstrahlen in Regenbogenfarben glänzen, ist das Bild wahrhaft zauberhaft ... Das meilenweit hörbare Brüllen, Donnern und Zischen, sowie das scheinbare Erzittern des Bodens sind die richtige Begleitung zu dem großartigen Schauspiel des in tausendförmigen Kaskaden niederstürzenden, gischenden, schäumenden und dampfenden Wasserschwalles. Nicht minder bewundernswert als der Katarakt selbst, ist dieser Abfluß der Gewässer unterhalb desselben... Der ungeheuer verengte, aber infolgedessen sehr tiefe Strom stößt mit furchtbarer Gewalt gegen die entgegenstarrende Felswand, von der er wild schäumend zurückgeworfen wird ... Stellenweise ragen aus der wilden Flut zahlreiche und mächtige Felsblöcke empor, an denen die reißend dahineilenden Wogen anprallen und sich teilen. Kurz, jeder Schritt entrollt ein neues Bild – eines schöner und großartiger als das andere.«

Das Gebiet nördlich vom Mittellauf des Sambesi ist damals politisch in drei afrikanische Herrschaftsbereiche gegliedert. Bis unmittelbar an den Sambesi reicht das Marutsereich (Barotse). Im Nordosten liegt das Matokaland mit mehreren unabhängigen Herrschern (von Holub »Könige« genannt) und dahinter das Land der Maschukulumbe, Hauptzielgebiet der Expedition von Emil Holub. Die genannten Afrikanerreiche liegen etwa in der Südhälfte des heutigen Sambia.

Am 17. Juli 1887 nähert sich die Expedition der Grenze zum Maschukulumbeland. Es ist eine für Europäer noch jungfräuliche Gegend, wie Holub das ausdrückt. Die erste Begegnung mit den Maschukulumbe verheißt nichts Gutes. Nicht einmal der sonst so hilfreiche Arztberuf, der oft wie ein Zaubermittel gewirkt hat, verfängt hier. Keiner in den Dörfern will Medikamente annehmen. Man betrachtet die Fremden als Ein-

## Frauen bei der Bierbereitung

*Ein typischer afrikanischer Sonnenuntergang ist hier von George Angas meisterhaft im Bild festgehalten worden. Die Frauen im Kraal des Häuptlings Gudu bereiten das Hirsebier, Lieblingsgetränk vieler Bantuvölker im südlichen Afrika. Rechts im Tal liegt der Tugala, Grenzfluß zwischen der britischen Kolonie Natal und dem Zululand im Norden. Viele Zulus waren nach den Angaben von Angas wegen des Despotismus der Zuluherrscher zu den Briten nach Natal geflohen.*

## Umpanda, König der Amazulu

*»Als ich Kind war, träumte ich von Afrika«, schreibt der englische Maler George Angas in der Einleitung zu seinem großartigen Südafrika-Bildband »The Kafirs Illustrated«. Angas reist in den Jahren 1847/48 nach Südafrika. Durch Vermittlung ortsansässiger Missionare erhält er vom Zulukönig Mpande (Umpanda) die Erlaubnis, in seinem Herrschaftsbereich Landschaften und vor allem Menschen zu zeichnen. So entstanden die besten Bilddokumente der Zulus in der Mitte des 19. Jahrhunderts.*

**Tanzmädchen des Königs Panda**

*Prachtvolle Porträts der Zulu gelangen dem englischen Maler George Angas. Die Tanzmädchen des Zulukönigs Panda sind hierfür ein eindrucksvolles Beispiel.*

**Bure und Zulu**

*»Unser ist das Veld!« Dieser Kampfruf beherrscht noch heute das Denken der einst aus den Niederlanden eingewanderten Buren, die versuchen, die Schwarzen gewaltsam in sogenannte Heimatländer (Bantustans) abzuschieben. Die »Überlegenheit« der weißen »Herrenmenschen« kommt in der vor hundert Jahren erschienenen volkstümlichen Illustration (Schweiger-Lerchenfeld, 1886) zum Ausdruck.*

dringlinge, glaubt gar, daß sie Marutse sind, die durch Zauberspruch zu weißen Männern gemacht wurden und nun in dieser Maske für ihren Herrscher Spionagedienste verrichten sollen. Viel Zeit für Studien wird Holub und seinen Helfern im Land der Maschukulumbe nicht bleiben. Am auffallendsten ist die Haarmode der Maschukulumbe. Die kunstvoll aufgetürmten Frisuren der Männer erreichen manchmal die beträchtliche Länge von 110 Zentimetern. Arme Leute und Sklaven können sich allerdings nur kleine, unscheinbare Haarknoten leisten. Die Erstellung der kunstvollen »Türme« aus einem Geflecht von Menschenhaar und Bastfasern nimmt oft Wochen in Anspruch. Das Ganze wird mit einem Gemisch aus einem Fettstoff und schwarzem Metallpulver bestrichen, so daß echtes Haar und Bastfasern sich nach Fertigstellung kaum noch voneinander abheben. Die Frauen laufen hingegen mit glattrasiertem Schädel einher, denn sie haben ihre gesamte Lockenpracht den »Turmbauten« ihrer Männer geopfert.

Auf der Weiterreise müssen die Expeditionsteilnehmer den Luenge, einen von weiten Sumpfwildnissen gesäumten breiten Fluß, überqueren. Die ortsansässigen Maschukulumbe stellen vier Boote nebst Trägern zur Verfügung. Insgesamt 70 Trägerlasten müssen ans jenseitige Ufer geschafft werden. Das nimmt viel Zeit in Anspruch, da die kleinen Boote gerade zwei Männern Platz bieten. Auch die mitgeführten Hunde und Ziegen werden hinübergerudert. Bei den Eseln ist das nicht möglich; sie müssen neben dem Boot herschwimmend hinübermanövriert werden – ein schwieriges Unternehmen, da sie immer wieder versuchen, in die Boote zu gelangen.

Es ist bereits spät am Abend, als Holub als letzter an Land geht. Plötzlich packt er den Maschukulumbe, dessen Boot noch am Ufer liegt. Geistesgegenwärtig eilen die übrigen Mitglieder der Expedition mit schußbereiten Gewehren herbei. Was ist geschehen? Die Maschukulumbe haben die Reisenden überhaupt nicht ans jenseitige Ufer befördert, sondern auf einer sumpfigen Insel im Fluß abgesetzt, von der es wegen der zahlreichen Krokodile ohne Boote kein Entkommen gibt! Ohne Holubs Aufmerksamkeit wären die Expeditionsteilnehmer auf diesem Sumpfflecken umgekommen, und die Maschukulumbe hätten nach ihrem Tod die zahlreichen Gepäckstücke ohne jedes Risiko erbeuten können. Doch jetzt zwingt man die Hinterhältigen mit vorgehaltener Schußwaffe, alles Gepäck, die Tiere und die Männer zum rettenden Ufer zu rudern.

Nach überstandenem Flußabenteuer müssen Lagunen und Sümpfe durchquert werden, eine äußerst mühsame und anstrengende Marschweise. Als die Expedition nahe dem Maschukulumbedorf Nikoba ihr Lager aufschlägt, verbreitet sich eine Stimmung von Unsicherheit und Bedrohung. Die ganze Nacht über halten jeweils zwei von Holubs Leuten mit dem Gewehr in der Hand Wache. Stundenlang stehen am anderen Tag etwa 50 mit über zwei Meter langen Lanzen bewaffnete Maschukulumbe ganz nahe beim Lagerplatz der Expedition. Sie beraten ziemlich laut darüber, was sie mit den Fremden tun wollen. Muschemani, ein afrikanischer Diener Holubs, versteht das Seschukulumbe, das gesprochen wird, doch davon haben die Lanzenträger keine Ahnung. Bei den Verhandlungen hat sich Muschemani bisher stets im Setoka, der Sprache der Matoka, verständigt, das etlichen Maschukulumbe geläufig ist. Nun kann er den Gesprächen entnehmen, daß die Expeditionsteilnehmer umgebracht werden sollen. Scheinbar unbewaffnet liegen die Maschukulumbe rings um das Lager im Gras, in dem sie ihre Speere versteckt haben. Doch die Gewehre schützen Holub und seine Leute vor einem Angriff. Beruhigt stellt er fest: »Ja, das ›Blitzrohr‹ hat heute noch gegenüber den rohen Naturvölkern dieselbe Wirkung wie zur Zeit der Cortez und Pizarro.«

Auf dem Weitermarsch müssen sie an einem Schädelbaum vorüberziehen. Die unter den Schädeln hängenden Waffen verraten die Herkunft der Getöteten. Es sind Händler der Marutse, Makalaka und Mankoja. Einige der Schädel sind von den Raubvögeln noch nicht ganz abgenagt, müssen demnach erst vor kurzem an dieses Schauergerüst gekommen sein. »Die Raub- und Blutgier, welche uns von jenem Trophäenpfahle entgegengrinste, sagte uns nur zu deutlich, daß wir unter diesem Volke sterben müßten, sobald wir uns nicht selbst zu schützen imstande wären.«

Als sie nahe dem Dorf Galulonga lagern, versuchen sie das Gebiet der feindseligen Maschukulumbe heimlich zu verlassen. Sie wollen nach Norden ziehen, wo angeblich ein Portugiese lebt. Doch der Häuptling des nächsten Maschukulumbedorfes weiß nichts von einem Portugiesen jenseits der Hügelkette. Von Gewehren bedroht, geben die Führer endlich zu, daß hinter den Hügeln kein Weißer lebt und daß in dieser Richtung auch nicht die Wohnsitze des Nachbarstammes der Mankoja liegen. Holub befiehlt daraufhin den Rückmarsch nach Galulonga. Es ist der 2. August 1886. Sie haben gerade einen Sumpf passiert, als ihnen Fekete keuchend entgegengehastet kommt: »Herr Doktor, alles, alles verloren! Oswald tödlich verwundet, das Lager geplündert.« Das ist die Katastrophe für die österreichisch-ungarische Afrikaexpedition.

Es ist nahezu alles geraubt worden, das Zelt, sämtliche Tagebücher, 4500 Patronen, die wertvollen Instrumente. »Der Gedanke, daß mir mit dem Verluste der Tagebücher mein ganzer wissenschaftlicher Entdeckerruhm, ja gewissermaßen die Berechtigung, in Europa über meine so schwierige Reise auch nur zu sprechen, geraubt worden war, wirkte niederschmetternd auf mich und ließ mich alle viel näher liegenden, unsere persönliche Rettung betreffenden Gedanken vergessen.«

Doch in dem ausgeplünderten Lager finden sich schließlich doch noch fünf der unersetzlichen Tagebücher. Auch 50 Winchesterpatronen sind liegengeblieben. Dennoch ist der eiligste Rückmarsch die einzige Chance, die den Männern bleibt. Sie müssen unter allen Umständen versuchen, den Luenge zu überschreiten und das Gebiet der Häuptlinge zu erreichen, von denen sie so eindringlich vor den Maschukulumbe gewarnt worden sind. Doch der Gedanke, die restlichen Tagebücher aufgeben zu müssen, ist Holub unerträglich. Möglicherweise, so seine fieberhafte Überlegung, haben die Maschukulumbe diese für sie wertlose Beute auf dem Wege zum Dorf weggeworfen. Er muß das Risiko auf sich nehmen und sich Gewißheit verschaffen. Mit hastigen Schritten eilt er auf das Dorf zu, den Blick fast ständig auf die Erde gerichtet. Und er hat Glück: Es gelingt ihm, neun der wertvollen Bücher, die verstreut auf dem Boden liegen, einzusammeln. Nun wird es höchste Zeit, das Sumpfgelände zu erreichen. Mehrere kampfbereite Gruppen der Maschukulumbe versuchen bereits, ihnen den Weg dorthin abzuschneiden. Holub gibt Befehl, auf die »feigen Bestien« zu schießen und sie nach Möglichkeit nur zu verwunden.

Zwei Männer, an Arm und Bein getroffen, sinken schreiend zu Boden. Wie angewurzelt bleiben die übrigen stehen. Die Expeditionsteilnehmer nutzen die Zeit, so rasch wie möglich in dem Sumpfgelände zu verschwinden. Der Gewaltmarsch mit nackten blaurot geschwollenen, blutenden Füßen wird zur Höllenqual, besonders beim Überqueren einer abgebrannten Grasfläche mit ihren spitzen Stoppeln. Es ist bereits 4 Uhr nachmittags, als sie diese Tortur hinter sich haben. Hastig durchqueren sie die beiden Lagunen nahe dem Luenge und verbergen sich dann bis zum Einbruch der Dunkelheit in einem Gebüsch. Auf allen vieren kriechen die Flüchtlinge jetzt dem rettenden Fluß entgegen. Am Ufer wird ein Mann auf Bootssuche geschickt.

Ein Boot ist rasch gefunden, doch fatalerweise liegt es auf einer kleinen Insel, und im Fluß gibt es hier zahlreiche Krokodile. Die Männer beraten lange, ob man es wagen kann, hinüberzuschwimmen. Endlich erklärt sich der Marutse Monohela bereit dazu. Als Belohnung soll er ein Gewehr erhalten. Doch wird er es schaffen oder reißen ihn die gefräßigen Echsen in die Tiefe? Die Weißen sinken auf die Knie und senden ein Stoßgebet zum Sternenhimmel empor. Die Schwarzen folgen ihnen, denn die Weißen sprechen zu ihrem Njambe (unsichtbare Gottheit), und dieser ist mächtig; er wird helfen.

Monohela gelingt das gewagte Unternehmen. Er holt das Boot, und noch während der Nacht setzen nacheinander alle Teilnehmer der Expedition über den Fluß. Nach zwei weiteren Tagen haben sie die Grenze zu den Nachbarstämmen überschritten und sind damit den Nachstellungen der Maschukulumbe entronnen.

## *Exkurs:*
### *Unser ist das Veld! Die Buren in der Wagenburg*

Nach Gründung der Niederländisch-Indischen Kompanie im Jahre 1602 gingen die holländischen Handelsagenten regelmäßig in der Bucht am Tafelberg nahe dem Kap der Guten Hoffnung an Land, um im Tauschhandel mit den dort lebenden Hottentotten Trinkwasser und Lebensmittel für die weite Reise nach Indien und Indonesien an Bord zu nehmen.

### Begehrter Branntwein

*Im November 1874 erlebte Emil Holub im Gebiet der kleinen Stadt Taung westlich des Vaal-Flusses bei der einheimischen Bevölkerung schreckliche Szenen von Trunksucht. Taung wurde später durch die Australopithecinen-Funde (1924) in der Fachwelt berühmt.*

### Angriff der Matabele
*(unten)*

*Im Jahre 1893 hatte die British South Africa Company beiderseits des Sambesi über eine Million Quadratkilometer Land unter ihre Kontrolle gebracht. Die beiden Kolonien, die gebildet wurden, nannte man zu Ehren von Cecil Rhodes Nord- und Südrhodesien (heute Sambia und Simbabwe). Die Matabele, Teil der großen Völkergruppe der Zulu, leisteten teilweise erbitterten Widerstand. Doch Maximgewehre (Maschinengewehre) brachten das Matabele-Reich zu Fall.*

## Angreifende Zulu

*Der in einem Kral an den Osthängen der Drakensberge im Jahre 1787 geborene Zulu-Herrscher Taschaka (Chaka) war wegen seiner gleichermaßen gegen Schwarz und Weiß gerichteten Feldzüge gefürchtet.*

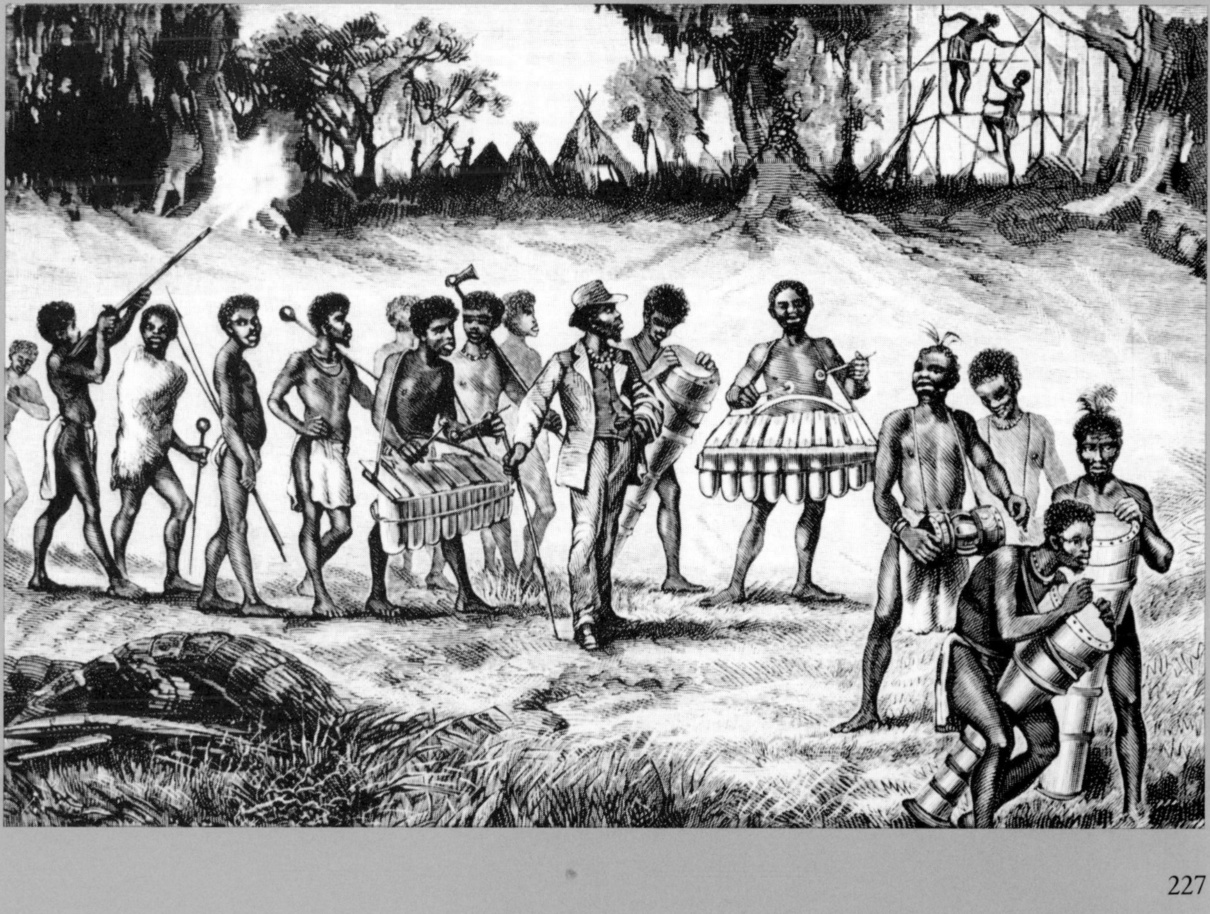

## Empfang bei Sepopo

*Über seine Begegnung mit König Sepopo der Barotse im Sambesigebiet schrieb Emil Holub: »In europäische Kleidung gehüllt, ein englisches mit einer Straußenfeder geschmücktes Hütchen auf dem Kopfe, kam er, ein Mann von ca. 35 Jahren, leichten Schrittes mir entgegen.«*

Der Tauschhandel mit den Eingeborenen am Kap wurde bis zur Mitte des Jahrhunderts fortgesetzt. Dann ging eines Tages der Wundarzt eines aus Indien heimkehrenden Handelsschiffes an Land. Der Mann hieß Jan van Riebeeck. Was er sah, versetzte ihn in Erstaunen. Der Boden war offenbar sehr fruchtbar, und die Pflanzen, welche hier wuchsen, ließen darauf schließen, daß auch europäische Nutzpflanzen wie Weizen und Wein gut gedeihen müßten. Nach Holland zurückgekehrt, unterbreitete er den Behindhebbern (Vorstehern) der ostindischen Handelskompanie den Vorschlag, am Vorgebirge der Guten Hoffnung eine Kolonie zu gründen.

Im Jahre 1652 ging van Riebeeck mit vier Lastschiffen vor Anker. Am Fuße des Tafelberges wurden eine viereckige Festung und Häuser für die ersten Siedler gebaut. Man legte Gemüse- und Obstgärten an, und weit außerhalb der Siedlung wurde das erste Weingut (Constantia) gegründet. Alles gedieh prächtig. Immer mehr Land kauften die Holländer den Einheimischen ab. Unter den Waren, welche die Hottentotten für ihr Land erhielten, war eine Menge Branntwein.

Die Versorgungsstation auf dem Seeweg nach Indien wuchs allmählich zur Stadt heran. Kaapstad (Kapstadt) nannten die Holländer diese Keimzelle der weißen Vorherrschaft in Südafrika.

Die Arbeit auf den Feldern wurde im Laufe der Zeit immer mehr von eingeborenen und »importierten« Sklaven getan. Die Niederländer fühlten sich kraft ihrer religiösen Überzeugung als die Herren, denen die »heidnischen« Völkerschaften zu dienen hatten. In der Bibel konnte der fromme Bas (Herr) lesen (3. Mose, 25): »Willst du aber leibeigene Knechte und Mägde haben, so sollst du sie kaufen von den Heiden, die um euch her sind, und auch von den Kindern der Gäste, die Fremdlinge unter euch sind, und von ihren Nachkommen, die sie bei euch in eurem Lande zeugen; dieselben mögt ihr zu eigen haben, und sollt sie besitzen und eure Kinder nach euch zum Eigentum für und für.«

Auf solche Bibelsprüche gestützt und mit dem Gewehr in der Hand, bauten die Buren oder Afrikaander (Afrikaner), wie sie sich schon früh im 18. Jahrhundert nannten, ihre Vorherrschaft über die alteingesessenen Völker Südafrikas aus.

Auf der Suche nach neuen Weidegründen für ihre Rinderherden zogen etliche Buren mit von 12 bis 16 Ochsen gezogenen Karren nach Norden und später vor allem nach Osten auf das über 1500 Meter hoch gelegene Grasland, welches sie das Veld nannten. Hier gab es unabsehbare Weidegründe; in den Augen der Treckburen, wie diese nomadisch lebenden Viehzüchterfamilien genannt wurden, handelte es sich um herrenloses Land.

Als die Engländer im Jahre 1806 die Herrschaft am Kap antraten, schafften sie die Sklaverei ab, führten die Glaubensfreiheit ein und erhoben das Englische zur Amtssprache. Für die Buren waren das ungeheuerliche Provokationen. Ein unüberbrückbarer Graben tat sich zwischen den beiden weißen »Stammesgruppen« auf.

Die Antwort der Afrikaander auf das Vorgehen der Briten war eine Massenauswanderung aus dem Kapland. Der große Treck nach Norden begann. Der Schlachtruf dieser Vortrekker lautete: »Unser ist das Veld!« 1836 erreichte der erste große Wagenzug das Siedlungsgebiet der zu den Bantustämmen gehörenden Ndebele. Bald kam es zum Entscheidungskampf. Mosilikatse, Häuptling der Ndebele, ließ das Hauptlager der Buren bei Vegkop angreifen. Doch die Vortrekker stellten die schweren Planwagen an jedem Rastplatz in einem Kreis auf, der zusätzlich durch Dornengestrüpp geschützt wurde. Im Inneren dieser Wagenburgen befanden sich die Frauen und Kinder sowie das Vieh. Während die Frauen die Gewehre nachluden, schossen ihre Männer aus der sicheren Deckung des Wagenringes auf die angreifenden Schwarzen. Trotz der oft erdrückenden zahlenmäßigen Überlegenheit der Angreifer waren die Vortrekker in ihren Wagenburgen unbesiegbar. Das steigerte ihr Überlegenheitsgefühl gegenüber den eingeborenen Stämmen ins schier Unermeßliche; das geistige Fundament für den Apartheidsstaat des 20. Jahrhunderts wurde hier zementiert.

Als der Zulufürst Dingaan zwei Jahre später den Vortrekkerführer Piet Retief mit 70 seiner Leute ermorden ließ, starteten die Buren einen blutigen Rachefeldzug. Anführer der Strafexpedition war Andries Pretorius. Am Nkomefluß wurden die Truppen Dingaans vernichtend geschlagen. Die Afrikaander nannten den Nkome fortan den »Blutfluß«. Der 16. Dezember, der Tag der Schlacht am Blutfluß, wurde zum Nationalfeiertag der Burennation. Am 14. Februar 1840 proklamierte Pretorius die erste Burenrepublik (Transvaal), deren Hauptstadt (Pretoria) seinen Namen trägt.

Bis zur Vorherrschaft der Buren über ganz Südafrika sollte noch ein Jahrhundert vergehen. Das blutigste Kapitel im Machtkampf der weißen »Stämme« war der Burenkrieg (1899–1902). Zugunsten der Engländer entschieden wurde diese erbarmungslose Auseinandersetzung, bei der die Buren äußerst wirksame Guerillataktiken anwandten, erst, als Lord Kitchener, der Sieger von Khartum, das Kommando über die britischen Truppen übernahm. Der Lord ließ das Gebiet der Transvaalrepublik und des Oranjefreistaates durch Stacheldrahtverhaue in Sektoren aufteilen. In diesen Sektoren wurden systematisch alle Farmen der Buren niedergebrannt; Frauen, Kinder und alte Leute wurden in Lagern zusammengetrieben, die Kitchener »Concentration Camps« (Konzentrationslager) nannte. Tausende starben dort. Doch das brutale System zeigte militärische Wirkung, den Guerilleros wurde buchstäblich der Boden unter den Füßen weggezogen.

Die Niederlage war demütigend. Doch seit dem Wahlsieg ihrer Nationalpartei im Jahre 1948 sind die Buren die unumschränkten Herren des Landes. Hendrik Verwoerd, von 1958 bis 1966 Regierungschef des Apartheidsstaates, erklärte im Jahr des Triumphes (1948): »Ich möchte unzweideutig klarstellen, daß Südafrika des weißen Mannes Land ist, und daß der Weiße in diesem Lande der Herr bleiben muß.« Im Jahre 2000 werden neun von zehn Bewohnern dieses »weißen« Landes Farbige sein.

1655 Der Deutsche Johann Wintervogel wird von Jan von Riebeeck in das Hinterland der Bucht von Kapstadt geschickt, wo er die Buschjes Mannes (Buschmänner) entdeckt.

1705 Simon van der Stel dringt von Kapstadt in das Namaqualand vor und entdeckt die Kupferlagerstätten von Ookiep.

1705–1713 Peter Kolb hält sich im Kapland auf und liefert die umfassendste Darstellung der Kap-Hottentotten sowie des zeitgenössischen Kaplandes.

1772–1776 Die schwedischen Naturforscher und Linné-Schüler A. Sparrmann und K. P. von Thunberg reisen durch die Siedlungsgebiete der Hottentotten und liefern wertvolle volks- und naturkundliche Berichte aus Südafrika.

1791/92 Willem van Reenen reist von Kapstadt ins Hinterland der Walfischbai (Südwestafrika) und bringt die ersten Nachrichten über die Herero und Bergdamara nach Europa.

1796–1798 Der damals führende englische Geograph und Chinakenner Sir John Barrow reist von Kapstadt aus bis zum Oranjefluß.

1803–1806 Der Naturforscher Heinrich Karl Lichtenstein aus Hamburg durchquert die Karrulandschaft und das Betschuanaland. Er erkennt die ethnische Verwandtschaft der südafrikanischen Bantuvölker.

1812 Der Engländer John Campbell nimmt den Lauf des Limpopo auf und entdeckt dessen Quelle.

1841–1844 Karl Hugo Hahn von der Barmer Mission lebt im Gebiet des mächtigen Namaquafürsten Jonker Afrikaner. Hahn gibt als erster eine umfassende Grammatik und ein Wörterbuch der Hererosprache heraus.

ab 1842 Der englische Händler und Großwildjäger James Chapman (nach ihm ist das Chapman-Zebra benannt) reist von Natal wiederholt in das Innere Südafrikas, wobei er mehrmals bis zum Ngamisee vordringt. Sein zweibändiges Reisewerk enthält wertvolle zoologische und botanische Beobachtungen.

1849 Livingstone erreicht den Ngamisee in der nördlichen Kalahari.

1853 Der Schwede Karl Johann Andersson erreicht den Ngamisee. Seine Reisen durch Groß-Namaqualand, zu den Ovambo und Damara tragen viel zur Kenntnis von Südwestafrika bei. 1859 entdeckt er das Okawangodelta im Norden des heutigen Botswana.

ab 1853 Der Botaniker Friedich Welwitsch aus Klagenfurt (Kärnten) legt umfangreiche Sammlungen der Flora von Angola an und entdeckt in der Namibwüste das altertümliche und sonst nirgends auf der Welt vorkommende Nacktsamergewächs Welwitschia mirabilis.

1855/56 Der Berliner Sprachforscher Wilhelm Heinrich Bleek hält sich in Natal und in den angrenzenden »Kaffern«-Ländern auf. In Kapstadt verfaßt er bis zu seinem Tode im Jahre 1875 grundlegende Werke zur vergleichenden Grammatik der südafrikanischen Bantusprachen. Wir verdanken ihm auch wichtige Studien über die Buschmann- und Hottentottensprachen.

1856 Am 20. Mai erreicht David Livingstone den Mosioa-tunia (Viktoriafälle).

1858–1864 Zweite Sambesiexpedition Livingstones (im Auftrag der britischen Regierung). An dieser Expedition nehmen sein Bruder Charles, der Maler und Forschungsreisende Thomas Baines sowie der spätere britische Generalkonsul in Sansibar John Kirk teil. Den Schirefluß aufwärts ziehend erreicht Livingstone am 18. 4. 1859 den Schirwasee und am 16. 9. 1859 den Njassa-See (heute Malawisee).

1862–1865 Der englische Missionar und Südseeforscher William Ellis bereist nahezu alle Regionen der bis dahin im Inneren noch wenig bekannten Insel Madagaskar.

1863–1866 Der Naturwissenschaftler und Mediziner Gustav Theodor Fritsch aus Cottbus an der Spree führt bedeutende Forschungen in Südafrika durch. Sein Werk »Die Eingeborenen Südafrikas« ist auch heute noch eine wichtige Quelle zur Völkerkunde der Betschuanen, Buschmänner und Hottentotten.

1865–1870 Dem Franzosen Alfred Grandidier gelingt eine dreimalige Ost-West-Querung der Insel Madagaskar. Seine Kartenskizze der Zentralprovinz des Howareiches ist für die französischen Kolonialtruppen, die 1895 die Hauptstadt Tananarivo besetzen, von großem Nutzen.

ab 1866 Der Schwabe Karl Mauch reist durch Südafrika, fertigt die erste genauere Karte der Burenrepublik Transvaal an, entdeckt am Sambesi ausgedehnte Goldfelder und die Ruinen von Simbabwe im ehemaligen Reich des Monomotapa. Seine grundlegenden geologischen Arbeiten führten zur Entdeckung der Goldfelder am Witwatersrand, wo 1886 Johannesburg gegründet wird.

1869 Der Afrikareisende Eduard Mohr aus Bremen untersucht eingehend das Gebiet der Sambesifälle (Viktoriafälle), worüber er ein zweibändiges Werk verfaßt.

1873–1878 Emil Holub unternimmt drei Expeditionen ins Innere Südafrikas und bringt reiche Sammlungen nach Europa.

1883–1887 Rosa und Emil Holub reisen in das Barotseland und dringen unter großen Gefahren in das Land der Maschukulumbe im heutigen Simbabwe vor.

# Von Küste zu Küste

## Durchquerung des Makatasumpfes

*Der Karawanenweg von Bagamoyo (gegenüber Sansibar) zum Tanganjikasee führte im Vorland der Usagara-Berge durch das während der Regenzeit berüchtigte Sumpfland des Makata-Flusses, der nördlich von Bagamoyo unter dem Namen Wani ins Meer mündet. Als Cameron Ende April 1873 dieses Gebiet durchquerte, war der Lehmboden der Flußniederung zu einem mehr als knietiefen zähflüssigen Schlamm aufgeweicht.*

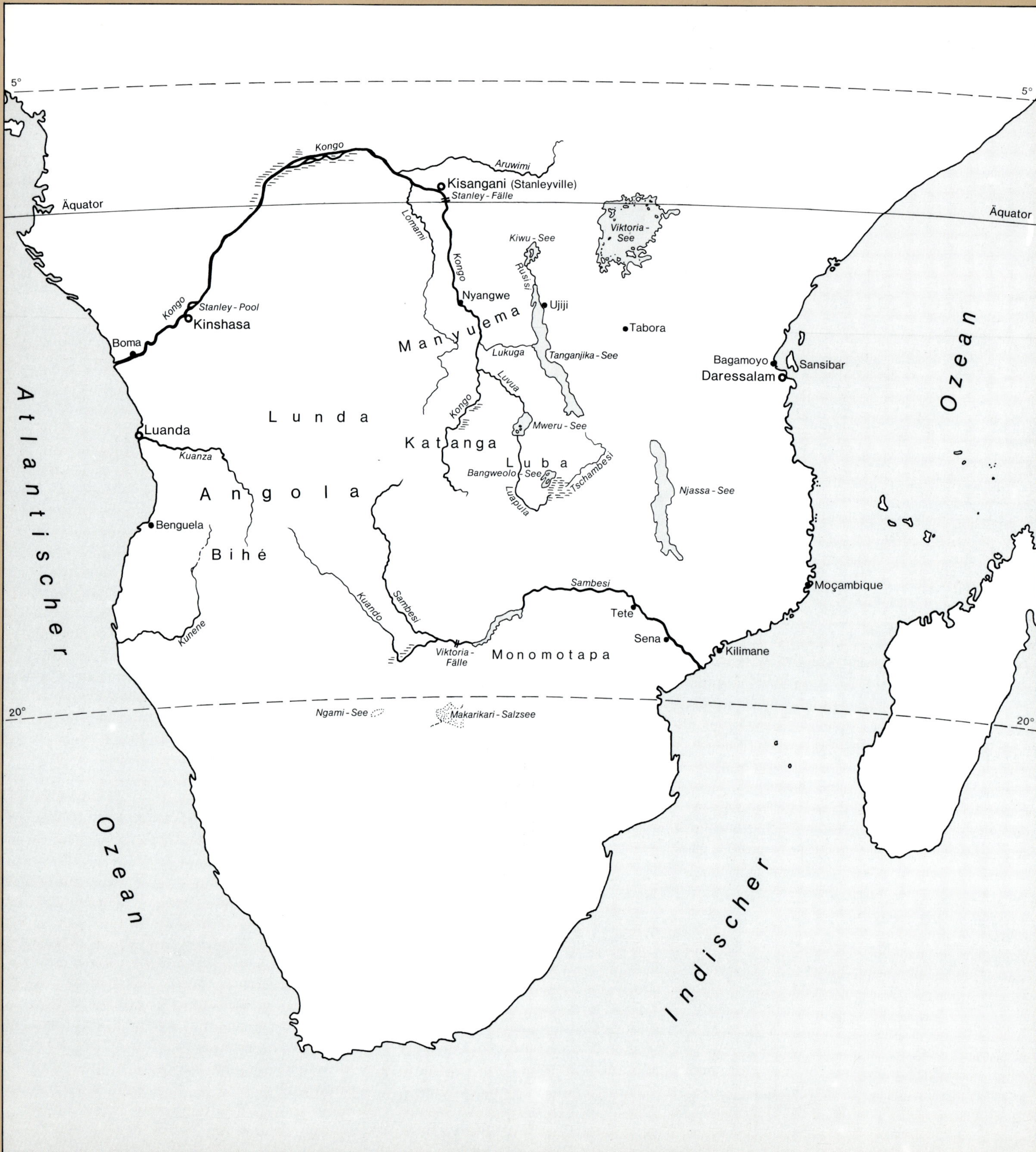
5°
5°
Kongo
Aruwimi
Kisangani (Stanleyville)
Stanley - Fälle
Äquator
Äquator
Lomami
Kongo
Kiwu - See
Viktoria - See
Rusisi
Nyangwe
Ujiji
Tabora
Kongo
Stanley - Pool
Kinshasa
Boma
Manyuema
Lukuga
Tanganjika - See
Bagamoyo
Sansibar
Daressalam
Luvua
Kongo
Lunda
Mweru - See
Luanda
Katanga
Kuanza
Luba
Bangweolo - See
Tschambesi
Angola
Luapula
Njassa - See
Benguela
Bihé
Kuando
Sambesi
Sambesi
Moçambique
Tete
Sena
Kunene
Kilimane
Viktoria - Fälle
Monomotapa
20°
20°
Ngami - See
Makarikari - Salzsee
Atlantischer Ozean
Indischer Ozean

## *Von Ost nach West Der Marineoffizier Cameron durchquert den »dunklen« Erdteil*

**Verney Lovett Cameron**
(1844–1894)

*Nie zuvor hatte ein Europäer Afrika von Ost nach West durchquert. Cameron, der britische Marineoffizier, dem dieses Unternehmen glückte, gehört zu den bedeutendsten Persönlichkeiten der Entdeckerära in Afrika. Frei von dem zeitgenössischen europäischen Rassismus, glaubte er nicht an einen Zusammenhang von Rasse und kultureller Leistungsfähigkeit.*

Nie zuvor hatte ein Europäer Afrika von der Ostküste am Indischen Ozean bis zur Westküste am Südatlantik durchquert. Eigentlich war dieses Unternehmen als Suchexpedition für Livingstone geplant worden. Die Verbindung zu dem gefeierten Afrikaforscher und Missionar, der schon einmal als verschollen galt und 1871 von Stanley am Tanganjikasee wiedergefunden wurde (s. Kapitel 9,2), war abermals abgerissen. Nach Stanleys Auskunft hatte Livingstone nach ihrer Trennung aufbrechen wollen, um die letzten Geheimnisse des ostafrikanischen Seenhochlandes zu erforschen. Und seitdem hatte man von ihm nichts mehr gehört.

Mit der erneuten Suche nach dem eigenwilligen Mann wird ein britischer Marineoffizier namens Verney Lovett Cameron betraut. Cameron, Jahrgang 1844, ging in Somerset zur Schule. Kurz nach seinem 13. Geburtstag kam er zur königlichen Marine. Nach Beendigung seiner vierjährigen Ausbildungszeit wurde er einer im östlichen Mittelmeerraum operierenden Einheit zugeteilt. Ab 1865 gehörte er zu einem Geschwader im Indischen Ozean, das die Gewässer vor der ostafrikanischen Küste überwachte, um den Sklavenhandel der Araber zu unterbinden. Hier entwickelte Cameron seine leidenschaftliche Abneigung gegen jegliche Form der Sklaverei.

Im Januar 1873 trifft Cameron zusammen mit Sanitätsoffizier Dillon in Sansibar ein. Sie durchleben hier alle Schwierigkeiten früherer Entdecker. Die ortsansässigen Araber sind mißtrauisch, weil sie weit ins Innere vorstoßen wollen. Erst im März können sie von Bagamoyo nach Tabora in Unyanyembe abreisen, wo sie im August eintreffen. Noch zwei weitere Europäer haben sich der Expedition angeschlossen: Leutnant Murphy von der königlichen Artillerie in Aden und der Zuckerrohrpflanzer Robert Moffat aus Natal (Südafrika), ein Neffe von Livingstone.

Der arabische Kommandeur von Tabora, Said ibn Salim, stellt ihnen das Haus zur Verfügung, in dem schon Livingstone und Stanley gewohnt haben. Salim war auch Gastgeber von Burton, Speke und Grant, ist demnach mit den Eigenheiten europäischer Afrikareisender wohlvertraut.

Salims 1000-Mann-Truppe aus Belutschen und Sudanesen ist zu diesem Zeitpunkt in einen langwierigen Guerillakrieg mit Mirambo, einem Häuptling der Region, verwickelt. Dieser Kleinkrieg wird auf beiden Seiten mit der größten Brutalität geführt. Hauptleidtragende sind die unbeteiligten Dorfbewohner »draußen im Busch«.

Den Anlaß für diesen grausamen Kleinkrieg erfährt Cameron erst später. Mirambo, ursprünglich wohl der Häuptling eines kleinen Distrikts, hatte jahrelang mit den Arabern in bestem Einvernehmen gestanden. Eines Tages erhält ein junger Araber von Mirambo auf Treu und Glauben eine große Menge Elfenbein. Als der Zahlungstermin heranrückt, verlacht der Araber den leichtgläubigen Mirambo, der sich daraufhin bei den einflußreichen Kaufleuten von Tabora beschwert. Doch hier stößt er auf taube Ohren. Als schließlich die Karawane eines Kompagnons des Betrügers anrückt, verlangt Mirambo vollen Schadenersatz. Der Araber will nur einen Teil der Schuld begleichen. Mirambo gerät darüber in maßlose Wut und vernichtet die Karawane in einem kühnen Angriff. Von diesem Tage an wird Mirambo zum gefürchteten Guerillaführer der Region.

Camerons Weiterreise zum Tanganjikasee verzögert sich erheblich. Die Europäer leiden unter schweren Fieberanfällen. Moffat erliegt bald seinem Leiden. Am 20. Oktober, als Cameron, von kurz aufeinanderfolgenden Fieberanfällen und wirren Gedankengängen geplagt, wieder einmal völlig erschöpft auf seinem Bett liegt, stürzt sein Diener Mohammed Malim mit einem Brief in der Hand ins Zimmer: »Ein Mann ihn bringen!«

Der fieberkranke Cameron hat die größte Mühe, das Blatt Papier zu entziffern. Erst als der Überbinger des Briefes, Livingstones Diener Chuma, erscheint, wird ihm der Inhalt der Zeilen klar: »Wir haben im Monat August erfahren, daß Sie von Sansibar nach Unyanyembe aufgebrochen sind ... Ihr Vater ist jenseits des Landes Bisa an einer Krankheit gestorben, aber wir haben den Leichnam mit uns getragen ...« Der Schreiber der Zeilen, Livingstones Diener Jakob Wainright, glaubt demnach, daß der Leiter der Suchexpedition, von deren Existenz er erfahren hat, Livingstones Sohn Oswell ist. Für ihn ist die Nachricht bestimmt: Livingstone ist tot!

»Als einige Tage darauf die Leiche ankam, zollten Said ibn Salim, Scheikh ibn Nassib, Abdallah ibn Nassib und die vornehmen Araber ohne Ausnahme, dem Andenken Livingstones ihre Achtung, indem sie bei dem Empfang der Leiche zugegen waren, den wir mit so großen Feierlichkeiten begingen, als es uns möglich war. Die Askari waren in zwei Reihen vor dem Hause aufgestellt, zwischen ihnen hindurch trugen die Männer den Leichnam, und in dem Augenblick, als dieser herankam, wurden die Fahnen, die gegen unsere Gewohnheit an diesem Morgen nicht aufgezogen waren, in halbe Höhe aufgehißt.«

Die Träger brechen mit Livingstones Leichnam am 9. November in Richtung Sansibar auf. Murphy entschließt sich, zusammen mit der kleinen Karawane zur Küste zu ziehen. Für ihn ist die eigentliche Aufgabe der Expedition erfüllt. Auch Dillon muß sich schweren Herzens entschließen, den Rückmarsch anzutreten, da ihn wenige Tage zuvor eine heftige Darmentzündung befallen hat. Kurze Zeit später nimmt er sich im Fieberdelirium das Leben.

Cameron jedoch ist fest entschlossen, nach Westen vorzudringen. In Ujiji am Tanganjikasee wird er dann die Kiste mit Livingstones Aufzeichnungen vorfinden, die später wohlbehalten nach England gelangt. Im Bereich der großen Seen will er Livingstones Werk vollenden, will die letzten Rätsel um diese Quellgebiete der großen Ströme Afrikas lösen.

Oberster Karawanenführer ist Bombay, der schon mit Speke und dann mit Stanley durch Ostafrika gereist ist. An zweiter Stelle in der oft so heiklen Karawanenhierarchie steht Bilal Wadi Asmani, auch ein altbewährter Karawanenführer von Stanley und Livingstone. Mohammed Malim, Camerons persönlicher Diener, fungiert gleichzeitig als Schneider und guter Dolmetscher. Seinen Flintenträger Hamees hat er in Unyanyembe gemietet. Und es ist ihm gelungen, Said ibn Salim zu überreden, einen Sklavenknaben namens Jacko freizulassen, der nun ebenfalls mitzieht. Insgesamt umfaßt die Karawane etwa hundert Personen. Sie erreicht Ujiji im Februar 1874. Fünfzehn Jahre sind vergangen, seit Burton und Speke dort erstmals am Ufer des Sees standen.

Von Ujiji aus umrundet Cameron den gesamten südlichen Tanganjikasee. Während der Reise zieht er von den Einheimischen wertvolle Erkundigungen ein. Ein aus Waniamwesi stammender Mann erzählt von den Portugiesen ganz weit im Westen. Sie seien »ein Volk wie die Wazungu (Weißen), wohnten an der Küste und hätten zwei Könige; der oberste wäre eine Frau mit Namen Maria – offenbar meinte er die heilige Jungfrau –, und sie hätten Häuser, in denen ihr Bild stände; der andere hieße Muéneputo – dies ist der afrikanische Name für den König von Portugal«. In dem angeblich so unwegsamen »dunklen« Weltteil gibt es offensichtlich weitreichende Nachrichtendienste. Gesammelt und weitergegeben werden solche historischen und geographischen Kenntnisse von Kaufleuten, Karawanenführern und anderen weitgereisten Zeitgenossen. Später wird Cameron tief im Inneren des Kontinents im Gebiet des alten Lunda-Reiches auf den Sklavenhändler Msiri stoßen, dessen Handelswege vom Atlantik bis nach Unyanyembe reichen!

Am Westufer des Tanganjika, ungefähr in der Mitte des über 600 Kilometer langen Sees, stößt Cameron auf die gut einen Kilometer breite Mündung des Lukuga. Der Häuptling der hier lebenden Waguha erscheint in Camerons Lager und berichtet, daß der Strom seinen Leuten sehr wohl bekannt ist. Sie haben seinen Lauf weit hinab verfolgt. Der Lukuga münde viele Tagereisen im Westen in einen mächtigen Strom, der Lualaba (Kongo) heiße.

Cameron fährt in die Mündung des Lukuga. Doch schon nach wenigen Kilometern verhindern schwimmende Pflanzenbarren eine Weiterfahrt. Das Treibgut des Flusses, Blätter, Äste und Pflanzenreste, verschwindet dort, ohne eine Spur zu hinterlassen. Für Cameron ist klar, daß hier ein Ausfluß des Tanganjika vorliegt. Im Verlauf seiner Reise wird ihm immer wieder bestätigt, daß der Lukuga sich in den Lualaba ergieße. Damit ist Cameron eine für die europäische geographische Wissenschaft bedeutsame Entdeckung gelungen. Der Tanganjika hat einen Abfluß zum Stromsystem des Kongo. Der Tanganjika kann also kein Quellsee des Nils sein, was bereits Speke richtig angenommen hatte und was auch von Stanley und Livingstone bei ihrer Fahrt zur Mündung des Rusisi am Nordende des Sees bestätigt wurde.

Im Juni 1874 zieht die Expedition durch die Länder Uvinza und Manyuema der arabischen Handelsniederlassung Njangwe am Lualaba entgegen. Am Nordhang des Bambarrégebirges entlang führt der Weg durch tief eingeschnittene Schluchten, die von dichtem Urwald überzogen sind.

»Kein Sonnenstrahl, kein Windhauch dringt je in diese dunklen Gründe, denn eine Masse riesiger Bäume mit breitschattenden Wipfeln verschließt jedem Schimmer von Himmelsgewölbe den Eingang. Ja, riesige Bäume! ... Prachtvolle Schlinggewächse umkränzten die Bäume ... Der Boden war kühl und feucht und üppig mit Moosen und Farnkräutern bewachsen. Trotz der kühlen Temperatur erzeugte jedoch der Mangel an frischem Luftzug eine Empfindung unerträglichen Drucks ...«

Im Reich Manyuema sind die Dörfer planmäßig angelegt. Entweder gehen die Wege strahlenförmig von einem zentralen Platz aus, oder die Häuser liegen zu beiden Seiten einer geradlinig verlaufenden breiten Dorfstraße, in deren Mitte sich Versammlungshäuser, Kornspeicher und Palmbäume befinden. Die hellroten Wände und schrägen Giebeldächer der Wohnhütten unterscheiden sich merklich von allem, was Cameron bis dahin in Afrika gesehen hat.

Es ist eine friedliche Gegend mit sorgfältig bebauten Feldern und einer hohen Bevölkerungsdichte. Andere Bezirke Manyuemas werden dagegen von lang anhaltenden Feindseligkeiten zwischen benachbarten Dörfern beherrscht. Die Gastfreundschaft in den von Cameron besuchten Dörfern ist groß. Allem Anschein nach war Livingstone, der sich mehrere Monate in diesem Gebiet aufgehalten hatte, allgemein beliebt, und nun begegnet man dem Landsmann des Toten mit der gleichen Freundlichkeit.

Endlich, am 3. August 1874, steht Cameron am Rande einer hohen Uferklippe des mächtigen, reißenden Lualaba. Bald ist die Arabersiedlung Njangwe erreicht. Cameron ist überzeugt, daß dieser Strom in den Atlantik mündet, und er spielt mit dem Gedanken, ihn bis zum Meer hinab zu befahren.

Doch die Zeit in Njangwe vergeht, ohne daß es ihm gelingt, Boote für die Fahrt auf dem Lualaba zu beschaffen. Bei einem der Händler scheint das Geschäft schließlich zustande zu kommen. Doch er weigert sich, die große Menge Kaurischnecken, mit denen Cameron bezahlen will, anzunehmen und verlangt statt dessen Sklaven. Als entschiedener Gegner der Sklaverei kann Cameron unmöglich auf diese Forderungen eingehen.

In der Zwischenzeit führt er am Fluß genaue Messungen durch. Livingstone, der ebenfalls in Njangwe gewesen ist, hat das noch nicht getan. Cameron stellt fest: Die Höhe über dem Meeresspiegel ist in Njangwe mit 450 Meter deutlich geringer als in Gondokoro am oberen Weißen Nil. Also kann der Lualaba nicht mit dem Flußsystem des Nil zusammenhängen. Außerdem beträgt die Wasserführung des Lualaba während der trockenen Jahreszeit das Fünffache gegenüber der des

## Ndiayai, König der Fan

*In den Jahren 1856-1859 erforschte der Franzose Paul Belloni Du Chaillu das Innere der Regenwälder von Gabun. Hier stieß er auf die aus Nordosten eingewanderten Fan (auch Fang oder Pangwe). Ihr mächtiger König Ndiayai (Ndiayaye) trug Tätowierungen auf dem Körper, Kopfhaar und Bart waren geflochten, die Füße mit Kupferringen geschmückt. Der Kampfschild war aus Elefantenhaut angefertigt.*

Nil bei Gondokoro (123 000 englische Kubikfuß pro Sekunde gegenüber 21 500).

Was Cameron weiterhin über den Lualaba ausführt, zitiert Stanley in der Einleitung zu seinem berühmten Kongo-Reisewerk im Wortlaut:

»Jener große Strom muß einer der Hauptzuflüsse des Kongo sein, denn woher sollten sonst diesem Riesen unter den Flüssen, der nur dem Amazonenstrome an Volumen nachsteht, die zwei Millionen Kubikfuß Wasser kommen, welche er in jeder Sekunde dem Atlantischen Ozean zuführt? Aus den reichen Zuflüssen vom Norden ließe sich das verhältnismäßig geringe Anwachsen des Kongo an der Küste erklären; denn da sich sein ungeheures Bett zu beiden Seiten des Äquators ausdehnt, so liegt ein Teil desselben immer in der Regenzone, und deshalb ist die Wasservermehrung des Hauptstromes zu allen Jahreszeiten fast die gleiche, anstatt, wie in denjenigen tropischen Flüssen, deren Bett nur auf einer Seite des Äquators liegt, dem Wechsel unterworfen zu sein.«

Mit ein wenig mehr Glück hätte Cameron das erreichen können, was Stanley nur drei Jahre später vollendete. Auf jeden Fall konnte Stanley, was bei der Beurteilung beider Forscher häufig übersehen wird, seine Arbeiten auf Camerons fundamentalen Vorleistungen aufbauen. Im vorletzten Kapitel seines Reisewerks gibt Cameron ein Resümee aller bis dahin über das Quellgebiet des mächtigen Kongozuflusses Lualaba bekanntgewordenen geographischen Fakten und Vermutungen. Das Bild, welches Cameron von den großen Stromsystemen Afrikas und ihren Wasserscheiden entwirft, entspricht in den Grundzügen weitgehend den heutigen Kartenbildern:

Das Quellgebiet des Lualaba liegt bei 12° südlicher Breite im Grenzgebiet zwischen Katanga und dem heutigen Sambia (früher Nordrhodesien). Größter Zufluß aus dem Gebiet südlich des Tanganjikasees ist der Tschambesi (nicht zu verwechseln mit dem Sambesi!). Er mündet in die riesige Sumpfwildnis im Südosten des Bangweolosees und heißt nach Verlassen dieses Vogelparadieses Luapula; der Luapula erweitert sich weiter nördlich zum Mwerusee, und von da an wird er bis zu seiner Einmündung in den Lualaba Luvua genannt. Die Araber nennen den Luvua Lualaba. Doch der eigentliche Lualaba ist der zentrale und am tiefsten gelegene Stromlauf, wie Cameron richtig erkennt. Erstaunlich genug: Livingstone, der sich jahrelang im zentralen Afrika aufhielt, hat den Oberlauf des Lualaba niemals betreten.

»Wenn der Lualaba der Kongo ist, was meiner Meinung nach nicht mehr bezweifelt werden kann, so müssen auch die Gewässer des ganzen Landes nördlich vom Stromgebiet des Sambesi bis zu dem des Kuanza ihm zufließen.«

Nur in einem Punkt irrt Cameron: Gemäß den Angaben der Araber von Njangwe läßt er den Lualaba (Kongo) oder »Livingstone«, wie Stanley ihn nennen wird, weit südlich des Äquators nach Westen fließen, während er in Wirklichkeit in einem großen Bogen bis etwa 2° nördlicher Breite reicht und dann fast ständig nach Südwesten strömt.

Auf seinem Marsch quer durch den afrikanischen Kontinent nimmt Cameron zahlreiche exakte astronomische Ortsbestimmungen vor und macht fast 4000 barometrische Höhenbestimmungen. Für die spätere koloniale Aufteilung Afrikas im Bereich der Sambesi-Kongo-Wasserscheide liegt damit wertvolles kartographisches Material vor. Camerons Hinweise auf das Handelsimperium des aus Unyanyembe stammenden Händlers Msiri führten später die Belgier rasch in das überaus kupferreiche Katanga, wo Msiri seine Residenz errichtet hatte und wo bereits seit dem frühen Mittelalter Kupfer abgebaut wurde.

Am Oberlauf des Lomami gelangt Cameron zur Residenz des Fürsten Kassongo, der, vergleichbar einem mittelalterlichen englischen König, als allmächtiger Despot über das Volk der Urua herrscht. Zusammen mit Sklavenhändlern aus dem portugiesischen Einflußgebiet im weit westlich gelegenen Angola terrorisiert Kassongo die umliegenden Landstriche. Einer dieser »Portugiesen« (nicht selten waren es Mischlinge) ist José Antonio Alvez, von den Afrikanern Kendele genannt. Alvez stammt aus Dondo am Kuanza, rund 200 Kilometer östlich der Angolahauptstadt Luanda. Seit rund 20 Jahren betreibt Alvez seine fragwürdigen Handelsgeschäfte im Innern des Kontinents. Cameron ist praktisch gezwungen, sich einer der Sklavenkarawanen dieses Mannes anzuschließen, die nach Westen ziehen, wenn er und seine Expeditionsteilnehmer überhaupt jemals den Atlantik erreichen wollen.

Als sie sich im August 1875 allmählich der Landschaft Bihé im angolanischen Hinterland nähern, gehen die Vorräte an Tauschartikeln zu Ende. Dies bedeutet Schwierigkeiten bei der Beschaffung von Lebensmitteln, und bald gibt es nur noch Reis und Bohnen zu essen. Später begegnen sie Sklavenkarawanen des portugiesischen Händlers Silva Porto (so Camerons Angaben) aus Benguela. Die Anführer sprechen zumeist Portugiesisch. Einem dieser Karawanenführer muß Cameron seine letzten Hemden verkaufen, um nach entwürdigendem Gefeilsche wenigstens einige der notwendigsten Nahrungsmittel zu erstehen. Die Karawanenführer können nicht begreifen, daß ein völlig landesfremder Weißer – ohne Handel zu treiben – quer durch Afrika zieht, nur um Kunde von den Bergen und Flüssen dieser Länder einzuholen.

Völlig erschöpft erreichen Cameron und seine treuen afrikanischen Begleiter am 28. November 1875 unweit der Hafenstadt Benguela den kleinen Ort Katombéla. Zum erstenmal hat ein Europäer das zentrale Afrika von Ost nach West durchquert.

## Der Markt von Kawele (Ujiji)

*Ujiji am Tanganjikasee war einer der wichtigsten Marktplätze im weit verzweigten ostafrikanischen Handelsnetz der arabischen Kaufleute. Von hier zogen die Handelskarawanen, häufig genug mit »schwarzem Elfenbein« (Sklaven), zur Küste nach Sansibar, dem im 19. Jahrhundert bedeutendsten Sklavenumschlagplatz der Araber.*

## Lager im Dorf Meketo

*Erschöpft erreichte die Expedition Camerons das Dorf Meketo. In dem malerisch gelegenen Ort fanden die Expeditionsteilnehmer eine wohlverdiente Ruhepause.*

## Reihendorf in Manuema

*(rechts)*

*Eine große Vielfalt der Haus- und Dorfformen wies der afrikanische Kontinent südlich der Sahara auf. An Straßendörfer Mitteleuropas erinnert dieses Dorf westlich der Tanganjikasees, wo der Engländer Cameron im Jahre 1874 zu Gast war.*

## Tippu Tibs Lager

*In Tabora, südlich des Viktoriasees, begegnete der Deutsch-Russe Wilhelm Junker der Karawane des berühmt-berüchtigten Händers Hamed ben Muhammed, genannt Tippu Tib, der entscheidend zum Erfolg von Stanleys Kongofahrt beitrug. Die auffälligen übermannshohen Wände aus Baumwollstoff, an Bambusstangen um die Zelte herum errichtet, schützten die Frauen in Tippus Troß vor neugierigen Blicken.*

## *Der Bula Matari auf dem Livingstone-Strom Henry Morton Stanley erreicht die Kongomündung*

»Freitag, 10. November (1871). Der 236. Tag seit Bagamoyo ... Es ist ein herrlicher, beseligender Morgen. Die Luft ist frisch und kühl ... Die dichten Wälder sind von herrlichem, grünen Laub gekrönt; das Wasser des Mkuti rauscht unter dem Smaragdschatten, den seine bewachsenen Ufer darbieten und scheint uns durch sein beständiges Rauschen zum Wettlauf nach Ujiji aufzufordern ...

Man hat mich darauf vorbereitet, daß ich in zwei Stunden den Tanganjika erblicken soll, denn der Kirangozi (Karawanenführer) sagt, man sehe ihn von der Spitze eines steilen Berges. Ich fange vor Erregung fast an zu weinen ...

Eine ungeheure, weite Fläche, ein glänzendes Silberbett – darüber ein leuchtender, blauer Baldachin – hohe Berge als Faltensaum, Palmenwälder seine Fransen! Der Tanganjika! Hurra! Und die Leute erwidern das Jubelgeschrei des Angelsachsen mit Stentorstimmen, die großen Wälder und Berge scheinen sich an unserem Triumph zu beteiligen.«

Mit diesen Worten schildert Stanley in seinem Reisewerk »Wie ich Livingstone fand« seine Ankunft am See. Bald darauf nähert sich die Karawane dem malerisch gelegenen Hafenort Ujiji am Tanganjika. Salven aus fast 50 Flinten sollen den Bewohnern die Ankunft der Karawane verkünden. Die Schar der Bewaffneten und Träger marschiert jetzt in Reih und Glied, allen voran der Kirangozi, der die Bindera Kisungu, die Flagge des weißen Expeditionsleiters, trägt.

Die Bewohner Ujijis eilen zu Hunderten herbei. »Bindera Merikani – die amerikanische Flagge!«, rufen die Leute aus, welche Sansibar kennen und sie dort vom Mast so manchen Schiffes wehen sahen. Der Weiße, der hier in höchster Erregung auf Ujiji zueilt, ist Henry Morton Stanley, ein in England geborener junger Journalist, der früh in die Vereinigten Staaten kam und nun vom Verleger des »New York Herald« beauftragt worden ist, den seit 1866 als verschollen geltenden Afrikaforscher, Missionar und Bestsellerautor David Livingstone zu suchen.

In Uvinza, östlich des Tanganjika, hat Stanley von einer Karawane erfahren, daß sich in Ujiji ein weißer Mann mit grauem Bart aufhalte, der aus dem Manyuemaland dorthin gekommen sei. Er vermutet, daß es sich um Livingstone handelt. Und jetzt ist es endlich soweit! Stanley ist in Ujiji, drängt sich durch die Menge und steuert auf die Hütte zu, vor deren Eingang der lange Gesuchte inmitten arabischer Würdenträger steht.

»Als ich langsam auf ihn zutrat, bemerkte ich, daß er blaß und ermüdet aussah und einen grauen Bart hatte, eine bläuliche Mütze mit verschossenem goldenen Band, eine Weste mit roten Ärmeln und ein Paar graue Hosen trug.«

Dann spricht Stanley die in der Entdeckungsgeschichte Afrikas berühmt gewordenen Worte: »Dr. Livingstone, I presume (Dr. Livingstone, wie ich vermute) ... Ja, sagte er mit freundlichem Lächeln, die Mütze leicht lüftend. Ich setze meinen Hut wieder auf den Kopf, er seine Mütze, wir reichen uns herzlich die Hand und ich sage laut: Ich danke Gott, Doktor, daß es mir gestattet ist, Sie zu sehen.«

Anfangs wird die Nachricht von der Auffindung Livingstones durch Stanley mit Skepsis aufgenommen. Man mißtraut dem »Yankee«, zweifelt vielerorts an seiner Seriosität. Doch die Genauigkeit seiner Berichte und Briefe von Livingstone lassen bald keinen Zweifel mehr aufkommen. Dieser Stanley hat den großen Livingstone gefunden! Die Sensation ist perfekt und Stanley mit einem Schlag ein berühmter Mann. Sein zweibändiger Reisebericht »How I found Livingstone« (Wie ich Livingstone fand) wird zu einem Weltbestseller der Entdeckungsliteratur.

Zusammen mit Livingstone befährt Stanley den Tanganjika. Er will herausfinden, ob der Rusisi am Nordende des Sees in diesen hineinfließt oder den See verläßt, wie Burton so hartnäckig behauptet hatte (vgl. Kapitel 4). In einem Boot mit zehn ausgesuchten kräftigen Ruderern fahren die beiden Männer zum Rusisi. Sie dringen in die weite Schilfwildnis ein; überall fließt das Wasser langsam dem See zu. Am Ende ihrer Untersuchungen steht fest: der Rusisi mündet mit mehreren Deltaarmen in den See. Der Tanganjika kann kein Quellsee des Nil sein!

Stanley zieht nach dieser Reise zur Ostküste zurück und verläßt den afrikanischen Kontinent. Doch bereits zwei Jahre später (1874) ist er wieder in Ostafrika, um die letzten Nilquellen-Rätsel zu lösen und vor allem, um den noch immer geheimnisvollsten aller afrikanischen Ströme, den Kongo oder Zaire, zu befahren. Diese Reise wird bis 1877 dauern. Wie bei nicht wenigen Afrikaentdeckern in der zweiten Hälfte des 19. Jahrhunderts beginnt dann Stanleys Reisetätigkeit im Dienste des europäischen Kolonialismus. Von 1879 bis 1885 errichtet er im Auftrag des belgischen Königs Leopold II. im Kongobecken systematisch Handelsstützpunkte und schafft damit die Voraussetzungen zur Durchsetzung von Leopolds Ansprüchen auf der Berliner Kongokonferenz. Seine groß angelegte Expedition zur »Rettung« des durch den Mahdisten-Aufstand von der Zivilisation abgeschnittenen Emin Pascha (1887 bis 1889) ist in Wahrheit ein rücksichtslos durchgepeitschtes Kommandounternehmen (mit 800 Mann!) zur Sicherung britischer Interessen in Uganda und Äquatoria.

Stanleys Vorgehen ist bei zahlreichen Zeitgenossen mit umfassender Afrikaerfahrung zum Teil auf heftigste Kritik gestoßen. Graf Savorgnan de Brazza aus altem italienischem Adelsgeschlecht und Kolonialforscher in französischen Diensten schreibt über ihn: »Ich reiste nie wie Stanley mit großer militärischer Bedeckung. Da ich als Freund reiste und nicht als Eroberer, fand ich überall gastfreundliche Menschen. Stanley verschaffte sich dagegen durch Gewehre Re-

**Stanley findet Livingstone** *(rechts)*

*Zahlreiche zeitgenössische Illustrationen veranschaulichen diese historische Begegnung in Ujiji am Ostufer des Tanganjikasees, wo der Journalist Stanley den als verschollen geltenden Missionar Livingstone wiederfand.*

**Stanley am Maximgewehr**

*Erst nach der Erfindung des Maschinengewehrs besaßen die Kampftruppen der europäischen Eindringlinge, deren Mannschaften sich oft überwiegend aus Afrikanern rekrutierten, die Feuerkraft die sie zur Eroberung des Hinterlandes benötigten. Auch Stanley verfügte bei seinen Kongoreisen (1879–1888) über die neue, als Maximgewehr bekanntgewordene Waffe.*

## Dorf in Manyuema

*Tage und Wochen wohlverdienter Ruhe genossen die Entdecker in oft malerischen Dörfern bei gastfreundlichen »Wilden« wie hier im Lande Manyuema zwischen dem Tanganjikasee und dem Lualaba (Kongo). Cameron, Livingstone, Stanley und andere durchreisten diese faszinierende Landschaft im Bereich der zentralafrikanischen Wasserscheide.*

spekt.« Richard Francis Burton ging gar so weit, Stanley vorzuwerfen, er schieße Afrikaner wie die Affen ab! Und selbst der in kolonialen Fragen nicht gerade sehr zimperliche König Leopold seufzte einmal: Was kann man nur tun, um diesen Stanley ruhig zu halten?!

Stanleys Kindheit war von düsteren Erfahrungen geprägt. Als John Rowlands 1840 in Wales geboren, wuchs die Waise im St.-Asaph-Heim auf und litt unter der Angst einflößenden Atmosphäre eines streng geführten Arbeitshauses. Der 13jährige überquerte als Schiffsjunge den Atlantik und fand nach seiner Ankunft in New Orleans in den Südstaaten der USA neues Selbstvertrauen. Er arbeitete bei einem Kaufmann namens Stanley, wurde von ihm adoptiert und nahm dessen Namen an. Nach dem Tode seines Wohltäters trat er bei Ausbruch des amerikanischen Bürgerkrieges in die Armee der Konföderierten ein, wurde von den »Yankees« gefangengenommen und schließlich der Marine der Nordstaaten zugeteilt, wo er es auf dem Kriegsschiff »Tinconderoga« bis zum Fähnrich brachte. Nach Beendigung des Sezessionskrieges (1865) reiste er als Zeitungskorrespondent in die Türkei und nahm 1868 als Kriegsberichterstatter des »New York Herald« am Abessinienfeldzug der Briten teil. Am berühmtesten wurde er zweifellos durch seine mit rücksichtsloser Energie vorangetriebene Erforschung des Kongostromes, die weitgehend vom »New York Herald« und dem Londoner »Daily Telegraph« finanziert wurde.

Stanley bereitet diese trotz aller Schattenseiten großartige Expedition auf das Sorgfältigste vor. Zu den wichtigsten Ausrüstungsgegenständen gehört das für Landtransporte in fünf Teile zerlegbare Boot »Lady Alice«. Es hat eine Länge von 12,19 m und eine Breite von 1,83 und ist aus 1 cm dickem spanischem Zedernholz gefertigt. Vor Stanleys Abreise aus London liegen über 1200 Briefe von Ingenieuren, hohen Militärs, Köchen, Handwerkern usw. aus Amerika, England und anderen Ländern Europas vor. Sie alle wollen Stanley begleiten. Nach eigener Aussage kennen sie Afrika sehr gründlich, sind an das Klima gewöhnt und zumeist auch ganz sicher, daß auf ihre Mithilfe nicht verzichtet werden kann. Es gibt sogar Leute, die mittels der »Wissenschaft des Magnetismus« befähigt sind, alle Wilden in Schlaf zu versetzen, so daß die Expedition ohne jegliche Gefährdung den Kontinent bereisen kann!

Am 21. September 1874 erreicht Stanley Sansibar. »Es ist ein äußerst nüchternes Geschäft, eine afrikanische Expedition zu organisieren. Man wird körperlich und geistig ohne Unterbrechung in Anspruch genommen«, schreibt er im ersten Band seines Kongo-Reisewerkes.

Die Expedition geht am 13. November in der Sansibar gegenüberliegenden Hafenstadt Bagamoyo an Land. Als erste Aufgabe hat sich Stanley vorgenommen, den Viktoria Nyanza, den Ukerewe der Araber, ganz zu umfahren, um so Gewißheit über seine wirkliche Größe zu erlangen. Der inzwischen verstorbene Livingstone hatte auf seiner letzten Reise in Zentralafrika Berichte von Einheimischen gesammelt, wonach der von Speke beschriebene riesige Ukerewe in Wirklichkeit aus nicht weniger als fünf Seen bestehen sollte. Das war natürlich Wasser auf die Mühlen eines Richard Francis Burton gewesen! Ja, es gab sogar Leute, die in dem Glauben lebten, daß dieser »Speke-See« wieder gänzlich von den Afrikakarten verschwinden würde.

Stanley setzt die Umfahrung allen Widerständen zum Trotz mit unerhörter Härte durch. Es fließt eine Menge Blut bei den harten Auseinandersetzungen mit den Einheimischen am See. Rückblickend auf diese Fahrt stellt Stanley fest: »Wir hatten ihn in seiner ganzen Ausdehnung umschifft, waren in jede Bay, jede Ein- und Durchfahrt, jedes Flüßchen eingedrungen; wir waren bekannt geworden mit fast jeder nur denkbaren Art der wilden Menschennatur – mit milden und versöhnlichen, mit grimmigen und ganz unzugänglich wilden, mit gastfreien und ungastlichen, mit edelmütigen und gemeinen Menschen; wir hatten ihre Methoden der Kriegführung kennengelernt ... wir hatten fünfmal unter Kriegs- und Mordlust leiden müssen und hatten viele Leute durch ihr gesetzloses und wildes Benehmen verloren.«

Danach wendet sich Stanley zum Alexandra-Nil (Kagera) im Westen, dem wichtigsten Zufluß des Viktoriasees. Fast die Hälfte des Kageralaufes wird befahren, dann zwingen Mangel an weiteren Hilfsmitteln und die Feindseligkeit der Bewohner Stanley zur Umkehr. Erst dem deutschen Arzt Richard Kandt wird es am Ende des Jahrhunderts gelingen, tief in das geheimnisvolle Königreich Ruanda vorzudringen und das Quellgebiet des Kagera zu erforschen.

Doch die Viktoriasee-Frage hat Stanley nun gelöst und ist voll des Lobes für den britisch-indischen Offizier Speke: »Speke hat nun den Vollgenuß des Ruhmes, den größten Binnensee auf dem Kontinent von Afrika und ebenso dessen hauptsächlichsten Zufluß sowie dessen Ausfluß entdeckt zu haben. Ich muß es auch auf sein Konto schreiben, daß er die Geographie der Gegenden, welche er durchreiste, gründlicher verstanden hat als irgendeiner der eigensinnigen Bekämpfer seiner Hypothesen, und ich gebe hier meiner Bewunderung des genialen Geographen Ausdruck, der nach bloßen Berichten der Eingeborenen zuerst mit Meisterhand die Umrisse des Viktoria Nyanza skizzierte.«

Auch Stanley besucht die Residenz des Königs Mtesa von Uganda. In Usavara am Viktoriasee wird Stanleys Expedition mit großem Pomp empfangen. In zwei dicht gedrängten Linien stehen die Volksmassen nahe dem Seeufer. Salven von Flintenschüssen krachen längs der Linien. Dazu erschallt ein lärmendes Willkommen von zahlreichen Kesselpauken und Baßtrommeln. Stanley wird vom Katekiro, dem Premierminister des Kabaka (König) Mtesa I., empfangen. Nach Durchschreiten des langen Menschenspaliers stehen sie dem Kabaka selbst gegenüber.

»Der Kabaka, ein großer, magerer Mann mit glattem Gesicht, großen Augen und kräftigem Aussehen, mit einer dickwollenen schwarzen Robe und darunter mit einem weißen, von einem Goldgürtel umschlungenen Hemd bekleidet, schüttelte mir warm und ausdrucksvoll die Hände.« Stanley ist tief beeindruckt von dem Mann. Er kann an ihm nichts von dem Despoten feststellen, den Speke zwölf Jahre vor ihm beschrieben hat. Nicht, daß er Spekes Angaben bezweifelt, aber in Mtesa muß eine Verwandlung vor sich gegangen sein. Auf Stanley macht der Mtesa des Jahres 1875 den Eindruck eines intelligenten und ausgezeichneten Fürsten; er ist ein mächtiger Kaiser mit großem Einfluß auf seine Nachbarn. Stanley sieht mit eigenen Augen die Gesandtschaften dieser »wilden« Nachbarn, die vor Mtesa niederknien und den Tribut ihrer despotischen Herrscher darbringen. Die Verwandlung Mtesas hängt offenbar mit den Bemühungen eines armen Moslem namens Mulay ben Selim zusammen, der den König zum Islam bekehrte. Stanley hält diese Gedanken in seinem Tagebuch fest und fährt dann wörtlich fort: »So falsch und verwerflich auch diese Lehren (des Islam) sind, so sind sie doch den unbarmherzig grausamen Naturtrieben eines wilden Despoten vorzuziehen, den Speke und Grant als einen im Blute der Weiber herumwälzenden Wüterich verließen, und ich ehre das Andenken des Mulei ben Selim – obgleich er Muselmann und Sklavenhändler war ... Mit dem lebhaften Wunsche, den Charakter Mtesas noch weiter zu veredeln, werde ich damit beginnen, auf den von Mulei ben Selim gelegten Grundsteinen weiter zu bauen. Ich werde seinen Glauben an den Islam zerstören und ihm die Lehre des Jesus von Nazareth verkünden.«

Wie viele Europäer, besonders des 19. Jahrhunderts, ganz vom Sendungsbewußtsein der »allein seligmachenden« abendländisch-christlichen Zivilisation erfüllt, hatte Stanley fünf Tage zuvor unter anderem notiert: »Ich glaube in ihm (Mtesa) das Licht zu sehen, das die Dunkelheit dieser umnachteten Region erleuchten wird ... In diesem Mann erkenne ich die mögliche Verwirklichung der Hoffnungen Livingstones, denn mit seiner Hilfe wird die Zivilisierung des äquatorialen Afrika ausführbar.«

Stanley ist fest entschlossen, weitere »Entwicklungshilfe« zu leisten und Mtesa zum Christentum zu bekehren. In langen Gesprächen über diese Religion versucht er, den König von der Richtigkeit der christlichen Lehre zu überzeugen. Er übersetzt Auszüge aus der protestantischen Bibel in die Kisuaheli-Sprache. Das alles geschieht in den Kampfpausen des Krieges, den Mtesa gegen die Wavuma am Viktoriasee führt.

Von Uganda aus zieht Stanley dann weiter durch Rumanikas Reich zum Tanganjikasee, den er ganz umfährt. Es ist eine Seereise von weit über tausend Kilometer. Im Gebirgsland westlich des Tanganjika sind die Täler reich an Büffeln; es gibt viel Fleisch für die Teilnehmer der Expedition. Die Wälder sind voll von wild wachsenden Obstbäumen der verschiedensten Art. »Eine ganze Armee könnte sich wochenlang ernähren mit den verschiedenen köstlichen Früchten, die er enthält«, schwärmt Stanley.

Begeistert ist Stanley von den Bewohnern dieser Landstriche. »In diesen Volksstämmen lernten wir ... die milde ... unverfälschte Unschuld dieses Teils von Zentralafrika kennen.« Ein scharfer Kontrast zu dem, was später am Kongo noch folgen sollte.

Auch die urwüchsige Landschaft zwischen dem Tanganjika und dem Kongobecken beeindruckt Stanley stark: »Über das ganze Bild hat die Natur ein Kleid geworfen, das in den glühendsten Tönen von Grün prangt. Sie hat den Bergen geheißen, ihre klarsten Gewässer loszulassen, sie hat den Hügeln und Anhöhen befohlen, sich mit Blüten zu schmücken, und die Täler mit einer Wohlgerüche ausatmenden Vegetation erfüllt; um die Felsen hat sie Kränze von Schlingpflanzen gewunden und die Baumstämme mit Moos drapiert; Unfruchtbarkeit hat sie aus ihren Reiche verbannt ... Und doch hat die Natur mitten in Afrika kein sanftes, samtiges lächelndes England hervorgebracht. Weit gefehlt! Sie ist dort zu urkräftig, zu plötzlich in ihren Übergängen und allzu fruchtbar. Ihre Gräser sind dort hart und derb und schneiden und stechen wie Messer und Nadeln; ihr Schilfrohr ist zäh und wächst hoch wie Bambus; ihre Schlingpflanzen und Winden haben die Dicke und Länge von Kabeln; ihre Dornen sind Angelhaken von Stahl; ihre Bäume schießen zu einer Höhe von dreißig Meter empor. Wir finden kein Vergnügen daran, zur Aufsuchung wilder Blumen herumzustreifen, und das Wild wird ungestört gelassen, weil es so schwer fällt, sich frei umherzubewegen; denn ist einmal der Hauptpfad verlassen, so befinden wir uns bis über den Kopf im dicken, steifen, unnachgiebigen Grase.«

Nahe der arabischen Niederlassung Njangwe (am Lualaba) trifft Stanley mit dem berühmt-berüchtigten Händlerkönig Hamed ben Mohammed, genannt Tippu Tib, zusammen.

»Es war ein großer schwarzbärtiger Mann mit negerartiger Hautfarbe, in der Blüte seiner Jahre, von straffer Haltung und lebhaft in seinen Bewegungen, ein wahres Bild von Energie und Stärke.« Schon nach wenigen Minuten ist Stanley überzeugt, in Tippu Tib den bedeutendsten Araber vor sich zu haben, den er je gesehen hat.

Wer war dieser Mann, den man überall in Zentral- und Ostafrika unter dem Namen Tippu Tip kannte? Seine Eltern stammten aus Maskat im fernen Oman an der Küste des arabisch-persischen Golfes. Eine der Großmütter war Afrikanerin. Bereits als 18jähriger hielt er sich weit westlich des Tanganjikasees auf und beteiligte sich am Elfenbeinhandel. Doch über seine verzweigten Handelsstationen wurden später auch Sklaven zur ostafrikanischen Küste geschafft. Seine Händlerkollegen erkannten ihn als eine Art ungekrönten König an. Seine Vorposten reichten bis an den Lualaba. Seine Pläne, ein zentralafrikanisches Großreich unter arabischer Führung zu errichten, wurden von den Europäern durchkreuzt. Tippu Tib zog sich 1890 auf seinen Besitz in Sansibar zurück. Im Alter von etwa 68 Jahren verstarb der Händlerkönig im Jahre 1905.

Doch zurück in das Jahr 1876. Stanley bringt es fertig, Tippu Tib für einen Vertrag zu gewinnen, der die Hilfe bei der geplanten Kongofahrt regelt. Und der Händlerkönig besorgt in kurzer Zeit die notwendige Anzahl von Trägern. Daß darunter viele Sklaven sind, nimmt Stanley in Kauf.

**Der Gorilla**

*Nach den Erfahrungen des Franzosen Du Chaillu waren die Fang geschickte Elefanten- und Gorillajäger. Er verfaßte die ersten ausführlichen Berichte über diesen größten Menschenaffen und brachte auch den ersten lebenden Gorilla nach Europa. Die Gefährlichkeit dieser »Bestie« wurde von ihm allerdings maßlos übertrieben. Erst seit wenigen Jahrzenten wissen wir, daß diese hünenhaften Tiere harmlose Pflanzenfresser sind.*

## Haartrachten

*Faszinierend ist die Fülle der oft kunstvollen Frisuren der Schwarzafrikaner, von denen diese kleine Auswahl einen Eindruck vermitteln soll. Die Abbildung links oben zeigt das Porträt eines Mtuta, darunter der Kopf eines Mannes aus Rua. Stanley traf diese beiden Afrikaner am Tanganjikasee. »Obgleich am Körper fast vollständig nackt, hatten sie (die Bewohner von Cabongo in Bihé) das Haar in ganz außerordentlicher und mannigfaltiger Weise aufgeputzt (rechte Seite). Jede Art des Kopfputzes hat eine besondere Benennung« (Serpa Pinto, 1881).*

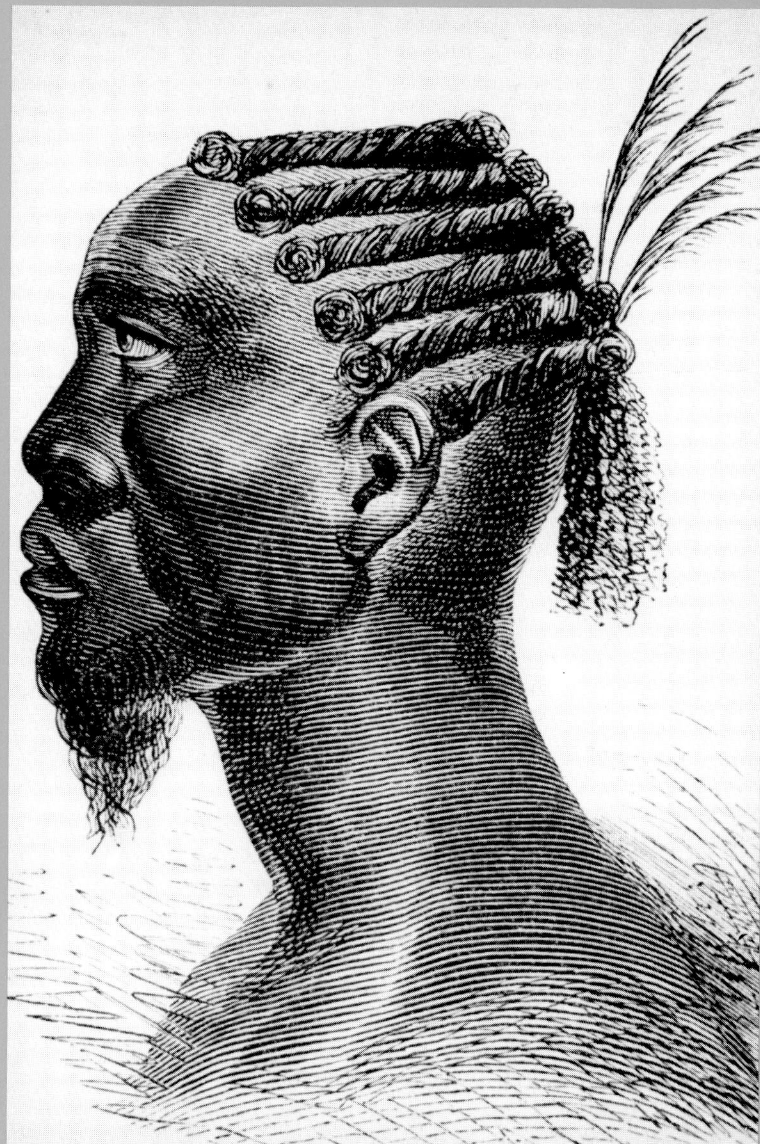

## Angriff der 43 Kanus

*In schwere Gefechte wurde Stanley während der Fahrt auf dem Lualaba verwickelt. Viele Kritiker haben ihm vorgeworfen, daß er diese Zwischenfälle seinem brutalen Vorgehen zuzuschreiben hatte.*

Am 2. November trifft Tippu mit 700 Leuten in Njangwe ein. Stanley selbst verfügt über 149 Leute, einschließlich Frauen und Kinder der Träger. Zur Verteidigung stehen ihm 65 Gewehre zur Verfügung. Am 6. November verläßt die Expedition Njangwe. Es beginnen schreckliche Märsche durch ausgedehnte Urwaldgebiete. Am 20. November wird, unterhalb einer Stromschnellenstrecke, wieder der Lualaba erreicht.

»Der Name Lualaba soll hier sein Ende finden. Ich beabsichtige, den Strom von jetzt an nur mit dem Namen Livingstone zu bezeichnen.« Nun beginnt die Fahrt auf dem Strom. Bei Kämpfen mit den »Eingeborenen« werden zahlreiche Boote erbeutet. Der Hergang der Feindseligkeiten ist von Stanley und später von Tippu Tib zum Teil unterschiedlich dargestellt worden. Möglicherweise sind die Expeditionsteilnehmer von den Bewohnern am Fluß für Sklavenjäger gehalten worden. Was sich im einzelnen tatsächlich abgespielt hat, wird wohl wie so vieles, was sich in den unendlichen Wäldern zutrug, für immer ungeklärt bleiben.

Ende Dezember kommt der Tag des Abschieds von Tippu Tib. Er hat seine vertraglich festgelegten Pflichten erfüllt und zieht zurück in sein »Reich«. Stanley und seine Leute sind jetzt ganz auf sich selbst gestellt.

Vor Stanley öffnet sich das »Portal einer unbekannten Welt«. Ganz geheuer ist ihm bei dieser Fahrt ins Ungewisse nicht. Noch tags zuvor hat er seinem Begleiter Frank Pocock und wohl auch sich selbst Mut gemacht: »Ich versichere Dir, Frank, dieser enorm große leere Raum ist nun nahe daran, sich zu füllen. So weiß, wie er ist, übt er auf mich einen ganz eigentümlichen Zauber aus. Niemals hat weißes Papier für mich einen solchen Reiz besessen wie dieses, und ich habe es schon im Geiste bevölkert, ich habe es ausgefüllt mit wunderbaren Ansichten von Städten, Dörfern, Flüssen und Ländern und mit Volksstämmen – alles in der Phantasie, und ich brenne vor Begierde, mich von der Wahrheit oder Unwahrheit dieser meiner Gebilde zu überzeugen.«

Mehrere Male werden sie in Kämpfe mit den Bewohnern am Strom verwickelt; wiederholt erzwingen sie sich durch Geiselnahme freie Durchfahrt. Und die Trommeln verkünden den weiter stromab lebenden Menschen, was geschehen ist. Neue Feindseligkeiten bahnen sich so an.

Am 6. Januar 1877 erreicht die Expedition die später Stanleyfälle benannte Zone tosender Katarakte. Insgesamt sieben dieser reißenden, tückischen Stromschnellengebiete müssen überwunden werden. 22 Tage lang kämpfen Stanleys Männer hier mit den Gewalten des Stromes.

Auf einer Insel im Fluß liegt ein Dorf, dessen Bewohner offensichtlich Kannibalen sind. »Menschenschädel verzierten die Dorfstraßen auf der Insel und eine große Menge Schenkelknochen, Rippen und Rückenwirbel lagen in einem Winkel voll Unrat, als gebleichte Zeugen ihres gräßlichen Appetits nach Menschenfleich.«

Am 28. Januar haben sie auch die letzte der Stromschnellen hinter sich gebracht. »Wieder einmal schwimmen wir flott dahin auf einem prächtigen Strome«, frohlockt Stanley. Bald darauf passieren sie die Stelle, wo während der belgischen Kolonialzeit am rechten Ufer des Stromes die Stadt Stanleyville (heute Kisangani) gegründet wird.

Die friedliche Stromfahrt ist jedoch bald zu Ende. Um zwei Uhr nachmittags des 1. Februar nähern sie sich dem breiten Mündungstrichter des Aruwimi. Hier kommt es unterhalb des Zusammenflusses der beiden Ströme zu einem großen Gefecht.

»Als wir aber nun stromauf blicken, da bietet sich uns plötzlich ein Schauspiel dar, das uns das Blut in jeder Ader, in jedem Nerv fieberhaft wallen läßt und nicht bloß unser gespanntestes Interesse, sondern auch unsere lebhaftesten Befürchtungen erweckt – eine Flotte riesig großer Kanus kommt auf uns los gefahren, an Größe und Zahl alles, was wir bisher irgendwo angetroffen, bei weitem übertreffend!«

Insgesamt 54 Kriegsboote steuern auf die kleine, vor Anker liegende Flotte Stanleys zu. Voran fährt ein ungeheuer langes Kanu, das auf jeder Seite von 40 aufrechtstehenden Ruderern vorangetrieben wird. Rasender Trommelwirbel und mit vollster Kraft geblasene Elfenbeinhörner, unterstützt durch einen gellenden Kriegsgesang aus tausend Kriegerkehlen, verstärken das Drohende dieser unheimlich schnell herannahenden Flotte ins nahezu Unerträgliche. »Kameraden seid so fest wie Eisen!«, ruft Stanley seinen Leuten zu. »Denkt nicht an eine Möglichkeit der Flucht, denn nur Eure Flinten können Euch retten!«

»Das Ungeheuer von Kanu« steuert direkt auf Stanleys Boot zu, dreht aber in etwa 50 Meter Abstand zur Seite, bis es seinem Boot gegenüberliegt. Jetzt schleudern die Krieger im Vorderteil ihre Speere gegen Stanleys Boot. Aus welcher Entfernung das geschieht, ist nicht überliefert. Die Männer auf Stanleys Booten eröffnen jetzt das Feuer. Er hat ihnen eingeschärft, nicht alle auf einmal zu schießen und kaltblütig so lange zu warten, bis sie ihr Ziel ganz sicher im Visier haben. Nach fünf Minuten mörderischen Gewehrfeuers ist die Schlacht entschieden.

Stanley hat sich in einen seiner auch von Zeitgenossen oft kritisierten Wutanfälle hineingesteigert. Er gibt Befehl zur Verfolgung der Männer, die er als Kannibalen bezeichnet. »Das Blut kocht uns jetzt in den Adern«, schreibt er über die Stimmung nach dem Feuergefecht.

»Es ist eine mörderische Welt, und wir fühlen zum erstenmal, daß wir solch schmutziges, gefräßiges Gesindel hassen, das sie bewohnt.« Rasch ist das Dorf am Ufer des Kongo erreicht, die Gewehrträger dringen zwischen die Hütten vor, jagen die Bewohner in die Wälder. Ein kleiner überdachter Kultplatz für eine »Götzenfigur« wird eingerissen. Die 33 Elfenbeinzähne, welche das kreisrunde Dach tragen, überläßt Stanley seinen Leuten als Kriegsbeute.

Noch ist bis zur Mündung des gewaltigen Stromes ein weiter Weg zurückzulegen. 1700 Kilometer sind zu bewältigen. Werden sie es schaffen? Stanley beginnt daran zu zweifeln, ist im Innersten schon fast über-

## Großes Kanu am Aruwimi

***Als Stanleys Expedition den Aruwimi, einen rechten Nebenfluß des Kongo, erreichte, wurde sie von zahlreichen großen Kriegsbooten angegriffen. Hat Stanley hier vorschnell den Befehl zur Eröffnung des Feuers gegeben? Handelte es sich wirklich darum, einen weißhäutigen Menschen, der nach dem Stammesglauben als ein im Fluß ertrunkener Bruder zurückkehrte, freudig zu begrüßen, wie der Pater Frässle in seinem Buch »Meine Urwaldneger« (Freiburg, 1929) später behauptete?***

## Die Erforscher des Kongostromes

*Nicht alle europäischen Entdecker haben so freimütig wie Stanley zugegeben, daß ihre afrikanischen Begleiter oft entscheidend zum Erfolg der Expeditionen beigetragen haben. Das nach einem Foto gezeichnete Bild zeigt Stanley mit den wichtigsten afrikanischen Teilnehmern der Kongofahrt.*

zeugt, daß die Tagebuchseiten niemals von irgendeinem Menschen gelesen werden. »Livingstone nannte es einmal ein tollkühnes Unterfangen, den Lualaba hinabzuschwimmen. Bei Tag und Nacht werden wir von dem schrecklichen Getrommel betäubt, das unsere Ankunft und unsere Anwesenheit in den Gewässern der Wilden ankündigt.«

In einem Dorf namens Rubunga gelingt schließlich ein friedlicher Kontakt. Doch auch hier kommt es bei der Abreise zu Feindseligkeiten. Die Mannschaft bricht in ein Freudengeschrei aus, als man in Rubunga auf vier alte portugiesische Musketen stößt, die irgendwann einmal ihren Weg stromauf von der fernen Atlantikküste bis hierher gefunden haben. Stanleys Leute wissen jetzt, daß er ihnen die Wahrheit gesagt hat; immer wieder hat er ihnen versichert, daß sie eines Tages das Meer sehen würden. Von dem alten Häuptling bekommt Stanley nach eingehender und sprachlich schwieriger Befragung in einem Gemisch aus Kisuaheli und anderen Bantu-Sprachen die kurze Antwort: »Ikutu ja Kongo – der Fluß heißt Kongo!«

Mitte März erreicht die Expedition die 800 Meter aufragenden Majombeberge, die als Teil der sogenannten Niederguineaschwelle das riesige Kongobecken vom Atlantik abriegeln. Der Kongo ist vor diesem Gebirgsriegel zu einem später Stanley-Pool genannten See von 450 Quadratkilometer Fläche aufgestaut (Bodensee 538 km$^2$). Die Küste ist von hier nur noch etwa 350 Kilometer entfernt. Doch der Kongo durchbricht die Majombeberge in einem gewaltigen, oft schluchtartigen Erosionstal. Insgesamt 32 tosende Wasserfälle müssen bezwungen bzw. umgangen werden. Stanley gibt ihnen den Namen Livingstone-Fälle. Vom Ufer aus werden die Boote an starken Seilen über die gefährlichen Stromschnellen manövriert. Doch wo Wasserfälle das weitere Vordringen am Fluß unmöglich machen, müssen die Fahrzeuge in härtester Knochenarbeit über Land geschleppt werden. Eines der Boote geht trotz aller Vorsicht in den reißenden Fluten verloren. Ein Urwaldriese wird gefällt und in wenigen Tagen ein neues Boot gezimmert.

»Jene in stiller Einsamkeit sich zwischen den tausend Waldinseln des Stromes, wie die Wege eines großen Irrgartens hinschlängelnden Kanäle, jene in schweigender Ruhe träumenden Waldwildnisse ... – alles dies ist nun wie durch Zauberkraft verwandelt in einen von Felsklippen eingefaßten meilenlangen Schlund, durch welchen der Livingstone mit unbeschreiblicher Wut seine schäumenden Wellen in den breiten Kongo hinabschleudert.«

Der Lärm in dem tosenden Hexenkessel sich überschlagender Wellenberge ist so groß, daß eine Verständigung nur möglich ist, wenn man sich die Worte gegenseitig ins Ohr schreit.

Auf den ruhigeren Abschnitten des Stromes vertrauen sich die Expeditionsteilnehmer bangen Herzens ihren schwankenden Booten an. Das Senkblei ergibt dicht am Ufer eine Wassertiefe von 42 Meter! Während einer solchen kurzen Talfahrt geschieht ein schreckliches Unglück. Das Boot »Krokodil« hat nicht mehr rechtzeitig das rettende Ufer ansteuern können. Pfeilschnell schießt das »Krokodil« über das verräterisch ruhige Wasser direkt auf den nächsten Wasserfall zu. Entsetzt müssen die anderen zusehen, wie das Fahrzeug mit dem Bootsführer Kalulu und seiner Mannschaft in die Tiefe gerissen wird. Keiner der Männer kann gerettet werden.

Kurz vor dem Ziel der Reise taucht eine Gefahr ganz unerwarteter Art auf. Stanley hat wie immer in seinem Tagebuch geschrieben. Doch die ortsansäsigen Babwende haben nur einen Weißen gesehen, der auf ein Tara-Tara (Papier) gewisse Zeichen malt, und sie halten das für einen bösen Zauber. 500 mit Musketen bewaffnete Krieger rücken gegen Stanleys Lager vor. Das Tara-Tara soll vor ihren Augen verbrannt werden. »Unser Land wird wüst werden! Was haben wir Euch getan, daß Ihr uns zu töten trachtet?«

Das Tagebuch enthält wertvollste Reisenotizen, genaue Skizzen von Wasserfällen, Wortlisten verschiedener Sprachen und vieles andere mehr. Es ist unersetzlich, und um es zu retten greift Stanley zu einer List. Als er aus seinem Zelt zurückkommt und vor die Schar der wartenden Krieger tritt, hält er das Tara-Tara weithin sichtbar in den Händen. Doch es ist ein Shakespeareband, der in Größe und Einband dem Notizbuch sehr ähnelt. Mit gebührendem Zeremoniell übergibt der Weiße Mann das Tara-Tara dem verzehrenden Feuer.

Endlich, am 9. August 1877, um 11 Uhr vormittags, am 999. Tag ihrer Abreise von Sansibar, erreicht die von den Strapazen gezeichnete Mannschaft den Ort Boma am rechten Ufer der Kongomündung. Die Welt der Weißen ist um eine Sensation reicher geworden! Der unbeugsame Stanley, der Bula Matari, der »Felsenzerbeißer«, hat den gewaltigen Kongostrom bezwungen.

Das »scramble for Africa«, die Jagd auf den »dunklen« Weltteil, wird bald den ganzen Kontinent in ihren Strudel reißen. Und der große Stanley wird dabeisein, wird im Auftrag des belgischen Königs erneut in die Wälderwildnis des Riesenstromes vordringen, dort Handelsstationen errichten und den Grundstein legen für ein großes äquatoriales Kolonialreich, dem die Weißen den Namen Kongo-Freistaat gegeben haben.

### Der Sklavenkarawane auf dem Weg zur Küste

*»Der Sklavenhandel am Nyassasee ging in einem entsetzlichen Maße vonstatten. Zwei unternehmende Araber hatten ein Schiff gebaut und ließen es, mit Sklaven überfüllt, regelmäßig über den See fahren ... Tausende kommen im mörderischen Kriege um, den sie (die Sklavenhändler), um Sklaven zu machen, mit ihren eigenen Stammesgenossen führen. Die vielen Gruppen (von Toten), die wir ... an den Wegen der Wildnis sahen, bezeugen das furchtbare Opfer an Menschenleben« (Livingstone, 1865).*

## *Auf den Spuren David Livingstones Serpa Pinto und das portugiesische Kolonialreich*

Die Portugiesen waren zwar als erste Europäer an Afrikas tropische Küste gelangt, waren als erste tiefer ins Innere des Kontinents vorgedrungen, besaßen mit Moçambique und Angola die ältesten europäischen Kolonien, hatten 1505 Sofala erobert und 1576 Luanda gegründet – aber ihre unmittelbare koloniale Einflußzone reichte bis zur zweiten Hälfte des 19. Jahrhunderts nicht weit in das Landesinnere.

Die britischen Aktivitäten waren hingegen unübersehbar. Stanley hatte gerade seine epochale Kongoreise

## Häuptling am unteren Kongo

*Im Jahre 1881 hielt sich der deutsche Arzt Dr. Max Buchner sechs Monate am Hofe des Muato Yanvo auf. Der Muata war Herrscher des Lundareiches im Quellgebiet des Kassai. Sein Einflußgebiet umfaßte einen Raum von der Größe Frankreichs, in dem rund 300 Unterhäuptlinge residierten. Dieses alte Foto zeigt einen der Häuptlinge dieser Region, der an Kopf, Armen und Beinen mit Kaurischnecken geschmückt ist.*

beendet, in einem Gebiet, auf das Portugal alte »Ansprüche« geltend machen wollte. Der britische Marineoffizier Cameron war auf altem portugiesischem Kolonialboden von Ost nach West durch Afrika gereist. Livingstone war im Jahre 1854 ausgerechnet vom portugiesischen Luanda aus zu seiner Durchquerung des südlichen Afrika gestartet. Der Sambesi war befahren; die gewaltigen Viktoriafälle waren für Europa entdeckt; und dem interessierten Leserpublikum in der Welt der Weißen waren die bis dahin weitgehend unbekannten Völkerschaften des oberen Sambesigebietes längst vertraut.

Wenn das alles nicht längst geschehen wäre, hätte man den portugiesischen Major Alexander Albert de la Roche de Serpa Pinto als großen Entdecker gefeiert. Er kam jedoch sozusagen zwanzig Jahre zu spät, aber zu tun gab es dennoch genug für einen tüchtigen Afrikaforscher. Viel Einzelarbeit mußte geleistet werden. Außerdem gab es südlich des Sambesi einen relativ schmalen Streifen kartographisch unerforschten Gebietes, der quer durch Afrika reichte.

Wenn es gelänge, dieses »herrenlose« Land zu erforschen und mit einer Reihe von Stationen zu versehen, dann könnte man wohl daran denken, die alten Kolonien Angola und Moçambique durch eine portugiesisch beherrschte Landbrücke zu verbinden. Diese Pläne Portugals scheiterten an dem imperialen Machtstreben der Briten, in derem Sinne Cecil Rhodes gerade rechtzeitig im Sinne der berühmten Kap-Kairo-Linie den »leeren« Raum zwischen den portugiesischen Kolonien mit zwei nach ihm benannten Kolonien ausfüllte (Nord- und Südrhodesien).

Serpa Pinto war bereits Ende der 60er Jahre im südlichen Afrika gewesen. Damals diente er bei einer Militäreinheit im unteren Sambesigebiet. Es blieb sein Wunschtraum, in Afrika auf Entdeckungsreise zu gehen.

Endlich, im Jahre 1877, beauftragt ihn die Regierung in Lissabon mit einer Erkundungsreise nach dem Inneren Angolas. Seine beiden Begleiter, die Marineoffiziere Capello und Ivens sollen vor allem den Lauf des Kuango, der ein Nebenfluß des Kassai ist, genau vermessen. Der Kuango wird später über längere Strekken die Grenze zwischen Angola und König Leopolds Kongostaat bilden.

Am 12. November 1877 brechen die drei Offiziere von Benguela aus zu ihrer Reise auf. Die letzte von den Portugiesen im Hochland Angolas beherrschte Station ist damals Caconda, knapp östlich des 15. Längengrades gelegen. Serpa Pinto zieht von hier weiter nach Osten, der Landschaft Bihé entgegen.

Unterwegs gibt es, wie so oft bei Afrikaexpeditionen, Schwierigkeiten mit den Trägern. Keiner von ihnen will mehr weitermarschieren. Verzweifelt betrachtet Serpa Pinto sein umfangreiches Gepäck. Da sieht er eine schmächtige Gestalt auf einem der Pakete sitzen. Es ist Unterhäuptling Palanca. Kurz entschlossen entreißt er ihm die Flinte, wirft ihn zu Boden und läßt ihn von seinen Leuten an Händen und Füßen fesseln. Dann befiehlt er seinen Dienern Augusto und Manuel, den vor Angst schlotternden Mann am Ast einer Akazie aufzuhängen.

»Als ihm das Tau um den Hals gelegt wurde und er sah, daß mein Befehl ohne Zweifel ausgeführt werden würde, schrie der Bursche plötzlich laut: Bringt mich nicht um, bringt mich nicht um, die Träger sollen auch bis über den Cubango mitgehen!« Die Schocktherapie des Portugiesen hat Erfolg: Die Träger kehren zurück, und die Reise kann fortgesetzt werden.

Auf dem weiteren Weg durch das Hinterland Angolas gerät die Expedition in ein schweres Gewitter von so elementarer Gewalt, wie man es wohl nur in den Tropen erlebt. Gegen 9 Uhr abends zieht sich das Unwetter über dem auf einer Anhöhe errichteten Lager zusammen. Um 10 Uhr bricht das Unheil mit fünf furchtbaren Donnerschlägen über die Gruppe herein. Die Blitze folgen einander fast ununterbrochen. Dabei ist die Luft noch immer ruhig, nur einzelne große Regentropfen fallen.

»Dieser Zustand dauerte bis um 11 Uhr, als eine Veränderung eintrat, die unsere Lage noch schrecklicher machte als vorher. Ein äußerst heftiger Wind oder mehr ein Orkan kam aus Ost daher gerast ... Dann folgte eine vollständige Sintflut von Regen. Der Wind trug mit seiner Gewalt unsere Hütte buchstäblich über unsere Köpfe weg in die Luft und ließ uns völlig ohne Schutz in dem erbarmungslosen Regen, der bis vier Uhr morgens in Strömen fiel ... Von Zeit zu Zeit folgte den Donnerschlägen ein anderes Geräusch, das uns nicht weniger Besorgnis einflößte. Irgendeiner der riesenhaften Bäume, der Monarchen des Waldes, die Jahrhunderte zu ihrem Wachstum gebraucht hatten, war vom Blitz bis ins Mark hinein getroffen und stürzte zu Boden, andere mit sich reißend. Es war ein schreckliches, aber auch ein großartig erhabenes Schauspiel!«

Als er endlich den Ort Belmonte in der Landschaft Bihé erreicht, ist Serpa Pinto schwer krank. Wiederholte Fieberanfälle haben seinen Körper geschwächt, dazu plagen in schier unerträgliche rheumatische Schmerzen.

Belmonte ist eine mit starken Holzpalisaden gesicherte Handelsniederlassung des portugiesischen Händlers Silva Porto. In der Mitte der quadratisch angelegten Siedlung steht Silva Portos Haus inmitten eines wunderschönen Orangenhaines. Hier erholt sich Serpa Pinto langsam von seinen Leiden. Viele Stunden, ja Tage bringt er im Schatten der Orangenbäume zu. Soll er umkehren? Der Rückweg nach Benguela steht ihm offen. Doch noch fieberheiß und mit brennenden Schmerzen in den Gliedern entwirft er einen Plan, den er später auch verwirklichen wird: Er will zum Sambesi hinüber und dann den großen Strom abwärts zur alten portugiesischen Siedlung Tete vordringen und von da weiterreisen bis an den Indischen Ozean. Selbst die erfahrensten Binnenlandhändler raten ihm von dem kühnen Unternehmen ab. Serpa Pinto aber ist von seinem Vorhaben nicht abzubringen.

Neu ist der Plan einer portugiesischen Afrikadurchquerung keineswegs. Bereits 1521 schickt König Manuel einen Mann namens de Quadra zum Kongo mit

## Major Serpa Pinto

(1846-1900)

*Weitgehend in Vergesssenheit geraten ist die Durchquerung des südlichen Afrika durch den portugiesischen Offizier Alexander Albert de la Roche de Serpa Pinto. Er erkundete das »Niemandsland« zwischen den portugiesischen Kolonien Angola und Moçambique, dessen Annexion den Portugiesen aber nicht gelang.*

dem Auftrag, von dort nach Abessinien vorzudringen. 1546 sendet König João III. ein Schreiben an die in Äthiopien lebenden Portugiesen, in welchem er ihnen empfiehlt, von dort aus quer durch den Kontinent vorzustoßen und den Weg zur Kongomündung zu erforschen. Doch es bleibt bei Ideen, Hoffnungen, Absichtserklärungen.

Im Jahre 1592 taucht ein neuer Plan auf: Eine Kette von Stationen soll vom Atlantik bis zum Indischen Ozean angelegt werden. Zu Anfang des 16. Jahrhunderts war es bereits Antonio Fernandez, einem Sträfling und Analphabeten, gelungen, auf eigene Faust gut 500 Kilometer weit in das Hinterland von Moçambique vorzudringen. Er hatte das sagenhafte Goldland Monomotapa erreicht und viele der Goldminen dieses damals mächtigen afrikanischen Königreiches mit eigenen Augen gesehen. Manche Historiker betrachten heute Fernandez als einen der bedeutendsten Pionierentdecker im südlichen Afrika. Nach den Empfehlungen dieses Einzelgängers errichteten die Portugiesen zunächst in Sena und später in Tete am Sambesi befestigte Handelsniederlassungen. Tete liegt immerhin 400 Kilometer von der Mündung des Sambesi entfernt im Inneren von Moçambique und dürfte damit nach San Salvador im Königreich Kongo die älteste Niederlassung einer europäischen Kolonialmacht im Herzen des Kontinents sein.

Ein weiterer bedeutender Vorläufer Serpa Pintos ist Dr. Francisco José de Lacerda. Lacerda stammte aus Brasilien, wo er zehn Jahre mit Vermessungsarbeiten im noch unerschlossenen Hinterland verbrachte. Im Jahre 1798 zieht er von Tete aus mit einer Expedition von 20 Portugiesen und 50 afrikanischen Soldaten nach Westen. Nach drei Monaten erreichen sie – Jahrzehnte vor Livingstone! – die Residenz des Königs Kazembe am Merusee östlich von Katanga. Lacerda stirbt an Malaria, aber seine Kameraden kehren sicher nach Tete zurück. Lacerdas Tagebuch und wertvolle kartographische Aufnahmen aus bis dahin völlig unbekannten Gebieten sind gerettet.

Die Durchquerung des südlichen Afrika gelingt schließlich zwei einheimischen Handelsagenten. Pombeiros wurden solche Agenten genannt. Sie waren oft jahrelang unterwegs und legten fast alle Strecken zu Fuß zurück. Da sie selbst Afrikaner oder zumindest Mischlinge waren, kamen sie mit den »Schwarzen« im unermeßlichen Hinterland zumeist besser zurecht, als die Portugiesen das vermocht hätten.

Im Jahre 1802 schickt Francisco Honorato da Costa, Vorsteher einer Handelsfaktorei am Kuango in Angola, die beiden eben erwähnten Pombeiros, Pedro João Baptista und Antonio José, auf die weite Reise nach Tete. 2500 Kilometer Fußmarsch liegen vor ihnen. Wie viele dieser »Sklaven« sind die beiden Männer in Wahrheit eher Vertraute ihres Herrn, sie haben Lesen und Schreiben gelernt. Unterwegs notierten sie alles, was ihnen in den durchwanderten Afrikanerstaaten bemerkenswert erscheint. Als sie endlich nach 13jähriger Abwesenheit wieder vor den Toren ihrer Faktorei am Kuango auftauchen, können sie als Beweis ihrer Afrikadurchquerung Schriftstücke vom Sambesihafen Tete aus ihren verschlissenen Baumwollhemden hervorziehen. Der Traum von der »viagem à contracosta«, der Reise zur Gegenküste, war dank der Zähigkeit zweier Afrikaner Wirklichkeit geworden.

Serpa Pinto kann also bei der Planung und Ausrüstung seiner Expedition auf die Erfahrungen der Vorgänger zurückgreifen. Ende Mai 1878 hat der Portugiese in Belmonte nach vielen Mühen die notwendige Anzahl Träger gewonnen, um die nächste Etappe auf dem Weg nach Osten bewältigen zu können. Etappenziel ist die Niederlassung des José Antonio Alvez. Es ist der Afrikaner, mit dem Cameron aus Kassongos Reich zur Westküste zog.

Alvez ist damals ein Mann von etwa 58 Jahren, trägt europäische Beinkleider, dazu Lederschuhe und den obligatorischen Sonnenschirm. Kurzum, für die Bihenos ist er ein Weißer; sein Äußeres hat nur noch wenig zu tun mit der Welt der Afrikaner. Alvez hält Serpa Pintos Reise bei seinen unzureichenden Hilfsmitteln für undurchführbar. Dazu benötige er viel mehr Träger. Die könne er zwar besorgen, aber das sei natürlich nicht billig, fügt der gerissene Händler hinzu.

Am 14. Juni überschreitet Serpa Pinto den Kuanza. Es ist neben dem Kunene der bedeutendste Atlantikzufluß in Angola. Jenseits des Kunene beginnt das Gebiet der Ganguellas; der örtliche Herrscher (Sova) heißt Mavanda. Die beiden Männer verstehen sich vom ersten Augenblick an. Den ganzen Tag hält sich Sova Mavanda im Lager des Gastes auf. Serpa Pinto notiert in seinem Tagebuch die Worte, die der Herrscher beim Abschied an seine ihm begleitenden Macotas (Minister) richtet: »Ihr seht weit weg einen Vogel fliegen, der sich auf einen entfernten Baum setzt, und ihr meint, es sei eine Taube; dann geht ihr bis dicht in die Nähe und seid erstaunt über seine Größe, denn es ist ein Adler. So geschah es auch mit dem Manjoro (diesen Namen hatte man mir gegeben); als er fern von unserem Dorfe war, hielten wir ihn für eine Taube, nun er bei uns lebt und wir ihn kennen, finden wir, daß er ein Adler ist.«

Bald ist die Zeit der Feste gekommen. Sova Mavanda läßt verkünden, daß er im Lager des Gastes erscheinen und ihm zu Ehren einen Tiertanz aufführen wird. Nach der Ankunft des Sova stellen sich seine Begleiter rasch in einer langen Linie auf und stimmen einen eintönigen Gesang an, zu welchem sie durch Händeklatschen den Takt schlagen. Der Sova beginnt nun in der Rolle eines wütenden wilden Tieres einen immer schneller werdenden Tanz. Seine afrikanischen Zuschauer sind hellauf begeistert.

Weiter im Osten, im Gebiet der Luzache, sucht Serpa Pinto als erster Europäer die Quelle des Kuando auf. Der Kuando ist ein mächtiger Nebenfluß des Sambesi. Das Gebiet, in dem die Quelle vermutlich zu suchen ist, hat ihm der Händler Silva Porto nach Angaben der Einheimischen ziemlich genau beschrieben. Anfang Juli befindet sich Serpa Pinto mit zehn Luzache-Trägern und zwei ortskundigen Führern auf dem Weg zu dem rund 1500 Meter hoch gelegenen

## Transport der Boote

*(rechts)*

*Serpa Pinto mußte die Expeditionsboote zur Umgehung des Gonha-Wasserfalles etwa fünf Kilometer durch dichten Wald schleppen lassen. Diese Schwerstarbeit wurde von Sklaven des ortsansässigen Häuptlings ausgeführt.*

## Opudo und Capéu

*In »arge Bedrängnis« brachten diese beiden verführerischen Töchter des Sova (Häuptling) der Ambuellas im Quellgebiet des Kuando eines nachts den portugiesischen Afrikaforscher Serpa Pinto (s. Seite 252).*

## Tanz des Sova Mavanda

*(oben rechts)*

*Im Juni 1878 weilte Serpa Pinto bei den Ganguellas in der Landschaft Bihé (Angola). Sova (Häuptling) Mavanda führte im Lager des fremden Gastes einen ungewöhnlichen Tanz auf, bei dem er die Rolle eines wütenden wilden Tieres verkörperte.*

## Gonha-Wasserfall

*Unterhalb von Lialui im Barotseland (heute Sambia) erreichte Serpa Pinto am 4. Oktober 1878 den Gonha-Wasserfall des Sambesi. Er schrieb darüber: »Die Vegetation des Waldes und die Felsen und Gewässer wirken so passend zusammen, daß ein harmonisches Ganzes entsteht, das selbst von dem geschicktesten Künstler nicht besser hätte arrangiert werden können.«*

sumpfigen See, wo der mächtige Sambesizufluß seinen Ursprung hat. Am Morgen des 12. Juli zeigt das Thermometer hier oben nur zwei Grad über Null!

Auf der Weiterreise folgt Serpa Pinto eine Zeitlang dem Lauf des Cubangui, einem Nebenfluß des Kuando. An einer der Flußbiegungen entdeckt er drei Exemplare einer ihm unbekannten Antilopenart. Nach seiner eingehenden Beschreibung handelt es sich um die bereits von Speke aus Karagwe beschriebene Sitatunga-Antilope (Tragelaphus spekii). Gerade als er seine Büchse abdrücken will, springen die Tiere ins Wasser und tauchen unter. Manchmal schwimmen sie so dicht unter der Wasseroberfläche, daß die Hörner noch daraus hervorragen. Die Bihenos nennen das interessante Tier Quichôbo, bei den Ambuellas, in deren Gebiet Serpa Pinto sich jetzt befindet, heißt es Buzi. Zu Tausenden halten sich diese Tiere am Cubangui auf.

Am Cuchibi, einem weiteren Nebenfluß des Kuando, lebt der Ambuella-Fürst Sova Cahu-heú-úe. Seine Dörfer liegen auf den im Fluß verstreuten Inseln oder sind auf Pfählen errichtet. Üppiger Graswuchs bedeckt weithin die breiten Uferzonen; das Wasser des Flusses ist so kristallklar, daß man den weißen Sand auf dem Grund überall deutlich hervorleuchten sieht. Im Lager Serpa Pintos herrscht bald ein ausgelassenes Treiben. Der Sova hat die Karawane großzügig mit Lebensmitteln versorgt. Die Träger tanzen vor Freude zu den Klängen der »barbarischen« Ambuella-Musik. Serpa Pinto ist überrascht. Die Gesichtszüge der hübschen Ambuella-Mädchen erinnern ihn stark an Europäerinnen. Das wird eine schwere Nacht werden für den wakkeren Entdeckungsreisenden, ist es doch hier Sitte, den Gästen die Frauen und Mädchen wenigstens für eine Nacht zu überlassen. Serpa Pinto aber hat sich seit dem ersten Betreten afrikanischen Bodens fest vorgenommen, in seiner Lebensführung streng zu sein. Bisher haben ihn seine Neger nie etwas anderes als Wasser trinken sehen und noch niemals bei einem Liebesabenteuer beobachten können. Doch Sova Cahu-heú-úe hat ihm zwei seiner Töchter geschickt – die 20jährige Opudo und die verführerische 16jährige Capéu. Da sitzen nun die beiden Mädchen in seiner Hütte auf den ausgebreiteten Leopardenfellen, fest entschlossen mit ihm die Nacht zu verbringen. Und Capéu beginnt bald zu fragen: »Weshalb verachtest du uns? Sind die Frauen in deinem Lande liebreizender und anmutiger als meine Schwester?«

Das Feuer der Kochstelle taucht die Hütte in ein seltsam zuckendes rotes Licht. »Der helle Schein ließ mich alle Schönheiten des unbekleideten Körpers des jungen Mädchens erkennen, dessen schmachtender Blick sich gelegentlich mit halb schmollendem, halb bittendem Ausdruck auf mich richtete. Ich selbst wandte das Gesicht ab, aber unwillkürlich kehrten meine Augen immer wieder nach der stattlichen, anmutigen Gestalt zurück.« Die kleine Dienerin Mariana hilft ihm schließlich aus der »peinlichen« Lage und vertreibt die Mädchen aus der Hütte.

Am 24. August erreicht Serpa Pinto den Sambesi und bald darauf Lialui, die große Residenz des König Lobossi der Barotse. Aus Livingstones Schilderungen kennt Serpa Pinto die Geschichte dieses mächtigen Erobererreiches. Aus dem Süden kommend war der Basuto-Häuptling Chibitano an der Spitze einer großen Armee in das Gebiet des oberen Sambesi vorgedrungen und hatte nacheinander sämtliche Stämme der Region unterjocht.

Der Aufenthalt im Barotse-Reich ist zunächst sehr angenehm. Doch dann nehmen die Spannungen mit den Eingeborenen zu, und eines abends umzingeln mehrere hundert Männer das Lager der Fremden und werfen Feuerbrände auf die Hütten. Ein verzweifelter Kampf entbrennt, doch den Mitgliedern der Expedition gelingt die Flucht in die Berge von Catongo. Hier verschwinden fast sämtliche Träger und mit ihnen der größte Teil des Proviants. Nur drei Männer, drei Knaben und zwei Frauen sind bei Serpa Pinto geblieben.

Es ist kaum noch Munition für die Gewehre vorhanden. Wie soll er nun Nahrung beschaffen. In dieser verzweifelten Situation kommt ihm eine rettende Idee. Er hat noch den kleinen Koffer, der unter den Decken seines Lagers als Kopfkissen liegt, und in dem Koffer befindet sich die zusammenlegbare Flinte, die ihm der König von Portugal vor der Abreise aus Lissabon als Geschenk überreichen ließ. Auch die Werkzeuge zum Kugelgießen und zum Laden der Patronen sind dabei! Außerdem findet er das große Fischnetz mit den schweren Bleigewichten noch da, wo es zum Trocknen aufgehangen war.

Lobossi hat inzwischen den schrecklichen Vorfall bedauert und beteuert, Serpa Pintos bester Freund zu sein. Doch Träger kann er ihm nicht besorgen. Der große Rat habe das, sagt er, mit erheblicher Mehrheit abgelehnt, denn »der Munari (Livingstone) habe zur Zeit des Königs Chicreto dieselbe Reise mit Leuten aus Lui angetreten; keiner von denen, die mit nach Osten marschiert, sei je wieder in seine Heimat zurückgekehrt ... Sie hätten ferner gesagt, Livingstone habe bei seiner Abreise versprochen, daß er selbst wiederkehren und seine Begleiter ihren Verwandten zurückbringen wolle, allein noch immer warteten Weiber und Kinder vergeblich auf Gatten und Väter.«

Lobossi stellt ihm jedoch Boote zur Verfügung, die von Sklaven gerudert werden. Die Sambesifahrt auf den Spuren Livingstones kann beginnen. Äußerst reizvoll ist die Umgebung der Gonhawasserfälle, die auf halbem Wege zwischen Lialui und den berühmten Viktoriafällen liegen. Nach genauer Vermessung der Fälle müssen die Boote mehrere Kilometer weit über Land durch dichten Wald geschleppt werden.

Im November erreichen sie das Gebiet der berühmten Viktoriafälle. Seit Livingstones erstem Besuch hier sind 23 Jahre vergangen. »Mosi oa tunya ist nicht mehr und nicht weniger als eine lange Mulde, ein riesenhafter Riß, ein tiefer und ungeheurer Abgrund ... Hätte man die ungeheure Kluft, die ebenso schwarz wie der sie bildende Basalt, dunkel und von einer beständigen Staubwolke umwirbelt ist, in biblischen Zeiten gekannt, so würde man sie zum Bilde der höllischen Unterwelt benutzt haben ... Gleichsam um das Gefühl des Schauders, welches den Menschen beim Betrachten dieses Wunders der Natur ergreift, noch zu erhöhen, muß man das Leben riskieren, wenn man den Wasserfall messen will ... Zu Zeiten bemerkt man, wenn man in die Tiefen hinabblickt, durch den beständigen Nebel eine wirre Masse Formen, die fast wie kolossale, fürchterliche Ruinen aussehen. Es sind dies die Spitzen von enorm hohen Klippen, auf welche die Gewässer sich herabstürzen, um sich sofort in eine Wolke von Schaum und Staub zu verwandeln, der die Felsgipfel umwirbelt und umwirbeln wird, solange die Katarakte und die Steine im Abgrund existieren werden.«

## Exkurs

### *Die Berliner Kongo-Konferenz*
### *Afrika im Kolonialzeitalter*

Im Jahre 1884 waren die Riesenräume des afrikanischen Kontinents im großen und ganzen erforscht. Den Stromsystemen des Niger, des Nil und des Kongo war der Schleier des Geheimnisvollen genommen worden. Doch noch immer saßen die europäischen Mächte in ihren zum Teil schon jahrhundertealten Küstenstützpunkten, hielten nur wenige Gebiete der großen Landmassen als Kolonialbesitz in den Händen. Das sollte sich in den folgenden zwei Jahrzehnten rasch ändern.

Die Portugiesen als älteste europäische Kolonialmacht in Afrika beherrschten in ihren damals schon über 300 Jahre alten Kolonien Angola und Moçambique wenigstens teilweise das Hinterland. Frankreich hatte gerade Gabun in Besitz genommen und war seit 1830 immer tiefer in das Innere Algeriens vorgedrungen. Die Engländer besaßen in Südafrika das Kapland und Natal am Indischen Ozean, während sie sich in Ägypten als »Schutzmacht« etabliert hatten und damit den Suezkanal, diese wichtige Schleuse auf dem direkten Seeweg nach Indien, kontrollierten.

Mit dem kleinen Portugal schloß die mächtige Seemacht Großbritannien am 26. Februar 1884 einen Vertrag, der den Portugiesen eine Ausdehnung ihrer Kolonie Angola bis auf 5 Grad 12 Minuten südlicher Breite zusicherte. Damit wurde der eben erst geschaffenen Internationalen Kongo-Gesellschaft des belgischen Königs Leopold der Zugang zum Meer versperrt. Leopold II. verstand es, durch geschicktes Taktieren gegenüber den damaligen Kolonialgroßmächten England und Frankreich die Trumpfkarte eines Kongo-»Freistaates« auszuspielen, eines riesigen Territoriums ohne Zollgrenzen.

Um die Spannungen im zentralen Afrika auszugleichen, trafen sich die Vertreter von 14 Nationen, unter ihnen Rußland und die Türkei, am 15. November 1884 in Berlin. Man kam während dieser bis zum 23. Februar 1885 andauernden Konferenz überein, die Freiheit der Schiffahrt auf dem Niger und Kongo zu garantieren. Der belgische König stieß somit auf keine Schwierigkeiten, »seinen« Kongostaat aufzubauen, womit die Großmächte erreicht hatten, daß in Zentralafrika ein großer, aber schwacher Staat entstand, der ihren Expansionsdrang im übrigen tropischen Afrika nicht gefährden konnte.

Den wichtigsten Beitrag zur Berliner Konferenz lieferten die Deutschen mit ihrer Doktrin vom sogenannten Hinterland. Demzufolge wurden jeder europäischen Macht, die an bestimmten Küstenstreifen ihre Flagge gehißt hatte, besondere Ansprüche auf das Hinterland zugesprochen. Die Grenzen sollten dort liegen, wo die Interessensphäre einer anderen europäischen Macht begann. Der Begriff »Hinterland« ging in die französische und englische Sprache ein, und Cecil Rhodes rief seinen britischen Siedlern in Südafrika nach Norden weisend zu: »Your hinterland is there – Euer Hinterland ist dort!«

Was nun folgte, ist von kritischen Historikern als »Anfall von Massenhysterie« und geradezu unvorstellbarer »Kartenfimmel« bezeichnet worden. Vor den mächtigen Herren am grünen Tisch lag ein riesiges »herrenloses« Land, das es nur galt, in »gerechter Weise« untereinander aufzuteilen, womöglich in Grenzen, die dem geometrischen Gitternetz der Breiten- und Längengrade folgten. Daß dabei uralte, historisch gewachsene Räume von kultureller und politischer Einheit zerschnitten wurden, schien niemanden zu kümmern. Erst als ab 1960 in rascher Folge nahezu alle afrikanischen Gebiete unabhängig wurden und bald darauf vielerorts Konflikte zwischen verschiedenen afrikanischen »Bruderländern« ausbrachen, zeigte sich die ganze Problematik der damals festgeschriebenen Grenzziehung.

In Verkennung der tatsächlichen Absichten der fremden Mächte begrüßten nicht wenige afrikanische Potentaten das plötzliche militärische Auftreten der Europäer im Inneren Afrikas. Sie glaubten, in ihnen mächtige Verbündete im Kampf gegen ihre traditionellen Widersacher gefunden zu haben. Andere, die sich zumeist vergebens nach Verbündeten unter ihren afrikanischen Brüdern umsahen, erkannten die drohende Gefahr und leisteten erbitterten Widerstand.

Ironie der Geschichte – die sogenannten britischen und französischen Truppen setzten sich zum größten Teil aus Afrikanern zusammen. Häufig standen Tausenden von afrikanischen Soldaten nur wenige Dutzend europäische Offiziere zur Seite. Die während der Eroberung der »Hinterländer« tobenden Buschkriege endeten für die Verteidiger oft mit entsetzlichen Verlusten. Den Europäern stand eine neue unheimliche Waffe zur Verfügung: das Maximgewehr, der Vorläufer der modernen Maschinengewehre.

Am Vorabend des Ersten Weltkrieges, knapp 30 Jahre nach der Berliner Kongo-Konferenz, hatte sich die politische Landkarte Afrikas völlig gewandelt. Außer Äthiopien und dem westafrikanischen Liberia war ganz Afrika unter den europäischen Kolonialmächten aufgeteilt. Den Löwenanteil hatten sich die Franzosen und Engländer gesichert. Deutschland nahm Platz drei ein, dann folgten Belgien, Portugal und Italien und mit den geringsten Flächenanteilen Spanien. Doch bereits 60 Jahre später erlangten mit Angola und Moçambique die letzten großen Kolonialgebiete ihre zumindest formale Unabhängigkeit.

**Das Quichibo**

*Am Oberlauf der südlichen Sambesizuflüsse traf Serpa Pinto auf zahlreiche Exemplare der Sitatunga- oder Wasserantilope (Tragelaphus spekii). Diese Antilopen können vorzüglich schwimmen und tauchen.*

*Der »dunkle« Erdteil und die großen Afrika-Durchquerungen*

1795 Alexander da Silva Texeira hält sich im Quellgebiet von Kuango und Kassai auf. Die Portugiesen versuchen, ihre schon früh tief ins Innere von Afrika reichenden Unternehmungen möglichst geheimzuhalten.

1796 Der Händler Manuel Gaetano Pereira reist von den portugiesischen Besitzungen am Sambesi zum Meru- und Bangweolosee und ins Lunda-Reich im Herzen Afrikas.

1802–1811 Die Pombeiros Pedro João Baptista und Antonio José erreichen von Angola aus die portugiesische Niederlassung Tete am Sambesi und kehren nach Luanda an der Angolaküste zurück.

1816 Der Engländer Tuckey bereist den Unterlauf des 1486 entdeckten Kongo 450 km stromaufwärts. Der weitere Verlauf des Riesenstromes bleibt bis zu Stanleys Fahrt (1875/77) unbekannt.

1849 Der ungarische Reisende Laszlo Magyar zieht von der Angolaküste in die Landschaft Bihé, wo er eine afrikanische Fürstentochter heiratet. Mehrerer afrikanischer Sprachen kundig, dringt er 1850 in das Lunda-Reich des Muata Jamvo vor. Er liefert eingehende Schilderungen des afrikanischen Volkslebens.

1854–1856 Livingstone reist von Luanda (Angola) an den Sambesifällen vorbei nach Quelimane am Indischen Ozean.

1856–1865 Paul Belloni Du Chaillu, Sohn eines französischen Elfenbeinhändlers an der Gabunküste, reist in die Urwälder im Hinterland von Gabun, wo er die Babingo-(Obongo-)Pygmäen entdeckt. Seine Mitteilungen über riesenhafte Menschenaffen (die Gorillas) wurden u. a. von Heinrich Barth stark in Zweifel gezogen. Doch Du Chaillu brachte als Beweis den ersten lebenden Gorilla nach Europa.

1857 Der berühmte deutsche Völkerkundler Adolf Bastian reist in das alte Königreich Kongo.

1866–1872 David Livingstone im Gebiet der ostafrikanischen Seen (Njassa und Tanganjika). 1868 erreicht er den Bangweolosee und 1871 den Lualaba (Kongo).
Am 10. 11. 1871 trifft Stanley in Ujiji am Tanganjikasee mit dem als verschollen geltenden Livingstone zusammen. Am 1. Mai 1873 stirbt Livingstone nahe dem Ufer des Bangweolosees.

1873–1875 Der britische Marineoffizier V. L. Cameron durchquert als erster Europäer Afrika von Ost nach West.

1873–1876 Der Militärarzt J. A. F. Falkenstein beteiligt sich an der von Paul Güßfeldt aus Berlin geleiteten deutschen Loango-Expedition (im Gebiet nördlich der Kongomündung) und bringt wertvolle Sammlungen und Fotografien mit nach Europa.

1875–1877 Henry Morton Stanley befährt als erster Europäer den Kongo von Njangwe bis zur Mündung, wo er am 8. 8. 1877 die Siedlung Boma erreicht.

1875–1887 Der aus Rom gebürtige Graf Peter Brazzà-Savorgnan, Offizier der französischen Marine, dringt den Ogowe (Gabun) aufwärts, durchzieht das Gebiet der Fan und erforscht unter unsäglichen Strapazen das gesamte Stromsystem des Ogowe. 1880 reist er vom Ogowe zum Kongo und legt auf dieser Route Verbindungsstationen an. Es gelingt ihm, den französischen Kolonialraum bis an den Kongo auszudehnen.

1877/78 Die portugiesischen Offiziere Capello und Ivens erforschen in Angola das Quellgebiet der Kongozuflüsse Kuango und Kassai.

1878 Der portugiesische Offizier Serpa Pinto reist von Bihé (Angola) in das Gebiet der südlichen Sambesizuflüsse und zu den Viktoriafällen. Mit der Ankunft in Durban am Indischen Ozan hat er als vierter Europäer das südliche Afrika durchquert.

1880–1883 Die Deutschen Paul Pogge und Hermann von Wissmann reisen von Luanda durch das südliche Kongobecken nach Njangwe am Lualaba, von wo aus Wissmann über den Tanganjikasee und den arabischen Handelsstützpunkt Tabora zum Indischen Ozean reist.

1884/85 Capello und Ivens reisen von Südangola über das Sambesigebiet nach Katanga und zum Bangweolosee und erreichen schließlich Quelimane am Indischen Ozean.

1884–1886 Im Auftrag der belgischen Krone erreichen die Offiziere Hermann von Wissmann, Kurt von Francois und Stabsarzt Dr. Ludwig Wolf das Kassaigebiet, wo sie als erste Europäer Lulua und Kassai bis zur Mündung befahren.

1884–1889 Der Belgier George Grenfell erkundet im nordöstlichen Kongobecken die Stromsysteme von Ubangi, Aruwimi und Ituri. Sein Landsmann Alphonse van Gèle entdeckt (1887/88), daß der Uelle der Oberlauf des Ubangi ist und nicht ein Zufluß des Schari, wie Schweinfurth angenommen hatte.

1885–1887 Oskar Lenz reist den Kongo aufwärts bis Njangwe und gelangt über den Tanganjika- und Njassasee nach Quelimane an der Ostküste.

1886/87 Wissmann reist zum drittenmal ins Kongogebiet, wo er von Stanley-Pool ins Kassaigebiet vordringt und über Njangwe und den Njassasee die Sambesimündung erreicht.

1887–1889 Stanley zieht zur »Rettung« Emin Paschas mit einer 800-Mann-Expedition den Kongo aufwärts und erreicht nach Durchquerung der Urwälder des Aruwimigebietes den Albertsee, von wo er mit Emin Pascha am Ruwenzori vorbei zur ostafrikanischen Küste marschiert.

1907/08 Herzog Adolf Friedrich zu Mecklenburg reist von Mombasa nach Ruanda und zu den Virungavulkanen. Anschließend fährt seine Expedition über Aruwimi und Kongo zur Atlantikküste.

# Literatur

Aufgenommen sind alle Werke, denen Abbildungen (*) oder Zitate entnommen sind. Darüber hinaus konnte nur eine begrenzte Anzahl aus der großen Fülle der Titel zur afrikanischen Entdeckungsgeschichte aufgenommen werden.


Abd al Latif, al Bagdadi: Denkwürdigkeiten Egyptens. Halle 1790.
Amicis, Edmondo de*: Marokko. Bearbeitet von Amand v. Schweiger-Lerchenfeld. Wien u. a. 1883.
Anderson, Charles*: Reisen in Südwestafrika bis zum See Ngami in den Jahren 1850–54. 2 Bde., Leipzig 1858.
Angas, George French*: The Kafirs illustrated. London 1849.

Badia y Leblich, Domingo: Ali Bey's el Abassi Reisen in Afrika und Asien in den Jahren 1803–07. Weimar 1816.
Baines, Thomas*: The Victoria falls, Zambesi river, sketched on the spot. London 1865.
Baker, Samuel White*: Der Albert Nyanza, das große Becken des Nil und die Erforschung der Nilquellen. 2 Bde., Gera 1874.
Barbot, J.*: The description of the coast of North and South Guinea. In: A. Churchill: Collection of voyages and travels, Bd. 5, London 1732–47.
de Barros, João: Geschichte der Entdeckungen und Eroberungen der Portugiesen im Orient vom Jahre 1415 bis 1539. 5 Bde., Braunschweig 1821.
Barth, Heinrich*: Reisen und Entdeckungen in Nord- und Centralafrika in den Jahren 1849 bis 1855. 5 Bde., Gotha 1857.
Bitterli, Urs: Die Entdeckung des schwarzen Afrikaners. Zürich 1970. ders.: Die »Wilden« und die »Zivilisierten«. Die europäisch-überseeische Begegnung. München 1976.
Blaeu, Willem (Johann)*: Novus Atlas, das ist Weltbeschreibung. Bd. 2, Amsterdam 1642.
Bosman, Wilhelm*: The new and accurate description of the coast of Guinea. London 1705 (Nachdruck 1907).
Braun, Georg*: Beschreibung und Contrafactur der vornembster Stät der Welt. 6 Bde., Cölln 1574 ff.
Brown, Robert*: The story of Africa and its explorers. 4 Bde., London u. a. 1892–95.
Bruce, James of Kinnaird*: Reisen zur Entdeckung der Quellen des Nils in den Jahren 1768 bis 1773. 5 Bde., Leipzig 1790–91.
Burckhardt, Johann Ludwig: Travels in Nubia. London 1819, (deutsch zuletzt: Tübingen 1981)
Burton, Richard Francis: The Lake regions of Central Africa. 2 Bde., London 1860.

Cailliaud, Frederic*: Voyage a Meroe, au Fleuve Blanc, au-delà de Fazoql dans le midi du Royaume de Senner etc., 4 Bde. mit Atlas-Band, Paris 1826–27.
Caillié, René*: Journal d'un voyage a Temboutou. 3 Bde. mit Atlas, Paris 1830.
Cameron, Verney Lovett*: Quer durch Afrika. 2 Bde., Leipzig 1877.

Dalzel, Archibald: The history of Dahomey, an inland kingdom of Africa. London 1793 (Nachdruck 1967).
Dapper, Olfert*: Umständliche und eigentliche Beschreibung von Afrika. Amsterdam 1670.
Davidson, Basil: Vom Sklavenhandel zur Kolonialisierung. Reinbek 1966. ders.: Africa in history. London 1968.
Delpar, Helen (Hrsg.): The Discoverers: An encyclopedia of explorers and exploration. New York u. a. 1980.
Denham, Dixon*: Narrative of travels and discoveries in Northern and Central Africa in the years 1822, 1823 and 1824. London 1826, (deutsch: Weimar 1827).
Denon, Vivant: Voyage dans la basse et la haute Egypte pendant les campagnes du Genéral Bonaparte. 2 Bde., Paris 1829, (deutsch: Tübingen 1978).
Description de l'Egypte*. 11 Großfoliobände, 24 Textbände. Paris 1820–1830.
Du Chaillu, Paul Belloni*: Explotations and adventures in Equatorial Africa. New York 1861.

Ebers, Georg*: Ägypten in Wort und Bild. 2 Bde., Stuttgart und Leipzig 1879.

Finsch, Otto*: Die Vögel Ostafrikas. Baron Claus v. d. Decken's Reisen in Ostafrika, Bd. 4. Leipzig u. Heidelberg 1870.

Graudenz, Karlheinz u. Schindler, Michael: Die deutschen Kolonien. München 1982.
Gröben, Otto Friedrich v. d.: Guineische Reisebeschreibung. Marienwerder 1694.
Guenther, Konrad: Georg Schweinfurth. Lebensbild eines Afrikaforschers. Stuttgart 1954.

Haacke, W. u. Kuhnert, Wilhelm*: Das Tierleben der Erde, Bd. 3: Afrika und Meere. Berlin 1903.
Hallett, Robin: The penetration of Africa. Northern and Western Africa up to 1830. London 1965.
Hamann, Günter: Der Eintritt der südlichen Hemisphäre in die europäische Geschichte. Die Erschließung des Afrikaweges nach Asien. Wien u. a. 1968.
Hassert, Kurt: Die Erforschung Afrikas. Leipzig 1942.
Heuglin, Theodor v.*: Reise in das Gebiet des Weißen Nil. Leipzig u. Heidelberg 1869. ders.*: Reise nach Abessinien, den Gala-Ländern, Ostsudan und Chartum in den Jahren 1861 u. 1862. Gera 1874.
Hevesi, Ludwig: Wilhelm Junker. Lebensbild eines Afrikaforschers. Berlin 1896.
Holt, Peter M.: The Mahdist State in the Sudan. Oxford 1958.
Holub, Emil*: Sieben Jahre in Südafrika. Wien 1881. ders*: Von der Capstadt ins Land der Maschukulumbe. 2 Bde., Wien 1890.
Hümmerich, Franz: Vasco da Gama und die Entdeckung des Seewegs nach Ostindien. München 1898.

Isichei, Elizabeth: History of West Africa since 1800. London 1977.

Johnston, Harry Hamilton*: Der Kilima-Ndjaro. Forschungsreise im östlichen Äquatorial-Afrika. Leipzig 1886.
Junker, Wilhelm*: W. Junkers Reisen in Afrika. 1875–86. 3 Bde., Wien u. Olmütz 1889–91.

Kandt, Richard*: Caput Nili. Eine empfindsame Reise zu den Quellen des Nils. 2. Aufl., Berlin 1905.
Kersten, Otto*: Baron Claus v. d. Decken's Reisen in Ostafrika. 1862–65. Bd. 2, Leipzig u. Heidelberg 1871.
Ki-Zerbo, Joseph: Die Geschichte Schwarz-Afrikas. Frankfurt/M. 1981.
Kolb, Peter*: Reise an das Capo du Bonne Esperance oder das Afrikanische Vorgebirge. Nürnberg 1719.
Krapf, Johann Ludwig: Reisen in Ostafrika. Ausgeführt in den Jahren 1837–55. Nachdruck: Stuttgart 1964.

Lane, Edward William*: An account of the manners and customs of the modern Egyptians. 2 Bde., London 1860 (1. Aufl. 1836).
Law, Robin: The Oyo Empire 1600–1836. A Westafrican Imperialism in the Era of the Atlantic Slave Trade. Oxford 1977.
Leon, Jean*: Description de l'Afrique. Lyon 1556.
Lichtenstein, Heinrich Karl*: Reisen im südlichen Afrika 1803–06. 2 Bde., Berlin 1811–12.
Livingstone, David*: Missionsreisen und Forschungen in Südafrika während eines sechzehnjährigen Aufenthalts im Innern des Continents. 2 Bde., Leipzig 1858.
Livingstone, David u. Charles*: Neue Missionsreisen in Südafrika. Leipzig u. Jena 1866.
Ludolfus, Job.*: Historia Aethiopica. Frankfurt/M. 1681.
Lupton, Kenneth: Mungo Park, the African traveller. Oxford 1979.

Mallet, Allain Manesson*: Description de l'Univers. Bd. 1, 5. Buch: Afrika. Frankfurt 1685.
Maltzan, Heinrich Frh. v.: Reise in die Regentschaft Tunis und Tripolis. 3 Bde., Leipzig 1870.
Mary, Geo T.: Im schwarzen Erdteil. Tübingen u. Basel 1978.
Meyer, Hans*: Der Kilimandjaro. Berlin 1900. ders.*: Das deutsche Kolonialreich. 2 Bde., Leipzig u. Wien 1909–10.
Müller, Willi: Die Umsegelung Afrikas durch phönizische Schiffer ums Jahr 600 v. Chr. Rathenow 1890.

Nachtigal, Gustav*: Sahara und Sudan. 3 Bde., Berlin 1879–81, Leipzig 1889.
Norden, Friedrich Ludwig*: Ägypten und Nubien. Breslau u. Leipzig 1779, (französ.: 3 Bde. u. Atlas, Paris 1795–98).

Ohrwalder, Josef: Aufstand und Reich des Mahdi im Sudan und meine zehnjährige Gefangenschaft dortselbst. Innsbruck 1892.

Park, Mungo*: Travels in the interior districts of Africa. London 1799. (deutsch: Hamburg 1799)
Peters, Karl: Wie Deutsch-Ostafrika entstand. Leipzig 1912.
Petherick, John u. Mrs. P.*: Travels in central Africa and explorations of the western Nile tributaries. 2 Bde., London 1869.
Pope-Henessy, James: Geschäft mit schwarzer Haut. Wien u. a. 1970.
Prestage, Edgar: The Portuguese Pioneers. London 1933.
Prévost d'Exiles, Antoine François*: Allgemeine Historie der Reisen zu Wasser und zu Lande. 21 Bde., Leipzig 1748–74, (Hrsg. der dtsch. Ausgabe: Johann Joachim Schwabe).

Ramusio, Giovanni Battista: Navigationi et viaggi. 3 Bde., 3. Aufl. Venetia 1563–74.
Ratzel, Friedrich*: Völkerkunde. 2 Bde., Leipzig u. Wien 1894–95.
Rotberg, R. (Hrsg.): Africa and its explorers. Cambridge 1970.

Schiffers, Heinrich (Hrsg.): Heinrich Barth. Ein Forscher in Afrika. Wiesbaden 1967.
Schnee, Heinrich*: Deutsch-Ostafrika im Weltkrieg. Leipzig 1919.
Schweizer-Lerchenfeld, Amand*: Afrika, der dunkle Erdteil im Lichte unserer Zeit. Wien u. a. 1886.
Schweinfurth, Georg*: Im Herzen von Afrika. Leipzig 1874.
Schweitzer, Georg: Emin Pascha. Eine Darstellung seines Lebens und Wirkens. Berlin 1898.
Serpa Pinto, Alexandre*: Wanderung quer durch Afrika. 2 Bde., Leipzig 1881.
Sievers, Wilhelm*: Afrika. Leipzig u. Wien 1891
Speke, John Hanning*: Journal of the discovery of the source of the Nile. 2 Bde., London 1863, (deutsch: Leipzig 1864).
Stanley, Henry Morton*: Wie ich Livingstone fand. 2 Bde., Leipzig 1879. ders*: Durch den dunklen Welteil. 2 Bde., 3. Aufl., Leipzig 1891.
Stuhlmann, Franz v.*: Mit Emin Pascha ins Herz von Afrika. Berlin 1894.

Tour du Monde (Zeitschrift für Völkerkunde)* Paris 1860 ff.
Trotter, Henry D. u. Allen, William*: A Narrative of the Expedition to the River Niger. 2 Bde., London 1848.

Vollbehr, Ernst*: Mit Pinsel und Palette durch Kamerun. Leipzig 1912.

Wallis, P. R. (Hrsg.): The Zambesi expedition of David Livingstone. 1858–63. 2 Bde., London 1956.
Werner, Karl*: Nilbilder. Wandsbeck 1881.
Westermann, D.: Geschichte Afrikas. Köln 1952.
Weule, Karl*: Geschichte der Erdkenntnis und der geographischen Forschung. Leipzig 1904.
Wiese, J.: Gustav Nachtigal, ein deutsches Forscherleben im dunklen Erdteil. Berlin 1914.
Winterbottom, Thomas: Th. Winterbottoms Nachrichten von der Sierra-Leone Küste und ihren Bewohnern. Weimar 1805.
Wissmann, Hermann*: In den Wildnissen Afrikas und Asiens. Berlin 1924.


# Register

**Fettgedruckte Seitenzahlen beziehen sich auf Abbildungen.**